Das DJ-Prinzip des Managements

Klemens Skibicki

Das DJ-Prinzip des Managements

Handlungsorientiertes Wissen für
Führen und Entscheiden im digital
vernetzten Zeitalter

 Springer Gabler

Klemens Skibicki
PROFSKI GmbH
Köln, Deutschland

ISBN 978-3-658-31010-3   ISBN 978-3-658-31011-0   (eBook)
https://doi.org/10.1007/978-3-658-31011-0

Die Deutsche Nationalbibliothek verzeichnet diese Publikation in der Deutschen Nationalbibliografie; detaillierte bibliografische Daten sind im Internet über http://dnb.d-nb.de abrufbar.

Planung/Lektorat: Rolf-Guenther Hobbeling
Springer Gabler ist ein Imprint der eingetragenen Gesellschaft Springer Fachmedien Wiesbaden GmbH und ist ein Teil von Springer Nature.
Die Anschrift der Gesellschaft ist: Abraham-Lincoln-Str. 46, 65189 Wiesbaden, Germany

Für
Juna Maria Colonia
#junalove

Inhaltsverzeichnis

Über den Autor

Klemens Skibicki (Jahrgang 1972) promovierte nach seinen Diplom-Abschlüssen in Betriebs- und Volkswirtschaftslehre am Seminar für Wirtschafts- und Sozialgeschichte der Universität zu Köln. Von 2004 bis 2019 lehrte er als Professor für Marketing und Marktforschung an der Cologne Business School mit dem Forschungsschwerpunkt der Digitalen Transformation. Seit 2006 investiert er in Start-ups oder unterstützt diese als Business-Angel. Von 2013 bis 2018 war Skibicki Kernmitglied des Beirates „junge digitale Wirtschaft" im Bundeswirtschaftsministerium. Seit über 10 Jahren begleitet er Mittelständler und Großunternehmen auf Führungsebene durch den Digitalen Strukturwandel. Hier vereinigen sich Forschung und Praxis zum Fundament seines eigenen Change-Management-Ansatzes – dem Profski-Blick. Für Hinweise und Fragen an Klemens Skibicki mailen Sie bitte an info@profski.com.

Abbildungsverzeichnis

Teil I
Das Vorgeplänkel – wichtig für den Einstieg!

Vorbemerkungen

Liebe Leserinnen, liebe Leser,

in diesem Moment, in dem ich diese Zeilen verfasse, zwingt die Corona-Krise Unternehmen, viele (neue) Wege – auch in Richtung Digitale Transformation – einzuschlagen. Wege, die man zuvor nicht gehen musste oder wollte und die deswegen unbetreten blieben. Zudem erfordert die wirtschaftliche Not vieler Branchen, die Bequemlichkeiten fallen zu lassen, Ausgaben und externe Partner bezüglich Effizienz zu hinterfragen und sich im Kopf und im ganzen Unternehmen neu zu erfinden. Keinesfalls darf es bei Home-Office-Erfahrungen und dem Ausprobieren ein paar digitaler Meeting-Tools bleiben. Um später wieder voll durchstarten zu können, muss man jetzt das Richtige statt irgendetwas tun. Das war zwar vor Corona auch schon so, aber erst in der Krise wird es von allen erkannt. Eine solche Kollektiverfahrung sollte man nutzen! Nie war die Zeit besser, nie war es wichtiger, sich an die neuen Rahmenbedingungen des digital vernetzten Zeitalters anzupassen – als einzelnes Unternehmen, als

Wirtschaftsstandort Deutschland und Europa und als Individuum darin! Dies ist vielleicht auch der Grund, warum Sie dieses Buch in den Händen halten. Die Beschränkungen im Zuge der Corona-Pandemie haben die Reisepläne vieler Menschen schlagartig auf Eis gelegt. Ich bin einer von diesen Menschen. Dies gibt mir die Chance, nach einigen sehr arbeitsintensiven und spannenden Jahren durchzuatmen und dieses Buch zu finalisieren. Nach über 15 Jahren mit dem Thema „Digitaler Strukturwandel", mit spannenden Eindrücken aus unzähligen Branchen und Erinnerungen an interessante Gesprächspartner, ist es gut, einmal ein Zwischenfazit zu ziehen. Und ich möchte Sie daran teilhaben lassen.

> *„Wenn Du es nicht einfach erklären kannst, dann hast Du es nicht gut genug verstanden."*
> (frei nach einem oft Albert Einstein zugeordneten Zitat, leider ist „in diesem Internet" keine genaue Quelle auffindbar)

Ich nutze in meinen Erläuterungen gerne sehr einfache Bilder und Geschichten – neudeutsch „Storytelling". Wie auf der Bühne als Redner, wo ich diese Bilder und Geschichten jahrelang testen konnte, geht es mir auch in diesem Buch darum, dass Menschen komplexe Zusammenhänge besser und leichter verstehen. Sie sollen im Kopf bleiben, auch wenn ich dafür weder einen Nobel- noch Literaturpreis bekomme. Und ja, auch auf den folgenden Seiten gibt es immer wieder einige englische Begriffe. Das liegt daran, dass die Musik der Digitalisierung vor allem in den USA gespielt wird. Ich würde es begrüßen, wenn sich das ändern würde, aber bis dahin müssen wir damit leben, dass sich viele Übersetzungen holprig anhören und ich deswegen darauf meistens verzichte.

Der Schreibstil dieses Buches wechselt zwischen Erzählform und „Gesprächselementen" – wer mich kennt oder mich einmal auf einer Bühne hat sprechen hören, wird das wiedererkennen. Ich schreibe dann so, als würden wir uns unterhalten.[1] Für einige von Ihnen mag dies ungewohnt sein, es ist aber in jedem Fall *authentisch* (um mal direkt mit einem Begriff aus dem Marketing-Buzzword-Bingo aufzufahren). Sie lesen hier also weder das Buch eines theorieversessenen Professors mit Bart und grauem Anzug noch das eines gestriegelten PowerPoint-Beraters mit Aktenköfferchen. Mein Anspruch ist folgender: Die Aussagen sollen

---

[1] Aus diesem Grund finden Sie im Text viele „Zitate", die wie in einem Gespräch auf direkte Rede verweisen. Viele dieser Zitate bzw. Schnipsel direkter Rede habe ich so gesagt oder gehört, sodass es ein wenig einem stellvertretenden Gespräch gleichkommt.

von allen Leserinnen und Lesern verstanden werden und vor allem in der Praxis nutzbar sein.

„PROFSKI"? Wer ist das, was macht er und warum?

Zu Beginn meiner Tätigkeit tat ich mich häufig schwer damit, darüber hinwegzukommen, dass mir aus den Gesichtern der Zuhörer ein „Der ist doch Professor, also Theoretiker und damit irgendwie nicht so relevant für mein Tagesgeschäft" entgegenkam. Nachdem ich die Zweifel durch die jahrelange Arbeit in der Praxis endlich überwinden konnte, höre ich nun „Das ist aber nicht sehr wissenschaftlich, was Sie da sagen. Sie sind doch Professor, da hätte ich solche (einfachen) Aussagen nicht erwartet!". Letzteres ist ein guter Punkt, den ich nicht kritisieren, sondern sogar unterstützen möchte. Der Großteil von dem, was Sie auf den folgenden Seiten lesen werden, entstammt dem Blick eines Menschen, der Erklärungen in langen Bahnen, historischen Parallelen und Unterschieden, ökonomischer Logik und eigenen Erfahrungen sucht, verknüpft und sie weitergibt. Dabei möchte ich weder den Anspruch erheben, die einzigartige Welterklärung erkannt noch für alles wissenschaftliche Belege zu haben. Nur weil bei mir „Prof." vor dem Namen steht, heißt das doch nicht, dass ich automatisch mit allen Aussagen ausschließlich auf den Füßen der klassischen Wissenschaftstheorie und deren Arbeitsweisen stehen muss. Ich sollte es übrigens auch deswegen nicht, weil sich auch die Art und Weise des „Wissenschaffens" durch neue Möglichkeiten des digital vernetzten Zeitalters erweitert hat.[2]

---

[2]Zugunsten einer besseren Lesbarkeit verzichte ich immer dann auf die explizite Nennung von Quellen, wenn ich davon ausgehe, dass die jeweilige Information als Allgemeinwissen hinreichend gut, zum Beispiel bei Wikipedia, dargestellt ist oder diese mit einer Google-Suche auf Anhieb gefunden werden kann. Autoren und Bücher, die ich für besonders wichtig halte, nenne ich aber im Detail, damit Sie dort vertiefend nachlesen können. Für meine dargestellten Ziele reicht dies. Deswegen mein Tipp: Halten Sie sich lieber nicht an der jeweiligen Quellenkritik auf, wenn es sich nicht lohnt, sondern setzen Sie sich mit der jeweiligen Information auseinander, wenn diese sicherlich auch anderswo zu finden wäre. In einer wissenschaftlichen Arbeit wäre es hingegen unmöglich, sich solcher (Internet-) Quellen zu bedienen. Hinzu kommt, dass die „Währung" bzw. das persönliche Erfolgskriterium vieler Wissenschaftler ausschließlich zu sein scheint, dass sie in renommierten Fachmedien von anderen Wissenschaftlern zitiert werden. Dies mag „in der Szene" wichtig und auch sehr ehrwürdig sein. Aus meiner Sicht kommt es aber für die Digitale Transformation von Unternehmen gegebenenfalls zu spät oder findet niemals seinen Weg über exklusive Forscherkreise hinaus. Ich möchte hier lieber praxisorientiertes, hilfreiches Wissen verbreiten.

Mein letztes Buch habe ich vor zig Jahren veröffentlicht und seitdem arbeite ich vor allem praxisorientiert mit Unternehmen. Ich habe jedoch auch 15 Jahre Lehre als Professor für Marketing und Marktforschung hinter mir, war zehn Jahre Repetitor für Volkswirtschaftslehre und bin von Hause aus promovierter Wirtschaftshistoriker mit Diplomen in Betriebswirtschaftslehre und Volkswirtschaftslehre. Bei mir geht es dementsprechend ganzheitlich bzw. multidisziplinär zu. Neurologie, Psychologie und Soziologie spielen bei meinen Beratungsprojekten und Vorträgen ebenfalls eine wichtige Rolle. Meine erste Firma habe ich im Alter von 25 Jahren gegründet, genau wie meine zweite Unternehmung in einer Kneipe jeweils mit einem anderen netten Menschen per Handschlag. Beide Partnerschaften haben sehr lange gehalten und blieben danach Freundschaften. Bei meinen rund 15 (Mit-)Gründungen von Unternehmen habe ich so ziemlich alle nationalen und ein paar internationale Rechtsformen durchgespielt. Einige Firmen gibt es heute noch, andere habe ich irgendwann meist sang- und klanglos dichtgemacht. Warum erzähle ich Ihnen das alles? Deswegen: Die bunte Mischung aus Studium, Forschung, Lehre, Beraten, Gründen und Scheitern hat es mir ermöglicht, einen ganzheitlicheren Blick auf Geschichte, Gegenwart und Zukunft aus den jeweilig unterschiedlichen Einzelperspektiven zu entwickeln.

Für wen ist dieses Buch und was haben Sie davon?

Für jeden, der sich für das Thema „Management des digitalen Strukturwandels" interessiert, sollte das Buch hilfreich sein. Ich fokussiere mich auf die betriebswirtschaftliche Perspektive eines Unternehmens. In den meisten Fällen wird es um das Management der für das digital vernetzte Zeitalter notwendigen Anpassungen gehen – also das mehrdimensionale „Change-Management" einer Organisation. Ebenso wird die Rolle des Einzelnen darin thematisiert, die von anderen Autoren auch so schönen Modeworten wie „Digital Leadership" oder „New Work" zugeordnet wird. Ich fange dabei „ganz von vorne" an, also mit der Perspektive des „General Managements", die wirklich jeder in einer Unternehmung verstehen sollte. Ganz speziell habe ich die Menschen vor Augen, die Firmen ganzheitlich führen sollen oder dorthin wollen. Wenn Sie selbst also ein (Digital-)Spezialist sind, dann wird Ihnen Vieles zu abstrakt, allgemein und wenig detailreich vorkommen. Dies ist nur folgerichtig, denn in meiner beruflichen Praxis bin ich auch derjenige, der Menschen wie Ihnen „oben den Weg freischießt". Spezialisten können hier vor allem das Wissen und die Art der Vermittlung für diejenigen generieren, die weniger Detailwissen haben. Ein umsetzungsorientiertes Herunterbrechen auf Spezialbereiche muss leider im Nachgang an anderer Stelle erfolgen, sonst hielten Sie nun einen 1000-Seiten-Schinken in den Händen.

Sollten Sie sich an dieser Stelle Hoffnungen machen, dass ich Ihnen die allumfassende Strategie zur Ergreifung der Weltherrschaft oder ein detailliertes Konzept zum Neustart Ihrer Unternehmung liefere, so lautet die Antwort „leider nein, leider gar nicht!". Dies hier ist kein auf Sie zugeschnittenes Beratungskonzept, das kann es bei der Komplexität des Themas auch gar nicht sein. Es ist der Anfang, ein nützliches Denkmuster des General Managements, in das später hineingearbeitet werden kann. Das Buch ist somit eine erste „Kurzanleitung".

In meiner Praxis als Redner und Berater folgt auf meine Vorträge eine teilweise jahrelange Begleitung von Unternehmen durch den Prozess der Digitalen Transformation – das ist dann die „Langanleitung". Wenn Sie der festen Überzeugung sind, dass Sie schon eine ausreichend klare Vorstellung vom digital vernetzten Zeitalter und eine perfekte Strategie dafür haben, dann werden Sie dieses Buch wahrscheinlich ohnehin nicht lesen. Mein Tipp: Schaden kann es nicht, mal wenigstens quer zu lesen und die eigenen Überlegungen und Partner anhand der hier geschilderten Aspekte zu überprüfen. Bestenfalls können Sie nachjustieren oder ganzheitlich (neu) beginnen. Schlimmstenfalls fühlen Sie sich vollkommen in Ihren Überlegungen bestätigt.

Viele weitere spannende gesellschaftliche und politische Aspekte kommen in diesem Buch nur am Rande vor, sofern sie für das ganzheitliche Verständnis des digitalen Wandels relevant sind. Selbstverständlich dürfen Sie als allgemein am Thema interessierter Mensch auch weiterlesen, auch wenn Sie gar nichts weiter, außer Ihrem Leben, „managen" müssen.

Wie man dieses Buch liest
In den elf (das zwölfte ist eher ein vertiefender Anhang) Kapiteln dieses Buches finden Sie im Wesentlichen den gedanklichen Aufbau wieder, den ich mit jeweils anderen Schwerpunkten in meinen Vorträgen, Workshops und den ersten Phasen von Beratungsprojekten verwende. Es wäre angebracht, sich beim ersten Mal wirklich von Anfang bis Ende „durchzukämpfen", um das ganze Spektrum der Gedankengänge erfassen und dann „setzen lassen" zu können. Wenn dabei einige Aspekte immer wieder auftauchen und Ihnen vielleicht wie Dopplungen vorkommen, so ist das in der Regel didaktische Absicht, damit sich aus meiner Sicht besonders Wichtiges besser einprägt. Oder es soll Ihnen ermöglichen, nach dem ersten Lesen später in einzelnen Kapiteln gezielt und weitgehend losgelöst vom Kontext nachlesen zu können.

Danke und Entschuldigung – Nein, hier gibt es kein Produkt-Sponsoring
Ohne die unzähligen erhellenden Gespräche mit meinen Kunden hätte ich dieses Buch nicht schreiben können. Erst dadurch haben sich Erkenntnisse zusammengefügt, konnten Hypothesen in der Praxis überprüft und Konzepte feingeschliffen

werden. Bei einigen Gedanken oder Beispielen kann ich vielleicht nicht mehr zuordnen, ob und wo diese aufgeschnappt wurden oder von wem der Impuls kam. Falls dies geschehen ist, sage ich Danke, dass Sie mein Konzept bereichert haben, und Entschuldigung, wenn ich Sie nicht genannt habe – es ist definitiv keine Absicht, ich habe mich einfach auf zu vielen Veranstaltungen rumgetrieben, zu vielen spannenden Menschen gelauscht und weiß es gegebenenfalls nicht mehr! Ganz genau weiß ich jedoch den Beitrag von Viviane Wilde zuzuordnen, die an vielen Stellen das Buch feingeschliffen und bereichert hat – als wunderbare Partnerin im Privaten und Beruflichen. Zuletzt noch eine Bemerkung zu den im Buch genannten Firmennamen im vorauseilenden Gehorsam: Ich bin weder ein naiver „Fan-Boy" noch gab es Bestechungsgelder. Wenn ich Marken als Beispiel hervorhebe, dann begründe ich dies jeweils aus der Sache heraus. Einen anderen Grund gibt es nicht.

Und jetzt legen wir mal endlich los!

Viel Freude beim Lesen wünscht Ihnen

Ihr Klemens „Profski" Skibicki, Köln im Frühjahr 2020

Das Karnevalsproblem: Jeder macht, was er will, und keiner, was er soll

Der Strukturwandel, dessen Zeugen wir sind, ist so tief, schnell und grundlegend, dass man zu Recht von einer „Revolution" spricht. Naturgemäß eröffnen solche regelrechten Strukturbrüche viele Chancen, aber fegen auch gleichermaßen viele zuvor vielleicht berechtigte Denkmuster, Regelungen und etablierte Protagonisten hinweg. Die Karten werden neu gemischt. Wer dies nicht als Ganzes erkennt und sich nicht entsprechend hinterfragt und aufstellt, gehört mit großer Wahrscheinlichkeit zu den Verlierern dieser Revolution. Ich denke – nein, ich hoffe –, das haben die meisten von Ihnen erkannt und lesen aus diesem Grund dieses Buch.

Genauso vielschichtig und mehrdimensional wie frühere Revolutionen es waren, ist auch der Übergang zum digital vernetzten Zeitalter sehr komplex. Hierbei das Wichtige vom Unwichtigen, die langfristigen, nachhaltigen Megatrends von kurzfristigen, vergänglichen Moden und Hypes zu unterscheiden, ist keine einfache Aufgabe. Dies gilt umso mehr, wenn man im Alltagsgeschäft und im „Haben wir immer so gemacht"-Hamsterrad eines Unternehmens gefangen ist.

Wirklich verwundert und selbst noch im Jahr 2020 irritiert bin ich, wenn ich die zahllosen Studien, Self-Checks, Audits, Tests etc. zur Digitalisierung, Digitalen Transformation oder wie man den Strukturwandel sonst noch nennen kann, sehe. Die Überschriften lauten dort regelmäßig und seit Jahren „Deutschland liegt zurück", „nur X % der Unternehmen sind digital gut aufgestellt" oder „wir wollen digitaler werden". Wenn man dann konkret nachfragt, versteht jeder etwas anderes unter dem Begriff „Digitalisierung" oder hat den Vorgang noch nicht einmal grob für sich definiert. Genau genommen, ist es somit gar nicht möglich zu messen, wie weit man ist, womit auch immer. Aber das scheint viele nicht so zu stören, sie schreiben es einfach trotzdem. Ein Beispiel dafür ist die im September 2019 aktualisierte 200-Seiten-Broschüre „Digitalisierung gestalten

– Umsetzungsstrategie der Bundesregierung".[1] Hier liest man etwas über Digital-
kompetenz, Infrastruktur oder wie diese Strategie entstanden ist. Dann folgt eine
ewige Liste von Maßnahmen in allen Bereichen, angereichert mit politischen
Floskeln. Was ich vergeblich suche, ist eine klare Definition oder Abgrenzung,
ein einheitliches Verständnis von Digitalisierung oder davon, welche Treiber
den Digitalen Wandel im Wesentlichen ausmachen. Bevor wir jedoch in Politik-
Schelte abdriften: in den meisten Unternehmen sieht es meiner Erfahrung nach
keineswegs besser aus als in der beschriebenen Broschüre.

Offen gesagt ist es für mich unbegreiflich, wenn Top-Management-Ebenen
einer Firma oder deren fürstlich bezahlte Beratungen nicht zumindest auf einem
praktikablen Level über eine einheitlich verstandene Arbeitsdefinition von
Digitaler Transformation verfügen. Stattdessen fliegen Schlagworte (oder neudeutsch „Buzzwords") – von „Silos einreißen" bis hin zu „agiles Arbeiten" –
durch die Chef-Etagen. Alles nett, aber nicht zielführend, wenn jeder im Raum
darunter etwas anderes versteht. In jeder Bachelor-Arbeit eines Sechstsemesters
findet man auf den ersten Seiten der Thesis ein Kapitel mit Definitionen – in den
meisten Strategiepapieren, die mir vorgelegt wurden, oder Vorstandsrunden, an
denen ich teilgenommen habe, fehlt so etwas. Ziemlich irritierend, wie ich finde.
Den Beratungen könnte man schon Unprofessionalität vorwerfen – wer Konzepte
verkauft, aber eigentlich gar nicht sagt, warum diese so sind, wie sie sind, sollte
es ganz sein lassen. Ich würde jede Beratungsfirma als Erstes fragen, wie sie in
wenigen kurzen Sätzen den „Digitalen Wandel" definiert, welche die wesentlichen Treiber davon sind und wie sie methodisch vorgehen möchte. Und diese
Fragen muss sich jede Unternehmensführung auch selbst stellen. Es kommt dabei
weniger darauf an, ob man eine sehr weite oder sehr enge Arbeitsdefinition verwendet, aber wenn man überhaupt keine einheitliche verwendet, wie möchte man
denn dann Ziele oder Strategien entwerfen?

Digitalisierung ist wie Karneval! Jeder redet über etwas anderes.

In meinen Vorträgen veranschauliche ich dieses grundlegende Problem, wie
es sich für einen Kölner wie mich gehört, am Beispiel „Karneval". Der Begriff
wird für gewisse lokale Brauchtumspflege nicht nur in Köln, sondern genauso
auch in Düsseldorf und für Aktivitäten in Venedig oder Rio de Janeiro verwendet.

---

[1]https://www.bundesregierung.de/breg-de/themen/digital-made-in-de   (zugegriffen   am
10.06.2020).

Darüber hinaus gibt es unzählige verwandte Begriffe wie Fasching oder Fastnacht. Und jetzt stellen Sie sich vor, Sie haben in Düsseldorf gelernt, Karneval zu feiern, wollen erstmalig in Köln feiern, gehen dort in einer Kneipe zur Theke und rufen:

Helau, ein Altbier bitte! Ist doch Karneval.

Im Publikum sehe ich nach einem solchen Beispiel nur bei allen, die schon einmal Karneval in Köln gefeiert haben, in den Gesichtern ein spontanes Verständnis der Problematik. Denen ist nämlich sofort klar, dass dieses Vorgehen in diesem Umfeld nicht funktionieren kann und der Betroffene nur ausgelacht und nicht verstanden würde, wenn er eben nicht die magischen Worte „Alaaf, ein Kölsch bitte" ruft. Ähnlich unerfolgreich würde es einem Kölner mit seiner zu Hause gelernten närrischen Getränkebestellung in Düsseldorf, Venedig oder Mainz ergehen. Neben einem groben Verständnis des Konzepts „Karneval" muss man nämlich dann die Details so weit mit Leben füllen, ja sie bestenfalls „fühlen", dass man eine Karnevalsparty entsprechend der lokalen Gepflogenheiten organisieren kann.

Völlig analog verhält es sich mit der Aufgabe, die Digitale Transformation zu managen: zunächst müssen alle in der Unternehmensführung auf EINEN Denkstand gebracht und ein Mindestlevel im „Leben und Fühlen" der wesentlichen Change-Faktoren erreicht werden. Andernfalls wird der Prozess der Digitalen Transformation genauso wenig gelingen wie die Organisation einer Kölner Karnevalsparty. Ohne selbst je in einer Kölner Eckkneipe mit den richtigen Menschen gefeiert zu haben, sind Sie reiner Theoretiker – für Karneval und dazu analog für das Management der Digitalen Transformation. Das ist an sich nicht schlimm, Sie müssen sich dieses Problem nur ehrlich vergegenwärtigen, statt es zu ignorieren oder zu delegieren. Zu oft sehe ich noch in den Gesichtern verdienter Top-Entscheider, die so fest an ihre Qualitäten in allen Lebenslagen glauben, dass sie dies nicht wahrhaben wollen. Ein gefährlicher Trugschluss, besonders nach einem Strukturbruch. Ich muss dann immer an einen beliebten Film meiner Kindheit denken. In „Die tollkühnen Männer in ihren fliegenden Kisten" soll Gert Fröbe als Oberst Manfred von Holstein für das deutsche Kaiserreich an einem Flugwettbewerb teilnehmen. Obwohl er noch nie ein Flugzeug geflogen ist, übernimmt er selbstverständlich die Aufgabe, denn er ist fest davon überzeugt:

„Es gibt nichts, was ein deutscher Offizier nicht kann!"

Selbstredend erleidet er eine Bruchlandung, obwohl er nach Dienstanweisung und Bedienungsanleitung geflogen ist.

Also, liebe Entscheiderinnen und Entscheider, es ist nicht schlimm, wenn Sie die Digitalisierung noch nicht fühlen. Im besten Fall lernen Sie es selbst oder schaffen zumindest die Rahmenbedingungen, um die nötigen Kompetenzen intern aufzubauen. Befähigen Sie Ihre Führungsmannschaft und vertrauen Sie jenen die Leitung an, die „es" fühlen. Und das gelingt am besten, wenn alle wissen, wie man Karneval in Kölle feiert bzw. alle ein einheitliches Verständnis vom Strukturwandel haben. Mit diesem Buch möchte ich Sie dabei unterstützen.

Disruption vs. Transformation
Ihr von mir für die folgenden Überlegungen angenommenes Ziel ist, dass Sie ein konkurrenzfähiges Unternehmen für die Rahmenbedingungen des digital vernetzten Zeitalters „bauen" müssen. Dieses Zeitalter ist von vielen digitalen Technologien, aber allen voran vom Internet geprägt, das ökonomische wie kulturelle Prozesse in einer Geschwindigkeit so sehr verändert hat, dass die heute Geborenen sich kaum mehr ausmalen können, dass ihre Eltern in einer Welt ohne das Web überhaupt lebensfähig waren. Wenn man in der heutigen Zeit ein Unternehmen vom Reißbrett neu aufbaut, dann wählt man die einzelnen Business-Elemente wie z. B. Erlöskomponenten, Organisation, Prozesse, Fähigkeiten, Unternehmenskultur direkt mit den jeweils besten Möglichkeiten, die die heutigen Rahmenbedingungen bieten. Optionen, die früher vielleicht erste Wahl waren, werden außen vor gelassen, wenn es bessere, neuere gibt – eine zeitlose Grundregel. Dieses Vorgehen beschreibt am ehesten, was heute landläufig im Silicon-Valley-Stil unter „disruptiv" verstanden wird: Man reißt vormalig gelernte Muster ein und baut etwas komplett Neues. Das Vorangegangene wird dabei oft zerstört oder mindestens grundlegend umgestaltet. Wenn Sie mit dem Beschriebenen eventuell den im Studium erlernten, von Josef Schumpeter geprägten Begriff „Prozess schöpferischer Zerstörung" verbinden – keine Angst, gemeint ist im Kern das Gleiche.

Wenn ein Unternehmen entstanden ist, als das digital vernetzte Zeitalter noch nicht allseits gegenwärtig war, dann ist es im Idealfall mit den jeweils besten Möglichkeiten der damaligen Rahmenbedingungen des Industriezeitalters aufgebaut und immer wieder optimiert worden. Die beste Analogie dieser Anpassung bzw. Optimierung gemäß der „neuen besten Möglichkeiten" des aktuellen Strukturwandels der „Digitalen Transformation" ist für mich das folgende Bild.

Disruption ist wie Neubau ohne Altlasten auf der grünen Wiese.

Transformation ist ein kompletter Umbau mit neuem Fundament!

Ich nutze gerne die Analogie eines Hausbaus, weil sich jeder darunter etwas vorstellen kann. Fachleute nutzen dabei einen konkreten Bauplan mit verschiedenen Stufen und Gewerken, die ineinandergreifen.[2] Für die meisten Unternehmen bedeutet das einen kompletten Umbau bzw. eine Kernsanierung aber inklusive Fundament. Also nicht nur eine kleine Renovierung, ein bisschen Wandfarbe hier, ein bisschen Mörtelmasse dort. Genau dies ist den meisten Entscheidern aber noch nicht wirklich klar, wenn sie diesen Begriff „Transformation" verwenden.

Um beim Hausbau-Bild zu bleiben: jedes nachhaltig konzipierte Gebäude benötigt ein starkes Fundament, das tief im Boden verankert ist. Es bietet Standfestigkeit und ausreichend Stabilität für Aufbauten, die gegebenenfalls verändert werden können. Bei einer kompletten Veränderung der Rahmenbedingungen, wie durch den Digitalen Strukturwandel notwendig, reicht es leider nicht, nur die Aufbauten abzureißen oder umzubauen, man muss tief unter die Erde an das Fundament. Ein solches Unterfangen nenne ich gerne „DNA-Wechsel", es geht also an die „genetische Struktur" der Fima und um die Veränderung deren Erbmasse. Dies ist sehr herausfordernd und erfolgt deswegen in der Natur in einem evolutionären Prozess über sehr lange Zeiträume. Dieses Fundament kann aus unterschiedlichsten Komponenten bestehen, die von Unternehmung zu Unternehmung variieren können, schließlich ist kein Haus wie das andere. Das absolut notwendige Element im Fundament ist und bleibt jedoch in jedem Fall das einheitliche Verständnis aller relevanten Menschen bzw. Bewohner davon, wer „man" selbst ist, wo man sich befindet und wo man mit welcher Strategie aus welchem Grund hinwill. Ohne ein solches verkommen jegliche „Digital-Aktivitäten" entweder zur reinen Beschäftigungstherapie oder zu Beruhigungspillen. Definitiv sind sie aber kein systematisches und zielführendes Change-Management. Genau das wird aber von Ihnen erwartet, denn der Digitale Strukturwandel ist sehr komplex. Mein Blickwinkel darauf stellt die methodische Klammer vor dem später folgenden Inhaltlichen dar und wird im folgenden Abschnitt erläutert.

---

[2]Ein an diese Analogie angelehntes Beratungsschema nutzen wir in meinem Netzwerk bei längerer und tieferer Begleitung von Kunden auf ihrem Weg durch die Digitale Transformation, speziell mit dem Schwerpunkt Marke und Kommunikation. Ein Buch zu diesem Thema ist bereits in Arbeit.

Der PROFSKI-Blick – (m)eine Methodik 2

Der Ursprung meiner heutigen Vorgehensweise geht auf die Zeit um das Jahr 2007 zurück. Damals begannen Soziale Medien und Smartphones, im Alltag der Menschen schnell immer mehr Raum einzunehmen. Viele Mitmenschen begriffen und begrüßten diese Neuerungen jedoch nicht als den Meilenstein der Veränderung, der er tatsächlich war und ist. Im Gegenteil, sie lehnten sie kategorisch ab. Bei einigen meiner ersten Vorträge in dieser Zeit wurde ich nahezu ausgelacht. Der eher typische Einstieg in Beratungsprojekte in den Folgejahren war dann:

Wir haben Sie vor zwei Jahren reden hören, heute glauben wir Ihnen. Was sollen wir tun?

Im Nachhinein ist für jeden einleuchtend, warum bahnbrechende Erfindungen, wie die Dampfmaschine oder das Automobil, die Welt verändert haben. Wenn man aber bei der Archivarbeit die Briefe, Zeitungsartikel oder sonstige Quellen von damals liest, so merkt man, dass die Zeitgenossen auch damals ähnliche Ängste oder Unverständnis nebst typischer Abwehrreaktionen gegenüber den Neuerungen zeigten. In jedem Strukturwandel entwickeln sich solche „negativen Haltepunkte", die viele Menschen davon abhalten, klar zu sehen, ob etwas gekommen ist, um zu bleiben, oder ob es vielleicht nach einem kurzen Hype wieder verschwindet.

K. Skibicki, *Das DJ-Prinzip des Managements*, https://doi.org/10.1007/978-3-658-31011-0_2

2.1　Fünf Bausteine, die Welt zu betrachten

Das, was ich den „PROFSKI-Blick" nenne, ist (m)eine Kombination von volks- und betriebswirtschaftlicher ökonomischer Logik mit soziologischen bzw. individual-psychologischen Komponenten. Ich denke, diese Kombination ist typisch für ein Seminar für Wirtschafts- und Sozialgeschichte, an dem ich promovieren durfte: einige Kollegen waren Historiker, andere Ökonomen und weitere Soziologen, sodass man gemeinsam und komplementär Entwicklungen vielschichtig analysieren konnte. Und das bringt mich zu einem Punkt, der mir sehr wichtig ist: Ich möchte in meinen Ausführungen nicht den Anspruch erheben, den Stein der Weisen gefunden zu haben, schon gar nicht als Einziger. Es wird sicherlich andere Wege und Sichtweisen geben. Durch meinen Blickwinkel biete ich Ihnen ein Konzept für die Erfassung von Veränderungen, welches die o. g. Komponenten verbindet – nicht mehr, aber auch nicht weniger.

Der PROFSKI-Blick
Ökonomische Logik (Effizienz)+Menschliche Natur (neurologisch, psychologisch und soziologisch)+„Ermöglicher" (z. B. Technologie, gesetzliche Regelungen, etc.).

Baustein 1: „Everything happens for an (economic) reason!"
Meistens sind ökonomische Gründe ursächlich für die Durchsetzung neuer Technologien. Konkret bedeutet dies, dass es immer wieder neue Möglichkeiten gibt, die besser, schneller, einfacher und/oder günstiger sind. Wir kannten sie zuvor nicht und haben sie deswegen auch nicht vermisst. Die jeweils beste (effiziente) Lösung unter den Möglichkeiten von heute z. B. für einen Prozess, eine Rolle, eine Organisation, eine Methodik etc. setzt sich über kurz oder lang immer durch!

Baustein 2: Der Faktor Mensch – Das evolutionäre Wesen entscheidet immer!
Der Mensch verändert sich nicht schnell, sondern langsam und evolutionär. Andererseits wurden manche Technologien von heute rasend schnell von ihm angenommen. Facebook benötigte gerade mal 15 Jahre um 2,6 Mrd. Menschen zu vernetzten, genauso veränderte Apple mit dem iPhone die Welt, als sie es im Jahr 2007 auf den Markt brachten. Wenn solche sich schnell verändernden Technologien von der Menschheit als Ganzes schnell angenommen werden, dann entsteht hier zunächst der gedankliche Haken:

Revolutionäre Technologie trifft auf evolutionäres Wesen Mensch und wird trotz dieser unterschiedlichen Geschwindigkeiten schnell angenommen?

Dieser nur vordergründige Gegensatz kann dadurch aufgelöst werden, dass Menschen sich gar nicht verändern, wenn sie Technologien schnell adaptieren. Diese werden nur dann schnell angenommen, wenn sie der „menschlichen Natur" entsprechen. Dies impliziert ein hohes Maß an Freiwilligkeit der Menschen, die beste Möglichkeit zu finden, denn niemand wird gezwungen, bei Amazon einzukaufen oder sich über WhatsApp zu verknüpfen. Die Menschen tun dies freiwillig, weil es ihnen als die bessere Option erscheint.

Baustein 3: Technologien und andere (z. B. rechtliche) Rahmenbedingungen sind nur Voraussetzungen, nicht der Grund!

Die Zusammenführung von Baustein 1 und 2 hilft dabei zu unterscheiden, welche Neuerungen und Entwicklungen gekommen sind, um zu bleiben, und welche nicht: Die Zukunft ist in dieser Logik vor allem eine Frage der jeweils besten verfügbaren Möglichkeiten einer Periode für menschliche, an sich stabile Grundbedürfnisse. Technologien sind in dieser Sichtweise zwar eine notwendige Voraussetzung im Sinne eines „Befähigers", die hinreichende und damit alles entscheidende Komponente der Veränderung ist jedoch der Mensch. Mit anderen Worten:

Menschen machen das, was sie immer schon gemacht hätten, wenn es technologisch möglich gewesen wäre.

Als Konsequenz dieser Annahmen ist sehr hilfreich zu fragen, ob sich diese und jene Regelungen, Prozesse und Rollen im Unternehmen wohl auch ergeben hätten, wenn es damals schon technologisch und ökonomisch anders möglich gewesen wäre. Das Zurückgehen an den Ursprung, an den Entstehungszeitpunkt einer heutigen Regelung hilft also, diese auf ihre Zukunftsfähigkeit abzutesten. Anders gefragt: Ist diese „DNA" damals nur entstanden, weil es keine effizientere Lösung gab, die es vielleicht jetzt gibt? Wenn diese Frage bejaht wird, dann wird die alte Regelung in absehbarer Zeit kippen.

Baustein 4: Gelerntes als Hürde berücksichtigen (manchmal auch als Beschleuniger)!

Die in Baustein 3 genannte Sichtweise fällt dem Menschen, der in den Jahrzehnten vor dem Strukturbruch geprägt wurde, oft schwer. Und daran trifft ihn im eigentlichen Sinne keine „Schuld", er hat schlichtweg etwas anderes gelernt. Diese anderen gelernten Regeln des „Haben wir immer so gemacht" machen es

ihm schwer zu erkennen, was Baustein 1 und 2 ausmacht. Die resultierende Ver-
änderungsresistenz ist also menschlich, aber nicht hilfreich.[1]

Baustein 5: Besitzstandswahrung einkalkulieren und Werturteilsfreiheit gegenüber der Zukunft behalten

An dieser Stelle möchte ich anmerken, dass der PROFSKI-Blick lediglich eine
Methode bzw. ein Paradigma ist. Er ist als solches wertfrei, er hat kein Gewissen,
keine Haltung, keine Moral oder was auch immer Sie von einem objektiven Blick
auf die Dinge abhalten könnte. Eine Methode unterscheidet nicht, sie hilft lediglich zu verstehen, zu erklären und zu prognostizieren. So wie ein Fahrstuhl Sie
von Stockwerk zu Stockwerk bringt, was auch immer dort vor sich geht – ganz
ohne Wertung oder Moral. Leider zieht man mit dieser wertfreien Neutralität oft
Groll auf sich, denn allzu oft ist man der Überbringer schlechter Nachrichten –
vor allem für viele Verlierer des Strukturwandels, die nicht mehr das bekommen,
von dem sie glauben, dass es ihnen weiter zusteht. Deren Emotionen verstehe
ich als empathischer Mensch selbstverständlich, aber das hilft ja nicht, die ökonomische Logik dahinter als Ganzes zu verändern. Die Unausweichlichkeit
bedeutet im Übrigen keinesfalls, dass man das Streben nach Besitzstandswahrung
als irrelevant abtun und ignorieren soll und darf. Im Gegenteil, man muss diese
Hürden und Sichtweisen identifizieren, verstehen, in Prognosen einbeziehen
und auch in Verhältnismäßigkeiten setzen, aber nicht aus moralischen Gründen,
sondern um bessere Analysen zu Handlungsempfehlungen erstellen zu können.

Zusammenfügung von Baustein 1 bis 5: Die Rückschau aus der Zukunft

Es ist meiner Erfahrung nach sehr hilfreich, wenn man versucht, mit dem Blick
der Menschen, die in 100 Jahren leben werden, auf eine Entwicklung im Hier
und Heute zu schauen. Hätten wir die Pferdedroschkenfahrer gegenüber den
Auto-Taxis verteidigt oder die Berufsmusiker in den Stummfilmkinos gegenüber dem Tonfilm? Wäre „die Welt" dann wirklich besser oder einfach nur
anders? Gibt es eine Rolle oder eine Rendite im Unternehmen heute einfach nur
deswegen, weil gesetzliche Regelungen dies erzwingen? Oder wäre die heutige
Situation auch unter anderen Möglichkeiten noch in den Augen der Kunden

---

[1]Der Vollständigkeit halber sei bemerkt, dass Gelerntes zwar für Transformationsprozesse
häufig ein Hindernis darstellt, jedoch in anderen Konstellation auch dienlich sein kann.
Zum Beispiel wird die Corona-Krise wohl eine solch epochale und globale Kollektiverfahrung, dass diejenigen, die sie erlebt haben, auch in späteren Jahrzehnten sofort auf die
Erfahrung zurückgreifen und schnell reagieren können.

die bessere, sodass sie bestehen bleibt? Wenn Sie solch eine Rückschau aus der Zukunft mal wagen, wird die Sicht meist klarer und die Widerstände sehr irrational. Aufregen oder nachtrauern kann man gerne machen, das ist menschlich. Nachhaltiger ist es aber, dies zügig zu überwinden und sich zu fragen, ob die Entwicklung aufzuhalten ist oder der Schneeball das Tal runterrollt – völlig unabhängig davon, wie Sie, ich oder sonst jemand das findet.[2]

Selbstverständlich kann man jedes Phänomen auch aus vielen anderen Blickwinkeln betrachten und dabei andere wissenschaftliche Disziplinen einbeziehen. Am Ende ist die Gesamtheit aller Theorien und Methoden auch nichts anderes als eine Kiste voller Handwerkszeug. Da wir es hier mit einem wirtschafts- und sozialwissenschaftlichen Thema zu tun haben, nutze ich die Werkzeuge eben dieser Disziplinen und kombiniere sie. Sie suchen sich aus ihrem Werkzeugkasten daheim schließlich auch das passende Hilfsmittel für die entsprechende Aufgabe. Wenn Sie nur einen Schraubenzieher haben, werden Sie in allem und jedem Schrauben sehen. Von mir bekommen Sie ein Multifunktionswerkzeug. Nutzen Sie gerne ein anderes, wenn Ihnen dies besser hilft.

> **Der PROFSKI-Blick in der Praxis**
> Stellen Sie sich vor, Sie könnten aus der Zukunft auf eine Regelung oder Entwicklung von heute mit dem Wissen und den Möglichkeiten von in 100 Jahren schauen: Wäre die heutige Realität dann noch die „beste Lösung" aus Sicht der Nutzer? Oder ist etwas nur so entstanden/gewesen, weil es (z. B. technisch) noch nicht anders ging, Menschen aber etwas anderes immer schon vorgezogen hätten, wenn es möglich gewesen wäre?

2.2 Die Digitalisierung im Lichte des PROFSKI-Blickes

Digitalisierung, Digitale Revolution, Digitale Transformation

Ich spreche statt von Digitalisierung lieber vom „Wandel" oder vom „Strukturbruch zum digital vernetzten Zeitalter". Wie frühere Strukturwandel auch ist dieser naturgemäß komplex und muss in mehreren Dimensionen ganzheitlich

---

[2]In Debatten über den Taximarkt oder das Urheberrecht komme ich mir oft vor wie in einem Kulturkampf, der die Entwicklung in Deutschland nur zurückwirft und für ein paar Jahre erstarren lässt, während andere an uns vorbeilaufen – nicht gerade gut für die Gewinne und Steuereinnahmen der Zukunft.

begriffen werden, um bewältigt werden zu können. Auch die industrielle Revolution konnte nicht nur auf neue Technologien wie Dampfmaschine, Eisenbahn oder elektrisches Licht reduziert werden. Die Produktionsmethoden und Geschwindigkeiten schufen beim Übergang vom Agrar- zum Industriezeitalter eine völlig neue Wirtschaftsstruktur, die wiederum alle Aspekte des Lebens der Menschen grundlegend veränderte. Der Alltag richtete sich zunehmend nach Arbeitsschichten und nicht mehr nach Erntezeiten der Natur, die Städte wuchsen rapide, die Arbeiterklasse entstand, es gab Fahrpläne und vergleichsweise rasend schnellen Transport, der die Welt enger zusammenbrachte. Die Liste der Veränderungen ist endlos lang, genauso wie auch jetzt wieder bei der Digitalen Revolution.

Multidimensionale Sichtweise des Wandels: Technologie ist die leichteste Dimension dabei!

Mindestens drei Dimensionen müssen beim digital vernetzen Zeitalter gleichzeitig betrachtet werden. Die jeweiligen Technologien werden von mir in diesem Buch bewusst nur als Voraussetzung gesehen, ohne die es nicht geht. Ich betrachte diese mehr oder weniger als gegeben und dafür gibt es eben wahnsinnig gute Anbieter und Partner. Technologische Details können Sie gerne bei Fachautoren nachlesen, schaden kann dies nicht. Mein Schwerpunkt wird aber zum einen auf den ökonomischen Implikationen liegen. Zum anderen geht es um die menschliche Dimension in der Form, dass die Nutzer, Kunden etc. und deren Motivationen und Handeln außerhalb der eigenen Organisation verstanden werden sollten. Technologie löst nur deren Hürden und erweitert deren Möglichkeiten, die wirkliche Triebfeder hinter der Veränderung ist der Mensch. Ebenso werden die Menschen, die innerhalb der Unternehmung als Treiber oder als Bremser der Anpassung agieren, in die Betrachtung einbezogen.

Abb. 2.1 zeigt diese drei Dimensionen Technologie, Mensch und Ökonomie, die bei der Digitalen Transformation ganzheitlich betrachtet und vorangetrieben werden müssen. Die Adaption der Ausprägungen dieser Dimensionen außerhalb der Organisation erfolgt in der Regel in einer höheren Geschwindigkeit und Vielfalt als innerhalb einer Unternehmung. Ziel der Digitalen Transformation einer Firma ist es, die Verbindung dieser Innen- und Außenwelt herzustellen.

Zu oft sehe ich leider, dass „digital" z. B. nur als Gegenteil von analog verstanden wird oder als virtuell bzw. dematerialisiert im Gegensatz zu Anfassbarem. Dies sind spannende Teilaspekte, sie greifen aber zu kurz. Ein Stahlträger oder ein Apfel werden sinnvollerweise wohl kaum dematerialisiert werden, beide werden aber sehr wohl in den Rahmenbedingungen des digital vernetzten Zeitalters produziert, transportiert, verkauft und genutzt oder konsumiert. Noch

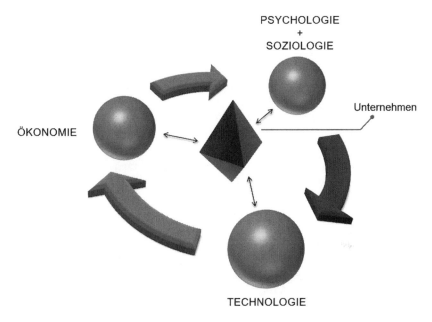

Abb. 2.1   Mehrdimensionalität der Digitalen Transformation

häufiger sehe ich in Unternehmen, dass unter Digitalisierung vor allem die Investition in Hard- und Software verstanden wird. Ohne solche geht es natürlich nicht. Wenn ich aber überall die besten technischen Lösungen habe und nicht weiß, wie ich damit und darin das Richtige anfange, dann bringt das nicht viel. Alle drei Dimensionen müssen weit und komplementär vorankommen!

> **Kernaufgabe der Digitalen Transformation**
> Notwendiger Anpassungsprozess an die Möglichkeiten des digital vernetzen Zeitalters, um wettbewerbsfähig zu bleiben!

Die Digitale Transformation verstehe ich folglich als den aktiven Umformungsprozess der vordigitalen, für die Rahmenbedingungen des Industriezeitalters optimierten Lösungen und Denkweisen an die Rahmenbedingungen des digital vernetzten Zeitalters. Dies geschieht in der Weise, dass hier die jeweils bestmögliche Kombination aus neuer Organisation, Prozessen, Werttreibern, Fähigkeiten und Rollenverteilung gesucht wird, die heute möglich ist. Dabei ist dies nicht nur ein rationaler Prozess, sondern einer, der zutiefst psychologisch-soziologische Aspekte berücksichtigen muss. Empathie für Kunden, Mitarbeiter und Partner ist somit gefragt, um ein ganzheitliches Change-Management zum Erfolg zu führen! Während die Anpassung in der Gesellschaft sich durch die Aktivitäten der einzelnen Akteure dezentral vollzieht, sehe ich dies für Unternehmen als einen überlebensnotwendigen, systematisch aktiv zu steuernden Prozess der Unternehmensführung und Unternehmensentwicklung an. Es geht schlichtweg darum, die Wettbewerbsfähigkeit auch nach einem Strukturbruch zu erhalten. Digitale Transformation ist also keine Frage des „Ob", sondern eine der Existenz. Ein Unternehmen, das diesen Prozess nicht vollzieht, wird im Wettbewerb verlieren.

„Das Internet ist für uns alle Neuland."
Angela Merkel, 2013

Die menschliche Dimension, neben der ökonomischen und technologischen, hat wiederum mehrere Facetten, von denen an dieser Stelle nur eine umrissen sei: Man muss erstmal begreifen und eingestehen, wo man selbst steht. Nach einer Revolution ist die Welt für alle eine andere, Altes ist hinweggefegt, Neues ist entstanden – für Menschen, die von der Welt davor geprägt wurden, ist naturgemäß vieles neu und ungewohnt. Die Bundeskanzlerin prägte für diesen Umstand dieses mittlerweile geflügelte Wort, das in weiten Kreisen der Digital-Szene ein wenig Verwunderung hervorrief, um nicht zu sagen, Spott erntete. Als Wirtschaftshistoriker bin ich gewohnt, Entwicklungen in lange Bahnen einzuordnen, und habe da eine differenzierte Sichtweise: ob etwas neu ist oder nicht, ist eigentlich nur eine Frage der Breite des betrachteten Zeitraumes.

Wann kam denn das Internet für „uns alle"?
Man kann von der Technikgeschichte kommend darüber sehr unterschiedlicher Meinung sein, genauso wie bei der Industrialisierung. Letztere kam für alle jedoch bestimmt nicht mit der ersten modernen Dampfmaschine in England im 18. Jahrhundert. Ich denke, ein paar wesentliche Meilensteine, die gleichzeitig den Charakter der „Vernetzung" aufzeigen, reichen als praktikables Verständnis. Ende der 1960er Jahre wurde mit dem „Arparnet" das Internet als vernetzte, statt lineare Kommunikationsstruktur in Kalifornien als Verbindung zwischen für das Verteidigungsministerium forschende Einrichtungen „erfunden". Später kam neben dem Militärischen auch noch das Wissenschaftliche hinzu: die knappen Rechnerkapazitäten von Forschern wurden über Netzwerke weltweit geteilt, der Kern dessen, was wir heute „Sharing Economy" nennen. Erst viel später,

Anfang der 1990er Jahre, startete das kommerzielle Internet, wuchs dann jedoch rasant und wurde durch Social Media und Smartphones in den letzten 15 Jahren nochmal auf eine völlig neue Stufe geschossen. Wenn Frau Merkel also rund 20 Jahre nach Start des Internets für uns alle, aber erst rund sechs Jahre nachdem die ersten iPhones ausgeliefert wurden, sagt, es sei „für uns alle Neuland", kann man dies individuell einordnen. Für mich selbst ist es jedoch am wichtigsten bzw. traurigsten, dass ich selbst 2020 noch kein ganzheitliches Transformationskonzept der Bundesregierung erkennen kann. Es fehlt also die konkrete Antwort auf die folgende Frage:

Was machen wir denn mit diesem Neuland? Wo stehen wir da?
Wo stehen wir da, wo wollen wir hin und wie kommen wir dahin? In der Folge eines fehlenden Standortkonzeptes werkeln mehrere Ministerien seit Jahren irgendwie herum – von 2013 bis 2018 habe ich im „Beirat junge digitale Wirtschaft" des Bundeswirtschaftsministeriums gesessen und dabei ein wenig Nähe zu politischen Prozessen schnuppern dürfen. Das hat nicht gerade dazu beigetragen, Vertrauen darauf zu haben, dass in der Regierung entschlossen, ganzheitlich und planvoll vorgegangen wird. Es scheinen dort die gleichen Probleme des Verstehens und Durchsetzens wie in großen privatwirtschaftlichen Unternehmen zu bestehen.

> ▶   Bei acht von zehn der wertvollsten Firmen an den weltweiten Börsen
> ist etwas „zum Anfassen" eher Nebensache!

Bevor ich mich auf die individuelle Ebene des Entscheiders und des Unternehmens stürze, seien ein paar Worte zu den übrigen einwirkenden Ebenen verloren. Wenn man sich die Liste der Top Ten der wertvollsten Firmen weltweit an den Börsen im Jahre 2020[3] anschaut, so fällt auf, dass nur eine Firma darunter ist, die schon vor zehn und vor 20 Jahren dort zu finden war, nämlich Microsoft. Diese hat mit den meisten der anderen Giganten der Liste, wie Amazon,

---

[3]Gemessen an den Zahlen von Ende Mai 2020 in Euro waren dies Microsoft, Apple, Amazon, Johnson & Johnson, Facebook, Alibaba, Tencent, Berkshire Hathaway und Visa. Genau genommen muss man auch den saudi-arabischen Energiekonzern Saudi Aramco dazuzählen. Dessen Firmenwert ist jedoch nur schwer zu beziffern, da 2019 nur ein Teil davon an die Börse kam. Der Wert wurde zwischenzeitlich auf über 2 Billionen US$ geschätzt, was die Firma vor Microsoft und Apple mit je 1,3 Billionen EUR (Stand Ende Mai 2020) zur wertvollsten weltweit machen würde.

Facebook, Alibaba oder Tencent, gemeinsam, dass Plattformen, datenbasierte Geschäftsmodelle oder Software die wesentliche Rolle spielen. Okay, bei Apple haben Sie zwar auch noch Geräte, aber was wäre das iPhone ohne die Apps aus dem App Store? Bei Google, Amazon und Facebook ist es offensichtlich genauso wie bei den in Europa immer noch weniger bekannten Alibaba und Tencent aus China – Plattformen, Daten und wenig Anfassbares zum Verkaufen. Deutsche oder europäische Unternehmen folgen irgendwann weit unten auf dieser Liste, dies sind jedoch keine Neulanderoberer, sondern klassische Industriefirmen. SAP ist dabei der einzige digitale Champion aus Deutschland, der irgendwo in die Nähe kommt.

Eine SAP ist besser als keine, aber das kann nicht der Anspruch der viertgrößten Volkswirtschaft der Welt sein!

Neben dem Betrachten derer, die schon so groß sind, hilft ein Blick auf die „Nachwuchsspieler", die sogenannten „Einhörner" oder „Unicorn"-Firmen. So nennt man noch recht junge Unternehmen, die auf eine Bewertung von über 1 Mrd. US\$ kommen, aber (noch) nicht börsennotiert sind. Wenn man sich diese Liste anschaut, so findet man weltweit 472 solcher Start-ups (Stand Mai 2020). Von diesen kommen gerade einmal 13 aus Deutschland. Gemessen an der Höhe der Bewertungen sind die deutschen Einhörner eher auf den hinteren Rängen zu finden – unter den größten 50 Einhörnern taucht jedenfalls kein einziges deutsches auf.[4] Die große Masse kommt aus den USA und China, Europa spielt hier insgesamt eine sehr untergeordnete Rolle. Macht ja nix, denn Deutschland hat ja die „Hidden Champions" des Industriezeitalters, die Weltmarktführer in ihrem Bereich, oder? Es ist richtig, dass wir die haben, das ist wirklich toll und soll nicht kleingeredet werden. Ich mache mir nur Sorgen, dass wir als Standort im digitalen Neuland eben kein Gigant wie im Industriezeitalter sind, sondern eher ein vielleicht mittelprächtiger Zwerg. Wenn man die Welt und die Wertschöpfung der Daten als wesentlichen Treiber des digital vernetzten Zeitalters versteht und wir unsere Position und unseren Wohlstand auch nur behaupten wollen, dann müsste das anders aussehen. Würden wir über Fußball reden, wäre die Botschaft:

Wir sind heute Weltmeister, aber wir gewinnen seit Jahren keine Nachwuchsmeisterschaft!

---

[4]Die Angaben weichen je nach Quelle leicht ab. Die hier genannten Zahlen basieren auf folgender Quelle: https://www.cbinsights.com/research-unicorn-companies (Stand: 30.05.2020, zugegriffen am 10.06.2020).

Ich bin mir sicher, Deutschland wäre in heller Aufruhr, wir würden volle Aufmerksamkeit auf Nachwuchsförderung und alle möglichen innovativen Konzepte lenken, die die Basis für die Zukunft legen. Bei unserer wirtschaftlichen Grundlage tun wir dies offensichtlich überhaupt nicht und hoffen, dass irgendwer auch noch in 20 bis 30 Jahren unseren schönen Sozialstaat bezahlen wird. Dass von unseren Industriechampions im normalen Strukturwandel viele verschwinden oder Wertschöpfung an Internetgiganten verlieren werden, ohne dass „was Digitales" nachkommt, scheint man einfach zu ignorieren. Ökonomische Nachhaltigkeit geht anders! Wie dem auch sei, halten wir an dieser Stelle nur fest: das Neuland zu erobern, überlassen wir zur Zeit anderen, Deutschland und Europa schauen den Amerikanern und Asiaten eher zu und beschränken ihren Beitrag zu oft auf kritische und moralisierende Anmerkungen, die nicht einmal im Alltag der eigenen europäischen Bevölkerung eine Rolle spielen.

Von Datenautobahnen bis Glasfaser
Wenn in Deutschland über Digitalisierung gesprochen wird, dann geht es zumeist um die Infrastruktur. Ist auch wichtig. Jedoch müssen wir hier nicht mehr darüber reden, denn die Lage ist eindeutig: Die viertgrößte Volkswirtschaft der Welt leistet sich hier seit Jahren eine geradezu erbärmliche „Performance". Egal, welche Vergleiche man heranzieht, ob es sich um Glasfaser im Haus oder mobile Datenübertragungsraten handelt, Deutschland ist immer abgeschlagen. Hier gibt es nix zu diskutieren, es bräuchte eine konzentrierte Kraftanstrengung, einen großen Sprung. Ein solcher wird auch immer wieder angekündigt, aber es passiert einfach nichts, was auch nur annähernd der Herausforderung entsprechen würde.

„Klar ist: 2018 sind dann auch alle lästigen Funklöcher in Deutschland geschlossen."
Bundesverkehrsminister Alexander Dobrindt (CSU), 2015

Die Gründe für den Infrastruktur-Rückstand sind vielfältig und mittlerweile eher in bürokratischen Hürden statt Mangel an Geld zu sehen. Da sie aber von Unternehmen kaum zu lösen sind, könnte es an dieser Stelle mit einer „Es ist einfach eine verantwortungslose Unverschämtheit"-Botschaft an die Politiker in Bund, Ländern, Gemeinden getan sein, denn Infrastruktur ist eine staatliche Aufgabe.
   Auf Politiker schimpfen, bringt uns hier leider nichts. Ich wende mich lieber dem zu, was der Einzelne und jede einzelne Firma tun kann und muss, vorausgesetzt, er/sie hat die digitale Infrastruktur: Die digitale Transformation unserer Unternehmen, unseres Landes, unserer Gesellschaft und unseres Kontinents in einer digital vernetzten Welt inhaltlich ganzheitlich zu begreifen.

Das ABC der Veränderung

Ziellos handeln, war noch nie besonders hilfreich, und wenn man ein Ziel erreichen will, sollte man wissen, wie man dorthin kommt. Dieser Weg zum Ziel schimpft sich formell im Management „Strategie".

Eine Veränderung in Unternehmen zielgerichtet und mit Strategie aktiv zu gestalten, heißt neudeutsch „Change-Management". Dafür muss man zum einen wissen, wo man heute steht, und zum anderen, wo man hinmöchte. Wissen alleine reicht aber nicht, um auch anzukommen. Man braucht mindestens drei Elemente für eine sehr einfache, aber funktionierende Formel:

A) Einheitliches Verständnis: Was passiert warum und welche Konsequenzen hat es?

B) Konfliktidentifikation: Welche Hürden sind zu nehmen?

C) Problemlösung: Überwindung der Hürden durch empathische Führung

> Change-Management = Wissen + Empathie

Fangen wir also mit dem Wissen an! Um das Wissen zu A und B ein wenig konkreter hinsichtlich des digitalen Strukturwandels zu spezifizieren, helfen drei Listen mit notwendigen Fragen bzw. Informationen und Antworten, über die Klarheit bestehen sollte:

1. Was geschieht im digitalen Strukturwandel und warum? Welche sind dabei die wesentlichen und bleibenden Entwicklungen und Treiber dahinter und welche sind es nicht?

2. Auf welche Art und Weise muss eine Anpassung daran auf Ebene der Unternehmung und der des Einzelnen geschehen?

3. Welche Hürden und Lücken bestehen, die überwunden und geschlossen werden müssen, um diese Anpassungen zu erreichen?

Vor allem werden Sie in diesem Buch für die erste Fragenliste sehr viele Inhalte finden. Für die beiden anderen gibt es viele Hinweise, die dann für jede Organisation gegebenenfalls spezifiziert werden müssen. Wichtig ist, dass nicht nur Sie oder ein paar Spezialisten diese Listen verinnerlicht haben müssen. Genau hieran mangelt es meiner Erfahrung nach, deswegen fangen wir genau damit im Folgenden an.

Teil II
Das Grundlagenwissen zur Netzwerkökonomie und zum Change-Management

Die neue ökonomische Logik und ihre wesentlichen Werttreiber als neue Rahmenbedingungen für alle Branchen – Netzwerkökonomie

3

Was ist das wirklich Revolutionäre an diesem „Neuland", wie Frau Merkel es nannte? Also das, was das gelernte „Regime" – die Möglichkeiten und Rahmenbedingungen des Industriezeitalters – grundlegend verändert, vieles davon entwertet und neue Werttreiber schafft?

> *„Ach so, natürlich tausendmal gehört: Big Data und so...und Künstliche Intelligenz...aber auch, wie wichtig der Datenschutz dabei ist."*

Ein bisschen mehr als Schlagwörter wäre schon hilfreich. Und deren Einordnung noch mehr. Ich möchte mich im Sinne meiner Maßgabe einer Kurzanleitung auf die meiner Meinung nach wirklich wesentlichen Aspekte beschränken, diese vertiefen und von mehreren Seiten betrachten. Damit kommt man, als Ganzes zusammengefügt, schon sehr weit, sie stellen oft das „vor der Klammer" dar, in das man vieles andere reinpacken kann.

Übersicht

Netzwerkökonomie =
Daten von allem und allen, die in ungeheurem Ausmaß dezentral erstellt werden
+
Vernetzung von allem und allen in alle Richtungen und in nahezu Echtzeit zu minimalen Kosten

---

Diese Bestandteile schauen wir uns in den folgenden Kapiteln genauer an, sie sollten immer komplementär zusammengefügt verstanden werden.

3.1   Das Daten-Öl und die Erweiterung des Industrieprodukt-Blickwinkels

Die Menge der von Menschen produzierten und messbaren Daten hat eine wirklich gigantische Explosion von Volumen und Qualität hinter sich. Und sie wächst ständig in Dimensionen weiter, die wir uns vor wenigen Jahren nicht haben vorstellen können. Wir alle produzieren das, wenn wir uns unserer vernetzten Geräte bedienen: Google-Suchen, WhatsApp-Nachrichten, Videos auf YouTube oder Netflix schauen, schnell noch einen Facebook-Post oder eine Insta-Story erstellen oder einfach nur unser Smartphone anschalten, das permanent Standort-Daten sendet. Neben dem reinen Volumen ist entscheidend, dass die Daten digital über Smartphones auf individueller Ebene zeitlich und lokal identifizierbar und oft sozial verknüpft sind. Dies hat erheblichen Einfluss auf die neue Qualität solcher „unstrukturierten"[1] Daten und damit auf deren Möglichkeiten einer wertschöpfenden Verwendung.

Menschen und Dinge
Hinzu kommen die reinen Maschinendaten des Internets der Dinge: Auch wenn dieses gerade erst losgeht, in der Theorie kann bald jedes Atom dieses Planeten mit entsprechender Sensorik ausgestattet werden und eindeutig identifizierbar senden, empfangen und wiederum mit Daten von Menschen kombiniert werden. Daten sind jedoch kein Selbstzweck, sondern erst richtig eingesetzt sind sie der wirklich neue „Game Changer" bzw. die Sprunginnovation des digital vernetzten Zeitalters. Nicht richtig verwendet, stellen die ungeheuren Datenmengen sogenannte „Dark Data" oder, weniger höflich formuliert, einfach nur „Schrott" dar, der unnötig Kosten verursacht und die Umwelt belastet.[2] Von ca. 2005 an habe ich rund zehn Jahre lang Marktforschung gelehrt und wenn

---

[1]Unter „unstrukturierten" Daten versteht man solche, die nicht in einem systematischen Prozess in vordefinierte Felder einer Marktforschung erhoben werden. Sie entstehen mehr oder weniger beiläufig und können gemessen werden.

[2]https://blog.wiwo.de/look-at-it/2020/04/22/dark-data-unternehmen-kennen-bei-der-haelfte-ihrer-daten-weder-inhalt-noch-wert/ (zugegriffen am 10.06.2020).

ich meine Unterlagen von damals herauskrame, muss ich schmunzeln. Der Aufbau leistungsfähiger „Marketing-Informationssysteme" der Marktforschung zur besseren Unterstützung von Management-Entscheidungen war damals auch schon das Nonplusultra der Wettbewerbsfähigkeit. Das Level an Methodik, Quantität, Qualität und Geschwindigkeit bezüglich Daten erscheint im Vergleich zu heute jedoch geradezu antik.

Die Daten-Mensch-Maschine-Kombination als neuer elementarer Werttreiber!

Wenn man also die neue Dimension dieser Datenquantität und -qualität zusammenfassen möchte, formuliere ich dies gerne als:

1. Kernsatz der Netzwerkökonomie
Daten liefern die Grundlage für Wettbewerbsfähigkeit: Die heutige Datenverfügbarkeit unstrukturierter Daten stellt die größte Echtzeitmarktforschungsmöglichkeit aller Zeiten dar. Das „Digitale" daran ermöglicht die schnelle und einfache Sammlung, Auswertung und Verwertung riesiger und hochwertiger Datenmengen – zunehmend automatisiert und konstant verbessert mithilfe von Methoden künstlicher Intelligenz. Aus „Big Data" müssen also „Smart Data" gemacht werden, bevor sie einen wirklichen Wert statt nur Datenschrott darstellen. Das Ausspielen wiederum an den jeweiligen Entscheider zur richtigen Zeit am richtigen Ort unterstützt diesen dabei, schnellere und bessere Entscheidungen in den Augen der anderen Marktseite zu treffen.

Leider haben wir in Deutschland eine sehr „exklusive", d. h. für andere kaum nachvollziehbare Sichtweise auf das Thema Daten. Es mag historische Ursachen durch Erfahrung mit Überwachungsstaaten oder andere Gründe haben: Sobald man das Wort „Daten" nur ins Spiel bringt, wird hierzulande reflexartig auf Risiken, Überwachung, Aushorchen, Manipulation und sonstige negative Möglichkeiten hingewiesen.

Deutscher „Datenschutzfimmel" ist zu einseitig
Diese Sichtweise betont die Risiken und mahnt an allen Ecken und Enden die Einschränkung einer „Datensammelwut" an. Ich plädiere für eine neutralere Sicht auf die Dinge: Daten können grundsätzlich gebraucht oder eben missbraucht werden. Letzteres umfasst Vorgänge, von denen ich nicht möchte, dass sie mit

meinen Daten geschehen, die mir also nicht zugutekommen, mir nicht nützen. Klar, dies soll und muss verhindert oder eingeschränkt werden. Und das ist alles andere als einfach.

Zwei Seiten einer Medaille!
Daten können aber eben auch gebraucht werden, um mir bessere, individuell passende Lösungen, Prozesse und Produkte anzubieten, die mir also auch nützen. Sollten wir das verhindern? Sowohl aus volkswirtschaftlicher Perspektive als auch meiner Kundenperspektive sage ich: Nein! Wenn Sie gerade in Köln sind und „Restaurant" auf Ihrem Smartphone googlen, bekommen Sie keine Restaurants in Rom angezeigt, weil Google dank der Standortdaten weiß, wo Sie sind. Ist dies nun gut oder schlecht? Ich denke, es ist grundsätzlich gut, da es Suche und Orientierung vereinfacht und beschleunigt. Wenn ich dies, aus welchen Gründen auch immer, nicht möchte, muss ich die Möglichkeit haben, dies abzuschalten und komplett ohne Hintertür zu verhindern. Ich muss die Wahl haben und damit über die sogenannte „informelle Selbstbestimmtheit" verfügen. Aber deswegen sollte doch nicht auch für alle, die die Vorteile wollen, die Möglichkeit von vornherein eingeschränkt oder mit unzähligen Informationspflichten versehen werden, die kaum einer je gelesen hat! Deswegen ist der Leitgedanke der „Datensparsamkeit", der mittlerweile maßgeblich von Deutschland auf Europa übertragen und in der Datenschutzgrundverordnung „DSGVO" gesetzlich fixiert wurde, einer Wertschöpfung hinderlich. Die Möglichkeit der Marktkenntnis und des nutzenstiftenden Gebrauchs wird zur Verhinderung des Missbrauchs gleich mit eingeschränkt. Bevor jetzt sofort die reflexartigen deutschen Emotionen losgehen, sei klargestellt:

1. Bitte nicht Datensicherheit und Datenschutz in einen Topf werfen. Sichere Sammlung, Verwahrung und Verwendung muss gewährleistet sein!
2. Datenschutz im Sinne von staatlich für alle geregelter Datensparsamkeit entspringt eher dem Grundgedanken des Datenschutzes aus den 1970er Jahren, als es darum ging, den Bürger vor den Informationsgelüsten des Staates zu schützen. Die Vorstellung, dass Menschen einmal massenhaft freiwillig und zu ihrem Eigennutz ihre Informationen, wo sie gerade sind, was ihnen gefällt und was sie machen, teilen, war damals noch sehr weit weg. Die informelle Selbstbestimmtheit regelt sich für viele der Generation Y und jünger jedoch eher danach, ob sie ihre Oma bei Instagram zugelassen, aber ihre Mutter geblockt haben. Dies sollte man respektieren und nicht paternalistisch vorschreiben, was nicht gemacht werden darf.

Aber wenn jemand anderer Meinung ist als ich: selbstverständlich gerne. Mir geht es lediglich darum, vom Ergebnis für den Standort Deutschland her zu denken und die eigene Meinung nicht darüber zu stellen. Deswegen sei festzuhalten:

> *Nur, wer die Daten hat, der kann sie gebrauchen, um damit bessere Produkte in den Augen der besser bekannten Nutzer anzubieten.*

Er kann sie auch missbrauchen und das muss verhindert werden. Es liegt aber letztendlich auch im Interesse eines Anbieters, der seine Nutzer nicht vergraulen, sondern behalten möchte. Wer die Daten nicht hat, kann sie nicht missbrauchen, aber eben auch nicht gebrauchen! Im Endeffekt ist er im Wettbewerb unterlegen. Punkt! So einfach ist das leider manchmal doch. Auch der Hoffnung so mancher, der deutsche Datenschutz werde noch einmal ein Exportschlager, begegne ich seit Jahren mit empirisch sehr eindeutig anders lautenden Ergebnissen. Für mich deutet auch nichts darauf hin, dass sich dies in absehbarer Zeit ändern würde. Andernfalls wären Firmen mit diesem besonderen Merkmal am Markt erfolgreich. Trotz aller Vorwürfe von Politikern und klassischen Medien, trotz aller Datenschutzskandale sind auch in Deutschland und ganz Europa sämtliche lokalen Anbieter eher in den hinteren Reihen zu finden, wenn es sie überhaupt noch gibt. Die Europäer nutzen die Internetgiganten aus den USA und zunehmend sogar aus dem datenschutztechnisch noch bedenklicheren China. Nein, die deutschen Datenschutzvorstellungen waren und werden wohl auch kein Faktor, der im Wettbewerb deutlich hilft! Noch einmal: Egal, wie man das findet, ich schaue rein auf die Zahlen der Nutzung und wenn die eigenen Bürger freiwillig die Hüllen fallen lassen und zur anderen Seite laufen, sollte man sich vielleicht doch mal fragen, ob die individuellen Vorstellungen auch die der eigenen Bevölkerung sind. Nur mal so.

Datengetriebene Plattformmodelle und deren Marktkenntnis

Die weltweit agierenden Internetgiganten, von Google über Facebook bis Tencent, verdienen den Großteil ihrer Milliarden mit diesen Daten, also mit Marktkenntnis, die sie entweder selbst zu Geld machen oder andere für deren Nutzung bezahlen lassen. Sie haben kaum etwas „zum Anfassen", anders als die vielen erfolgreichen Maschinen- oder Autobauer, Lebensmittelhändler oder Landwirte. Diese Unternehmen werden meist als Beispiele für die „Plattformökonomie" genannt, weil sie ganzheitlich vernetzte Plattformen oder ganze Ökosysteme bilden, statt sich auf lineare Geschäftsmodelle des Industriezeitalters zu reduzieren. Diese Darstellung ist vollkommen richtig! Ich möchte dies jedoch ein wenig erweitern und mich übergreifender vor allem auf Daten als Werttreiber und den Übergang zur Netzwerkökonomie als Folge massiv gesunkener Transaktionskosten konzentrieren.[3] Ich habe mit dieser Art der Erklärung in meinen Vorträgen und Workshops bessere Ergebnisse erzielt bzw. gemerkt, dass dies den Zuhörern die größte Erkenntnis bringt.

„Daten sind das Öl des 21. Jahrhunderts."

Dieser Satz ist mittlerweile von so vielen Menschen genutzt worden, dass es wenig Sinn macht, ihn einem Einzelnen zuzuordnen. Es ist eines dieser geflügelten Worte, die sinnbildlich für die Digitalisierung stehen. Mein Eindruck ist jedoch, dass er zwar oft benutzt wird, aber nur die Wenigsten ihn tatsächlich pragmatisch mit Leben füllen. Wenn Daten das Öl sind, dann kann man dies im Sinne des Schmierstoffs, des Antriebs interpretieren und liegt damit bestimmt nicht falsch. Ich will jedoch einen Aspekt herausgreifen, der einen Blickwinkel eröffnet, der speziell in Deutschland zu kurz kommt.

Öl oder Öllampe
Einer der erfolgreichsten Menschen des damals jungen Ölzeitalters war J.D. Rockefeller (1839–1937). Sein Erfolg als Ölmagnat basierte unter anderem darauf, dass er den Menschen Öllampen schenkte oder zu sehr günstigen Preisen verkaufte. Auf diese Weise hatten die Menschen jetzt Öllampen und konnten und mussten immer wieder entsprechendes Öl dafür kaufen. Durch diese Anfangsinvestition bzw. Subvention der Öllampen hatte Rockefeller sich dauerhaft und nachhaltig Ölkäufer gesichert. In so mancher Marketing-Vorlesung wird dies als „Rockefeller-Prinzip" gelehrt und in vielen Branchen verwendet. Den meisten von uns ist dies in entsprechender Abwandlung wahrscheinlich vom Smartphone-Vertrag geläufig: das zumindest optisch zum symbolischen Preis subventionierte Gerät wird zum Telefon-/Datenvertrag dazugegeben. So ähnlich müssen die datenbasierten Geschäftsmodelle in entsprechender Analogie zum Rockefeller-Prinzip auf die Welt schauen. Wir wollen Öl einsammeln, also Daten (= Marktkenntnis), und damit später Geld verdienen. Dafür müssen wir den Menschen zuvor Öllampen kostenlos/kostengünstig abgeben. Wenn wir dann ihre Daten haben, können wir diese sammeln, analysieren und an vielen anderen Stellen nachhaltig verwerten. Für diese Sichtweise („Ich gebe Dir eine Öllampe,

---

[3]Genaueres zu Transaktionskosten in Abschn. 3.2.1.

Du mir Deine Daten, die mein Öl sind, und mit diesem Öl verdiene ich dauerhaft Geld") sind viele, oft „böse" Interpretationen geschaffen worden.

„Wenn Du nicht dafür bezahlst, bist Du nicht der Kunde, sondern das Produkt, das verkauft wird."

So oder so ähnlich heißt es in vielen Varianten. So menschlich diese Interpretationen der Sichtweise auch sein mögen, ich halte sie nicht für besonders zielführend und plädiere für eine emotionsfreiere Sichtweise. Sonst verhagelt es nur den klaren Blick und vernachlässigt, dass niemand ausgepeitscht wird, um diese Dienste zu nutzen. Es geschieht, soweit ich weiß, auf ganz freiwilliger Basis und somit finde ich persönlich die Opferrolle solch einer Formulierung unangebracht.

„Die verkaufen Ihre Daten!"

Meiner Meinung sind es genau solche Zitate von Politikern, aber auch von vielen Kunden, die das weit verbreitete Unverständnis für diesen Aspekt des Werttreibers Daten verdeutlicht. Dabei wird das alte Geschäftsmodell eines einfachen Adresshändlers eins zu eins auf die Digital-Champions von heute übertragen. Früher hast Du an einem Gewinnspiel teilgenommen und musstest dafür auch zustimmen, dass der Gewinnspielveranstalter deine Daten an andere verkauft, die Dich dann mit Werbung bombardierten. Nur weil Du zugestimmt hast und weil sie glauben, z. B. wegen Deines Wohnortes, Alters oder Geschlechtes könnte ihre Werbebotschaft zu Dir passen. Eine solche Analogie wäre jedoch zu einfach und würde dem Charakter des „Digital-Öls" Daten nicht gerecht. Dieses Öl wird nicht einmalig erhoben, verkauft und muss damit, wie der Verbrauchsstoff Öl, wieder neu beschafft werden. Hier ist das Ganze viel intelligenter, nachhaltiger und eher kontinuierlich wertsteigernder: Jede Suche bei Google, jeder „Gefällt mir"-Klick bei Facebook oder jeder Sprachbefehl an Amazons Alexa kann als Anlass interpretiert werden, Daten – also Öl – abzuliefern. Je mehr „Öllampen" (= Anlässe, Daten zu erheben), desto besser ist es aus Sicht der Datensammel-Unternehmen. Die Daten werden gesammelt, ausgewertet und bilden einen immer größer und wertvoller werdenden Schatz an Marktkenntnis und damit Marktmacht. Das heißt, diese Firmen verstehen immer mehr, wer diese Milliarden von Nutzern sind, wo sie sich bewegen, was ihnen und ihren Bekannten gefällt, was sie suchen etc. Diese Unternehmen wären im Leben nicht so dämlich, dieses Juwel einfach so zu verkaufen wie ein Adresshändler früher! Sie lassen bestenfalls andere Unternehmen gegen eine entsprechende Nutzungsgebühr begrenzt an diesem Schatz der Marktkenntnis partizipieren. Im Kern geht es also, wie schon benannt, um die größte Marktforschung aller Zeiten, ein Riesenbatzen an Marktkenntnis. Dies wird oft „Big Data" genannt. Daten alleine sind aber meistens noch Rohöl, also kein verwertbares Öl.

▶   Aus Big Data smarte Daten machen – DAS ist das verwertbare Öl.

Und damit geht es nicht um Daten an sich oder „digital" oder so etwas, es geht schlichtweg um das, worum es immer schon ging im Wettbewerb: Schneller bessere Entscheidungen in den Augen der anderen Marktseite treffen zu können und sich damit gegen den Wettbewerber durchsetzen zu können. Und diesen Schlüssel, diesen Schatz, diesen Werttreiber, der mit jedem Klick immer wertvoller wird, den haben diese datengetriebenen Unternehmen zuallererst im Sinn. Die vielen Dienste und Produkte, die sie ohne Gebühren oder nur gegen Herstellungskosten oder quersubventioniert abgeben, sind lediglich Öllampen, also Anlässe, Daten zu generieren, die zusammengefügt mit anderen immer wertvoller werden und nur über diesen langen Zeitraum die heutigen Kosten rechtfertigen.

Zwei Sichtweisen auf das gleiche Produkt!
Diese längerfristige Perspektive eröffnet eine völlig andere Sichtweise auf diesen einzelnen Anlass und die Kosten, die man dafür als Unternehmen haben kann sowie auf die Fristigkeit, mit der diese Kosten wieder verdient werden müssen. Anders ausgedrückt: Wie fand denn der Öllampenhersteller das Rockefeller-Prinzip? Kurz gesagt: nicht gut. Er sieht in der einzelnen Öllampe seine einzige Erlöskomponente, für die er Kosten hat, die möglichst kurzfristig und ganzheitlich über den einmaligen Verkauf wieder hereinkommen müssen. Dies muss nicht unbedingt ein besseres oder schlechteres Geschäftsmodell sein, es ist eben ein völlig anderer Blickwinkel auf die Dinge. Aber eben ein entscheidender. Viele Unternehmen, besonders in Deutschland, haben eine erfolgreiche Historie als „Öllampenhersteller". Sie bauen sensationelle Autos oder hochqualitative Maschinen und machen dies schon seit Langem sehr erfolgreich. Dies ist anzuerkennen, hindert meiner Erfahrung nach jedoch den Blick auf das Datenmodell der Neulanderoberer: man überträgt seine gelernte Sichtweise mit Kosten für Produktion und Vertrieb für die Öllampen auf das Geschäftsmodell und versteht es nicht bzw. glaubt, das könne nicht sein oder sei wettbewerbswidrig – so wie der Öllampenhersteller auch dachte. Mir geht es nicht darum, eine Wertung hereinzubringen, ob das eigene Geschäftsmodell gut oder schlecht ist, ob man Öllampenhersteller ist oder eben nicht und eher Öl generieren will. Vielmehr sollen alle Blickwinkel und damit das gesamte vor einem liegende

Marktfeld verstanden werden, damit man die Lage und Entwicklung ganzheitlich beurteilen kann, um dann seine eigenen unternehmerischen Entscheidungen darin treffen zu können.

Eine Frage des Zeitraums: wann muss Geld verdient werden?
Zusammengefasst lassen sich die Unterscheide in den Blickwinkeln und Geschäftsmodellen wie folgt interpretieren: Für datengetriebene Unternehmen geht es vor allem darum, zu möglichst vielen Anlässen Daten einzusammeln, zusammenzufügen und zu interpretieren, um den Besitz der Marktkenntnis anzureichern und langfristig in vielen Situationen diese Marktkenntnis und Marktmacht verwerten zu können. Für ein physisch getriebenes lineares Geschäftsmodell hingegen geht es eher darum, ein Produkt zu produzieren und die dabei entstandenen Kosten mit einer möglichst hohen Marge über Verkäufe wieder hereinzuholen. Oft sind die Produktzyklen lang und es soll mit jedem Verkauf möglichst ein Stückertrag erzielt werden. Natürlich kann in einem breiten Produktportfolio oder langem „Customer Lifetime Value"[4] mal ein quersubventioniertes Produkt dabei sein, aber dies ist eher die Ausnahme als die Regel. Sicherlich lassen sich viele andere Fälle finden, das soll uns aber nicht vom Kern der Überlegung abhalten, die unterschiedlichen Perspektiven auf Kosten, Erlöskomponenten und Fristigkeiten zu betrachten.

Und SIE persönlich?
Geben Sie Ihr Daten-Öl her? Und kann man damit Schlimmes machen? Aushorchen? Manipulieren? Oft schaue ich bei meinem Publikum in Gesichter, als wollten sie sagen, dass sie selbst das ja so nicht machen. Mein Lieblingsbeispiel, um dies zu widerlegen, ist Google-Maps.

Haben Sie schon einmal Google Maps genutzt?

Auf diese Frage ernte ich meist Gelächter, denn natürlich hat dies so gut wie jeder schon getan, in meinem Publikum regelmäßig zwischen 95 % und 100 %. Warum sie das tun, ist auch klar: der Dienst funktioniert und ist für den Anwender kostenlos. Kein Mensch hinterfragt dabei, dass er selbstverständlich Google Daten über Standort und Ziel geben muss – wie sonst sollte Google jemanden navigieren können? Dieser Service verursacht selbstverständlich Kosten,

---

[4]Diese Sichtweise zielt darauf ab, den Gesamtwert eines Kunden für die Firma über die gesamte Zeit, in der er Kunde sein wird, zu betrachten.

diese trägt aber eben Google für die Nutzer, denn aus der Sicht von Google ist dieser Dienst eher eine Öllampe, ein Anlass, Daten anonymisiert oder extrem personalisiert sammeln, anreichern und später nachhaltig verwerten zu können. Richtig. Und Ihre Konsequenzen?

> *„Wir alle hier sind Datenlieferanten und dafür, dass wir permanent diese Daten liefern, kriegen wir aber gar nichts bisher. Und andere verdienen schön daran."*
> Angela Merkel, 2018

Dieser Satz fiel, als die Bundeskanzlerin die Besteuerung von Daten anpreisen wollte. Leider ist er ziemlich populistisch und zeugt bestenfalls von einem schlecht aus dem Industriezeitalter übertragenen Verständnis der Situation. Ach was, ich nenne das Kind beim Namen: er ist schlichtweg falsch. Zum einen wird niemand gezwungen, irgendeinen Dienst von Google oder sonst wem zu nutzen, Sie selbst tun dies freiwillig. Zum anderen bekommt er auch etwas dafür, nämlich im Fall von Google Maps ein hervorragend funktionierendes Navigationssystem. Die Leute sind doch nicht komplett blöd, sie bekommen etwas, nämlich, dass sie nicht mehr wie früher für Straßenkarten oder Navigationssysteme bezahlen müssen, die dazu oft veraltet und umständlich waren. „Aber man bezahlt mit seinen Daten?!" Das kann man so sehen, aber wie sähe die Alternative aus? Man könnte ja ein kostenpflichtiges Navigationssystem nutzen und dafür eben in barer Münze bezahlen. Jeder hat die Wahl, das so wie früher zu machen. Die meisten meiner Zuhörer haben sogar vergessen, wie sie vor Google Maps navigiert haben – dieser Service ging übrigens 2005 an den Start. Kann man Google und Co. dafür verantwortlich machen, dass den Nutzern nicht klar ist, was da passiert? Darüber ließe sich diskutieren, ich schätze aber, dass sich das Nutzungsverhalten kaum ändern würde, wenn man alle und jeden bis ins Detail immer wieder informieren würde. Der „Deal" stimmt unterm Strich einfach. Das gleiche Spiel könnten Sie jetzt für Amazon, Facebook, WhatsApp oder sonst einen dieser Internetdienste in Analogie durchspielen.

> *Wie fanden die Hersteller der Karten und Navis es eigentlich, dass Google den Dienst Google Maps kostenlos anbot?*
> *Wo war Ihre Moral und Ihr Beistand?*

Richtig, diese fanden die neue Konkurrenz nicht gut! Hat es die Nutzer wie Sie interessiert? Nein, es war ein super Angebot. Spätestens jetzt, wo Ihnen bewusst wird, dass der Dienst für Google nur eine Öllampe ist, um Ihr Öl zu sammeln, wie fühlen Sie sich da? Vielleicht mulmig! Werden Sie aufhören, den Dienst zu nutzen? Wahrscheinlich nicht, weil Sie eventuelle Nachteile oder Risiken nicht spüren. Kann damit mal was Schlechtes gemacht werden? Ja, klar. Ist das passiert? Vielleicht, aber wahrscheinlich nicht von Ihnen gefühlt, und nur dies ist entscheidend für Ihre Handlung.

Was ist Ihr Produkt?
Um die Praxisrelevanz der Unterschiedlichkeit der geschilderten Perspektiven weiter zu verdeutlichen, seien einige Beispiele aus früheren Workshops erläutert, die mir exemplarisch die Problematik speziell der deutschen Sichtweise verdeutlichen. Teilnehmern aus der Luftfahrbranche zeigte ich vor einigen Jahren als Übung einen Artikel, in dem ein andere Airline ankündigte, bald Flüge für 0 € anzubieten. Was meinen Sie, wie die gelernten Denkmuster versuchten, diese Meldung zu erfassen? Es war ganz menschlich, ganz typisch und exemplarisch für das Problem, mit alten Mustern neue Blickwinkel erfassen zu wollen: „Das kann ja nicht funktionieren ... die haben doch Kosten für Personal, Kerosin, Slots, Flugzeuge etc. ... das ist Dumping ... da muss die Wettbewerbsbehörde einschreiten!" Wie gesagt: verständlich, aber nicht hilfreich. Dies wird deutlich, wenn man den Erklärungstext zur Meldung liest, in dem die Fluglinie zitiert wird mit:

Sie will das Amazon der Luftfahrt werden!

Konkret bedeutet dies nichts anderes, als dass sie – zumindest laut der damaligen Meldung – den Flug nicht mehr als das wesentliche Produkt, sondern eher als Anlass betrachtet, um im Vorfeld, während des Fluges und danach Daten der Kunden zu generieren, diese besser zu verstehen und später an zig anderen Stellen nachhaltig Erlöse mit diesem Wissen zu erzielen. Der Flug als das frühere Produkt ist somit zur Öllampe geworden, die man kostenlos abgeben kann, um später mit dem Daten-Öl Geld zu verdienen. Die Kosten der Herstellung der Öllampe sind eine Quersubventionierung, die man eben befristet in Kauf nimmt. Man kann es auch vereinfacht so erklären, dass die Öllampenhersteller und die Datensammler eine völlig andere Customer-Lifetime-Value-Betrachtung haben.

Wer hat die besten Autos? – Eine entscheidende Ergänzung des Blickwinkels!
Ein weiteres Beispiel für die „Tragik" der unterschiedlichen Blickwinkel beobachtet man, wenn man sich die Aussagen von Top-Entscheidern der deutschen Automobilindustrie in den letzten Jahren anschaut. Da war lange der Tenor zu hören, man habe keine Angst, dass Apple oder Google bessere Autos bauen als wir. Wir machen dies schließlich seit über hundert Jahren. Dies ist durchaus richtig und wenn ich mir dieses kleine erste Google-Auto anschaue, so verblasst es doch zumindest optisch gegenüber den meisten deutschen Autos. Aber worüber redet man da eigentlich, wenn man über ein Auto redet? Meiner

Wahrnehmung nach hatten die meisten meiner Kunden aus dieser Branche immer den „Use-Case", also den „Normalfall der Nutzung" eines Autos im Kopf: „ich fahre in meinem Auto". Symptomatisch läuft da wohl meist im Hinterkopf der frühere Slogan von BMW ab:

„Freude am Fahren."

Und dazu vielleicht noch eine wunderbar gerade und freie Straße, dann wäre die Situation perfekt! Dies ist in keinster Weise verwerflich. Wenn man aber an die Millionen von Pendlern denkt, die jeden Tag Stunden ihres Lebens im Stau verschwenden, dürfte sich die Frage nach der Freude am Fahren erübrigen. Mit anderen Worten: Google bzw. der Mutterkonzern Alphabet dürfte bei seinen Autos vor allem an diese Stau-Genervten denken, denn keine andere Firma hat so viele Testkilometer mit selbstfahrenden Autos absolviert wie die Alphabet-Tochter Waymo. In der Diskussion in Deutschland sehe ich in den letzten Jahren vor allem die Frage nach dem Antrieb im Mittelpunkt, also ob die Autos mit Benzin- oder Elektromotor fahren. Ich halte diese Debatte im langfristigen Kontext eher für nebensächlich, wenn es um die entscheidenden Meilensteine des Transportes geht. Entscheidend wird eher „selbst fahren" oder „selbstfahrend" sein. Geradezu irrwitzig empfinde ich die Argumentation über den Spaß, die Freude am Fahren. Klar gibt es viele Menschen, die unheimlich gerne Auto fahren. Ich mache dies vielleicht auch „mal", aber eben als Ausnahme, nicht als Normalfall. Gerne vielleicht mal mit einem Sportwagen auf dem Nürburgring (habe ich noch nie gemacht, könnte es mir aber vorstellen. Tatsächlich habe ich seit ein paar Jahren kein Auto mehr).

Warum sind auf den Vorstandsebenen großer Unternehmen wohl Chauffeure für das Top-Management zu finden?

Genau, weil man, wenn man nicht selbst fahren muss, in dieser Zeit etwas anderes machen kann – sich erholen oder arbeiten. Genau mit den hohen Opportunitätskosten[5] werden Fahrer für Top-Entscheider ja gerechtfertigt, sie können diese Zeit eben produktiver für etwas anderes einsetzen. Was wäre,

---

[5]Unter Opportunitätskosten versteht man den alternativen Nutzen oder die alternativen Gewinne, die man nicht realisieren konnte, weil man sich nur für eine von mehreren Möglichkeiten entscheiden kann. Wenn man z. B. gerade einen Film im Kino schaut, entgeht einem der Nutzen für alle anderen Möglichkeiten des Zeitverbringens, die man deswegen gerade nicht wahrnehmen kann.

wenn dies nicht nur für Vorstände, sondern aufgrund sehr niedriger Kosten für jeden normalen Menschen möglich wäre – er könnte, ohne selbst zu fahren, regelmäßig von A nach B in einem selbstfahrenden Auto sitzen und eben, wenn er Lust dazu hat, selbst fahren – aber eben nur dann. Letzteres wäre dann aber nicht der Normalfall des Transports, sondern der seltenere Vergnügungsfall. Und was würden die Menschen in der Zeit wohl tun, in der sie nicht mehr selbst fahren müssen? Klar, einige würden ein gutes Buch lesen oder einfach aus dem Fenster gucken oder schlafen. Sehr viele würden aber digital vernetzt von dort aus arbeiten oder kommunizieren und damit Daten-Öl hinterlassen. Und genau um diesen Aspekt geht es wahrscheinlich auch Google und Co. Man könnte selbstfahrende Autos – egal ob auf Kauf- oder auf Mietbasis wie heute schon bei Carsharing-Diensten – sehr günstig oder im Extremfall kostenlos zur Verfügung stellen, wenn man dafür den Datenschatz immer weiter anreichern kann. Dies bedeutet, dass für Google die Entwicklungs- und Herstellungskosten dabei nicht so entscheidend sind, denn die werden an anderer Stelle langfristig verdient. Mit anderen Worten: Sie sitzen in Googles selbstfahrender Öllampe und freuen sich, dass ihre Nutzungskosten, um von A nach B zu kommen, sinken und sie gleichzeitig etwas anderes machen können. Ich denke, sehr viele Nutzer würden sich darüber freuen.

Falsche Reaktion wegen eines anderen Blickwinkels!
Und wie haben die klassischen Automobilhersteller als Öllampenhersteller lange darauf geschaut? Genau, genauso wie die anderen Airlines auf die kostenlosen Flüge: „Aber die haben doch Produktionskosten, Händlermargen etc. ... das ist Dumping ... hole jemand die Wettbewerbsbehörde". Ich will die Wertung, ob dies gut oder schlecht ist, sein lassen, wir müssen einfach nur sehen, dass hier völlig andere Perspektiven zu konkurrierenden Angeboten und Geschäftsmodellen herrschen. Jedes Unternehmen kann dann für sich entscheiden, ob aus Kundensicht die Frage des Antriebs wirklich so entscheidend ist wie die des Selbstfahrens und der niedrigen Kosten. Meiner Wahrnehmung nach, haben sich die Entscheider in den Automobilkonzernen in den letzten Jahren sehr schwergetan, wirklich zu erkennen, wie unterschiedlich dies ist. Jedenfalls habe ich keine Handlungen gesehen, die darauf hindeuteten.

Wir werden jetzt mehr Internet ins Auto bringen!

Das ist ein weiteres Zitat aus den letzten Jahren, aus dem ich heraushöre, dass da im Hinterkopf veraltete Vorstellungen rumschwirren. Man habe ja auch darüber entschieden, welche Radkappe und welcher Tankdeckel in das eigen beherrschte, weitgehend abgeschlossene Ökosystem Auto komme, jetzt kontrolliere man ja auch die Datenschnittstelle zum Internet. Dies mag für viele Daten bestimmt auch noch so sein, aber wenn ich mit meinem Smartphone in deutsche Autos steige und dort regelmäßig Google Maps nutze, ist mir herzlich egal, welche Schnittstelle der Hersteller da anbietet. Meistens docke ich überhaupt nicht an, sondern nutze direkt mein Smartphone. Meine Bereitschaft, für ein eingebautes Navigationssystem einen Extrapreis zu zahlen, sinkt folglich auf null, d. h. diese Wertschöpfung wird aus dem Gesamtpaket-Ökosystem schon einmal herausgezogen – ob der Autohersteller das will oder nicht. Ich entscheide hier – weil ich es kann!

Gut oder schlecht? Egal, es passiert, wenn die Kunden es wollen!

(M)Eine Zusammenfassung und letzten Worte zum Thema Datenschutz
Noch einmal letztmalig zurück zur Frage, ob die „bösen Datenkraken" mit unseren Daten Geld verdienen. Die Frage kann sehr einfach beantwortet werden: Ja klar, sie verdienen viele Milliarden. Viel entscheidender ist die gesamtwirtschaftliche und individuelle Perspektive, um die Frage zu beantworten, ob dies schlecht ist. Es gibt sicherlich verschiedene Möglichkeiten, dies zu interpretieren. Hier ist meine: Warum werden die Dienste von Google oder Facebook, inklusive Services ermöglichen maximale Vereinfachung von Navigation im Netz und Kommunikation mit Menschen, ohne direkte Kosten für die Nutzung zu verlangen. Ohne diese Dienste wäre dies nicht möglich oder nur zu vergleichsweise hohen Kosten für die Nutzung an sich. Ob man das persönlich gut findet oder gefährlich, es handelt sich im Ergebnis bei Milliarden von Nutzern um Fälle von Folgendem.

„Customer Earnership" – am Kunden erarbeitet!
Ich werde diese Entwicklung später noch einmal aufgreifen und genauer erläutern.[6] Customer Earnership bedeutet, Unternehmen haben sich durch strikte Kundenorientierung ihre Nutzung erarbeitet, indem sie in den Augen der Kunden Alternativen entwickelt haben, die schneller, einfacher und kostengünstiger waren. Die Gründer von Facebook, Google, Amazon und vielen anderen sind keine Erben oder Nutznießer staatlicher Regulierungen, sondern haben ihre

---

[6]Siehe Abschn. 5.4.

Firmen im Wettbewerb aus dem Nichts oft gegen lang etablierte Platzhirsche aufgebaut.

▶ Ja, Macht ist immer auch gefährlich! Lasst uns Gegenmächte ermöglichen!

Natürlich verleihen diese Erfolge den Internetgiganten sehr viel Macht. Wer die Daten und die Kunden auf seiner Seite hat, hat die Möglichkeiten; wer nicht, der hat sie eben nicht. Den Missbrauch von Daten und Marktmacht sollte man verhindern und staatlich verfolgen, aber bestimmt macht es volkswirtschaftlich keinen Sinn, die Datenerhebung zu erschweren, die eben auch zur Entwicklung guter Produkte genutzt wird. Sehr oft habe ich bei Datenschutz-Diskussionen in Deutschland den Eindruck, dieser Unterschied wird nicht begriffen. Durch hohe Marktmacht entstehen auch Risiken für den Einzelnen, deren man sich bewusst sein sollte. Die beste Versicherung gegen den Missbrauch meiner Daten durch die Datenkraken ist, dass sie privatwirtschaftliche Betriebe sind, also mit mir Geld verdienen wollen. Wenn sie mein Vertrauen missbrauchen, muss ich sie nicht nutzen, auch wenn dies vielleicht nicht leicht wird.

Wir sollten Rahmenbedingungen so setzen, dass hier Alternativen entstehen können, dann wird die Marktmacht eingedämmt.

Die Gewinnerzielungsabsicht und -alternativen sind für mich ein grundlegender Unterschied zum Staat und zugleich der beste Schutz. Letzterer kann sich durch immer mehr Daten zum Überwachungsstaat entwickeln, dem ich nicht entrinnen kann. Die Entwicklungen in China, aber auch die Lust auf Daten in den Behörden der EU sehe ich deswegen mit großer Skepsis, da dort die potenziellen Risiken den Nutzen übersteigen.

„Das ist doch total naiv, hätte ich so von einem Professor nicht erwartet!"

Auf diese Weise fauchte mich einmal vor rund zehn Jahren beim Datenschutz-kolloquium der Schufa in Berlin ein Politiker an, der damals bewusst kein Smartphone nutzte, „damit er nicht ausspioniert würde". Als ich ihn paar Jahre später wiedersah, fühlte er sich offensichtlich sicherer, wie ich am Smartphone in seiner Hand vermuten konnte. Oder er war so naiv geworden wie ich – nämlich gar nicht naiv! Um in Sachen Datenschutz nicht falsch verstanden oder zitiert zu werden: Ich plädiere hier keineswegs für eine blöde „Der Markt wird's schon richten"-Laissez-Faire-Haltung. Ich sehe sehr wohl die Risiken für den Einzelnen, unsere Staaten und ganze Gesellschaften, in die Abhängigkeiten von Internetgiganten aus aller Welt zu gelangen, deren Machtfülle mit jedem Klick wächst. Nur sehe ich keine erfolgreiche Alternative im Jammern darüber und im Herbeiflehen, dass die Menschen doch endlich mal verstehen, dass die Welt am deutschen Datenschutzwesen genesen soll. Ich würde mir auch wünschen, wir hätten Alternativen aus Deutschland oder Europa, aber die kleinen Pflänzchen haben wir in der Vergangenheit immer durch Regulierungen und Vorschriften der Bedenkenträger in der ersten Reihe erdrückt. Währenddessen haben die US-Giganten das Feld bestellt und schon abgeerntet. Es gab zudem unzählige Versuche und Strategien, die die Kunden explizit mit rigidem deutschem Datenschutz von den bösen Amerikanern abwerben wollten – man muss bitte in der Realität ankommen, die Ergebnisse des Erfolgs bzw. Nicht-Erfolgs sind eindeutig. Wer nur Rahmenbedingungen und Alternativen entwickelt, die in den Augen der Nutzer in Sachen Einfachheit und Kosten unterlegen sind, wird verlieren. Zumindest dann, wenn alleinig ein Sicherheitsversprechen propagiert wird, dem keine korrespondierenden Gefühle und Erfahrungen der Unsicherheit bei den US-Diensten entgegensteht. Anders ausgedrückt: Der hohe Nutzwert von Plattformmarken, z. B. dort einfacher, schneller, individualisierter passende Informationen und Partner zu finden, schlägt in der Nutzungsrealität die Abfrage von hohem Vertrauen oder Image einzelner Marken.[7]

„Aber es kann doch nicht sein!" – DOCH, schau mal in die Geschichte!

Wer dies nicht glaubt und als Theorie abtut, schaue mal in die jüngere Geschichte und zu dem damaligen expliziten Markenversprechen von z. B. SchuelerVZ, das mit deutschem Datenschutz gegen Facebook ankommen wollte. Geradezu spannend finde ich, dass 2020 die ehemaligen „VZ-Netzwerke" wieder einen Versuch starten, die alten Accounts zu reaktivieren und neuen erfolgreichen Anlauf zu nehmen – mit welchem Argument wohl? Genau, jetzt sei die Zeit reif dafür, dass der deutsche Datenschutz und deutsche Server das schlagende Argument gegen Facebook und Co. wären. Hoffentlich täusche ich mich, aber es ist schon Wahnsinn, immer wieder mit dem gleichen erfolglosen Marktversprechen zu starten. Aber wer weiß, vielleicht haben wir ja wieder erfolgreiche Soziale Netzwerke aus Deutschland, wenn Sie dieses Buch lesen.

---

[7]Siehe hierzu eine interessante Studie unter: https://www.onetoone.de/artikel/db/686550frs.html (zugegriffen am 10.06.2020).

Oder schauen Sie sich das mutmaßlich mehrere hundert Millionen Euro tiefe Grab des E-Post-Briefes der Deutschen Post an. Wer nicht einmal die Nutzer im eigenen Land mitnimmt, wird international erst recht scheitern. Das sollte zuerst begriffen sein, bevor wir weiter darüber lamentieren. Hilfreicher und nachhaltiger wäre es, wenn wir das Erlernen einer ausgewogenen Risikoeinschätzung und Kosten-Nutzen-Abwägung in diesem digitalen Neuland fördern. Es bleiben die Gefahren des Missbrauchs der Daten, die es zu bekämpfen gilt – unabhängig davon, ob sie freiwillig gegeben wurden oder wer sich dieser von Unternehmens- oder Staatsseite bemächtigt hat. Aber dies ist eher etwas für die gesamtgesellschaftlichen Diskussionen – und zwar eine elementar wichtige für unsere gesamte Menschheit –, aber eben nicht so sehr für dieses Buch, denn ich schreibe hier für den einzelnen Entscheider und einzelne Organisationen.

▶   Ölschlamm ist nicht Öl und goldhaltiges Geröll ist nicht pures Gold!

Zum Abschluss des „Daten als Werttreiber"-Gedankens bitte noch einmal hinter die Ohren schreiben: nur weil man irgendwelche Daten hat oder sammelt, hat man noch sehr lange keine Wertschöpfung damit erzielt. Dies ist schwer und hat viele Hindernisse, es bedarf mindestens eines klaren Fokus und dazu passender Kompetenzen sowie entsprechender Strukturen inklusive passender Unternehmenskultur.[8] Ich betone dies schon alleine deshalb so, weil der wahnsinnig spannende Redner und Autor Gunter Dueck zurecht wunderbar formuliert darauf hinweist und ich nicht einer „dieser Berater" sein möchte:

„Big Data ist … keine Ahnung, Gold? Ich fürchte, der ganze Hype beruht auf einem Irrtum. Den Managern, die sich in Meetings noch mit Excel-Tabellen bekämpfen, erklären Berater, dass Daten wie Gold oder Öl sind. Ich fürchte, da wird zum Augenwischen absichtlich Golderz mit Gold verwechselt. Im Bergbau hat man eine Goldmine gefunden, wenn das Gestein großartige fünf Gramm pro Tonne enthält. Das bringt 200 Euro pro Tonne! Man muss das Gold nur noch herausbekommen. Ich will Sie nicht depressiv machen, aber es gibt einen echten Unterschied zwischen geröllartigen Rohmassendaten und einem wohlorganisierten Datenschatz, der dann wirklich zu Dollars monetarisiert werden kann."
Gunter Dueck

---

[8]Dazu finden Sie mehr in den Kap. 8 und 9.

3.2   Vernetzung statt Wertschöpfungsketten, Hierarchien und Push-Kommunikation

Die Perspektive, sich zu hinterfragen, ob oder wie man vielleicht als Öllampen-hersteller auch dazu kommt, Öl einzusammeln und zu verwerten, mag für viele Unternehmen eine zu strategische sein. Für das Verstehen der Entwicklung ist sie jedoch unerlässlich. Viel direkter und kurzfristiger ist das Verständnis des zweiten wesentlichen Elements der Netzwerkökonomie: die so oft genannte Ver-netzung, also die Verbindung von Elementen in Netzen statt Ketten. Viele reden darüber, aber viel zu wenig wird diese Prozessumwandlung und dieser Struktur-bruch in seiner Gänze, seiner Tiefe und seiner Unumkehrbarkeit erklärt. Dies ist umso tragischer, da dies wirklich für alle Branchen, alle Geschäftsmodelle, alle Strukturen und Kulturen gilt. Nach dem ersten formuliere ich folgendermaßen meinen zweiten Kernsatz:

> **2. Kernsatz der Netzwerkökonomie**
> Digital vernetzte Daten stellen die größte Transaktionskostensenkung der Geschichte dar und führen zur alles übergreifenden Vernetzung von allem und jedem in Echtzeit.

3.2.1   Transaktionskostentheorie als Basis-Konzept

Für mich ist die Transaktionskostentheorie eines der schönsten Konzepte der Ökonomie, weil man damit unfassbar viele Stufen der Geschichte der Mensch-heit, ihres Wohlstandes und ihrer gesellschaftlichen Entfaltung durch konstanten Strukturwandel sehr einfach erklären kann.[9] Kein Student, der durch meine Hände gegangen ist, wurde davon „verschont" – unabhängig vom jeweiligen Fach. Ursprünglich entwickelte sich die Transaktionskostentheorie um die Frage, warum es überhaupt Unternehmen, also hierarchische Strukturen gibt und nicht alle Prozesse auch über den Marktmechanismus des freien Findens von Angebot

---

[9]Leider kann ich an dieser Stelle nicht darauf eingehen, da es den Rahmen dieses Buches sprengen würde.

und Nachfrage abgewickelt werden können. Ich denke für unsere Fragestellungen ist der Transaktionskostenansatz genauso hervorragend geeignet. Auch hier beschränke ich mich auf das Wesentliche, das zum Verständnis notwendig ist.

Alles kostet: suchen, verhandeln, liefern!
Transaktionskosten können als „Kosten der Nutzung des Marktmechanismus" definiert werden. Bevor eine Transaktion, also ein Marktaustauschprozess zwischen Anbieter und Nachfrager stattfinden kann, entstehen Such- und Findkosten. Des Weiteren können Verhandlungs- und Vertragsabschlusskosten entstehen. Die Transport- bzw. Übermittlungskosten sowie Kontrollkosten, nachdem der Vertrag zustande gekommen, ist runden im Wesentlichen die Summe der Transaktionskosten des Marktes ab. Die Höhe der gesamten Transaktionskosten determiniert sehr stark die Möglichkeiten, die Richtung und das Volumen möglicher Transaktionen. Anders ausgedrückt: je niedriger die kumulierten Transaktionskosten, desto mehr Austauschprozesse sind am Markt möglich, und je höher die Transaktionskosten, desto geringer sind das zu erwartende Volumen und die Möglichkeiten der Austauschprozesse. Wenn man sich jetzt an die Lehre von Adam Smith als Urvater der Ökonomie erinnert, dass Spezialisierung und anschließender Handel, also Austauschprozesse der wesentliche Grund für Wohlstand sind, dann dürfte einleuchtend sein, dass eine dramatische Senkung von Transaktionskosten eine gigantische Chance für Wohlstandssteigerungen bedeuten.[10] Damit einhergehend sind sie aber auch die Ursache für grundlegende Verschiebungen bisheriger Strukturen und Prozesse, die aufgrund der alten höheren Transaktionskosten nicht mehr die beste Wahl darstellen.

▶   Im Industriezeitalter war es vor allem die Senkung der Transaktionskosten NACH Vertragsabschluss, die zur Neuordnung der Weltwirtschaft führte, im digitalen Zeitalter sind es vor allem die Transaktionskosten VOR Vertragsabschluss!

Im Industriezeitalter kamen strukturverändernde Transaktionskostensenkungen meist in der Kostenkomponente des Transports: Eisenbahn, Automobil oder Dampfschifffahrt senkten die Summe der Transaktionskosten, sodass sich völlig andere Anbieter und Nachfrager und ganze Wertschöpfungsketten mit entsprechender Arbeitsteilung weltweit neu formierten. Oder glauben Sie, Sie

---

[10]Adam Smith ging in seinem Klassiker „Wohlstand der Nationen" der Frage nach, warum einige Regionen reicher waren als andere.

hätten ohne Dampf- und Kühlschiffe Fleisch von einem argentinischen Züchter oder Brot aus dem Mehl eines US-Farmers auf dem Tisch? Nein, der Transport hätte Wochen gedauert und das Fleisch wäre verdorben. Gleichzeitig bekam der Bauer vor Ihrer Haustür Konkurrenz, es zwang ihn zur Effizienz und die Preise sanken. Digitale Kanäle ermöglichen diesmal vor allem das Suchen und Finden der jeweils anderen Marktseite in kaum vorstellbarem Ausmaß – dort wird das Daten-Öl vom Sender und Empfänger bzw. Anbieter und Nachfrager passend zusammengeführt. Anders ausgedrückt: „Digital" ist die wahrscheinlich größte Transaktionskostensenkung der Geschichte. Bei digitalisierten Büchern, Musik, Filmen oder sonstigen digitalen Gütern finden Sie diese nicht nur in Echtzeit. Sie haben diese meist mit einem Klick von irgendwo auf der Welt bei sich, während Sie in vordigitalen Zeiten auf das physische Produkt Tage und Wochen gewartet haben. Aber eben auch alle weiterhin materiellen Güter erfahren bei den Such- und Findkosten diese Transaktionskostensenkung, es sind also wirklich ALLE denkbaren Produkte und Dienstleistungen betroffen.

▶   Die Digitalisierung ist die größte Transaktionskostensenkung aller Zeiten!

Noch einfacher ausgedrückt: es war noch nie so schnell, einfach und kostengünstig, einen potenziellen Transaktionspartner in allen Branchen und auf allen Märkten zu finden, wie im digital vernetzten Zeitalter. Diese neuen Möglichkeiten ersetzen viele frühere Möglichkeiten, weil sie ökonomisch vorteilhafter sind.

3.2.2 Flirten verdammt nüchtern ökonomisch analysiert

Um Theorie zu veranschaulichen, hole ich mit meinen Vorträgen die Zuhörer gerne mit Beispielen ab, die sie zwar schon prinzipiell kennen, aber nicht einzuordnen wissen. Tinder ist die größte Dating-App und gehört auch zu denjenigen, die am meisten Geld im App Store verdienen. Einander für Liebe, Erotik oder zum Flirten zu finden, war immer schon eines der wichtigsten Themen der Menschheit. Da ist es nur logisch, dass eine Transaktionskostensenkung des Suchens und Findens hier die Welt umkrempeln kann. Da ich glücklich liiert bin, sei ein rein theoretischer Fall zur Veranschaulichung kreiert: Angenommen, ich sei in einer fremden Stadt und würde eine Transaktionspartnerin zum Knutschen suchen, so hätte ich in der vordigitalen Welt recht hohe Such- und Findkosten. Ich hätte wahrscheinlich Ortskundige gefragt, wo man denn hier so hingeht, wenn man jemanden zum Knutschen sucht. Dann wäre ich zu dieser Kneipe, diesem Club oder sonst einer Location gefahren und hätte rumgeschaut, wer mich dort so interessiert – wahrscheinlich nach primitivem optischem Augenschein als erstes Filterkriterium, z. B. eher über 1,70 m, brünett bis blond, im Alter zwischen 35 und 45. Wenn ich eine oder mehrere potenzielle Transaktionspartnerinnen identifiziert hätte, hätte ich mit Augenkontakt herausgefunden, ob sie mich ähnlich spannend findet. Hätte sie interessiert zurückgeschaut, so sehe ich ein potenzielles „Match", also eine Chance, dass es passt. Ich hätte meinen Mut zusammengenommen und wäre vielleicht nach diesem Finden in den Verhandlungsprozess eingestiegen, z. B. hätte ich sie in ein Gespräch verwickelt oder auf einen Drink eingeladen. Wenn diese Phase gut läuft und man sich einig wäre zu knutschen, wären wir bei diesem hoffentlich für beide Seiten nutzenstiftenden Austauschprozess gelandet. Sehr oft lief das in meiner Vergangenheit nicht gut, sodass ich stundenlang quatschte, bis ich herausfand, dass die Dame nicht knutschen wollte – vielleicht weil sie in einer Beziehung war, aber einfach nett flirten wollte, oder einfach doch nicht mehr von mir wollte. Am Ende landete ich unverrichteter Dinge im Hotelzimmer, weil es schon zu spät war, um eine neue Knutscherin zu identifizieren. Der Ökonom würde sagen, dass die Opportunitätskosten der Verhandlung mit der Dame sehr hoch waren, weil ich es in der Zeit bei keiner anderen probieren konnte. Am Ende ist die Transaktion nicht zustande gekommen, der ganze Aufwand musste abgeschrieben werden.

Fahrtweg, Drinks und Quatschen sparen
Heute, in Zeiten von Apps wie Tinder, verändern dramatisch gesunkene Transaktionskosten den gesamten Prozess in die folgende Richtung: ich müsste niemanden fragen, wo ich denn potenzielle Knutschpartnerinnen finde, sondern ich stelle den Filter in der App ein, z. B. Geschlecht: weiblich, zwischen 34–45 und im Umkreis von fünf Kilometern. Dann zeigt mir Tinder nur diese, sofern vorhanden, an, alle anderen „im Raum" sehe ich per se nicht. Dass nur die Flirtwilligen angemeldet sind, setze ich mal voraus. Analog würde dies bedeuten, ich hätte mit einem Megaphone in einem Club gestanden und gerufen „Alle Männer oder Frauen jünger als 35 und älter als 45 raus … und alle, die sowieso nur tanzen oder was trinken wollen, sowieso raus". Und dann würden alle rausgehen und nur die flirtwilligen Damen mit besagten Kriterien bleiben – Hand aufs Herz, das hätte man sich gewünscht! Anschließend schaue ich mir die potenziellen Kandidatinnen oberflächlich an – im Prinzip wie im Club, aber bei Tinder einfach auf deren Profil, – und kann diese mit einem „Swipe" weiterwischen oder mit einem Klick sagen „die gefällt mir", bevor es weitergeht. Falls die Dame auf der anderen Seite irgendwo im Umkreis gerade das Gleiche macht und bei meinem

Bild auch „Gefällt mir" drückt, bekommen wir beide eine Nachricht, dass wir ein „Match" haben, wir uns also beide gut finden. Im Kern ist dies nichts anderes als der Augenkontakt im Club, der das jeweilige Interesse bestätigt, und ich kann in die Verhandlungsphase übergehen. Zu diesem Zeitpunkt bin ich allerdings noch nicht mal aus meinem Sessel aufgestanden und musste nicht in einen Club fahren. Auch die Verhandlungsphase geht meist schneller: kurze Textnachrichten. Es kann schnell deutlich werden, wie die jeweilige Interessenlage ist – oder eben nicht ist – und man hat es dann auch schnell beendet, ohne sich vielleicht noch in Smalltalks mit Opportunitätskosten verlieren zu müssen. Nach drei bis vier Nachrichten ist vielleicht klar, dass wir uns in 15 min hier um die Ecke treffen und die Knutschwahrscheinlichkeit nahezu 100 % ist. Jetzt weiß ich, dass sich der Aufwand, dorthin zu kommen, lohnt! Und damit das nicht missverstanden wird: hier geht es nicht um Ersetzen oder etwas Virtuelles, ich will ganz real knutschen! Aber die Such- und Findkosten, bis es dazu kommt, wurden digital extrem gesenkt.

Aber das ist doch echt unromantisch, sich so kennenzulernen!

Dies mag sein, aber es ist verdammt effizient – einfacher, schneller, kostengünstiger, standortunabhängiger, also vorteilhafter. Wer mag, kann jederzeit den klassischen Weg nehmen. Da wird also nix ersetzt. Aber in sehr vielen Fällen, in denen der Offline-Weg zu aufwendig ist, wird Tinder und Co. das Normalste der Welt sein – erst recht für die Generation, die mit diesen Möglichkeiten aufgewachsen ist.

3.2.3 Netze statt Ketten und Silos

Wenn man sich bildlich ein Netzwerk mit lauter Knotenpunkten vorstellt, die über Linien verbunden sind, wird deutlicher, was mit der Kapitelüberschrift gemeint ist: Jeder Knotenpunkt kann sowohl Sender als auch Empfänger bzw. sowohl Anbieter als auch Nachfrager sein, d. h. die Verbindungslinien stellen Austauschprozesse in alle Richtungen dar. Diese Austauschprozesse können digital zudem automatisiert und mehr oder weniger in Echtzeit erfolgen. Knotenpunkte können dabei mit Sensoren ausgestattete Dinge sein oder Menschen, die über entsprechende Geräte, z. B. Smartphones oder Wearables verfügen.

Das Ende der Ketten, Abteilungen und Hierarchien!
Im vordigitalen Industriezeitalter waren solche vernetzten Prozesse aufgrund hoher Transaktionskosten die Ausnahme. Es dominierten bei der

Leistungserbringung hintereinander gelagerte Prozesse in einer Branche und im einzelnen Unternehmen, die man als „Wertschöpfungskette" bezeichnet.[11] Stufe für Stufe wurde in der Regel in Abteilungen hintereinander etwas hinzugefügt. Innerhalb einer Organisation ging es zudem meist noch hierarchisch zu, d. h. Sendevorgänge von Informationen in Form von „Dienstanweisungen" liefen meist von oben nach unten, je nach Feedback auch mal in die andere Richtung. Durch Querverbindungen, wie in Matrixorganisationen, wurde versucht, die Silo-Prozesse zu ergänzen. In der Außenkommunikation dominierte das „Wir senden an viele in eine Richtung"-Prinzip. Konkret formulierten wir eine Botschaft aus PR- oder Werbezwecken – allein oder mit entsprechender Unterstützung von Spezialisten – und sendeten diese massenhaft in eine Richtung über TV, Radio, Print oder Briefe. Später folgten auch E-Mails und digitale Werbebanner dem gleichen Prinzip. Natürlich gab es auch Rückkanäle wie Kundenservice am Telefon, per E-Mail oder im stationären Gespräch vor Ort. Auch klassische Marktforschung und heute anachronistisch wirkende Formen des Dialogmarketings suchten den Rückkanal, entscheidend ist aber der Normalfall, das Leitprinzip des Sendeprozesses in eine Richtung.

▶   Die Vernetzung geht in alle Richtungen!

Die „Netzwerkökonomie" beschreibt nun eine Möglichkeiten-Welt, in der Prozesse aufgrund digitaler Technologien und signifikant gesunkener Transaktionskosten in immer mehr Fällen nicht mehr nur hintereinander, von oben nach unten oder in eine Richtung gesendet werden können. Vielmehr können z. B. Informationen jetzt links, rechts, hoch, runter, in alle Richtungen in Echtzeit ausgetauscht werden. Frühere, in der Kette und Hierarchie dominierte Rollen lösen sich dabei auf. Es entstehen flexible Netzwerke statt linearer Ketten.

Dieser ökonomischen Logik folgend müssen Sie eigentlich von Technologie überhaupt nichts im Detail verstehen. Wichtig ist nur, dass jede Technologie die Transparenz erhöht und somit Such- und Findkosten oder Verhandlungskosten senkt oder die Übertragbarkeit von allem, was ausgetauscht werden kann, vereinfacht und somit verbilligt und zu einer dramatischen Veränderung der

---

[11]Dieser Standardbegriff der Betriebswirtschaftslehre für das Verständnis von Prozessen als „Wertschöpfungskette" bzw. „Wertkette" wurde maßgeblich von Michael E. Porter in seinem Buch „Competitive Advantage" im Jahre 1985 geprägt. Einzelne Tätigkeiten schaffen hierbei in geordneter Reihung verbundener Tätigkeiten Werte und verbrauchen Ressourcen.

Transaktionskosten führt. In der Folge kann es zur Neuausrichtung der jeweils besten Option für einen Austauschprozess kommen.

„Wenn Sie einen Scheißprozess digitalisieren, dann haben Sie einen scheiß-digitalen Prozess."
Thorsten Dierks, damals CEO von Telefonica

Ein wenig netter formuliert bedeutet dies: Digitalisierung ist genau NICHT, das Gleiche wie vorher zu machen, nur in digitalen statt analogen Kanälen. Deswegen mag die Digitalisierung von Akten oder E-Mails statt Briefen ja vielleicht eine Verbesserung sein, sie greift aber eben zu kurz gemessen an der Aufgabe bzw. Herausforderung.

Wenn Sie meiner dargestellten ökonomischen Logik folgen, ist die KERNFRAGE der Digitalisierung bzw. der Digitalen Transformation somit die folgende:

> **Kernfrage der Digitalen Transformation**
> „Welche Prozesse, die vorher in Unternehmen und Branchen in hintereinander gelagerten Wertschöpfungsketten und Abteilungen, in Hierarchien und Silos und in einseitiger Sende-Empfänger-Push-Kommunikation abgewickelt wurden, können heute aufgrund gesunkener Transaktionskosten unter Umständen in völlig neuer Rollenverteilung und effizienter im Netzwerk innerhalb oder außerhalb der früheren Organisation abgewickelt werden?"

Diese Frage nach der besten Lösung gemessen an den Möglichkeiten der Netzwerkökonomie müssen sich ALLE Unternehmen stellen, denn nur die mit der besten Lösung setzen sich langfristig im Wettbewerb durch. Die Neulanderoberer und Start-ups können diese Frage nach der besten Lösung auf dem Reißbrett beantworten, man spricht dann von „Disruption". Alle anderen, die schon zuvor bestanden haben, müssen dies transformatorisch angehen, d. h. sie müssen ihre bestehenden Strukturen und die damit einhergehenden Zuständigkeiten, Unternehmenskulturen, Erlöskomponenten und Fähigkeiten komplett hinterfragen. Dies macht es so besonders schwer, denn es geht um die Änderung bzw. das Hinterfragen einer historisch gewachsenen Struktur und das ist schwer und tut oft weh. Aber es hilft nichts, letztendlich muss exakt diese Frage nach der besten Lösung in allen Generationen immer wieder neu gestellt werden, denn sonst kann man eine Wettbewerbsfähigkeit kaum dauerhaft erhalten.

3.2.4 Die Welt der drei Netze (Internet of Everything, Everbody, Everywhere)

Die Netzwerkökonomie betrachtet man besten in der Ganzheitlichkeit vieler vernetzter Elemente. Die drei wichtigsten vernetzten Welten sind dabei das Mobile Web, das Internet der Dinge und das Internet der Menschen. In jedem Fall zu eng ist vor allem die jahrelang in Deutschland fokussierte oder fast mit Digitalisierung gleichgesetzte Perspektive einer „Industrie 4.0". Dass im Land der Maschinenbauer und Ingenieure diese digital vernetzte Produktion im Mittelpunkt steht, ist zwar nachvollziehbar, greift aber eben leider zu kurz, um die Veränderung und ihre notwendigen Anpassungen ganzheitlich zu verstehen. Weitaus geeigneter ist dafür die eher amerikanische Bezeichnung „Internet of Everything, Everybody, Everywhere", die ich empfehlen möchte: Menschen, Dinge und deren Daten sind immer und überall in alle Richtungen in Echtzeit vernetzt, nicht nur in der Produktion!

▶ Das Mobile Web hebt jegliche Trennung von online und offline auf.

In meinen Gesprächen stelle ich immer wieder fest, dass die Grenzenlosigkeit, die das mobile Internet hervorruft, vielen Menschen in ihrer Ganzheitlichkeit nicht klar ist. Erst wenn man sich vorstellt, das mobile Internet sei immer schon in maximaler Geschwindigkeit und zu mehr oder weniger Null-Kosten überall verfügbar, dann wird klar, dass hinterfragt werden muss, welche bestehenden Prozesse daraufhin überprüft werden müssen, ob sie noch die beste Lösung darstellen. Wie so oft, besteht das Problem des Begreifens dieser Entwicklung vor allem bei den „Digitalen Migranten", die vor dem Internet geboren und geprägt wurden. Als ein solcher kann ich mich ja gut erinnern, wie es ohne Internet war und welche Denkmuster damals geprägt wurden. Als das Web dann verfügbar wurde, fragte man wie einst Boris Becker „ob man denn schon drin sei" … oder eben nicht. Auch die allgemeine Verfügbarkeit durch Smartphones ändert erstaunlicherweise kaum etwas daran, dass die meisten Digitalen Migranten bewusst oder unbewusst oft eine Dichotomie des „Entweder-Oder" als Normalfall unterstellen. Im Sprachgebrauch fällt mir auf, dass man von „richtigen" versus virtuellen Gesprächen, von „Online-Shopping" oder Einkaufen, von „richtigen" Freunden oder „Facebook-Freunden" spricht. Wie selbstverständlich kommt da oft diese Wertung hinzu, dass das doch etwas Künstliches, nicht Richtiges, Virtuelles sei – im Kern ist es aber einfach nur nicht so, wie man es selbst gelernt hat, und damit eben schon mal verdächtig. In der Wahrnehmung der Digital Natives, die schon mit Smartphones und Daten-Flatrates groß geworden sind,

sind diese Wertungen und Unterschiede kaum nachvollziehbar. Für die Digitalen Migranten verhält es sich genauso mit den Selbstverständlichkeiten aus ihrer Zeit des Welt-Entdeckens: was schon da ist, wird nicht hinterfragt. Wieso hört man nie eine Unterscheidung zwischen richtigen Freunden und „Telefon-Freunden"? Ganz einfach: weil es in den meisten Fällen keinen Unterschied gibt. Es gibt Menschen, mit denen man in Echtzeit kommunizieren kann, und zwar mit den jeweils verfügbaren Möglichkeiten – von Angesicht zu Angesicht, per Telefon oder eben per WhatsApp, Instagram oder sonst wie. Hier gibt es kein Entweder-Oder, es ist selbstverständliches Sowohl-als-auch. Anders ausgedrückt:

Fragen Sie mal eine heute 15-Jährige, wie lange sie den „online" sei – die versteht die Frage überhaupt nicht!

Man ist mit Smartphones und Daten-Flatrates einfach immer online, so wie man atmet oder mit Menschen spricht. Dies wird eher nur dadurch unterbrochen, wenn der Akku leer ist oder man keinen Empfang hat. Dies wird aber eher als Mangelzustand und eben nicht als „das Normale" empfunden.

Fairerweise muss man aber anmerken, dass man bei „Facebook-Freunden" natürlich die Gruppe von Menschen meinen kann, die man „nur" über die neuen Medien kennt oder so in Verbindung bleibt und eben nicht über die anderen Wege. Insofern ist es schon so etwas Ähnliches, wie man es früher unter dem Begriff „Brief-Freunde" kannte: Menschen eben, über die man nur unregelmäßig, über weite Distanzen hinweg Informationen erhält oder die man noch nie live getroffen hat. Dies ging jedoch bei Briefen nur asynchron mit erheblicher Verzögerung.

Wer von „Digital-Strategie" spricht, schaut meist zu kurz!

Die gedankliche Trennung in den Köpfen der Digitalen Migranten im Privaten könnte für die Herausforderung der Digitalen Transformation ja egal sein. Zum Problem wird es aber, wenn diese künstliche Zweiteilung bei den Top-Entscheidern in den Führungsetagen dazu führt, dass die Ganzheitlichkeit der Aufgabe nicht erkannt wird. Leider vermute ich dort immer dieses „Entweder-Oder", wenn ich höre, dass jemand von der „Digital-Strategie" spricht. Ich frage dann gerne nach und merke, dass die damit oft ihre Aktivitäten im Internet meinen oder ihre Computer-Ausstattung und Bandbreite. Dies ist sicherlich wichtig und richtig, um die Aufgabe der Digitalen Transformation gerecht zu werden, aber es wäre hilfreicher, es so zu benennen, wie es ist:

▶   Es gibt nur EINE Unternehmensstrategie, und zwar für die Rahmenbedingungen des digital vernetzten Zeitalters.

Bei stationären Händlern wird mir dies meist sehr deutlich: Dort spricht man oft von deren Digitalisierungsstrategie, gemeint sind aber damit in der Regel ihre Online-Shops oder „Click und Collect". Sinnvoller wäre es, die jeweiligen Stärken von digital basierter Marktkenntnis und stationären Aktivitäten geschickt zu einem Ganzen zusammenzuführen. Aus Sicht der Kunden ist es ja auch so: ich kaufe online und stationär, ich bin in meinem Supermarkt um die Ecke, ohne mein Smartphone auszustellen, wenn ich da reingehe. Diese Einheitlichkeit statt dem Entweder-Oder ist für Unternehmen eine der größten Herausforderungen, denn die Struktur, Kultur und Fähigkeiten sind eben für die vordigitale Welt entstanden und optimiert. Jetzt müssen sie für die Rahmenbedingungen neu ausgerichtet werden, in denen das Mobile Internet die Netzwerkprozesse überall hinbringt. Wahrscheinlich wird dieses Verständnis durch den neuen Mobilfunkstandard 5G deutlich verstärkt, der den Vernetzungsgrad und die Geschwindigkeit erheblich erhöht. Ein schönes Schlagwort hierzu ist das der „Hyperkonnektivität" als Resultat, das beschreibt, wie jeder Winkel unserer Umgebung und unseres Lebens durch Vernetzung durchdrungen sein wird.

Das Internet der Dinge geht gerade erst los!
Die zweite vernetzte Welt der Netzwerkökonomie ist die der über digitale Technologien vernetzten Dinge, also das „Internet der Dinge" oder neudeutsch „IoT" für „Internet of Things" genannt. Ich werde mich hiermit jedoch nur relativ oberflächlich beschäftigen, da ich meine, dass die anderen beiden Elemente heute im Jahre 2020 schon weitaus fortgeschrittener und für wirklich alle Unternehmen relevanter sind, was jedoch nicht bedeutet, dass man sich damit nicht intensiv beschäftigen sollte. Im Kern ist unter dem Internet der Dinge zu verstehen, dass zumindest theoretisch jedes noch so kleine Element dieses Planeten ein eindeutig identifizierbarer Netzwerkpunkt sein könnte. Wäre jedes „Ding" also mit einem entsprechenden Sensor versehen, so könnte es interagieren und dieser Informationsaustauschprozess könnte über Algorithmen gesteuert werden. Bei zunehmender Miniaturisierung und sinkenden Kosten für Sensoren sollte es nur eine Frage der Zeit sein, bis alle Dinge um uns herum vernetzt sind. Das Potential der Effizienzsteigerung heutiger Prozesse in Produktion, Logistik und Alltagsleben ist kaum zu beziffern, wird aber definitiv gigantisch hoch sein. Unter selbstfahrenden Autos oder automatisierter Fernwartung dürfte sich jeder etwas vorstellen dürfen. Besonders in Deutschland hat sich aus diesem Themenfeld der Begriff „Industrie 4.0" hervorgetan, der jedoch wie oben beschrieben vor allem auf die digital vernetzte Produktion abzielt. So wichtig dies auch ist, meiner Erfahrung nach führt dies leider sehr oft zu einer Verengung auf diesen einen Aspekt. Wichtig ist jedoch, die drei Netzwerkwelten – mobile, social und

IoT – ganzheitlich in ihrem Zusammenwirken und gerade nicht isoliert einzeln zu betrachten, da man sonst zu kurz schaut.

▶   Das Netz der Menschen ist nicht nur einfach ein weiterer Kanal!

Die dritte Netzwerk-Welt ist die der über digitale Kanäle bzw. Technologien vernetzten Menschen, heute vor allem durch Social Media, von Facebook über WhatsApp bis hin zu LinkedIn und Xing, versinnbildlicht. Dieser Treiber des digitalen Wandels ist am weitesten fortgeschritten und in den letzten Jahren im Alltag so ziemlich aller gesellschaftlichen Schichten angekommen. Dennoch stelle ich leider in meinem beruflichen Alltag fest, dass für viele Unternehmensentscheider dies auch 2020 noch die am wenigsten wirklich tief verstandene Veränderung ist. Natürlich kann keiner mehr die gigantischen Nutzungszahlen ignorieren, aber vor allem für die Generation der digitalen Migranten sind soziale Medien oft lediglich eine Ergänzung zu gelernten Kommunikationswegen, in die man „auch mal" reinschaut. Für die Digital Natives ist es aber meist der Normalfall, sich aller Formen sozialer Netzwerke zu bedienen. Ein absolute, alle Generationen umfassende Ausnahme bildet der Messaging-Dienst WhatsApp, der es innerhalb von nur zehn Jahren geschafft hat, dass 2019 neun von zehn Onlinern in Deutschland den Service nutzen.

Ok, WhatsApp! Aber der Rest ist doch Schwachsinn!

Viele können über WhatsApp hinaus immer noch zu wenig mit Social Media anfangen, sehen keinen Bezug dazu oder meinen, dass dies doch irgendwas mit Marketing ist oder eben nur was für „Idioten, die Fotos ihres Essens oder ihrer Haustiere ins Internet stellen", wie mir ein Workshop-Teilnehmer einmal gestand. Besonders bei technisch bzw. ingenieurwissenschaftlich geprägten Unternehmen scheint dies meiner bescheidenen Erfahrung nach besonders häufig vorzukommen. Sie vermuten vielleicht schon, dass dies wiederum an dem später in Kap. 4 ausführlich erläuterten Problem liegt: Man schaut mit den eigenen gelernten Regeln auf neue Welten, versteht sie nicht und findet dann erstmal Gründe dafür, warum diese für einen selbst nicht so relevant sind. Da das Thema „vernetzte Menschen" bzw. „Social" so elementar ist, wird mit Kap. 5 ein gesonderter Bereich dazu folgen. An dieser Stelle sei schon einmal betont: es geht nicht um irgendwelche Plattformen oder Kanäle, die in fünf Jahren völlig andere sein können, es geht um den grundsätzlichen Wandel der Art, wie Menschen heute Informationen erstellen, filtern und verbreiten können. Plakativ wird mir das Nicht-Verstehen immer vor Augen geführt, wenn ich gefragt werde, wer sich denn im Unternehmen um Social Media „kümmern" sollte. Ich frage dann gerne zurück:

Wer darf denn bei Ihnen im Unternehmen telefonieren?

Danach schaue ich in erstaunte Gesichter und bekomme die Antwort, dass dies natürlich jeder darf. Klar, aber genau diese Frage wurde gestellt, als das Telefon neu war. Heute ist es ein selbstverständliches Kommunikationsprinzip, so wie Social Media dies für Digital Natives sind. Das Unverständnis kommt daher, dass wiederum versucht wird, die neuen vernetzten Möglichkeiten in die alte, lineare Welt der Wertschöpfungsketten und Abteilungen, der Hierarchien und Silos und der Push-Kommunikation des Sender-Empfänger-Modells zu pressen. Dies kann nicht funktionieren. Deswegen ermöglicht wieder erst der ganzheitliche Blick auf aufgrund von gesenkten Transaktionskosten jetzt vernetzte Prozesse von Dingen und Menschen die richtige Perspektive. Die alten Prozesse müssen für diese neuen Rahmenbedingungen und Möglichkeiten grundlegend neu – eben vernetzt – gedacht werden.

3.2.5   Das Tinder, Uber oder Airbnb für Ihre Branche!

Wie bereits geschildert, ermöglicht die Transaktionskostensenkung der digitalen Welt neue vernetzte Prozesse und Rollen. Die Möglichkeit zur Auslagerung von vorher in der Wertschöpfungskette notwendigen Funktionen in die Netzwerkwelt gelingt durch Einbinden von unternehmensexternen und branchenfremden „Playern". Hier finden sich aufgrund dieser gesunkenen Transaktionskosten auf einmal Teilnehmer, für die dies zuvor undenkbar war. Plattformen, die der Ort dieses Zusammenfindens werden, können den etablierten Wertschöpfungsketten sehr schnell erhebliche Konkurrenz machen, da sie das Branchenthema eben auf völlig neue Art und Weise – eben als Netzwerkökonomie – angehen.

Taxifahren und Transaktionskosten – und wer hat's nicht erfunden?
Als sehr gutes Anschauungsbeispiel für das Ineinandergreifen von „Mobile, Dingen und Menschen" verwende ich gerne die 2009 gestartete App „mytaxi", die seit 2019 „FREENOW" heißt und über 100.000 Taxifahrer bündelt.

Nein, früher war nicht alles besser! Zumindest nicht beim Taxifahren.

Vor der Nutzung einer solchen App bzw. in der noch nicht digital vernetzten Welt war jede Taxinutzung und deren Anbahnung und Abwicklung ein sehr lokaler und analoger Prozess. Bin ich in einer fremden Stadt, so muss ich das erste Informationsdefizit lösen, indem ich die Telefonnummer der Taxizentrale herausfinde. Denn die war nicht die gleiche wie in meiner Heimatstadt Köln oder es gab mehrere Anbieter. Habe ich dieses erste Problem gelöst, so kommt die zweite Informationshürde hinzu: dass ich meinen genauen Standort kennen muss, um ein Taxi bestellen zu können. Erst wenn ich beides gelöst habe, kann die Vermittlung erfolgen. Darauf folgt meist die dritte Informationsunsicherheit: bei der Nachfrage, wann der Wagen denn da sei, erhält man in der Regel unpräzise Antworten wie „in fünf bis zehn Minuten". Vor mytaxi gab es speziell in Deutschland direkt die nächste Unsicherheit: nämlich ob meine Zahlung per Kreditkarte erfolgen kann, wenn ich wieder einmal kein Bargeld habe. Oft genug musste ich mit einem Taxi zum Geldautomaten fahren. Nach der Fahrt muss ich den Fahrer noch um eine Quittung bitten, die später in meine Reisekostenabrechnung eingearbeitet wird.

Ohne den „Verkuppler" ging nix – jetzt schon!

Die Taxizentrale gleicht die Informationsdefizite bei der Vermittlung aus, die durch die hohen Transaktionskosten des Findens zwischen Anbieter und Nachfrager entstehen. Sie bündelt Anbieter und Nachfrager, senkt also die Such- und Findkosten.

Bei FREENOW werden die drei Netzwerkökonomie-Welten ganzheitlich zu einer überlegenen neuen Lösung zusammengeführt. Durch die allgegenwärtige Verfügbarkeit muss nur eine einzige App einmalig installiert werden, die ich überall verwenden kann, wo der Service schon verfügbar ist. In der Kartenansicht der App wird „mein Ding", also mein Smartphone, hinter dem ich ja als Mensch stehe, mit den Dingen, also den Smartphones der Taxifahrer als anderen Menschen, verknüpft dargestellt. Über GPS wissen wir, wo die jeweiligen Dinge und Menschen sind, die Unsicherheit der Standorte ist auf null reduziert. Möchte ich ein Taxi bestellen, reicht dafür ein Klick und nach einigen Sekunden bekomme ich mitgeteilt, welcher Mensch minuten- oder sekundengenau mit welchem Auto bei mir vor die Tür fährt. Der Aufwand und die Unsicherheit sind hier genauso auf null reduziert wie die Frage nach der Möglichkeit der Kreditkartenzahlung. Denn diese habe ich in der App einmalig hinterlegt und kann diese Option jederzeit nutzen – wieder eine Unsicherheit weniger. Hinzu entfällt der Prozess des „Bitte stellen Sie mir eine Quittung aus", die ich dann in einer Reisekostenabrechnung meiner Firma oder meinem Kunden überreichen oder einscannen muss. Dabei musste ich noch darauf achten, dass die Fahrstrecke und die richtige Höhe der Mehrwertsteuer angegeben ist und der Stempel und Unterschrift des Fahrers nicht fehlt. Stattdessen bekomme ich bei mytaxi/FREENOW eine Quittung mit allen genauen Angaben direkt per E-Mail zugesendet, die in meinem Falle automatisiert in meiner Buchhaltung landet. Dinge und Menschen wurden ubiquitär vom App-Anbieter vernetzt. Die Transaktionskosten senken sich dadurch für alle erheblich und meine Informationsdefizite als Hürden wurden reduziert. Der Prozess wurde maximal vereinfacht, schneller und kostengünstiger, sodass die App die bessere Lösung darstellt.

Das Innovationsdilemma der Alten!
Am mytaxi/FREENOW-Beispiel lässt sich jedoch auch die Schwierigkeit der Transformation zeigen. Denn wie so oft waren es nicht die etablierten Anbieter, die die App entwickelten. Die lokalen Taxizentralen sind erst hinterher mit ähnlichen Lösungen gekommen, als der Innovator schon erfolgreich am Markt war. Die Ursachen können vielfältig sein. Zum einen wurde die Notwendigkeit nicht gesehen: Was hatte denn die Taxizentrale in Köln mit der in Dresden zu tun? In der Regel nichts – in der vorvernetzten Welt. Aufgrund hoher Transaktionskosten waren dies komplett getrennte Märkte, Konkurrenz untereinander gab es nicht und damit wenig Drang zu Veränderung. Zudem sind die lokalen Märkte zumindest in Deutschland sehr stark reguliert, was auch nicht gerade innovationsfördernd ist.

Bah, er hat „Uber" gesagt? – Miese Kapitalisten, unmenschliche Ausbeuter und so ein Zeug!

Ein weiteres und noch viel häufiger, vor allem in Deutschland, kritisiertes Modell, bei dem ein ganzes Thema völlig neu mit den Möglichkeiten der Netzwerkökonomie gedacht wird, sind Fahrvermittlungs-Apps wie der 2009 gegründete Marktführer Uber oder die Mitbewerber Lyft und Grab. Die mytaxi/FREENOW-App senkt die Transaktionskosten der Suche zwischen Anbieter und Nachfrager so stark, dass dabei „nur" die Taxizentrale in der Mitte überflüssig wird. Für die Taxifahrer als großer Teil der Beschäftigten der Branche ändert sich nicht wirklich viel und einiges wird sogar verbessert, der Widerstand gegen die Neuerung war somit recht gering. In den ersten Jahren stellte mytaxi/FREENOW den Fahrern wohl auch Smartphones zur Verfügung, wenn sie sich dem Service anschlossen – ein damals zu Zeiten teurer Geräte und Tarife ein begehrtes Lockmittel. Bei den großen Fahrdienstvermittlern aus Übersee sind die Widerstände gravierender, da hier auch die Fahrer mitbetroffen sind und die gesamte Branche umgekrempelt wird.

Die Wertschöpfungskette „Taxi" war überall gleich

Jede klassische Taxifirma weltweit musste sich im Wesentlichen um die gleichen Stufen einer Wertschöpfungskette kümmern:

- Autos kaufen und daraus Taxis machen
- Fahrer einstellen
- Fahrten vermitteln/verkaufen
- Fuhrparkmanagement und Qualitätssicherung, die mindestens der staatlichen Regelung entspricht

Wenn man das Thema „Transport in Pkw" im Lichte der Netzwerkökonomie genauso grundlegend neu denkt, dann sieht man, dass es Millionen von Menschen mit Pkw gibt, die jemanden mitnehmen oder fahren könnten. Die meisten privaten Pkw werden die meiste Zeit entweder gar nicht oder nur so genutzt, dass weitaus weniger Menschen mitfahren, als es möglich wäre. Auf der anderen Seite gibt es Millionen von Menschen, die mitfahren würden. Aufgrund zu hoher Transaktionskosten fanden sich diese Anbieter und Nachfrager in der vordigitalen Welt nur in Ausnahmefällen, z. B. wenn man auf einer Party war und der Gastgeber sagte: „Ach Mensch, die XY muss nachher sowieso in deine Richtung und würde dich mitnehmen". Niemand würde wohl selbst zu jedem der anderen 100 Partygäste gehen und fragen, ob er/sie ihn mitnehmen kann. Erst recht nicht würde man an den Türen der Nachbarschaft klingeln und fragen, ob diese vielleicht nachher noch so gegen 12 Uhr zufällig in die Richtung fahren oder sie dies für paar Euro machen würden – die Transaktionskosten wären zu hoch. Die durch die digitalen Fahrvermittlungs-Apps auf nahezu null gesenkten Transaktionskosten ermöglichen nun genau so etwas. Aus Sicht der alten Taxi-Wertschöpfungskette müssen die Schritte 1 und 2 nun nicht mehr selbst getätigt werden, sondern sie werden in das digital vernetzte Netzwerk aus Autobesitzern ausgelagert. Die Fahrtenvermittlung und Abrechnung erledigt die App. Das jeweilige Fuhrparkmanagement und die Qualitätssicherung erfolgen wiederum dezentral durch die gegenseitige Bewertung von Anbietern und Nachfragern: Ein Uber-Fahrer wird sich selbst um einen guten Zustand seines Wagens und Services bemühen, wenn er schlechte Bewertungen und damit weniger Fahrten in der Zukunft vermeiden will.

Mal ganz emotionslos!

Die Kritik an solchen Modellen ist in Deutschland sehr viel größer als in anderen Ländern. Hier hat die Lobby der Taxifahrer zunächst ein Verbot des ursprünglichen Modells von Uber durchgesetzt. Aber auch der Ruf aus der Bevölkerung, die von kostgünstigeren Fahrten profitieren würde, ist nicht besonders laut. Die Kritik ist vielfältig und eskaliert meist bei Punkten, dass hier Mindestlöhne nicht eingehalten und sozialversicherungspflichtige Jobs verloren gehen würden. Bei aller verständlicher Kritik rate ich zu einer gesamtwirtschaftlichen und nachhaltigen Betrachtung der ökonomischen Logik. Diese müssen Sie nicht teilen oder gut finden, sollten Sie aber vielleicht als Anregung zum Verständnis sehen. Bei der Vorstellung der Methodik des PROFSKI-Blicks habe ich dazu geraten, immer an den Ursprung einer heutigen Regelung zurückzugehen und sich zu fragen, ob diese auch so entstanden wäre, wenn es die Möglichkeiten von heute damals schon gegeben hätte.

Warum ist der Taximarkt bzw. seine Regulierung entstanden?

Taxibeförderung war und ist in Deutschland ein stark regulierter Markt, der lokal Preise, Lizensierungsvoraussetzungen, Anzahl der Anbieter und Qualitätsanforderungen vorschreibt. Diese Regelungen hatten bei ihrer Einführung das volkswirtschaftlich sinnvolle Ziel, die Bereitstellung des Transportes mit Kraftwagen auf der Kurzstrecke zu sichern. Man beschränkte hier deswegen den Wettbewerb, damit sich Anbieter nicht in den Ruin konkurrierten und am Ende die Transportmöglichkeit nicht gewährleistet ist. Im Gegenzug erwartete man die Einhaltung einer staatlich vorgeschriebenen Servicequalität oder Ortskenntnis, die nachgewiesen werden musste und überwacht wurde. Dass die Taxifahrer sich dagegen wehren, dass Uber-Fahrer diese Auflagen nicht erfüllen müssen und vor allem die Preise unterbieten können, ist nachvollziehbar. Dies sind in der Tat ungleiche Bedingungen. Statt jedoch mit einem plumpen Verbot des Neulings zu reagieren, ist es aus meiner Sicht nur eine Frage der Zeit, bis man überprüfen sollte, ob die Notwendigkeit und die Voraussetzungen der ursprünglichen Regulierung überhaupt noch gegeben sind. Dabei ist eines klarzustellen: Es geht aus **gesamt**wirtschaftlicher Perspektive nicht darum, einer Berufsgruppe Einkommen zu sichern und sie deswegen vor Wettbewerb zu schützen, sondern um das Ziel, den Transport auf der letzten Meile zu einer abgesicherten Qualität zu gewährleisten. Für diese Überlegung möchte ich zunächst den privaten Pkw-Transport über den lokalen Markt hinaus betrachten. Hier dürfte jeder das Konzept der Mitfahrzentrale kennen. Vor dem Internet liefen das Suchen und Finden von Menschen, die eine Langstrecke z. B. von Köln nach Berlin in ihrem Pkw an einem bestimmten Tag fahren, und Menschen, die gerne mitfahren würden und sich dafür an den Kosten der Fahrt beteiligen, über klassische Anzeigen und Telefonzentralen ab. Diese Koordination verlagerte sich dann in den späten 1990er Jahren aufgrund der niedrigeren Transaktionskosten des Internets, aber immer noch war die Organisation verhältnismäßig aufwendig.

Warum hat man diese Transaktionskosten aber dennoch in Kauf genommen? Ganz einfach, weil die Einsparung der Transportkosten durch das Teilen der Kosten so hoch war, dass sie deutlich über diesem Organisationsaufwand lag. Warum hat man dies aber nicht bei einer Fahrt von fünf Kilometern gemacht? Auch ganz einfach, weil die Transaktionskosten der Organisation der Fahrt ähnlich hoch waren, die Ersparnis des Kostenteilens aber so niedrig, dass sie unterhalb des Organisationsaufwandes lagen. Es machte schlichtweg keinen ökonomischen Sinn. Jetzt, wo die Transaktionskosten des Findens über die Fahrvermittlungs-App auf einen Wert nahe Null sinken, lohnt sich dies praktisch für jede Fahrt. Die gesunkenen Transaktionskosten führen also dazu, dass sich das, was sich auf der Langstrecke schon lange gelohnt hat, jetzt bis zur letzten Meile in den Kurzstreckenbereich ausdehnt.

Uber und Co. als Mitfahrzentrale der Kurzstrecke!
Hier jedoch gibt es Verlierer bzw. Besitzstandswahrer in der Person von Taxifahrern, die es beim Pkw-Transport auf der Langstrecke so nicht gab. Gesamtwirtschaftlich ist es in dieser geschilderten Analyse ökonomisch nicht mehr nötig, dass nur eine spezielle Gruppe andere transportieren darf und dafür höhere Preise nehmen kann als im Wettbewerb. Interessant ist, dass ich alle Argumente, die heute von den Uber-Verbots-Befürwortern kommen, nie gegen die Mitfahrzentrale gehört habe. Dem Argument „Uber ist ein amerikanischer Ausbeuter" ist schwer beizukommen, aber wenn man die Fahrer zu einer Genossenschaft zusammenschließen könnte, sollte man dieses Mal überlegen. Wie sieht es mit der staatlichen Qualitätsüberwachung aus? In Zeiten, in denen es keine Navigationssysteme gab, mag eine Ortskundeprüfung der Fahrer noch sinnvoll gewesen sein, heute erlebe ich kaum einen Taxifahrer, bei dem das Navi nicht sowieso läuft. Diese Notwendigkeit dürfte weggefallen sein. Die Forderung nach Versicherungsschutz für die Transportierten ist natürlich unbestritten, diese muss gegeben sein, ist aber auch kein Problem. Das Volumen einer „Uber-Fahrer-Versicherung" dürfte für viele Versicherer interessant sein.

Nein, der Markt regelt nicht alles, aber Qualitätssicherung kann er meist gut!

Wie beschrieben funktioniert die Qualitätssicherung des Service und die augenscheinliche Autoqualität bei Uber über die dezentralen Bewertungen der Fahrer durch die Kunden und eben nicht durch eine staatliche Lizenzstelle. Die Skepsis gegenüber diesem Mechanismus ist vor allem bei meinen Zuhörern in Deutschland sehr hoch, der Glaube an von Vater Staat autorisierte Stellen scheint hier einfach sehr hoch und ungebrochen. Ich frage dann gerne bei Vorträgen, wer schon einmal irgendwo in der Welt Uber, Lyft oder Grab gefahren ist, und habe so gut wie nie gehört, dass der Service schlechter war als bei einem herkömmlichen Taxi, in der Regel wird sogar von einem besseren Service berichtet. Das deckt sich auch mit meinen Erfahrungen, als ich erstmalig im Ausland in ein Uber-Fahrzeug stieg: ich wurde namentlich begrüßt, bekam eine Flasche Wasser in die Hand gedrückt und aus dem Lautsprecher lief meine Lieblingsmusik, da ich meine Spotify-Playlist mit der Uber-App verknüpft hatte. Der Fahrer gab sich extreme Mühe, weil er genau wusste, dass meine gute Bewertung nach der Fahrt für ihn zu höheren Preisen oder mehr Fahrten führt.

Nein, ich habe nichts gegen Taxifahrer!

Da ich die Emotionalität der Debatte regelmäßig erlebe, möchte ich noch einmal betonen, dass ich nichts gegen Taxifahrer habe und jeden verstehen kann, der Gründe findet, warum neue Lösungen, die mit einer alten konkurrieren, nicht gut sind. Aus der Perspektive eines Strukturwandelforschers rate ich hier jedoch zu weniger Emotionalität und nüchterner Betrachtung der ökonomischen Logik neuer Möglichkeiten und des Hinterfragens bestehender Regelungen, ob die ursprüngliche Rechtfertigung noch gegeben ist. Dies ist nachhaltiger und hilft jedem, sich daran zu orientieren, was Bestand haben wird und was vielleicht nicht. Es geht jetzt erstmal darum, die Hintergründe einer Entwicklung zu verstehen, weniger darum, wie man das oder die Folgen findet.

Die transformatorische Frage nach der jeweils besten Lösung, gemessen an den Möglichkeiten der Netzwerkökonomie, sei noch einmal generell anhand bekannter Neulanderoberer erläutert, die die Frage disruptiv beantwortet haben.

Airbnb – private Zimmervermittlung statt Hotelkette!
Der größte Anbieter von Übernachtungsmöglichkeiten weltweit ist heute die erst 2008 gegründete Firma Airbnb. Genau genommen ist dieser Neulanderoberer aber kein Anbieter der Übernachtungsbranche im klassischen Sinne, denn er besitzt kein einziges Hotel. Airbnb ist eigentlich nur ein Vermittler von Privatunterkünften. Ferienwohnungen und deren Vermittler gab es jedoch auch schon zuvor. Airbnb hat aber eher die Frage gestellt, wie man das Thema Übernachtung mit den Möglichkeiten der Netzwerkökonomie radikal neu durchdenken kann und kam so zu einer massiv erhöhten neuen Nutzung von früheren Privatwohnungen – weit über eigens dafür gebaute Ferienwohnungen hinaus. Jede klassische Hotelkette verfügt mehr oder weniger über die gleiche Wertschöpfungskette, also

einen hintereinander ablaufenden Prozess mit einigen Stufen, die sie entweder selbst oder mit Partnern durchführen. Die Wertschöpfungskette sieht vereinfacht folgendermaßen aus:

- Haus bauen und Hotel daraus machen, d. h. Zimmer einrichten, Menschen einstellen, etc.
- Übernachtung im Hotelzimmer über alle möglichen Kanäle verkaufen
- Gäste einchecken, wohnen lassen, auschecken
- Zimmer säubern, instand halten und Qualität sichern

Das Neu-Durchdenken nicht nur der Hotelbranche, sondern des ganzen Themas Übernachtung setzt grundlegender an: Es gibt viele nicht genutzte Übernachtungsmöglichkeiten und viele Menschen, die diese nutzen würden. Aufgrund prohibitiv hoher Such- und Findkosten haben sich diese aber früher nicht gefunden, der Markt war also recht ineffizient, die Austauschprozesse kamen nicht zustande. Vielleicht hatte ich einen Freund in Hamburg, der mich immer günstig in seinem Gästezimmer übernachten ließ. Dass mich aber zwei Straßen weiter ein Unbekannter genauso gegen einen Obolus hätte übernachten lassen, das hätte ich nie oder nur durch totalen Zufall herausgefunden. Ich hätte auch gar nicht erst probiert, dies durch Anschreiben, Abtelefonieren oder Abklingeln der Haustüren der ganzen Nachbarschaft herauszufinden – ich wusste, der Aufwand lohnt sich nicht! Die durch die Airbnb-Plattform dramatisch gesenkten Transaktionskosten vereinfachen das Finden dieses Unbekannten so stark, dass unzählige zuvor nicht oder anders genutzte Übernachtungsmöglichkeiten dank Airbnb neu verwendet werden. Aus Sicht der Hotel-Wertschöpfungskette – also klassischer Hotelketten – wurden die Schritte „Hotel errichten und Menschen für den Betrieb einstellen" aus der Kette in das Netzwerk ausgelagert, was nur durch die Einbindung digitaler Kanäle ermöglicht wurde. Die „Vermittlung, Buchung und Bezahlung" übernimmt Airbnb wiederum, der Prozess von „Einchecken, Wohnen und Ausschecken" wird jedoch auf die einzelnen Betroffenen im Netzwerk ausgelagert. Gleiches gilt für den Prozess der Qualitätssicherung. Dort, wo im Hotel eigene Ressourcen die Qualität überprüfen müssen, kommt bei den Airbnb-Unterkünften kein Mitarbeiter der Plattform vorbei und schaut, ob geputzt wurde oder die Inneneinrichtung unversehrt ist. Hier wird der Qualitätssicherungsprozess dezentral von den Beteiligten selbst über den gegenseitigen Bewertungsmechanismus der jeweiligen Leistung abgewickelt. Wie schon bei eBay funktioniert dieser Reputationsmechanismus der jeweiligen Anbieter- und Nachfragerqualitäten unterm Strich hervorragend: jeder Anbieter und Nachfrager weiß, dass schlechte Bewertungen sich negativ auf die folgenden Vermittlungen auswirken und deswegen geben sich alle Mühe oder nehmen eben künftige Nachteile in Kauf.

Ist das denn so neu, bei Bekannten zu übernachten?

Aber dabei gehen ganze Nachbarschaftsviertel kaputt, da wohnt keiner mehr!

Private Zimmervermittlung gab es vorher schon, aber erst die niedrigen Transaktionskosten von digitalen Kanälen wie Airbnb haben das Volumen signifikant steigern können. Die Wertschöpfungskette klassischer Übernachtungsanbieter konnte dabei durch neue Rollenverteilungen innerhalb der Netzwerkökonomie neu geordnet werden. Das Modell ist so erfolgreich, dass es nicht nur von Lobbyisten der Hotelbetreiber bekämpft wird. Auch in vielen Städten regt sich Widerstand, vor allem wenn normaler Wohnraum für Ortsansässige zunehmend umgewidmet wird, weil man über die Airbnb-Kurzzeitvermietung mehr Geld verdienen kann. Weitere Beschwerden kommen bezüglich der Lebensqualität, wenn sich keine stabilen Nachbarschaften bilden, weil alle paar Tage neue Touristen in Airbnb-Wohnungen ein- und ausziehen. So verständlich die jeweiligen Beschwerden sind, so neutral und emotionslos kann man den Strukturwandel betrachten, da er das Ergebnis freier Marktentscheidungen ist, die zudem gesamtwirtschaftliche Ressourcen, die zuvor brach lagen, jetzt zur Nutzung bringen. Und dass Wohnviertel und die Art und Weise zu wohnen sich verändern, ist eben seit Tausenden von Jahren ein ständiger Prozess, der sich mit neuen Möglichkeiten immer verändert hat. Ja, ich weiß, als Historiker mit der langen Sichtweise ist man grausam und nicht empathisch für die Sorgen von Menschen, die den Status quo konservieren möchten. Ändert aber nichts, es geht in erster Linie darum zu verstehen, was ist und werden wird, erst in zweiter Reihe, wie man das finden mag.

Das geht bestimmt in unserer Brache nicht!
Sicher?

Mein Tipp an Sie: Spielen Sie den Gedanken der Auslagerung von Wertschöpfung aus der Wertschöpfungskette in die Netzwerkökonomie mal für Ihre Branche durch. Wenn es das Tinder, Airbnb oder Uber Ihrer Branche noch nicht gibt, sollten Sie die Chance vielleicht nutzen!

3.3   Netzwerkökonomie als nicht-lineares System

Die beschriebenen Charakteristika der Netzwerkökonomie erzeugen Rahmenbedingungen, die für Unternehmen das Leben nicht unbedingt einfacher machen. Das mir zurzeit eingängigste Buzzword in diesem Kontext ist „VUCA-Welt".

VUCA! Juchhu, noch ein tolles Wort!
VUCA ist ein Akronym, also ein Kurzwort, das aus den Anfangsbuchstaben einer Wortfolge zusammengesetzt wird. Es soll für die Beschreibung der „modernen" Welt von heute und morgen stehen. Mit „Volatility" (= Volatilität), „Uncertainty" (= Unsicherheit), „Complexity" (= Komplexität) und „Ambiguity" (= Mehrdeutigkeit) trifft VUCA dies bestimmt schon sehr gut – ich hätte auf jeden Fall noch „Dynamik" explizit untergebracht, auch wenn es diese ja immer gibt. Passte aber den Wortschöpfern wohl irgendwie nicht mehr rein. Plakative Begriffe wie VUCA sind grundsätzlich hilfreich, weil sie einfach und gut merkbar Dinge beschreiben und sich deswegen gut greifen lassen. Als jemand, der Dinge aber meist in langfristigen Zusammenhängen bezeichnet, stelle ich zur Einordnung gerne infrage, ob es für die damaligen Zeitgenossen von „früher" tatsächlich so viel weniger komplex, unsicher und schnelllebig war als heute?

„Die Blumen am Feldrain sind keine Blumen mehr, sondern Farbflecken, oder vielmehr rote und weiße Streifen; es gibt keinen Punkt mehr, alles wird Streifen; die Getreidefelder werden zu langen gelben Strähnen; die Kleefelder erscheinen wie lange grüne Zöpfe; die Städte, die Kirchtürme und die Bäume führen einen Tanz auf und vermischen sich auf verrückte Weise mit dem Horizont."
Victor Hugo, 1837
(über eine Zugfahrt, die damals so zwischen 30–40 km/h schnell gewesen sein dürfte)

Das Zitat zeigt, dass alles relativ ist. Die Industrialisierung mit ihren damals unfassbaren Veränderungen von Geschwindigkeiten, die Veränderung der Gesellschaft werden den Zeitgenossen auch kaum zu begreifen gewesen sein. Man kann Geschichte nur aus der Perspektive der Zeit heraus betrachten und verstehen – und das war immer schon so. Also wir sind nicht schlimmer dran als alle vor uns, aber wahrscheinlich auch nicht unbedingt besser.

„If the rate of change on the outside exceeds the rate of change on the inside, the end is near."
Jack Welch, früher CEO von General Electric

Wenn wir mal alle hilfreichen Schlagworte sein lassen und den Kern der Herausforderung der Digitalen Transformation treffen wollen, dann bleibt als Erkenntnis: Es geht darum, die internen Strukturen einer Unternehmung mit den
Anforderungen der sie umgebenen Rahmenbedingungen in Einklang zu bringen.

Mehr als nur Oberfläche, es geht tief ins „System"
Die Notwendigkeit zur Suche neuer statt alter Antworten für neue Rahmenbedingungen ist eine Weisheit, die zwar auch immer gegolten hat, aber erst viel
dringender wird sie nach einem Strukturbruch wie diesem derzeit ablaufenden
zur Netzwerkökonomie. Mit den alten Strukturen, Fähigkeiten und Denkmustern
wird man in den neuen Rahmenbedingungen kaum zurechtkommen können, wie
in vielen Kapiteln dieses Buches konkret dargestellt wird. Es bedarf eines wirklich fundamentalen Wandels in den Organisationen, nicht nur der Änderung von
ein paar Stellschrauben am Aufbau.

Wunderbar hilfreich sind hier „systemtheoretische Erklärungen"[12], die
ich an dieser Stelle nur empfehlen kann – ein Einlesen in diesen spannenden
Theoriekomplex lohnt sich! Die Netzwerkökonomie kann als „nicht-lineares",
dynamisches System von Elementen und Zusammenhängen betrachtet werden,
in dem eben nicht mehr recht klare und stabile Wirkungszusammenhänge wie in
„linearen Systemen" herrschen – also hintereinander gelagerte Zusammenhänge
und Verknüpfungen. Wo in linearen Systemen ein Impuls eine weitgehend dem
Impuls entsprechende Reaktion bewirkt, kann dieser in nicht-linearen Systemen
vielleicht völlig verpuffen, oder ein viel kleinerer und vielleicht nicht geplanter
Impuls kann völlig überdimensionale Wirkungen haben. Im Marketing bedeutet
dies zum Beispiel, dass auf der einen Seite gigantische Marketing-Budgets einfach verpuffen, weil sie durch marktmächtige Individuen in sozialen Netzwerken
geblockt werden. Auf der anderen Seite können andere Themen und Inhalte sich
rasend schnell durch virale Effekte in der digital vernetzten Menschheit verbreiten.
Schön, wenn die eigene positive Markenbotschaft im Zuge eines viralen Hits um
die Welt geht. Weniger schön ist es für Unternehmen, wenn sich genauso schnell
ein Shitstorm im nicht-linearen System zusammenbraut und gegen einen richtet.

Perfekt beschrieben, DAS sollte jeder gehört haben!
Wirklich eindrucksvoll hat dies der leider bereits viel zu früh verstorbene Peter
Kruse nicht nur thematisiert, sondern er hat den Kern des Ganzen so prägnant

---

[12]Ich empfehle hier ein wenig Einlesen. Für das Grundverständnis reicht auch der Beitrag
„Systemtheorie" auf Wikipedia.

formuliert, wie ich es bisher nirgendwo anders gesehen habe. Sein dreiminütiges Statement vor der Enquete-Kommission des Deutschen Bundestages zum Internet und der Digitalen Gesellschaft ist an verschiedenen Stellen im Web verfügbar und wird zurecht immer wieder geteilt. Ich empfehle jedem, es sich anzuschauen. Kruse fasst die neuen Rahmenbedingungen darin wie folgt zusammen:

1. Die Vernetzungsdichte ist durch das Internet gravierend erhöht worden.
2. Durch soziale Medien können immer mehr Menschen „spontan" in diesem Netz aktiv sein, also Inhalte erstellen.
3. Durch die Möglichkeiten des Weiterleitens können in den Netzwerken kreisende „Erregungen" entstehen.

Diese drei Entwicklungen führen in Kombination zur Möglichkeit der „Selbstaufschaukelung", ohne dabei vorhersagen zu können, wo und in welcher Richtung dies geschieht. Sicher haben Sie schon etwas vom „Schmetterlingseffekt" der Chaostheorie gehört: ein extremes Beispiel, bei dem der vernetzte Zusammenhang chaotischer – nicht planbarer – Systeme wie dem Klima dazu führt, dass der Flügelschlag eines Schmetterlings in Südamerika anderswo auf der Welt vielleicht einen Sturm verursachen kann.

Der Schmetterlingseffekt kann Dir Deine Jahresplanung versauen!

Das Internet und speziell das Social Web können genauso wie Wirtschaftskreisläufe als solch chaotische, eben nicht-lineare dynamische Systeme angesehen werden. Diese Bewegungen kann man weder planen noch wirklich steuern, man muss sie akzeptieren. Diese Entwicklung wird auch nicht mehr weggehen, da die Individuen gelernt haben, wie marktmächtig die Nachfrageseite dadurch geworden ist. Beim Verstehen kann lediglich Empathie für die Resonanzmuster dieser vernetzten Gesellschaft helfen.

Die Unternehmung als flexibles Wertschöpfungsnetzwerk!
Die Lösung für Unternehmen kann folglich nur in die Richtung gehen, dass man sich diesen neuen Rahmenbedingungen entsprechend anpasst, indem man die Unternehmung zu übergreifenden flexiblen Netzwerken der situativen

Wertschöpfung umbaut. Die Richtungsvorschläge zur Konkretisierung werde ich im Kap. 8 erläutern. Aber eines sollte als Zwischenergebnis jetzt schon hoffentlich jedem deutlich sein:

Zwischenergebnis Kap. 3
Die Netzwerkökonomie erfordert eine ganzheitliche Prüfung ALLER Aufgaben und Funktionen und gegebenenfalls eine Veränderung der ART UND WEISE, wie wir diese bewerkstelligt haben – weil die vernetzte Welt diese bietet und im Wettbewerb immer die jeweils beste der verfügbaren Lösungen gewählt werden muss … zu allen Zeiten und unter jeweils neuen Rahmenbedingungen!

Mentale Transformation als Voraussetzung für die digitale Transformation

4

Wir sind mitten im größten Strukturwandel der jüngeren Geschichte. Wer diesen bewältigen will, muss nicht nur die wesentlichen Elemente und Treiber dieser Veränderungen verstehen und verinnerlichen. Er muss sich darüber hinaus aber auch der Hürden der Anpassung bewusst sein – die beste Strategie hilft nichts, wenn man nicht weiß, warum sie nicht umgesetzt wird. Erst das Verstehen der Aufgaben und gleichzeitiges Überwinden der Hürden machen erfolgreiches Change-Management aus. In meinem Beratungsalltag weise ich deswegen immer darauf hin, dass direkt neben dem Herstellen des gemeinsamen Verständnisses der ökonomischen Logik der Netzwerkökonomie und ihrer Folgen eine gleichrangige Liste an „menschlichen Unzulänglichkeiten" erstellt werden sollte. Diese gilt es, von vornherein zu berücksichtigen. Sie erinnern sich vielleicht an diese beiden Fragelisten als Spezifikation der ABC-Formel für Veränderung aus Abschn. 2.2. Geschieht dies nicht, bleibt es meist eine nette, aber folgenlose Veranstaltung, weil die Entscheider nicht wirklich fähig oder willens waren, zunächst oder gleichzeitig eine mentale Transformation zu durchlaufen!

Die Etablierten revolutionieren meist nicht den Markt!
Eines der wohl bekanntesten Konzepte in Beratung und Change-Management ist wahrscheinlich das „Innovatoren-Dilemma" des leider Anfang 2020 viel zu früh verstorbenen Clayton Christensen.[1] Er erläutert sehr eingängig, warum

---

[1]Seine ersten Artikel dazu erschienen bereits im Jahre 1995. Einfacher nachzulesen ist es hier: Clayton M. Christensen: *The Innovator's Dilemma. Warum etablierte Unternehmen den Wettbewerb um bahnbrechende Innovationen verlieren* (The innovator's dilemma, 1997). Vahlen, München 2011.

K. Skibicki, *Das DJ-Prinzip des Managements*,
https://doi.org/10.1007/978-3-658-31011-0_4

bestehende, in der Vergangenheit erfolgreiche Industrien und Unternehmen sich so schwertun, selbst zum disruptiven Innovator zu werden. Vereinfacht auf einen Punkt gebracht, liegt es vor allem daran, dass sie so viel zu verlieren haben, wenn sie sich selbst ersetzen müssten. Deswegen erfolgen hier meist nur kleine Schritte der Verbesserungsinnovationen. Wirklich verändernde bzw. ersetzende Innovationen kommen meist von außen, denn diese „Disruptoren" haben viel zu erobern und wenig oder nichts zu verlieren, wenn das Alte geht. Über diese Basis hinaus spezifiziere ich dieses in der Wirtschaftsgeschichte immer wiederkehrende Phänomen gerne für meine vorwiegend auch in Deutschland tätigen Unternehmen.

4.1   Spezialfall Deutschland

Die Komplexität der mentalen Herausforderung sehe ich in folgende verschiedene Ebenen bzw. Dimensionen gegliedert. Diese sollten jedoch in ihrem Zusammenwirken berücksichtigt werden. Je nach Standort und eigener Historie ist dieser mentale Hürdenlauf in Unternehmen sehr anders und die Hürden liegen meist sehr unterschiedlich hoch.

4.1.1   Die eigenen erlernten Denkmuster

Jeder von uns hat seine durch Erfahrung gelernte Sicht auf die Welt um ihn herum. Gerade bei „Alphatierchen" im Top-Management ist es oft noch schwerer, hier die notwendige Demut zu finden, um die eigene Erfahrung zu hinterfragen, wenn es einen Strukturbruch gab. Ohne den einzelnen Entscheider in Schlüsselpositionen geht es aber leider nicht. Wenn die Tragweite und Dramatik der Veränderung weder verstanden noch gefühlt wird, kann keine Vision, kein Ziel und keine Strategie wirksam entwickelt werden. Die Führungsaufgabe kann aber nicht völlig delegiert werden und ohne Vorleben kann weder Glaubwürdigkeit noch Folgerschaft erwartet werden. Naturgemäß sitzen in den Führungsetagen etablierter Unternehmen wenige Digital Natives. Das „Hineingeborensein" allein hilft jedoch auch nicht immer. In jedem Alter gibt es die offenen Führungskräfte, die schnell annehmen wollen und können. Viele tun sich aber eben schwer, denn sie sind in den Strukturen des Industriezeitalters geprägt worden, haben Aufstieg und Führung in Hierarchien und Silos gelernt. Wenn der Einzelne nicht begreift und will, dass es ohne ihn nicht geht, dass kein anderer „DAS" für ihn erledigt, wird es schwer. Ich gehe deswegen meist hin und suche in einer

Führungsmannschaft die Koalition der willigen und fähigen „Change Clients", also der Personen, die die Veränderung verstehen und gleichzeitig die Macht haben, diese durchsetzen zu können. Sehr oft ist es hilfreich, wenn man solche starken Persönlichkeiten in einem Familienunternehmen vorfindet. Diese haben oft den Vorteil, in Generationen und Dynastien, also mit dem Ziel des langfristigen Erhalts der Unternehmung und des Vermögens für ihre Nachkommen, zu denken. Mit diesem Ziel begreifen sie eher, dass enorme Anstrengungen zur Bewältigung des Strukturwandels nötig sind. In managementgeführten Unternehmen scheinen die jeweiligen individuellen Zielvereinbarungen zu oft auf kurzfristige Ziele ausgerichtet zu sein. Der Gedanke „in drei Jahren bin ich hier sowieso weg" ist ein ernstzunehmendes Problem für das Strukturwandel-Management. Dies soll natürlich nicht heißen, dass es nicht auch tolle Change-Management-Persönlichkeiten unter angestellten Managern gibt! Ein recht junger CEO sagte mir einmal sinngemäß:

> *„Oh Mann, mit knapp über 40 hier CEO zu werden, war schon schwer, aber vor dem Hintergrund dessen, was Sie da erzählen, wird es ja noch viel schwerer, auch hier zu bleiben … und vor allem muss ich das dann auch selbst machen. Wäre ich 55, würde ich wohl eher in den geordneten Sinkflug übergehen und es würde noch reichen."*

In meinen Vorträgen erkläre ich die Problematik der eigenen gelernten Regeln in neuen Welten gerne mit der Frage, ob die Zuhörer schon einmal beobachtet haben, wie man einem Kind von zwei oder drei Jahren ein iPhone und eine Papierzeitung hinlegt. Seit meiner eigenen kleinen Tochter weiß ich, das funktioniert auch schon mit elf Monaten.

Mit dem Blick eines Kindes … oder eines Start-ups!
Ähnliches findet sich aber auch auf YouTube, falls Sie es noch nicht live gesehen haben. Man kann dort in Videos sehen, wie ein solches Kind sich alsbald von der Zeitung abwendet und sich wahrscheinlich sagt „ist kaputt" und sich fortan mit dem iPhone beschäftigt. Was auf die meisten belustigend wirkt, ist sehr symptomatisch für das Problem der „digitalen Migranten", die meist in den Führungsetagen sitzen. Als wir in der Situation dieses Kindes waren, gab es nichts wie das iPhone. Also haben wir mit dem Papier von Zeitungen oder Büchern vorliebnehmen müssen – wir haben es angefasst, in den Mund genommen und Stück für Stück mit allen Sinnen erfasst. Später haben wir dann Rituale entwickelt und prägende Situationen – vom Zeitungslesen am Frühstückstisch bis hin zum „guten Buch" unterm Apfelbaum oder am Strand – verbracht. Unser Gehirn hat damals das gemacht, was es meistens macht: es lernt!

Lernen ist toll! Aber „Verlernen können" wäre manchmal auch hilfreich!
Unser Gehirn verknüpft immer und immer wieder Sinneszellen in Interaktion mit unserer Umwelt. Anders ausgedrückt: es lernt Regeln. Diese Trampelpfade im Gehirn sind eigentlich super, denn sie helfen beim Überleben. Wenn der Mensch einer Situation ausgesetzt ist und sein Gehirn kann in Bruchteilen von Sekunden Gelerntes herauskramen, das dazu passt, dann spart dies Zeit und Energie. Beides war in der Evolution extrem hilfreich – wer beim Anblick eines wilden Tieres nicht lange überlegen musste, was zu tun ist, hatte bessere Überlebenschancen. Zudem ist das Gehirn einer der großen Energieverbraucher im menschlichen Körper – wer also nicht jedes Mal neu nachdenken musste, sparte Energie, was in Zeiten der Nahrungsmittelknappheit ebenfalls hilfreich gewesen sein dürfte. Diese an und für sich hilfreiche Sache mit dem Gelernten wird jedoch dann zum Problem, wenn eine grundlegende Umstellung der Rahmenbedingungen kommt. Wenn man dann versucht, mit seinen gelernten Regeln das neue Phänomen zu erfassen oder das Neue in seine alten gelernten Regeln einzubinden, funktioniert das meist nicht. Und was machen Menschen sehr oft, wenn sie etwas nicht begreifen? Richtig, sie finden es seltsam, schwierig oder gefährlich und lehnen es ab.

Ablehnung zur Beruhigung!
Der durch das Nicht-Verstehen entstandene innere Spannungszustand wird dadurch wieder in Einklang gebracht, dass man viele Gründe findet, warum selbstverständlich das Neue das Falsche ist! Dann „passt" es wieder, das eigene Weltbild ist in Einklang. Die Entwicklung solcher Ablehnung, das Suchen nach Schlechtem am Neuen oder die „negativen Haltepunkte", wie ich sie nenne, sind also sehr menschlich und „natürlich".[2] Leider sind sie nicht sehr hilfreich, wenn es darum geht, die neuen Regeln zu erfassen und die Anpassung zu vollziehen. Sie sind aber da und naturgemäß meist in den Führungsetagen und dies gilt es zu berücksichtigen, wenn man eine Organisation verändern will.

4.1.2 Die oberen Zehntausend

Die Veränderung einer hierarchisch gewachsenen Struktur kann bei der Tiefe des notwendigen Wandels nur von der Spitze her erfolgen, das liegt in der Natur der Sache. Alles andere ist Wunschtraum oder Beschäftigungstherapie. Leider

---

[2]In der Psychologie wird dieses Suchen nach zum eigenen (bereits vorgefertigten) Weltbild passenden Informationen „Confirmation Bias" genannt.

habe ich in manchen Führungsmannschaften den Eindruck gewinnen müssen, dass sich da keiner so richtig weh tun will. Auch wenn erkannt wurde, dass die Kompetenz für den digitalen Strukturwandel intern nicht vorhanden ist, unterbleibt oft ein Auswechseln. Vor allem tauscht man nicht gerade gerne sich selbst oder seine Mitstreiter aus, mit denen man schon seit den ersten Berufsjahren jede Hierarchie gemeinsam erklommen hat. Lieber werden ein paar Alibi-Aktionen in Form von wie auch immer titulierten Digitalprojekten gestartet. Mir wird oft die Frage gestellt, ob man denn einen „Chief Digital Officer" brauche, oder mir wird stolz erzählt, dass man jetzt einen habe – oft verbunden mit der Frage, ob dies denn gut oder ausreichend sei. Ich enttäusche dann solche Aktivitäten meist mit der Antwort: „Sie können den auch Pausenclown nennen, entscheidend ist, dass Sie alle verstanden haben, das DAS keiner für Sie macht, dass es hier nicht um irgendein Projekt geht, das dann abgeschlossen ist."

▶   Sorry, SIE müssen ran!

„Sie müssen verstehen, dass Sie alle gemeinsam erstmal über das Gleiche reden müssen – hier geht es um eine vollkommene Veränderung der Unternehmens-DNA, das macht nicht irgendeiner im Maschineraum für Sie, SIE sitzen gemeinsam auf der Brücke und müssen alle ran!" Ich spreche hier meist über Strukturen in Unternehmen, mein Eindruck ist jedoch, dass dies vollkommen analog anwendbar ist auf jede hierarchische Struktur, also auch auf staatliche Behörden oder politische Organisationen. Es geht nur von oben und da sitzen oft Leute, die sich schwertun oder absichtlich blockieren. Innerhalb einer gewachsenen Organisationsstruktur setzt sich meist das bereits geschilderte individuelle Verständnisproblem fort, sodass man versucht, Zuständigkeiten für grundlegende neue und andere Themen in die alte Struktur von Abteilungen und Rollen zu pressen. Stattdessen müsste die alte Struktur grundsätzlich hinterfragt werden, ob sie noch zu den neuen Möglichkeiten passt.

4.1.3 Die Ablehnung im Kollektiv

Wenn ich in meinen Vorträgen das Publikum frage, für wen irgendeiner der Social-Media-Kanäle für das eigene Informations- und Kommunikationsverhalten zu den wichtigsten Kanälen gehört, dann sehe ich auch heute im Jahre 2020 noch oft Menschen, die nach links und rechts gucken, als wollten sie fragen oder sagen:

Nee, Du auch nicht. Ziemlicher Blödsinn, findest Du doch auch!

Dies interpretiere ich dann als eine Ausprägung dessen, was in der Psychologie auch das „Prinzip der sozialen Bewährtheit" genannt wird. Die Selbstverstärkung und Spiegelung des eigenen Verhaltens in der Gruppe, die in diesem Fall eher innovationshemmend wirkt. Zusätzlich zur international vergleichsweise niedrigen Nutzung von Social Media in der Generation der Digitalen Migranten, kommt speziell in Deutschland erschwerend hinzu, dass die Bevölkerungsstruktur von genau diesen Social-Media-Abstinenzlern dominiert wird. Wir haben hierzulande sehr knapp hinter Japan mittlerweile die zweitälteste Bevölkerung der Welt: Der Median-Deutsche ist mittlerweile 46,8 Jahre als – der Median-Türke im Vergleich ist nur 30,5 Jahre alt, der US-Amerikaner 37,9 Jahre. Der Median der Weltbevölkerung liegt bei 30,1 Jahren. In der Folge wird man, wenn man sich in Deutschland in einer repräsentativ ausgewählten Runde von 100 Menschen mit der Ablehnung „dieses Zeugs" profiliert, gute Chance auf Bestätigung der eigenen Meinung haben, während man sich anderswo eher als alternder Geisterfahrer vorkommen dürfte.[3]

4.1.4 Das volkswirtschaftliche Wohlstandsproblem

Bei der Orientierung und Positionierung beim Fortschreiten des digitalen Strukturwandels darf man die Einordnung des Standortes Deutschland nicht vergessen. Um es kurz zu machen und auf keinen Fall schlechtzureden: Deutschland ist Anfang 2020 immer noch die viertgrößte Volkswirtschaft der Welt, die Wirtschaftslokomotive in der Europäischen Union als eine der großen reichen Regionen dieser Welt. Deutsche Produkte und Wertarbeit sind gefragt, das Land hat – vor Corona – die niedrigste Arbeitslosigkeit seit der Wiedervereinigung, die Steuereinnahmen sprudeln und wir können uns ein Sozialsystem leisten, von dem andere nicht mal träumen. Das ist toll und das ist gut so, aber es ist gleichzeitig ein Problem – zwar ein Luxusproblem, aber meiner Erfahrung nach ein Problem für den Strukturwandel. Unser Reichtum von heute ist das Ergebnis der sehr erfolgreichen Aktivitäten in den Rahmenbedingungen des Industriezeitalters.

---

[3]Den Zwergstaat Monaco habe ich bei der „Altersrangfolge" außen vor gelassen, dort ist die Bevölkerung wegen steuerlicher Sondereffekte im Median laut Wikipedia sogar 52,4 Jahre alt. Alle anderen Zahlen finden Sie bei Wikipedia unter „Liste der Länder nach Medianalter" (Stand 30.05.2020).

„Reden Sie den Standort Deutschland doch nicht so schlecht!"

Kein anderes Land in der Welt verfügt über so viele mittelständische „Hidden Champions", also die Weltmarktführer in ihren teilweise sehr großen Nischen. Mit einigen von diesen habe ich gearbeitet und ich schätze diese sehr! Als Strukturwandelforscher weiß ich aber auch ganz emotionsfrei, dass im normalen Fortlauf der Wirtschaftsgeschichte ein gewisser Prozentsatz von denen entweder ganz verschwinden wird oder Wertschöpfung und Ertragskraft einbüßen wird. Gesamtwirtschaftlich ist dies kein Problem, solange neue Unternehmen nachkommen, die diese Lücke füllen. Aber genau darum mache ich mir Sorgen. Die digitalen Champions aus Deutschland sind eine international fast zu vernachlässigende Truppe. Ja, es gibt SAP, eine tolle Firma, die auch schon vor bald 50 Jahren gegründet wurde und heute nicht mal zu den Top-50 der Tech-Giganten zählt. Eine SAP macht noch lange kein Digital-Ökosystem, das uns in Zukunft trägt. Auch wenn ich immer wieder Signale der Hoffnung in Deutschland sehe: Wenn sich dies nicht bald substanziell und nachhaltig ändert, ist es legitim zu fragen, wer denn in Zukunft diesen wunderschönen Sozialstaat finanziert? Eine komplexe Frage und wenn ich sie bei meinen Vorträgen in den Raum werfe, dann sehe ich Reaktionen zwischen Fragen, Unsicherheit und Angst. Diese weicht aber sehr schnell wieder, wenn man an das Hier und Jetzt denkt, denn Deutschland geht es gut. Richtig, noch! Und diese Richtung, dass wir die letzten Jahre unter Vollauslastung und auf Verschleiß fahren, ließ offensichtlich zu wenig Zeit, um an Morgen zu denken. Läuft doch noch und auch morgen noch und übermorgen auch. Ich bringe an dieser Stelle gerne das Bild der Titanic, die auf den Eisberg zurast. Der Unterschied ist: Wir sehen den Eisberg. Aber aus seinem kuscheligen Stuhl im Ballsaal aufstehen, auf die Brücke und in den Maschinenraum gehen und die Manöver einleiten, die uns nicht kollidieren lassen, das ist irgendwie zu anstrengend. Gib mir doch noch ein Glas Champagner, ist gerade so schön und vielleicht ist dann auch der Eisberg weg. Und überhaupt diese Angstmacher, die irgendwas erzählen, wir haben uns das verdient und das genießen wir jetzt.

Dies alles ist vollkommen verständlich, nur leider nicht sehr nachhaltig. Menschen, die den Kurs ändern wollen, sind Panikmacher und die Besitzstandswahrer sitzen fest auf der Deutschland-Titanic. Man wird sie zwar nicht mehr finden, wenn man einmal gesunken ist, aber das interessiert heute noch zu wenige. Wie gesagt, ein Luxusproblem, aber eben ein Problem, wenn es einem heute zu gut geht und die Angst unterschwellig da, aber offensichtlich bis heute noch nicht groß genug ist, um massiv umzusteuern. Mit anderen Worten: Deutschland muss aufpassen, dass es nicht dem „Boiling Frog Syndrom" unterliegt: Die Fabel vom kochenden Frosch besagt, dass sein Fluchtreflex bei kochendem Wasser nicht ausgelöst wird, wenn die Temperatur nur in jeweils kleiner Dosierung steigt. Er vergleicht immer nur den jetzigen Zustand mit dem vorherigen und bleibt sitzen. Hätte er größere Abstände verglichen, wäre er sofort aus dem kochenden Wasser gesprungen.

Corona als Hürdenläufer?
Die Corona-Krise ist, während ich dieses Buch schreibe, gerade dabei, die Verletzbarkeit auch der deutschen Wirtschaft jedem vor Augen zu führen. Ich bin gespannt, ob dies nachhaltig dazu führen wird, dass das hier beschriebene Problem gemildert wird. Gleiches gilt für die folgende fünfte Hürde.

4.1.5   Die Kultur der Bedenkenträger

„Kultur" ist natürlich ein sehr weiter Begriff, ich verwende ihn hier nur für den Faktor, der über das, was durch Altersstruktur und „es geht uns zu gut" hinausgeht. Tatsächlich stelle ich in der Reaktion der Zuhörer meiner Vorträge Unterschiede fest, wenn ich den gleichen Vortrag auf Englisch vor internationalem Publikum oder vor rein deutschem Publikum halte. In Relation sind es allerdings viel mehr Vorträge in Deutschland. Es ist also nur ein nicht-repräsentativer persönlicher Eindruck, wenn ich sage, dass ich international bei den Nachfragen hinterher eher höre „Oh, das war inspirierend, habe ich so noch gar nicht gesehen, aber Klasse. Wie sollen wir vorgehen?" und in Deutschland eher die folgende Haltung als Reaktion kommt:

Ok, aber mir fehlten bei Ihrem Beitrag die negativen Aspekte dieser Entwicklung –
meinen Sie nicht auch, dass …

…und dann kommt wahlweise Datenschutz, Dominanz von US-Unternehmen oder die Meinung, die Leute seien zu blöd zu erkennen, dass… Ich nehme hier eine grundsätzliche geistige Abwehrhaltung wahr, die sich zurückzieht und die Bedenkenträger ganz weit nach vorne holt. Wenn ich die ökonomische Logik hinter Geschäftsmodellen wie der des Fahrtenvermittlers Uber erläutere, bekomme ich regelmäßig den Eindruck, deutsche Taxifahrer seien unser höchstes Kulturgut aller Zeiten, das unbedingt erhalten werden müsse. Uber-Fahrer sind dagegen allesamt ausgebeutete Idioten, die ausgepeitscht werden, um dort zu fahren. Das Ganze könne sich nicht rechnen und die Qualität der Leistung müsste zudem gleich einem zusammenbrechenden, unversicherten Fahrzeug sein. Solche

Meinungen scheinen zu dominieren, obwohl kaum einer der Teilnehmer jemals in einem Uber-Auto gesessen hat. Das soll jetzt alles nicht zu negativ klingen, aber ich erfahre vom kulturellen Faktor her in anderen Ländern ein besseres Klima für Veränderungen als in Deutschland.

Neulanderoberungsdrang als Mangelware?

Das Bewahren und Sicherheit scheinen in Deutschland größer geschrieben zu werden als in anderen Ländern und das über alle Generationen hinweg. Anders ist es für mich kaum nachvollziehbar, dass deutsche Studenten den Öffentlichen Dienst als den attraktivsten Arbeitsmarkt für sich ansehen – 40 % der Befragten einer großen Studie gaben dies zumindest 2018 an[4]. Nichts gegen Beamte – meine Eltern waren auch welche –, aber so sehr ich jedem ein ruhiges, sicheres Leben mit hohen Pensionen gönne: irgendjemand muss dies erarbeiten und Beamte schaffen keine sich selbst finanzierende Jobs. Dafür muss man von den sicheren und bekannten Wegen auch mal abweichen und Neuland erobern wollen. Vielleicht passt da einfach die zur Perfektion neigende Ingenieursdenkweise in Deutschland nicht so gut. Eher als Fun-Fact, aber dennoch irgendwie passend zum Neulanderoberungsdrang scheint auch die Information, dass die neun der zehn reichsten Amerikaner allesamt Selfmade-Milliardäre sind, während unter den Top-Ten der reichsten Deutschen neun Erbenfamilien und nur ein Gründer zu finden sind.[5]

4.1.6 Die Mauerbauer der Politik

Auch von der Seite, die die rechtlichen Rahmenbedingungen für Unternehmen maßgeblich beeinflusst, sind leider in den letzten Jahren nicht wirklich substanziell innovationsfördernde Stimulationen zu verzeichnen. Politiker – selbst, wenn sie persönlich verstanden haben, was volkswirtschaftlich zu tun ist – richten sich in der Regel nach politischen Mehrheiten bzw. Themen und Maßnahmen, mit denen sie sich mehr Wählerstimmen erhoffen, als sie zu verlieren befürchten. Dies ist keine

---

[4]https://www.zeit.de/gesellschaft/zeitgeschehen/2018-07/oeffentlicher-dienst-berufswahl-studenten-studie (zugegriffen am 10.06.2020).

[5]Bei den Zahlen habe ich verschiedene Quellen für das Jahr 2019 zusammengetragen. Allerdings sind solche „Listen" oft nicht einheitlich, da sie ja nur Schätzungen darstellen oder sich manchmal auf Familienvermögen oder Einzelvermögen beziehen. Wenn Sie also unterschiedliche Rangfolgen finden, so bleibt die Grundtendenz meiner Aussage dennoch erhalten.

Beschimpfung, sondern rational-politökonomische Logik.[6] Wandel, Veränderung, Mut und Neugestaltungen sind vor dem demografischen und kulturellen Hintergrund leider nicht so charmant wie das angebliche Bewahren und Umverteilen. Dem zunehmenden Erfolg amerikanischer Plattformen setzt die deutsche Politik seit Jahren vor allem die Frage entgegen, wie man diese denn regulieren und eindämmen könnte – bisher völlig erfolglos, weil die Deutschen eben ganz freiwillig diese Angebote nutzen.

▶   Viel nachhaltiger wäre es, sich immer zuerst zu fragen, warum digitale Champions nicht hierzulande entstehen und die meist „moralisch" argumentierenden Angebote hier nicht am Markt erfolgreich sind.

Weil die Neulanderoberer in großer Zahl hierzulande fehlen und in einer repräsentativen Demokratie kaum Lobbyarbeit leisten können, weil sie schlichtweg nicht da oder zu klein und zu wenig organisiert sind, sitzen an den politischen Schaltstellen die Besitzstandswahrer mehr oder weniger unter sich.[7] Ein sich selbst verstärkendes strukturelles Defizit, das nur durch weitsichtige, gegenüber der Zukunft verantwortliche Politiker lösbar wäre, die ich zumindest zurzeit nicht sehe. Über den Weg, wie es zur EU-Datenschutzgrundverordnung oder EU-Urheberrechtsreform kam, könnte man ein eigenes Buch schreiben. Hierzu sei nur kurz vergegenwärtigt, dass sich die im internationalen Markt in den Augen der Nutzer erfolgloseste Vorstellung von Datenschutz politisch extrem erfolgreich auf die ganze EU ausgeweitet hat und jetzt vergeblich darauf warten wird, dass der Rest der Welt sich dem anpasst. Dieser Rest wird eher müde lächeln, einen Bogen um Europa machen oder hier nur auf Sparflamme kochen und wiederkommen, wenn hier auch der Letzte verstanden hat, dass der politeuropäische Weg nicht einmal bei den EU-Bürgern ankommt. Und wenn ich mich irren sollte, können wir uns alle freuen!

Zusammenfassend möchte ich an dieser Stelle festhalten, dass von diesen Ebenen leider nicht gerade vereinfachende Strömungen ausgehen. Dies ist jetzt recht emotionslos gemeint, es ist in dem Sinne nicht schlimm, aber eben hilfreich,

---

[6]Wenn Sie eine solche Sichtweise politischen Kalküls und politischer Märkte überraschen sollte, lesen Sie sich vertiefend sehr gerne unter den Begriffen „ökonomische Theorie der Politik" oder „Public Choice" in die Literatur ein. Dieses Verständnis hilft erfahrungsgemäß auch Nicht-Ökonomen enorm, das Handeln in der Politik zu erklären.

[7]Allerdings organisiert sich die Start-up-Branche zunehmend besser und übt erfolgreicher politischen Einfluss aus, wie man z. B. beim Corona-Hilfspaket sehen konnte.

um die Ganzheitlichkeit der Herausforderung einordnen zu können. Die Ebene des Individuums kann und soll nicht losgelöst von den anderen betrachtet werden, sie steht aber im Fokus, denn es sitzen genau solche Individuen in meinen Vorträgen und lesen wahrscheinlich dieses Buch hier.

4.2   Aller Anfang ist schwer – Los geht's mit mir selbst!

Das individuelle Verständnisproblem stellt meiner Erfahrung nach die erste, aber auch oft größte Hürde dar. Dies ist – wie schon mehrfach betont – kein Vorwurf, es muss uns nur bewusst sein: Die erste Hürde steht in unserem eigenen Kopf und ist in den gelernten Regeln unseres Gehirns beheimatet, die für die Rahmenbedingungen des vordigitalen Zeitalters aufgestellt wurden. Die völlig menschliche, aber hinderliche Reaktion ist die Ablehnung dessen, was ich mit meinen eigenen alten Regeln nicht verstehe. Die Entwicklung solcher negativen Haltepunkte muss man im Change-Management explizit einkalkulieren und diese möglichst schnell überwinden, um dann endlich klar zu sehen, was zu tun ist. Die Aufgabe lautet nämlich nicht herauszufinden, wie das Neue zu unseren alten Regeln passt, sondern wie wir uns an die neuen Rahmenbedingungen und Möglichkeiten optimal anpassen können.

Die eigene Perspektive als Hürde begreifen!
Dabei ist es zu allen Zeiten so gewesen, dass die meisten Menschen zunächst die alten Regeln mehr oder weniger eins zu eins auf neue Technologien und Möglichkeiten übertragen. Erst viel später wird begriffen, dass es neue Möglichkeiten, Rollen und neue beste Lösungen gibt. Diejenigen, die die alten Regeln gar nicht oder nur kurz gelernt haben, tun sich naturgemäß viel leichter, diese loszulassen und das zu tun, was Menschen immer schon getan hätten, wenn sie eben nicht etwas anderes gelernt hätten.

Eine deutsche Konstellation!?
Der bekannte Science-Fiction-Autor Douglas Adams, der so bahnbrechende Bücher wie „Per Anhalter durch die Galaxis" schrieb, hat diese für die Menschheit normale Gegebenheit mal folgendermaßen sehr plakativ formuliert, wenn es um die Adaption neuer Technologien geht:

1. Alles, was es schon gab, als Du geboren wurdest, ist normal und gewöhnlich. Diese Dinge werden als natürlich wahrgenommen und halten die Welt am Laufen.

2. Alles, was zwischen Deinem 16ten und 36ten Lebensjahr erfunden wird, ist neu, aufregend und revolutionär. Und vermutlich kannst Du in dem Bereich sogar Karriere machen.

3. Alles, was nach dem 36ten Lebensjahr erfunden wird, ist gegen die natürliche Ordnung der Dinge.[8]

In der Wissenschaft ist dieses konstante Problem der Menschheit mittlerweile untersucht worden und man hat für die Konsequenz der negativen Haltepunkte einen wunderschönen Begriff gefunden.

JUVENOIA – die Angst vor und gleichzeitig um die Jugend!
Die Wortschöpfung von David Finkelohr von der University of New Hampshire entstand als Mischung von „juvenil" und „Paranoia".[9] Forscher beschreiben damit die historische Konstante, dass die jeweils ältere Generation irritiert und besorgt auf die jüngere schaut – dies haben Ihre Großeltern bei Ihnen auch gemacht. Finkelohr sieht dies auch in der Evolution begründet: „Als Spezies, die sich in recht stabilen Verhältnissen entwickelt hat, haben Menschen schon evolutionär bedingt Angst vor Veränderungen. Auf einer gesellschaftlichen Ebene geht es darum, dass ich Hüter bestimmter Werte oder Institutionen bin, die ich bewahren will"[10]. Dies war bei den alten Griechen auch schon so, dieser ständige Konflikt war Dauerthema in deren berühmten Dramen.[11] So weit in die Geschichte zurückgehen, muss man aber gar nicht: Mein Lieblingsbeispiel in meinen Vorträgen ist aus der Zeit, als Kostensenkungen und Verlagsstrukturen vor rund 240 Jahren in kurzer Zeit ermöglichten, dass breite Schichten der Bevölkerung Zugang zu Druckerzeugnissen bekamen. Während sich heute

---

[8]https://www.kotzendes-einhorn.de/blog/2014-07/technologiefeindlichkeit-zusammen-gefasst-von-douglas-adams/ (zugegriffen am 10.06.2020).

[9]https://www.aerztezeitung.de/panorama/article/968343/juvenoia-jede-generation-jugend-schimpft.html (zugegriffen am 10.06.2020).

[10]https://www.welt.de/wissenschaft/article178647276/Soziologie-Warum-die-Jugend-von-heute-immer-die-schlechteste-ist.html (zugegriffen am 10.06.2020).

[11]Bei den alten Griechen sei das genauso gewesen, sagt Althistoriker Shipton. Ständig tauche der Zwist zwischen Alt und Jung etwa in den griechischen Dramen auf – den Massenmedien der antiken Stadtbewohner. Je unruhiger die Zeiten, desto negativer fällt die Beschreibung der Jugend aus. Selbst an einer verheerenden militärischen Niederlage gaben die alten Athener dem Leichtsinn der Jungen die Schuld – und hielten sie danach aus der Politik fern. https://www.welt.de/wissenschaft/article178647276/Soziologie-Warum-die-Jugend-von-heute-immer-die-schlechteste-ist.html (zugegriffen am 10.06.2020).

viele Eltern wahrscheinlich wünschen würden, dass ihre Kinder mal ein „gutes Buch" lesen, verdammte man damals „die Lesesucht" und ihre Folgen der mangelnden Bewegung und angeregten Fantasie – selbstredend, dass diese zu bekämpfen sei.[12]

> *„Der Mangel aller körperlichen Bewegung beym Lesen, in Verbindung mit der so gewaltsamen Abwechslung von Vorstellungen und Empfindungen führt zu Schlaffheit, Verschleimungen, Blähungen und Verstopfung in den Eingeweiden, die bekanntermaaßen bey beyden, namentlich bey dem weiblichen Geschlecht, recht eigentlich auf die Geschlechtstheile wirkt."*[13]

Es sei an dieser Stelle noch einmal darauf hingewiesen, dass Unternehmen und Länder mit einem besonders hohen Anteil an Menschen, die der letzten Altersgruppe entsprechen, es schwerer haben dürften, die negativen Haltepunkte zu überwinden. Hierzu die Zahlen für Deutschland[14]:

1. Rund 13 % der Deutschen sind jünger als 15 Jahre.
2. Rund 23 % der Deutschen sind zwischen 15 und 35.
3. Rund 64 % Deutschen sind älter als 35 Jahre.

Noch Fragen? Dies soll weder ein Vorwurf noch eine Entschuldigung sein, sondern eine Erklärung zum Verständnis der Gemengelage, die es zu überwinden gilt.

Wir kennen jetzt also eines unserer Probleme: wir leiden an Juvenoia und dies ist (leider) normal. Da dies bei der Digitalen Transformation hinderlich wirkt, schreiben Sie sich und allen Beteiligten hinter die Ohren, an die Wände oder sonst wohin den folgenden Leitsatz:

▶ Es war NICHT „besser", nur weil Du es so gelernt hast!!!

---

[12]https://www.welt.de/kultur/history/article110549077/Als-die-Lesesucht-die-Menschen-krank-machte.html (zugegriffen am 10.06.2020).

[13]https://www.welt.de/kultur/history/article110549077/Als-die-Lesesucht-die-Menschen-krank-machte.html (zugegriffen am 10.06.2020).

[14]Die Angaben sind „ca."-Zahlen für die Jahre 2017/2018 aus Wikipedia, die je nach Quelle leicht unterschiedlich sind. Wichtig zur Orientierung ist jedoch ohnehin nur die „Hausnummer" der Prozentzahl, nicht Detailangaben.

Wie ich im Kapitel über den PROFSKI-Blick schon erläutert habe: Jede Generation sucht sich einfach die aus ihrer Sicht besten Möglichkeiten aus den jeweils verfügbaren heraus, dies ist der konstante Mechanismus im Menschen, das einzige Nicht-Konstante dabei sind die Möglichkeiten.

Im Wesentlichen lief der innere Widerstandsprozess beim Lesesucht-Vorwurf im 19. Jahrhundert ähnlich ab, wie wir es in den letzten Jahren beim Internet und beim Smartphone erleben:

1. Wofür soll das denn gut sein?
2. Das braucht kein Mensch oder nur wenige Freaks, geht doch auch ohne!
3. Das ist ein Hype, das geht wieder weg!
4. Das verändert am Ende doch nichts und wenn doch, dann nicht zum Guten!
5. Das schadet vor allem schwachen und schützenswerten Charakteren sowie bewahrenswerten Kulturelementen![15]

Interessanter, als nur das Phänomen zu beschreiben, ist für mich die Frage danach, wie man als Individuum die jeweils gefundenen negativen Haltepunkte überwindet – wie kommt man im Change-Management über diese erste Hürde?

Ich sehe in meiner Erfahrung noch keinen anderen Weg, als auf das Phänomen hinzuweisen, es mit anschaulichen Beispielen zu erläutern und zu sehen, wie und wann man es selbst geschafft hat, die Punkte zu überwinden. Dafür geht man am besten in die jüngere Geschichte, die die meisten selbst erlebt und überwunden haben.

Handy? Will ich nicht!

Wenn Sie das erste größere Aufkommen von Mobiltelefonen Anfang der 1990er Jahre erlebt haben, gehören Sie persönlich vielleicht zu denen, die beim Handy-Beispiel sofort dachten: „Muss ich haben! Immer und überall telefonieren zu können, ist das, was Menschen immer schon gemacht hätten, wenn es möglich gewesen wäre. Ich muss nur das Gelernte und die folgenden negativen Haltepunkte abwerfen". Vielleicht! Vielleicht gehörten Sie aber damals auch zu denen, die diverse Gründe dagegen gefunden haben und auch immer im

---

[15]Ich haben den bei Passig beobachteten Prozess allerdings ein wenig komprimiert: Kathrin Passig zur Lesesucht https://www.welt.de/kultur/history/article110549077/Als-die-Lese-sucht-die-Menschen-krank-machte.html (zugegriffen am 10.06.2020).

sozialen Umfeld Bestätigung suchten. „Aha, ist der XY also so wichtig, dass der nicht ohne kann, oder was?" war eines der typischen „Argumente" in dem fünfstufigen Prozess oben. Mein Lieblingseinwand war jedoch eindeutig: „Ich will kein Handy, denn ich will ja nicht immer erreichbar sein". Ich schaute oft in verdutzte Gesichter, wenn ich die Erwartung sozialer Bestätigung enttäuschte und stattdessen erläuterte, dass man das Handy ja zum Erreichen dieses Zieles einfach abgeschaltet lassen könnte. Aber wenn man gerade mit dem Auto in einer einsamen Gegend liegen bliebe, dann könne man ja die Telefonzelle in seiner Tasche einfach anschalten und Hilfe rufen. Die verwunderte Reaktion schwankte dann zwischen einem irritierten Grummeln oder weiteren Einwänden. Mit zunehmender Verbreitung des Handys wurde es jedoch immer mehr zu einem „Ach so, ja … so habe ich das noch gar nicht gesehen!". Genau solches argumentatives Ausräumen der einseitigen negativen Haltepunkte ist ein wichtiger Schritt. Wenn dann noch im sozialen Umfeld verstärkende Signale kommen, ist die Neugier meist groß genug und die individuelle Erfahrung kann gemacht werden. Ich denke, dies ist für die meisten der einzig praktikable Prozess. Wenn man sich die Menschen, die damaligen Handy-Verweigerer heute anschaut, wird man die wenigsten ohne ein mobiles Endgerät vorfinden. Genauso wird man Schwierigkeiten haben, eine Telefonzelle zu finden. Es dauert, aber es kommt zumindest bei den meisten an!

Ich finde schon einen Grund!

Dies ist alles wiederum keine Klage oder Anklage, sondern ein Problemlösungsschema – man muss den persönlichen Bezugspunkt herausstellen, die negativen Haltepunkte dabei abbauen und im besten Fall soziale Verstärker aus dem jeweiligen Umfeld einbauen! Ein ähnliches Muster wie bei den Handys konnte man um 2007 beobachten, als mit dem iPhone die Ära der Smartphones rasant Fahrt aufnahm. Auch damals gab es genug Ablehnung in den Reaktionen, die reichten von „Aber bei meinem Nokia reicht der Akku viel länger!" bis hin zu „Damit kann man kaum telefonieren … und E-Mails will ich sowieso nicht immer beantworten". Diesmal dauerte es jedoch schon viel kürzer, die Widerstände zu überwinden, wahrscheinlich weil der Sprung nicht mehr so groß war.

Zu betonen sei noch einmal die Rolle sozialer Verstärker und die Reflexion des eigenen Umfeldes bei der Überwindung der Haltepunkte. Ich kann mich noch gut erinnern, als Führungspersönlichkeiten Ende der 1990er Jahre stolz verkündeten, sie hätten noch nie eine E-Mail geschrieben. Diese wurden von Mitarbeitern beantwortet und/oder ausgedruckt. Eine Zeit lang galt dies irgendwie als Privileg und in manchen Kreisen als Zeichen eines heroischen Widerstands. Dann folgte jedoch relativ schnell die Phase, wo so etwas einfach nur peinlich war, und heute würde dies wohl kaum mehr zu positiver sozialer Anerkennung führen.

„Damals waren die Leute verbindlicher!"

Häufig beobachte ich auch Reaktionen, die einem Verfallen in Sozialromantik gleichkommen, z. B. in Bezug auf Smartphones: „Früher musste man pünktlich sein und heute rufen die einfach kurz vorher an". Selbst wenn dies der Fall gewesen wäre, so wird eher ausgeblendet, dass unterm Strich trotzdem unzählige Verabredungen nicht geklappt haben, weil man vielleicht völlig unverschuldet in einem verspäteten Zug saß, die Freunde verpasst hat und diese nicht einmal rechtzeitig kontaktieren konnte. Dann war man vielleicht verbindlicher, trotzdem scheiterten mehr der Verabredungen – war dies nun besser?

4.3   Neue Rollen für alte Organisationen – ein Bruch in den Denkmustern

Eines meiner Lieblingsbeispiele für das konstante Problem der Menschheit, die eigenen gelernten Regeln auf neue Technologien anzuwenden, ist ein Gottlieb Daimler zugeschriebenes Zitat aus dem Jahre 1900. Dieser hatte 1886 mit dem Daimler Motorwagen zwar das Automobil im Wesentlichen erfunden, war aber dennoch zu limitiert, um das Ausmaß und die zukünftige Rollenverteilung zu erkennen, als er (angeblich) sagte:

„Die weltweite Nachfrage nach Kraftfahrzeugen wird eine Million nicht überschreiten – allein schon aus Mangel an verfügbaren Chauffeuren."[16]

Selbst die Vorstellungskraft dieses tollen Erfinders ließ es nicht zu, dass Autofahren einmal so einfach werden könnte, dass jeder selbst fahren kann und will. Die gelernte Rollenverteilung limitierte vermutlich seine Welt des Automobils. Ein paar Jahre später überwand Henry Ford in Amerika diese Beschränkung und

---

[16]Dieses Zitat wird immer wieder Daimler zugeschrieben. So ganz genau kann das jedoch nicht belegt werden. Falls er es nicht gesagt hat, nehmen Sie es einfach als schönes „Storytelling" zur Veranschaulichung, weniger als wissenschaftliche Quelle. Anspruch runter, Hauptsache es funktioniert.

baute durch die Einführung des Fließbandes und der damit günstigen Massen-produktion so preiswerte Autos, dass bald jeder Auto fahren lernte. Die USA und die Welt wurden durch den individuellen Kraftwagenverkehr eine völlig andere Gesellschaft – Daimler hatte sich geirrt.

Die Geschichte ist voller Fehleinschätzungen der jeweiligen Zeitgenossen und im Nachhinein sind dies belustigende Zitate von an sich großartigen Visionären. Diese sind alle dem gleichen Problem aufgesessen: Die neuen Möglichkeiten mit alten, eigenen, gelernten Rollen und Strukturen verstehen zu wollen, erschwert die Erkenntnis, dass es völlig neue Rollen gibt. Es ist erst wenige Jahre her, da machte ich in einen Workshop mit Entscheidern aus der Verlagsbranche eine ähnliche Erfahrung: Mühsam hatte ich sie dazu gebracht zu akzeptieren, dass durch soziale Medien und Smartphones heute praktisch jeder in der Lage ist, Informationen zu erstellen und/oder zu verbreiten. Das frühere Privileg von Medienhäusern, dies tun zu können, sei entfallen, egal wie sie das finden würden. Es kostete mich Stunden, alle normalen negativen Haltepunkte zu dis-kutieren – Fake News, Filterblasen, Qualität etc. Eben alles in dem bekannten Prozess, was dazu taugt, die Entwicklung nicht innerlich akzeptieren zu müssen. Aber es klappte einigermaßen und beim nächsten Workshop paar Tage später dachte ich, wir könnten uns endlich möglichen Zielen und Strategien zuwenden. Leider waren die Teilnehmer durch ein Ereignis am Vortrag wieder völlig in ihre Wunschwelt zurückgefallen, sie hatten einen negativen Haltepunkt gefunden, der den Strohhalm zum Festhalten am Alten bilden könnte. Den Einwand könne ich doch nicht auflösen, denn er bewies, dass diese Internetblase platzen und die Menschen endlich wieder zur Vernunft kommen würden.

Eine Milliarde US$ für ein paar Fotos?

Was war passiert? Am Vortag des Jahres 2012 hatte Facebook die Foto-App Instagram gekauft – für damals sagenhafte eine Milliarde US$. Dies muss völlig überbewertet sein, ein deutliches Zeichen eines durch nichts zu rechtfertigenden Wahnsinns. Ich guckte mindestens so verdutzt wie meine Gegenüber ein paar Sekunden später, als ich entgegnete, dass das Gegenteil der Fall sei. Der Kauf wäre ein Schnäppchen und jetzt gehe es erst richtig los. Es war, als würden wir zwei verschiedene Sprachen sprechen oder der eine redet über Karneval in Köln und der andere über den in Düsseldorf. Um wieder auf ein einheitliches Verständ-nis zu kommen, bat ich um eine Erklärung, wie man denn zu dieser Sichtweise käme. Na, das sei doch offensichtlich: Bei Instagram gehe es ja um Fotos und die müsse ja erstmal jemand machen, dann noch bearbeiten und verbreiten und dabei Geld verdienen – die hätten aber nur 13 oder 14 Mitarbeiter, das könne ja gar nicht gehen. Meine lieben Verlagshausmenschen übertrugen also ihre eigene gelernte Wertschöpfungskette von Inhalten wie Fotos auf die neue Plattform. Und da wäre es in der Tat logisch, dass dies nicht ginge. Ich hielt mein Schmunzeln zurück und erklärte, dass die 14 Mitarbeiter lediglich die App betreiben würden. Die damals 30 Mio. Nutzer würden dagegen die Fotos machen, bearbeiten und verbreiten.

Aber die haben doch gar keine Fotografenausbildung!

Das war einer der wie aus der Pistole geschossenen negativen Haltepunkte. Richtig, haben die nicht und brauchen die nicht, denn Fotos machen, bearbeiten und verbreiten war durch Instagram so einfach geworden, dass es jeder kann – genauso wie Auto fahren so einfach geworden ist, dass es jeder kann. Und das Geld würde man in Zukunft nicht mit den Bildern, sondern mit Datengenerierung um diese Bilder herum bzw. mit darauf basierender Werbung verdienen.

Nicht „mit", sondern „um" Inhalte herum wird Geld verdient
Die Fotos sind lediglich die Öllampe, wie in Abschn. 3.1. beschrieben. Instagram hat sieben Jahre später die Marke von mehr als einer Milliarde Nutzer über-schritten, ist ein unschätzbarer Baustein des Facebook-Konzerns geworden und wäre auch alleine unzählige Milliarden US$ wert. Und genauso wie es heute noch „professionelle" Autofahrer wie Taxifahrer, Chauffeure und Rennfahrer gibt, wird es auch in Zukunft noch professionelle Fotografen geben. Aber nicht mehr unbedingt als Regel und Normalfall für die Masse, sondern eher in Spezial-bereichen, die dennoch sehr große Nischen darstellen können. So mancher Foto-graf arbeitet heute zum Beispiel kaum mehr für klassische Verlage, sondern begleitet „Influencer" auf Instagram oder YouTube bei deren Inszenierung als eigene Personenmarke.

Weder Sie noch ich sind davor sicher, nicht den gleichen Fehler zu machen!
Falls Sie beim Lesen ein wenig gelächelt haben, seien Sie bitte nicht zu über-zeugt, dass Ihnen das nicht genauso passiert wäre. Gottlieb Daimler und genauso meine Workshop-Teilnehmer aus der Medienbranche waren alles clevere, ver-diente Menschen, sie haben nur „das Normale" gemacht: ihren gelernten Blick auf ein Phänomen, das nach einem Strukturbruch entstanden ist, angewendet.

4.4   Der mentale Hürdenlauf als Kick-off des Change-Managements

Die Zusammenführung und Berücksichtigung der zuvor genannten Hürden ist die Basis dessen, was ich heute mache – von Vorträgen und Workshops bis hin zu ganzheitlichen Beratungsprojekten: das Begleiten eines Veränderungsprozesses, der so oft „Digitale Transformation" genannt wird, aber zunächst weniger mit Technologien, sondern vor allem mit Veränderungen in den Köpfen zu tun hat. Intuitiv und manchmal bewusst probierend, durchlaufe ich mit meinen Zuhörern und Kunden[17] den folgenden unterschwellig ablaufenden Prozess. Ziel ist deren „mentale Transformation".

1. Phase des Aufbrechens durch hoffentlich auch ein wenig humorvolle Verwirrung – „Na, ertappt? Auch Du bist das Problem!": Zu Beginn eines Vortrages oder Workshops muss ich zunächst Denkmuster knacken, indem ich den Zuhörern vergegenwärtige, dass sie mit ihren gelernten alten Regeln die neue Welt erfassen. In den ersten Jahren fühlten sich viele dabei „beschimpft" und zum alten Eisen gehörig, was dazu führte, dass die Reaktanz nur noch größer wurde. Deswegen ist heute mein Ziel, dass sie sich eher ertappt fühlen, wenn ich ihnen Beispiele aus der alten und jüngeren Geschichte präsentiere. Hilfreich ist es dabei, wenn man die Gruppe geistig öffnet, indem man sie zum Schmunzeln bringt.
2. Phase der Freisprechung von Schuld – „Du kannst nichts dafür": Wenn dieses „Okay, hab ich auch so bewertet, ist aber eigentlich doof"-Gefühl sich im Publikum ausbreitet, dann verstärke ich die Öffnung durch die Erteilung einer „Absolution der Natur": die Funktionsweise des Gehirns hat nun mal dazu geführt, dass es ihnen schwerfällt, das Neue vorbehaltslos als vorteilhafter zu erkennen. Ich knalle ihnen also eigentlich auf nette Art vor den Kopf, dass sie selbst das größte Problem haben und damit eine Hürde im Prozess sind. Anschließend liefere ich dann aber die Entschuldigung, dass sie eigentlich nichts dafürkönnen. Dies hilft bei vielen, aber bei Weitem nicht allen, nicht in die Abwehrhaltung zu gehen. Idealerweise beginnen die Teilnehmer, sich gemeinsam lächelnd wohl zu fühlen. „Okay, so habe ich das noch gar nicht gesehen und nicht, weil ich zu blöd bin". Diese Phase ist besonders wichtig

---

[17]Diese setzen sich in der Regel aus Entscheidern in etablierten Wirtschaftsunternehmen, aber genauso Behörden und politischen Organisation zusammen.

bei Menschen, die sich oft jahrzehntelang in Organisationen an die Spitze einer Hierarchie gekämpft haben und aufgrund ihrer Position und Machtfülle dagegenstellen könnten. Hier kann das „Nein, Du hast keine Fehler gemacht, sondern dein Gehirn hat Dich nicht anders gelassen"-Gefühl besonders helfen. Wenn es gut läuft, aktiviert man direkt mit einem nächsten Impuls („Aber jetzt, wo Du das weißt, bist auch Du der Entscheider, der gefragt ist, in die neue Welt zu führen.") – zum Handeln.

3. Phase der Neuorientierung nach der Verwirrung – „Hier ist der Weg": Nachdem also Verwirrung mit gleichzeitiger Offenheit geschaffen wurde, erfolgt schnell ein „Hier ist aber ein Denkmuster, ein Leitbild, eine Vision, in die Ihr später reinarbeiten könnt". Wenn das nicht direkt hinterherkommt, hat man zwar „aufgemischt", liefert aber nichts ab außer einem „netten Vortrag, bei dem ein paarmal gelacht wurde, woran es liegt ... nämlich uns". Die Botschaft muss lauten „Ich lasse Euch nicht im Regen stehen, hier gibt es eine klare Vorstellung. Jetzt ist es an Euch, Eure Organisationen dorthin zu führen".

4. Phase des „Call to Action" – der Appell „Du musst es machen!":
Der letzte Impuls geht dann daran, konkrete Verantwortlichkeiten zuzuweisen, d. h. Beruhigungspillen wie „Aber wir haben doch einen Chief Digital Officer" oder „Aber wir machen doch Facebook" als genau solche zu entlarven und gerade Top-Entscheider bei ihrer Verantwortung und auch ein bisschen ihrer Eitelkeit zu packen „Ihr seid verantwortlich ... und wer auch sonst könnte dies tun! ... Aber dann macht auch!" ... Gerne biete ich mich dann unterschwellig als Unterstützung dabei an.

5. Phase des Verarbeitens – „Jetzt hast Du es verstanden, nimm Dir Zeit zum Verdauen, aber danach handle":
Im Anschluss an die ersten Impulse geht es an die Verdauung, das bewusste „Setzenlassen". Einige lassen die Energie verpuffen, weil meist die Phase 3 und 4 nicht bei jedem funktionieren, und freuen sich, dass der Bürotisch noch am Platz ist, wenn sie dort eintreffen. Es folgt dann „Weiter wie vorher". Andere wiederum melden sich im Anschluss mit Fragen zum weiteren Verständnis und hoffentlich immer mehr nehmen den Faden auf und gehen das Thema mit neuem Elan strategisch an.

Die erste Basis für ein erfolgreiches Change-Management ist nach diesem Hürdenlauf gelegt: Man hat zuvor ein einheitliches Verständnis der wichtigsten Treiber des digitalen Wandels und kennt die Dimension und Richtung der Handlungsfelder. Zusätzlich dazu, was und warum es getan werden muss, hat man erfahren, warum es oft nicht passiert. Wenn die mentale Transformation einen gut über die Hürden gebracht hat, kann die digitale Transformation richtig durchstarten.

Zwischenfazit nach vier Kapiteln

Der Digitale Wandel ist genau wie der aktiv gesteuerte Anpassungs-prozess an die neuen Rahmenbedingungen (= Digitale Transformation) in mindestens drei Dimensionen zu betrachten: Technologie, Menschen und ökonomische Prozess- und Produktlogik.

Die Möglichkeiten und Erwartungen außerhalb einer Organisation entwickeln sich dabei in der Regel schneller als innerhalb einer Unternehmung: Technologien werden in der gesamten vernetzten Welt umfang-reicher und schneller entwickelt, adaptiert und als Lösungsstandard erwartet als in einer einzelnen Firma.

Dies verändert Marktmachtverhältnisse und erschließt Opportunitäten für externe Stakeholder, die von unternehmensinternen Kräften „gewollt und gekonnt" werden müssen, um die gesteigerte Erwartungshaltung im Wettbewerb „matchen" oder übertreffen zu können.

Die ganzheitliche Management-Aufgabe der Digitalen Transformation besteht somit vor allem darin, die Lücken der auseinanderlaufenden Entwicklungen der drei Dimensionen innerhalb und außerhalb der Organisation wieder zu schließen bzw. neu zu einem ineinandergreifenden Ganzen zu verbinden.

Der Mensch im Mittelpunkt des digital vernetzen Zeitalters – „Social" ist kein Kanal!

5

Die Menschen innerhalb einer Unternehmung standen bereits an mehreren Stellen der vorangegangenen Kapitel im Mittelpunkt der Betrachtung. Diese muss man „mitnehmen", sonst gelingt keine Digitale Transformation. Die Menschen außerhalb der Organisation sind jedoch die wichtigsten, die eigentlichen Verursacher des Wandels, denn sie nutzen die Technologie und vernetzen sich mit den beschriebenen Konsequenzen. Im Folgenden werde ich mich dieser wichtigsten der drei bisher kurz erläuterten „Elemente-Welten" der Netzwerkökonomie noch einmal besonders widmen. Ich halte sie speziell in Deutschland für die am wenigsten verstandene. Und dies, obwohl das „Internet der Menschen" wirklich in allen Unternehmen und in allen Branchen zu verinnerlichen ist, wo es Menschen gibt – also überall.

„Im Grunde sind es immer die Verbindungen mit Menschen, die dem Leben seinen Wert geben"
Wilhelm von Humboldt

5.1 Die Social Media Revolution – ein ganzheitlicher Paradigmenwechsel

Leider fühlen auch 2020 noch viele nicht die Tiefe des fundamentalen Wandels der gesamten Gesellschaft und speziell von Unternehmen, der durch soziale Medien verursacht wird. Ja, es gab und gibt viele neue Moden und die berühmte „Sau", die durchs Dorf getrieben und dabei völlig überschätzt wird. Und es gibt wahre Strukturbrüche, die sehr viel verändern und nachhaltige

Anpassungsprozesse erfordern. Soziale Medien in Kombination mit Smartphones sind ein solcher:

▶ Karl Marx wollte die Produktionsmittel des Industriezeitalters mit Gewalt aus den Händen weniger Eigentümer reißen und in die Hände der Massen bringen … in den letzten 15 Jahren sind die Produktionsmittel des Informationszeitalters in die Hände der Massen übergegangen – eine Medien- und Meinungsvielfaltrevolution mit gewaltiger Machtverschiebung.

Die Betreiber Sozialer Netzwerke und Social Apps stellen „normalen Menschen" die Infrastruktur und Software bereit, um sehr einfach Inhalte zu erstellen, zu filtern und zu verbreiten. Die Smartphones ermöglichen dies ortsunabhängig und die günstigen Daten-Flatrates mit entsprechender Bandbreite lassen die individuellen Grenzkosten[1] der Nutzung in die Nähe von Null sinken. Für Unternehmen geht es in dieser grundsätzlich neuen Kommunikationswelt genau nicht darum, dort das Gleiche wie vorher, nur eben auf Social-Media-Kanälen zu machen! Vielmehr müssen ganz grundsätzlich Kommunikation und Kundennähe völlig neu sortiert und die gelernten Denkmuster von Kanälen, Kampagnen, Medien, Multiplikatoren, Agenturen, internen Ressourcen eingerissen werden! Es handelt sich um eine wirkliche Revolution, die Machtverhältnisse und Rollen nachhaltig neu ordnet. Diese Revolution geht jedoch aus Sicht der Firmen und klassischen Medien von der anderen Seite aus, vom „Kaufvieh" der Kunden, die sich der neuen Möglichkeiten bemächtigen. Zum tieferen Verständnis dafür fange ich weit vorne an, um dann die Kernthesen als Social-Media-Revolutionssätze zusammenzufassen und in den nachfolgenden Kapiteln tiefer zu erläutern.

Es geht um Menschen!

Ich kann diesen Satz gar nicht oft genug betonen! Technologie befähigt lediglich und deswegen müssen immer die Menschen dahinter mit ihren Motivationen und Fähigkeiten verstanden werden. Diese Menschen sind Ihre Nachbarn und Freunde, aber eben auch Ihre Kunden, Mitarbeiter, Geschäftspartner und letzt-

---

[1]Grenzkosten bezeichnen die Kosten einer weiteren zusätzlichen Einheit. In diesem Kontext bedeutet dies z. B. eine Stunde länger online zu sein, erhöht die Kosten nicht erheblich, sodass man kaum darüber nachdenkt.

endlich die entscheidenden Träger und Empfänger von Wertschöpfung der Unternehmen.

▶ Populationen sind heute länderübergreifend vernetzt.

In meinen Vorträgen verwende ich seit Jahren eine Liste der größten Populationen der Erde (siehe Abb. 5.1). Sie zeigt dort je nach Zählweise unter den ersten zehn noch ein paar Länder wie China und Indien, den Rest bilden über digitale Plattformen weltweit vernetzte „Bevölkerungen". Die Plattformen kommen aus den USA und aus China und verbinden Menschen auf jedem Winkel der Erde länderübergreifend mit einem Klick – vorausgesetzt, man verfügt über einen Internetzugang, so wie mittlerweile mehr als jeder zweite Erdenmensch und Plattformen sind nicht staatlich unterdrückt oder verboten.

▶ Es geht nicht um Facebook oder sonst wen!

Die wichtigste Erkenntnis für Unternehmen angesichts dieser imposanten Nutzerzahlen sollte es sein, dass es nicht darum geht, bei einer dieser Plattformen „erfolgreich" zu sein. Nachhaltiger ist zu verinnerlichen, welcher Paradigmenwechsel hier für jegliche Kommunikation erfolgt und welches Grundprinzip all

NR.	„POPULATION"	ANZAHL MENSCHEN
1	Facebook	2.600.000.000
2	WhatsApp	2.000.000.000
3	YouTube	2.000.000.000
4	China	1.439.000.000
5	Indien	1.380.000.000
6	Facebook Messenger	1.300.000.000
7	WeChat	1.200.000.000
8	Instagram	1.000.000.000
9	TikTok	800.000.000
10	LinekdIn	690.000.000

Abb. 5.1 Ausgewählte „Populationen" der Welt (Stand 2020). Nationalstaaten und Ländergrenzen eignen sich in einer digital vernetzten Welt immer weniger, um Populationen oder Kulturräume zu beschreiben und abzugrenzen

diesen Kanälen zugrunde liegt. Anders veranschaulicht: Wir könnten alle diese Marktführer von heute abschalten oder in drei Jahren könnten die alle anders heißen, das Kommunikationsgrundprinzip bleibt das gleiche und würde sich nur in den Schwerpunkten unterscheiden. Dies ist so ähnlich wie mit dem schon erwähnten Gottlieb Daimler[2]: Daimler hat das erste Auto gebaut, Ford hat es zum Massenprodukt ausgeweitet, aber wenn Daimler und Ford morgen pleite wären, würde deswegen das Prinzip des Autos nicht sofort verschwinden.

Denken Sie nicht in Kanälen!

Häufig gestellte Fragen wie „Brauchen wir einen Instagram-Account?" gehen deswegen in die falsche Richtung. Von der Frage nach dem Grundprinzip aller sozialen Medien ausgehend fasse ich die wichtigsten Charakteristika in drei „Hauptsätzen" zusammen. Ja, das mag spektakulär oder auch theatralisch tituliert sein, soll es aber auch, weil es wirklich so markant ist.

Die drei Hauptsätze der Social Media Revolution

1. Filter: Jeder Nutzer entscheidet selbst, wer und wessen Inhalt einen erreicht und wer und was einen nicht erreicht – Ýzwar filtern und steuern natürlich auch die Algorithmen der Plattformen aber der Einzelne hat zumindest in einem Maße, wie es in klassischen Medienstrukturen der Vor-Internet-Ära undenkbar war, die Möglichkeit zur individuellen Filterung!
2. Produzent: Jeder Nutzer kann selbst Inhalte zu jeder Zeit und an jedem Ort erstellen, die Beiträge anderer kommentieren oder weiter teilen – zumindest in einem Maße, wie es in klassischen Medienstrukturen der Vor-Internet-Ära undenkbar war!
3. Vertrauen: Jeder Nutzer hat an jedem Ort und zu jeder Zeit Zugriff auf Menschen und Informationen, denen er gegebenenfalls mehr vertraut als Anbietern und deren interessengeleiteten Informationen – zumindest in einem Maße, wie es in klassischen Medienstrukturen der Vor-Internet-Ära undenkbar war!

---

[2]Es ging um das ihm zugeschriebene Zitat, dass die weltweite Automobil-Nachfrage aus Mangel an Chauffeuren die eine Millionen Stück wohl nie überschreiten werde.

Was machen die Menschen also in sozialen Medien – jetzt wo sie es können? Sie machen ganz einfach das, was Menschen immer schon gemacht haben, wenn sie irgendwo zusammenkamen:

▶   Sie führen Gespräche!

Jetzt eben auch auf weltweit vernetzten Plattformen mit potenziellem Millionenpublikum! Solche Mengen zu erreichen, vermochten vor wenigen Jahren mit TV, Radio und Print ausschließlich Plattformen, die wir traditionell und ziemlich exklusiv unter „Medien" verstanden zu vereinen. Dieses Privileg ist Geschichte und die klassischen Medien sind nur noch Teil einer vernetzten Kommunikationswelt, wie viele andere auch. Diese haben genau wie Unternehmen keine andere Wahl, als sich dem neuen Grundprinzip „Social" anzupassen oder unterzugehen – wie das bei Revolutionen eben so üblich ist.

„Social Mobile" ist das „vor der Klammer" jeglicher Kommunikation!
Dazu im Folgenden mehr, lassen Sie den Satz erstmal sacken. Okay, doch noch Input für das Setzenlassen und Vertiefen in den folgenden Kapiteln: In sozialen Medien führen Menschen untereinander Gespräche im Wesentlichen in der gleichen Art und Weise, wie sie auch offline Gespräche führen.

▶   Denken Sie immer an die „Gartenparty".

Dieses Bild kennen fast alle Zuhörer meiner Vorträge ... auch wenn Sie es nicht mehr hören können, es passt einfach wie kein anderes! Sonst nehmen Sie Schulhof oder Geschäftsessen, passt auch. Sie entscheiden dort selbst, wem Sie bei welchen Themen zuhören. Sie kommentieren Aussagen von anderen, sie eröffnen mit eigenen Themen neue Gespräche, in die andere einsteigen oder eben auch nicht. Neue soziale Beziehungen werden dabei geknüpft, alte gefestigt oder auch mal gelöst. Meinungsführerschaft und Vertrauen werden dabei erworben oder leider auch mal missbraucht und gehen verloren. Anerkennung und Wertschätzung finden sich genauso wie Ablehnung und Rumhacken. Das gesamte Spektrum sozialer Bedürfnisse findet sich hier wieder.[3]

---

[3]Wahrscheinlich haben Sie schon von der Maslowschen Bedürfnis-Pyramide gehört: Auf der untersten Ebene finden sich hier physiologische Bedürfnisse wie Essen, Trinken oder Schlafen, gefolgt vom Streben nach Sicherheit. Direkt danach – also wenn der Mensch nicht hungert und nicht um sein Leben fürchtet – folgen schon die sozialen Bedürfnisse

Marken und Unternehmen müssen sich die Fähigkeiten aneignen, um in diesem Gesprächsmodus erfolgreich zu agieren und die Beziehungen hinter den Gesprächen zu verstehen und bestenfalls zu nutzen oder aufzubauen. Das war das Wichtigste im Überblick, jetzt nochmal ab in die Tiefe dieses Übergangs zum Gesprächsmodus als neuem Normalfall mit all den Hürden auf dem Weg.

5.1.1   Anschreien oder Gartenparty-Gesprächsprinzip

Um die Ablösung des im 20. Jahrhundert jahrzehntelang gewachsenen Öko-systems aus Massenkommunikationsmedien und Werbetreibenden zu erkennen, gehen wir erstmal dahin, wo wir herkommen. Damals mussten wir klar unter-scheiden zwischen der privaten Kommunikation der Menschen untereinander und eben der Massenkommunikation der „Medien". Aufgrund sehr hoher Trans-aktionskosten fanden private Gespräche in der Regel nur in sehr kleinem Rahmen und mit wenig Transparenz statt. Persönliche Gespräche mit den jeweiligen Menschen in der jeweils gerade engen Umgebung waren dort immer der Normal-fall. Man sprach, man hörte zu, man interagierte. Wenn es aber darum ging, sehr viele Menschen zu erreichen, war ein interaktiver Gesprächsmodus schon kaum mehr möglich. Gleiches galt für Unternehmen, die in der Regel viele Menschen mit ihren Botschaften erreichen wollten. Erst im Folgenden wollten Firmen End-kunden zu einem persönlichen Gespräch bekommen oder sie wollten von vorn-herein diese einfach nur werblich informieren, dass sie doch bitte ihre Kunden werden sollten. In all diesen Fällen massenhafter Kommunikation benötigte man die Infrastruktur klassischer Medienhäuser. In der Welt vor Smartphones und Sozialen Medien waren nur wenige in der Lage, eine Kommunikationsinfra-struktur aufzubauen, die es ermöglichte, viele Menschen zu erreichen. Diese Medienhäuser hatten eine „Gatekeeper"-Rolle zwischen den Botschaften werbe-treibender Unternehmen und potenziellen Kunden als Empfänger der Botschaften.

Elegant ausgedrückt heißt dies: In der vorvernetzten Massenkommunikationswelt dominierte das einseitig ausgerichtete „Wenige Sender viele Empfänger"-Modell – wie in Abb. 5.2 dargestellt. Hier formulierten vor allem Unternehmen ihre Botschaft,

---

nach Austausch mit anderen. Darauf aufbauend kommen Individualbedürfnisse und Selbst-verwirklichung. Der ursprüngliche Gedankengang sah vor, dass man immer erst die jeweils untere Stufe erreicht haben muss, bevor die höher gelegenen Bedürfnisse relevant werden. Später wurde dies dann weiterentwickelt, z. B. dahingehend, dass soziale Bedürfnisse auch schon früher sehr dominant sein können.

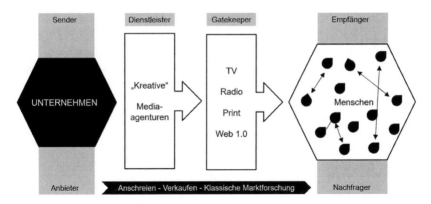

Abb. 5.2 Das „alte" Kommunikationsmodell – einseitig ausgerichtete „Wenige Sender viele Empfänger"-Massenkommunikation

die sie dann über Massenmedien in eine Richtung an die potenziellen Kunden, aber auch jeden anderen, der diese Medien konsumierte, sendeten. Weniger elegant ausgedrückt hieß dies:

▶ Die Firmen haben auf Massenkanälen alle „angeschrien", die nicht ausweichen konnten, dass sie gefälligst ihre Produkte kaufen sollen!

Daneben gab es auch Möglichkeiten der direkten Ansprache, die mehr oder weniger gezielt über Briefpost oder Telefon erfolgte. Solche Nischen waren aber die Ausnahme. Das für dieses Massenkommunikationszeitalter stellvertretende Leitmedium war das Fernsehen, gefolgt von Radio und Printwerbung in Zeitungen oder auf Plakaten. Man verzeihe mir die „Anschrei"-Formulierung für „Verbraucherinformationen senden". Es trifft einfach den Charakter bildlich am besten. Interaktion erfolgte, wenn überhaupt erst später. Ohne die Massenmedien konnten Firmen nur in Ausnahmefällen Kunden in großer Zahl erreichen. Aus dieser fantastischen Schlüsselposition heraus konnten Medien sehr gut über Werbepreise verhandeln. Konsumenten hatten kaum Alternativen, um an interessante, professionell produzierte Inhalte heranzukommen, wenn diese nicht in ihrem direkten Umfeld produziert wurden.

Deswegen investierten Medienhäuser in Sende-Infrastrukturen und in die Produktion von für Zielgruppen relevante Inhalte. Verdienen konnten Medienhäuser daran, dass Werbeplätze zwischen Programmteilen oder mitten darin an die werbetreibenden Firmen vermietet wurden. Man ließ sich fürstlich dafür bezahlen, dass der Kontakt bzw. die Erreichbarkeit zu sehr vielen Menschen hergestellt wurde. Dafür mussten die Empfänger bei den sie eigentlich interessierenden Inhalten unterbrochen werden. Aber sei's drum. Ob diese Leser, Zuschauer, Hörer sich auch für diese Werbung interessierten, war unerheblich, denn sie hatten kaum andere Ausweichmöglichkeiten, als die Werbepausen mehr oder weniger zu ertragen. Und ob die Werbung in dem Sinne funktionierte, dass die potenziellen Kunden tatsächlich erreicht und aus ihnen wirkliche Kunden wurden, war für die Medien-Gatekeeper auch erstmal egal:

▶   Wer viele Kunden brauchte, musste viel Geld für Massenwerbung ausgeben!

Da es sich bei den Medienkonsumenten, zumindest beim TV, meist um Endkunden handelte, waren diese Wege für B2C[4]-Unternehmen relevant. B2B[5]-Unternehmen konnten meist zielgenauer in Fachzeitschriften oder Branchenmagazinen und auf Branchenveranstaltungen werben. Im Kontext der Zielgenauigkeit mag es für Digital Natives, die lernen, dass jeder Klick messbar ist, nahezu absurd klingen, dass in den klassischen Medien die allseits akzeptierte Währung „Reichweite" war. Und dass diese auch nur hypothetisch und indirekt gemessen werden konnte, klingt noch befremdlicher. Wenn ich das so schreibe, ist es immer schwerer nachvollziehbar, dass auch im Jahre 2020 so oft der Tausenderkontaktpreis noch die Basis des Bezahlens von Werbung ist. Aber als Wirtschaftshistoriker weiß man, dass vieles dann eben doch länger dauert.

Was ich in meinen Vorlesungen bis vor wenigen Jahren über Werbewirkung gelehrt habe, kommt mir gemessen an den Möglichkeiten von heute wie Kaffeesatzlesen vor!

Also nochmal zur Klarstellung für alle Laien: Werbetreibende zahlen in diesem Modell einen Preis in Euro pro 1000 Menschen, die über die Medien erreicht werden. Wohlgemerkt: nicht wirklich gut nachweisbar erreicht, sondern nur theoretisch, nämlich basierend auf den Messergebnissen von Marktforschungsunternehmen, die von den Medienhäusern dafür bezahlt werden. Im Falle z. B. der deutschen TV-Einschaltquote basiert die Messung der Gesellschaft für

---

[4]„B2C = Business to Consumer", also Unternehmen, die an Endkonsumenten verkaufen.
[5]„B2B = Business to Business", also Unternehmen, die an Unternehmen verkaufen.

Konsumforschung auf einem Panel von 5000 Haushalten mit insgesamt 10.500 Bewohnern ab drei Jahren. Diese zur Verschwiegenheit verpflichteten Haushalte sind mit speziellen Messgeräten ausgestattet, die aufzeichnen, wann welcher Sender lief, wann um- und ausgeschaltet wurde. Basierend auf dieser Stichprobe wird dann auf 72 Mio. deutsche Fernsehzuschauer hochgerechnet, ein Haushaltsmitglied repräsentiert also rund 6860 Menschen. Wenn es also heißt, dass 7,2 Mio. Menschen eine Sendung gesehen haben, dann bedeutet dies lediglich, dass 1050 Menschen in diesen GfK-Haushalten sie geschaut haben.[6] Von allen anderen kann das nur vermutet werden, aber da auch lange niemand das Gegenteil nachweisen konnte, wurde und wird dem erstmal geglaubt und dafür bezahlt – man hatte ja lange nichts anderes.

> *Sie bezahlen uns für die theoretische und schlecht messbare Reichweite. Ob das Ihnen dann auch Kunden bringt, ist doch nicht unser Bier!*

Ob dieses System nur aus Mangel an Alternativen so lange funktioniert, kann man nur vermuten. Vielleicht pumpen auch heute noch so viele Entscheider da Geld hinein, weil sie es einfach immer so gemacht haben und die Zielgenauigkeit und Alternativen zu wenig abtesten? Bitte meinen Hinweis nicht falsch verstehen: Solche Messmethoden waren das Beste, was einmal zur Verfügung stand, und damit vollkommen gerechtfertigt. Ob dies noch so ist, darf man sich aber fragen … um nicht zu sagen: „muss"!

> *Aber es funktioniert doch!*

Dies wird mir aus Medienhäusern und Teilen der Werbeindustrie entgegengeworfen, wenn ich wieder einmal, meist zu polemisch formuliert, auf den Anschrei-Charakter der klassischen Werbung hinweise. Ich will dabei überhaupt nicht abstreiten, dass viele Werbetreibende je nach Produkt und Zielgruppe auch noch heute damit ihre Ziele erreichen. Irgendwas kommt dabei heraus und wenn nach Abzug der Werbegelder die Verkaufszahlen und Gewinne steigen, dann soll das jeder machen, der glücklich damit ist. Ich empfehle nur, die Effizienz immer zu hinterfragen und zu vergleichen. Ist das „Targeting", also das zielgenaue

---

[6]https://www.tvspielfilm.de/news-und-specials/interviewsundstories/kritik-an-messung-von-zuschauerzahlen-nimmt-zu-quote-im-zwielicht,6042811,ApplicationArticle.html (zugegriffen am 10.06.2020).

Ausspielen von Werbung nur an die, für die sie nachweislich relevant ist, entsprechend einer Gießkanne oder nicht? Dies muss aber je nach Zielgruppe und Zielen in jedem Kanal geprüft werden!

▶   Flächen und Zeiten mieten ist ja genauso wenig ein Selbstzweck wie das mittelbare Ziel der Markenbekanntheit.

Das alte Kommunikationsmodell mit dem einseitigen Sendemodus war der Normalfall und der Leitgedanke der Studiengänge und Bücher und die eigene Prägung derjenigen, die in den Abteilungen saßen, die sich in Unternehmen mit Kommunikation befassten, sowie der gesamten Medien- und Werbebranche. Auch in den ersten Jahren des digitalen Zeitalters blieb dieses Werbemodell bestehen, weil es einfach auf die damals neuen Kanäle übertragen wurde. Statt Werbeanzeigen in einer Zeitung wurde einfach ein Banner auf einer Webseite geschaltet und je häufiger diese aufgerufen wurde, desto mehr musste gemäß des Tausenderkontaktpreises bezahlt werden. Ganz langsam entwickelten sich hier zusätzliche Abrechnungsmodelle, die erst für einen „Lead" (= potenzieller Kunde) bezahlten, also wenn auf eine Werbung geklickt wurde und man so z. B. auf die Seite des Werbetreibenden kam. Die Übertragung des Direkt-Mailings der Briefpost fand schnell ein Gegenstück im E-Mail-Marketing. Da dies sehr kostengünstig war und ist, wurde auch schnell das Phänomen der nervigen Spam-Mails zum Problem.

„Dafür sind die Kreativen da!"

Da die Unternehmen sich lange Jahre um vergleichsweise wenige reichweitenstarke Werbeplätze kloppen mussten, waren diese Kanäle recht teuer. Logisch, dass diese dann wenigstens richtig gut gemacht werden mussten, wenn man schon so viel ausgab. Deswegen hat sich in Jahrzehnten ein gesamtes Ökosystem aus Agenturen für Werbung, Mediaplanung, PR und Kommunikation herausgebildet. Hier ist man darauf spezialisiert, die Botschaften zu konzipieren und umzusetzen und hinterher zielgenau und effizient zu platzieren. Letzteres aber immer in den beschriebenen limitierten Messbarkeitsmöglichkeiten der analogen Welt. Für die eigentlichen Werbetreibenden war es oft gesetzt, dass Werbung und weitere Unternehmenskommunikation zum großen Anteil etwas an Spezialisten Ausgelagertes war, das machen die „Kreativen" und „Werbe- und PR-Profis".

Mit dem Aufkommen der Sozialen Medien und vor allem mit der Verbreitung von Smartphones begann in größerem Stil die Ablösung des einseitigen Sender-Empfänger-Modells. Aus Sicht der klassischen Medienunternehmer als

Gatekeeper und der darum gewachsenen Werbeindustrie hätte wahrscheinlich lieber alles so bleiben sollen, wie es war. Aus Sicht vieler Werbetreibenden wohl auch – vor allem, weil die Wege, Mechanismen und Rollen gelernt waren und die neuen Möglichkeiten zwar im Prinzip vorteilhaft sind, aber auch tiefgreifende Neuausrichtungen sind, die lange nicht verstanden waren und noch schwerer umzusetzen sind. Change-Management ist eben nicht leicht.

Die Betreiber von Social-Media-Plattformen stellen jedem Nutzer die Infrastruktur bereit, die zuvor nur Medienhäuser hatten. Durch die Kombination von Smartphones und bezahlbaren Daten-Flatrates kann jetzt jeder Social-Media-Nutzer zu einem zuvor ungeahnten Maße Informationen in allen denkbaren Formaten immer und überall individuell erstellen, filtern und verbreiten. Jeder kann prinzipiell alle Rollen in diesen „Gesprächen" einnehmen. Klassische Medienstrukturen existieren weiterhin, haben aber ihr Privileg verloren und konkurrieren mit „jedem". Das Ergebnis ist das neue Kommunikationsmodell „Mobile-Social" in Abb. 5.3.

Wer den Vorteil hat, begreift dies schnell!
Die früher in ihren Rollen als Zuschauer, Leser und Hörer gefangenen Informationsempfänger verstanden jedoch schnell in großer Zahl die Vorteile

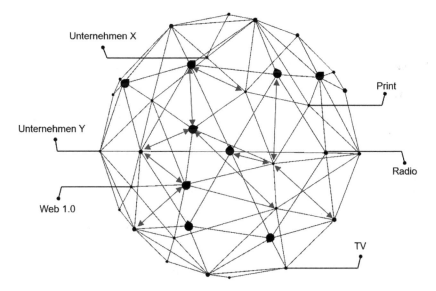

Abb. 5.3 Das „neue" Kommunikationsmodell des Mobile-Social-„Gesprächsprinzips" immer und überall

sozialer Medien: Alle Inhalte – professionell oder von Menschen aus dem Netzwerk – konnten in einem Newsfeed individualisiert zusammengestellt und mit einem Klick aussortiert werden, wenn eine Quelle nicht mehr gefiel. Auf klassischen Webseiten halfen bald Ad-Blocker, nervige Werbung von Bannern aller Art loszuwerden, und Spam-Filter wurden besser darin, Werbemüll per E-Mail auszusortieren, der für irrelevant oder nervig befunden wurde. Facebook, Twitter, YouTube, Instagram und Co. brachten die Möglichkeiten der Erstellung von Inhalten in allen Formaten auf einmal an die Mitteilungsbedürftigen unter den Webnutzern. Man sprach und spricht heute teilweise noch von der „Sonderform" des „User-Generated Contents" und von den neuen „Prosumenten", weil die früheren Botschaftsempfänger nun auch Inhalte erstellen können und dies eben zuvor unbekannt war. In wenigen Jahren werden sich schon die heute geborenen Kinder fragen, wie es jemals zu so einer Unterscheidung kommen konnte.

▶   Im heutigen Kommunikationsmodell kann JEDER – Unternehmen oder einzelne Nutzer – immer und überall in alle Richtungen Inhalte erstellen, senden und empfangen, filtern, bearbeiten oder weiterleiten.

Ein richtiges Netzwerkmodell der Kommunikation mit sehr wenigen Beschränkungen und kaum definierten Rollen ist entstanden. Dies bedeutet nicht zwangsläufig, dass alle klassischen Strukturen und Rollen des Sender-Empfänger-Modells grundsätzlich Geschichte sind! Sie haben aber viel Konkurrenz durch „Jedermann" bekommen. Die früheren Empfänger sind neben der neuen Vielfalt des Angebots auch mit neuen mächtigen Filtern ausgestattet – diese brauchen sie auch, um die gigantisch gestiegene Informationsflut bewältigen zu können. Neue Informationsmengen machten neue Filter erforderlich!

Neue Rollen und Geschäftsmodelle für Infrastruktur und Inhalte
Ein Wendepunkt der Veränderung war, dass die Plattformen allen Nutzern die Software-Infrastruktur kostenlos und in maximal einfacher Handhabung zur Verfügung stellen. Die Kosten der Hardware wie Smartphones und Internetanschlüsse sind zwar aus Sicht der Nutzer nicht ganz null, aber im Vergleich zur im Massenkommunikationszeitalter notwendigen Infrastruktur mit Kameras, Studios und Satellitenleitungen zu vernachlässigen. Die „neuen Infrastrukturbetreiber" von Facebook bis TikTok können dies so machen, da ihr Geschäftsmodell völlig

anders aussieht als die der früheren Medienhäuser: die Nutzer bekommen die Infrastruktur umsonst und der Betreiber baut über die generierten Inhalte und Reaktionen auf der Plattform datenbasierte Marktkenntnis über die Nutzer auf, die er wiederum nutzt, um Werbetreibende gegen Bezahlung von diesem Wissen profitieren zu lassen. Wie in Abschn. 3.1 beschrieben, ist die Plattform eher die Öllampe, die Daten das Öl, die immer besser angereichert und ausgewertet zu Erlösen führen. Geld wird aber nicht durch deren Verkauf, sondern eher durch die Nutzung der Marktkenntnis gegen Gebühr verdient. Die großen Plattformen stellen aus Sicht der Werbetreibenden Gatekeeper zu ihren Kunden dar – es sind eben andere als vorher. Die Werbung dort hat aber den Vorteil, dass sie durch datenbasierte Marktkenntnis viel zielgenauer und auch mithilfe neuer Zuordnungsmöglichkeiten wie „Das gefällt deinen Freunden" geordnet werden kann. Dies reduziert zumindest in der Theorie Streuverluste, vor allem im Vergleich zum Ansatz „Eine Botschaft für alle Kampagnen" in den klassischen Medien.

Social-Media-Plattformen in Marktmacht-Symbiose mit ihren Nutzern
Bei der Ablösung der alten Massenmedien-Gatekeeper haben die Plattformen den Vorteil, dass sie die Bündelungsstelle der Marktmacht der Kunden geworden sind. Es ist eine Art Symbiose: Die Nachfrager können sich verbinden und vernetzen und werden dadurch mächtiger. Genauso werden die Plattformen als Sammelstellen aber auch immer mächtiger und geben die neue Kundenmacht zwar weiter, aber können dadurch dem Rest der Wertschöpfungsketten auch selbst immer mehr neue Konditionen diktieren.

Influencer – irgendetwas zwischen Viva-Moderatoren und Verkaufskanal.

Unter den Nutzern bildeten sich in den neuen Social-Media-Infrastrukturen eine völlig neue Gruppe heraus, die heute sogenannten „Influencer". Hier handelt es sich um Menschen, die durch ihre Art der Darstellung und/oder ihre speziellen Themen – von Kosmetik über Gaming und Autos bis hin zu Essen und Reisen – große Zahlen von Followern (Folgern) in Sozialen Medien sammeln konnten. Sie arbeiten nicht „für einen Sender", ihr Talent musste nicht von „jemandem entdeckt" werden, der sie dann „in die Medien" brachte. Diese Menschen haben oft aus einem Naturtalent heraus einfach ihre Social-Media-Kanäle angefangen und sich ihre „Follower" Stück für Stück erarbeitet. Viele sind längst zu ihrer eigenen Marke geworden, die in „ihrem eigenen Unter-Medium", also z. B. ihrem YouTube-Kanal, sendet. Die Plattform-Betreiber wiederum profitieren von diesen reichweitestarken Kanälen, da sie mehr Werbung in diesem Kontext schalten können, wenn dort viele zuschauen – sie sind also ähnliche Zugpferde wie Thomas Gottschalk, Günther Jauch oder Harald Schmidt es im TV mal waren. Die Influencer selbst werden wiederum an diesen Werbeeinnahmen der Plattformen beteiligt, wenn sie eine gewisse Größe erreicht haben. Auch dies gab es im TV-Zeitalter, wenn Jauch oder Schmidt ihre eigenen Produktionsgesellschaften betrieben und die fertigen Produktionen an die Sender verkauften.

So ein bisschen wie Günther Jauch, ein wenig wie QVC!
Separat davon verdienen viele Influencer im Rahmen ihrer Inhalte Geld mit Produktplatzierungen, die eben weniger als Werbung, sondern als authentische Produktempfehlung rüberkommen sollen. Oft ähnelt es aber dann doch eher TV-Verkaufskanälen wie QVC, die ein wenig mit persönlichen Geschichten des Produkt-Präsentators angereichert werden. Ich bin in der heutigen Ausgestaltung bezüglich der Sinnhaftigkeit oft kritisch, aber dies ist nur am Rande Gegenstand dieses Buches. Solche Kampagnen können dann mit Werbung auf den Plattformen verbunden sein, können aber auch völlig separat davon laufen. In den letzten Jahren haben sich hier insgesamt viele Hybrid-Ausprägungen zwischen den Begriffen Medien, Marke und Influencer gebildet. Influencer lassen viele dieser klassischen Einteilung verschmelzen beziehungsweise neu ausgestalten: Anders als in der klassischen Sender-Empfänger-Welt stellen die einzelnen Menschen als Normalfall und nicht als Ausnahme einen völlig neuen Mittelpunkt dar, während die Infrastruktur weniger als Gatekeeper in alle Richtungen, sondern eher als Ermöglicher aller Seiten fungiert. Um die neuen Themen und Formen der Social-Media-Welt mit ihren vielfältigen Werbeformen, Plattformen und Influencern haben sich völlig neue Ökosysteme gebildet.

▶   Für Unternehmen geht es bei Social Media um „Insourcing" und neue Priorisierung als Leitdenkweise!

Meiner Einschätzung nach ist auch 2020 jedoch die Erkenntnis noch nicht sehr weit vorangeschritten, dass Unternehmen jetzt in Direktkommunikation gehen können und müssen. Anders sind die neuen Möglichkeiten und Anforderungen an Kundennähe kaum realisierbar. Es geschieht immer mehr, aber das Ausmaß ist zu bescheiden und eher ein Zusatz statt Normalfall und Leitprinzip. Auch wird zu wenig verstanden, dass sie dabei viel weniger auf externe Spezialisten aus einem Ökosystem angewiesen sind. Es ist vielmehr eine Übernahme von Aufgaben, die früher Fremdfirmen überlassen wurden. Solches „Insourcing" wird u. a. Gegenstand der Kap. 8 und 9.

5.1.2   Mobile-Social als Filter – Zuhören und Vertrauen!

In diesem Kapitel möchte ich noch einmal verdeutlichen, dass der Aufstieg sozialer Netzwerke keineswegs ein Zufall ist, sondern Folge einer menschlichen Notwendigkeit: neue Dimensionen an Informationsmengen erforderten neue Filter.

Die Menge an verfügbaren Informationen ist in den betrachteten drei Perioden „Vor-Internet", „Dotcom" und „Mobile-Social" exorbitant angestiegen. Gleichzeitig haben sich über Suchmaschinen und Soziale Medien die Möglichkeiten zur Erstellung, Filterung und Verbreitung von Informationen ausgeweitet. Der Mensch als treibende Kraft hinter der Technologie kommt aber zu dem zurück, was er am liebsten immer schon gemacht hätte, aber in der Zeit vor Mobile-Social nicht konnte: Nutzer fragen, wenn es um Empfehlungen geht, und zwar am liebsten von ihnen selbst ausgewählte andere Menschen, z. B. ihre Freunde, Familie und Bekannte.

Der obere Teil der Abb. 5.4 beschreibt den von hoher bewusster Aktivität geprägten „Such-Frage-Modus", der untere den oftmals unbewussten „Erzähl-Zuhör-Modus", der sowohl verbal als auch non-verbal ablaufen kann. Diese beiden Aufnahmemechanismen von Informationen jeglicher, aber eben auch kommerzieller Art haben sich im Laufe der letzten 30 Jahre grundlegend verändert. Dies lag zum einen an den technischen Möglichkeiten der Informationsfilterung und zum anderen an der exponentiell gestiegenen verfügbaren Informationsmenge.

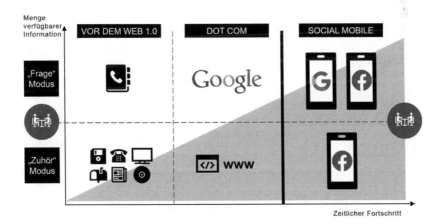

Abb. 5.4   Neue Informationsmengen erfordern neue Filter, die Mobile-Social ermöglicht

Die Vor-Internet-Periode bis in die frühen 1990er

Menschen führen seit eh und je am liebsten Gespräche mit Menschen, die sie kennen bzw. selbst ausgewählt haben, im Zweifelsfall also Freunde, Familie und Bekannte. In der Regel war diese Gesprächsrunde live vor Ort oder über Telefon, Briefe, Fax relativ aufwendig verknüpft, d. h. die Transaktionskosten des Informationsaustausches waren recht hoch. Ging es um Empfehlungen zu einem Produkt fragen wir nur zu gern Menschen, die wir kennen, da wir diesen den höchsten Vertrauensvorschuss geben. Angenommen, man kam in eine fremde Stadt und wurde von akuten Zahnschmerzen geplagt. Die präferierte Reihenfolge sah dann in der Regel wie folgt aus: Am liebsten hätten Sie Menschen nach einer Zahnarztempfehlung gefragt, die Sie kennen. Diese waren aber leider nicht vor Ort oder kannten die dortigen Zahnärzte nicht. Folglich hätten Sie Menschen gefragt, die auf Sie einen guten Eindruck machen, z. B. das Personal des Hotels, in dem Sie gerade sind. Jetzt kamen diese aber vielleicht auch nicht von dort, also mussten Sie im Telefonbuch nachschauen. Dieses beantwortete Ihnen die Frage „Welche Zahnärzte gibt es hier in Stadt XY?". Auf Empfehlungen von Bekannten oder Menschen auf der gleichen Marktseite wie Sie mussten Sie verzichten.

Im Erzähl-Zuhör-Modus hätte man am liebsten auch selbst die Menschen ausgewählt, die einem erzählen sollen, was alles in der Welt passiert. Dies funktionierte auch im lokalen Umfeld. Konkret konnten Ihnen Familie, Freunde, Bekannte, Kollegen live und in Echtzeit erzählen, was gerade in der Schule, in der Stadt oder auf der Arbeit passiert war. Für alles, was gerade darüber hinaus in der US-Politik, in Südamerika, Russland, Australien oder sonst wo passierte, mussten wir auf das weltweite Korrespondenten-Netzwerk klassischer Massenmedien zurückgreifen. Selbst wenn unsere eigenen Bekannten dort vor Ort waren, konnten sie nur mit sehr begrenzten Mitteln wie Telefon umständlich und zudem teuer erzählen, was passierte. Der Verzicht war aber sowohl im Erzähl- als auch im Frage-Modus kein Problem, denn wir kannten ja nichts anderes. Folglich vermissten wir auch nichts und waren genauso glücklich oder unglücklich wie alle Generationen davor, die noch nicht einmal Telefonbuch oder Massenmedien kannten.

Wie der Name „Massenmedien" schon impliziert, richteten sich diese nach dem, „wie viele" Menschen etwas interessiert – eine logische Konsequenz des Geschäftsmodells, das ihnen umso mehr Einnahmen ermöglichte, je mehr Menschen sie erreichten – bei privaten Medien im Tausenderkontaktpreis-Werbemodell und bei öffentlich-rechtlichen eben in ihrem Bildungsauftrag.

Die Dotcom-Periode – einmal alles beim Alten und einmal bitte komplett neu

Als das Internet in der Mitte der 1990er Jahre für immer mehr Menschen relevant wurde, änderte sich am Erzähl-Zuhör-Modus im Prinzip nicht viel, da die gleichen Nachrichten statt nur über TV, Radio oder Print jetzt eben auch über Webseiten verbreitet wurden. Auch das Geschäftsmodell von Werbung mit der Bezahlbasis des Tausenderkontaktpreises wurde einfach auf das neue Medium übertragen. Wer mehr Leser bzw. Webseiten-Besucher hatte, konnte mehr Umsatz für Werbeeinblendungen erzielen. Diese waren jetzt nicht mehr am Rand einer Zeitschrift, sondern am Rand der Webseite.

Im Such-Frage-Modus kam es jedoch recht bald zu einem grundlegenden Paradigmenwechsel, den Google wie kein anderer perfektionierte. Die ersten Internet-Suchmaschinen übertrugen mehr oder weniger das Ordnungsprinzip des Telefonbuches auf das neue Medium. In der begrenzten Welt lokaler Informationen hatte es völlig ausgereicht, „regional-thematisch-alphabetisch" zu gliedern, da die Anzahl der Kölner Zahnärzte noch überschaubar war. Nur in wenigen Metropolen waren die Telefon- und Branchenbücher wirklich so groß, dass sie dem Suchenden kaum Mehrwert boten. Durch die rasant wachsende Zahl der Webseiten und Informationsmengen überschritt dieses alte Ordnungsprinzip jedoch schnell seine Grenzen, wenn z. B. 20.000 Hotels in Spanien in alphabetischer Reihenfolge angezeigt wurden. Bei meinen Vorträgen frage ich die Zuhörer gerne, ob sie sich noch erinnern können, wann Google für uns verfügbar wurde. Die meisten können es nicht und viele können sich auch nicht erinnern, wie sie zwischen 1993, als die ersten Webseiten online gingen, und 2000, als Google in Deutschland verfügbar wurde, durch das Internet navigiert haben. Irgendwann kommen dann aus manchen Hinterköpfen gekramt Namen wie Altavista, Yahoo oder Hotbot, die sich für die meisten dann genauso anachronistisch anhören, als würde es sich um Automobilproduzenten des frühen 20. Jahrhunderts handeln, die heute keiner mehr kennt.

Wichtiger ist jedoch die anschließende Frage, wie sie denn an Google gekommen sind. Die Nachfrage, ob es Werbung in TV, Radio oder Print war, bringt den meist aus dem Management stammenden Zuhörern Stirnfalten ins Gesicht, denn auf diese Weise versuchen sie ja oft immer noch, Kunden zu erreichen. Nach einigem Nachdenken kommen die meisten auf die Lösung: ein Bekannter, den sie als Ratgeber zum Thema Internet offensichtlich ernst genommen haben, hat ihnen Google empfohlen. Viele andere Möglichkeiten gibt es meist auch nicht, denn Google hat es bis auf relativ wenige Ausnahmen tunlichst vermieden, Geld für klassische Werbung zu verpulvern.[7] Das Produkt sollte

---

[7]Ich selbst kann mich, obwohl ich traditionell viel ferngesehen habe, nur an einen Google-TV-Spots im Jahre 2010 erinnern – es ging meiner Erinnerung nach im Wesentlichen darum, diejenigen abzuholen, die damals das Internet noch nicht nutzten.

so gut sein, dass Menschen es von alleine empfehlen – entweder auf Nachfrage oder sie erzählen es von sich aus. Dieses Grundmuster sollte man sich merken, denn es ist eines der Fundamentalprinzipien des digitalen Zeitalters, wie ich in Kap. 6 schildere. Elementar ist die Frage, warum denn jemand Google empfohlen hat. Die meisten kommen schnell auf die einzig richtige Antwort, die verheerend für alle „Werbe-Überredens-Künste" ist: weil sie es besser fanden!!!

> *Und warum fanden Sie Google besser? Und seit wann? Und wie sind Sie dahin gekommen?*

Google hatte schlichtweg das Ordnungsprinzip der alten Telefonbuch-Welt geändert und diesen Filter besser optimiert als andere. Den Wechsel von „Welche Seiten gibt es hier?" zu „Welche Seiten sind zu einem Suchbegriff relevant?" perfektionierte Google dabei wie kein zweiter. Der Google-Suchalgorithmus entschied damals nach geschätzten 200 Kriterien, welche Webseiten relevanter sind. Als Google seinen Siegeszug antrat, richtete sich die Relevanz nach dem Prinzip „Wie viele?", zum Beispiel „Wie viele Klicks generiert eine Seite?" oder „Wie oft kommt der Suchbegriff auf der Webseite vor?". Besonders wichtig waren die Anzahl und die Qualität der „Links" auf eine Seite, also wie viele andere Seiten verweisen auf diese Seite. Im Prinzip ist dies nichts anderes als eine Empfehlung: „Schau mal da, da gibt es noch etwas anderes Gutes!" Damit war schon einmal der Grundstein des Erfolges gelegt, was Google definitiv zu DER beherrschenden Internet-Firma der frühen 2000er Jahre gemacht hat. Ganz nebenbei revolutionierte und entwertete die Firma aus dem Silicon Valley noch das Tausenderkontaktpreis-Modell der klassischen Werbung bis auf seine Grundmauern.

Es dauerte jedoch bis zum Jahre 2003, bis Google endlich einen Weg gefunden hatte, das neue „Navigationssystem" zu monetarisieren. Im Nachhinein klingt es so einfach und logisch wie die meisten Erfolgsmodelle, damals bedeutete es aber einen fundamentalen und damit schwierigen Bruch mit gelernten Erlösmodellen. Google bot an, Werbung nur dann anzuzeigen, wenn sie für die Suchenden relevant ist – so einfach wie genial: wenn man Flüge nach Athen sucht, sieht man eben nur Werbung für Flüge nach Athen und nicht für Flüge nach Madrid oder für Joghurt! Wie gesagt, im Nachhinein einfach, logisch und überzeugend. Dennoch wird für Display-Werbung im Web und für klassische Werbemodelle in TV, Radio, Print, die oft im entfernten Kontext zum „Reisen" stehen, für weitgehend unspezifische und irrelevante Banner-Werbung immer noch viel Geld ausgegeben. Die höhere Relevanz, die die Werbung jetzt hatte, versetzte Google in die Lage, so sehr an die Wirksamkeit zu glauben, dass sie für den Werbetreibenden das Risiko des Misserfolges reduzierten, in dem sie sich für „Costs per Click" statt Tausenderkontaktpreis bezahlen lassen konnten. Mit diesem Wandel in der Werbung begab sich Google auf einen Siegeszug, der die Firma innerhalb von wenigen Jahren zu einer der wertvollsten Firmen der Welt werden ließen. Gemeinsam mit Facebook dominiert Google heute das Wachstum der Werbeausgaben. Google kann dann Werbung zeigen, wenn jemand danach sucht, und Facebook, wenn es den eigenen Freunden gefällt und diese davon erzählen. Social und Search wachsen dabei immer mehr zusammen, da Inhalte, die viel Interaktion erzeugen, besser gefunden werden, weil sie relevanter werden. Beide Internetgiganten haben dabei ein Analyse- und Werbesystem geschaffen, das weit über ihre eigenen Websites hinausgehen und somit so ziemlich jeden Winkel unseres digital vernetzten Lebens erfassen und zusammenfügen kann.

Das Mobile-Social Web – fundamentaler Bruch auf allen Ebenen
Das Social Web bedeutet in jeglicher Hinsicht eine Neuordnung des dominanten Prinzips der Informationsfilterung nach individueller Relevanz – sowohl im Erzähl-Zuhör- als auch im Such-Frage-Modus. Das Social Web bewies durch seinen schier kometenhaften Aufstieg jedoch, dass Relevanz sich viel mehr über das „Wer" anstatt über das „Wie viele" individuell manifestiert. Klingt im Nachhinein auch furchtbar simpel: Im Zweifelsfall ist es für mich nicht so relevant, dass 500 Mio. Menschen in Indien, Frankreich und Deutschland nach Schwangerschaftstest gesucht haben. Wenn der einzige Mensch, der dies macht, meine Tochter ist, ist es viel relevanter!

Trau! Schau! Wem?
Im Such-Frage-Modus ist es im Zweifelsfall genauso relevanter, Menschen zu fragen. Sie selbst fragen wahrscheinlich auch am liebsten Menschen, die Sie kennen, denen Sie mehr vertrauen als jedem Anbieter, jedem Branchenverzeichnis, jedem Suchmaschinen-Algorithmus oder jedem redaktionellen Content von Menschen, die Sie nicht persönlich kennen. Potenzielle Kunden zumindest zeigen hier weltweit eine glasklare Priorität über alle Altersklassen und Kulturen hinweg, völlig unabhängig davon, ob es sich um Soziale Medien handelt oder nicht.

Menschen vertrauen am ehesten Menschen und nicht interessengeleiteten Informationen von Unternehmen (Abb. 5.5).[8] Dies war immer schon so,

---

[8]Quelle: eigene Darstellung basierend auf dem Nielson „Trust in Advertising"-Report, 2015 (letzte verfügbare Version) www.nielsen.com/wp-content/uploads/sites/3/2019/04/global-trust-in-advertising-report-sept-2015-1.pdf (zugegriffen am 10.06.2020).

	GEN Z (15 - 20 Jahre)	MILLENILAS (21 - 34 Jahre)	GEN X (25 - 49 Jahre)	BOOMER (50 - 64 Jahre)	SILENT GEN (ab 65 Jahre)
Empfehlungen von mir bekannten Personen	83 %	85 %	83 %	80 %	79 %
Unternehmenswebseiten	72 %	75 %	70 %	59 %	50 %
Kundenbewertungen im Internet	63 %	70 %	69 %	58 %	47 %
Artikel, z.B. in der Zeitung	68 %	68 %	66 %	60 %	55 %
Fernsehwerbung	58 %	67 %	64 %	55 %	48 %
Markenförderung	62 %	66 %	62 %	52 %	42 %
Zeitschriftenwerbung	57 %	62 %	61 %	50 %	46 %
Zeitungswerbung	57 %	62 %	62 %	55 %	53 %
Kinowerbung	54 %	60 %	55 %	42 %	31 %
Plakate und andere Außenwerbung	59 %	60 %	57 %	46 %	38 %
Produktplatzierung im TV-Programm	51 %	60 %	56 %	42 %	39 %
E-Mails, in deren Verteiler ich stehe	54 %	57 %	56 %	53 %	54 %
Radiowerbung	51 %	55 %	57 %	49 %	42 %

Abb. 5.5 Die wichtigsten Informationsquellen von Menschen aller Altersklassen sind andere Menschen

weitgehend unabhängig von Alter, Geschlecht oder kulturellem Kontext. Über Smartphones und Soziale Medien haben Menschen jetzt wie nie zuvor Zugriff auf diese für sie wichtigste und vertrauenswürdigste Quelle. In der Konsequenz kommt es hier zu einer Marktmachtverschiebung hin zur Nachfrageseite hinsichtlich des Markenversprechens von Unternehmen.

▶   Empfehlungen von mir bekannten Personen sind Quelle Nummer 1!

Ebenso liegen Informationen von Menschen der gleichen Marktseite, also andere Kunden, weit an der Spitze. Erst dahinter, also als „Second Best", folgen alle anderen Informationsquellen.[9] Das wirklich Neue und damit Revolutionäre ist nur, dass Nachfrager über Smartphones und Soziale Medien jetzt immer und überall Zugriff auf diese vertrauliche Quelle Nummer 1 haben. Die bittere Realität ist damit für Unternehmen, dass deren Kommunikation über alle anderen Kanäle nur noch zweite Wahl ist und im Zweifelsfall höchstens als Randinformation wahrgenommen wird. Marken haben also massenmedial ihre Informationshoheit über ihre Produkte und ihr Image verloren, so wie sie sie auch im Kleinen bei den Gartenpartygesprächen unter Nachfragern niemals hatten. Unternehmen können die Meinungen und Äußerungen dort nicht bestimmen oder

---

[9]https://www.nielsen.com/eu/en/insights/report/2015/global-trust-in-advertising-2015/# (zugegriffen am 10.06.2020).

unterdrücken. Marken müssen also lernen, wie sie in diesem neuen, jetzt auch medialen Lieblingskanal der eigenen Bekannten ihrer Kunden zurechtkommen.

Wenn ich Ihren Vertriebler frage, ob Ihr Produkt oder das des Mitbewerbers besser ist, dann kenne ich die Antwort und die ist kein Mehrwert!

Diese massenmediale Neuheit ist aber eben nur für Anbieter neu, nicht für Kunden. Firmen wollen und müssen verkaufen und beschönigen ihre Informationen. Dies ist völlig okay, wenn nicht bewusst getäuscht und hintergangen wird. Aber es war und ist völlig logisch, dass Nachfrager wegen diesem finanziellen Interesse der Anbieter diesen weniger vertrauen als Menschen, bei denen ein solches finanzielles Interesse bei einer Empfehlung oder Information eben nicht mitspielt.

Sie haften mit Ihrer Freundschaft oder guten Bekanntschaft!

Über den finanziellen Aspekt hinaus gibt es einen weiteren wichtigen Grund im sozialen Gefüge. Wenn ich jemanden kenne, kann ich eher vermuten, dass dieser mir auch deswegen nur seine mit bestem Wissen und Gewissen beste Wahl empfiehlt, weil er mit seiner Beziehung zu mir „haftet". Sollte herauskommen, dass er ein Eigeninteresse verfolgt, also nicht versucht, die für mich beste Entscheidung herbeizuführen, dann ist es danach mit der guten Nachbarschaft, Freundschaft oder Bekanntschaft meist vorbei. Wenn man dies nicht riskieren möchte, weil die Beziehung etwas wert ist, dann wird man die wirklich als beste Wahl eingeschätzte Lösung empfehlen. Und weil der Fragende genau dies auch weiß, vertraut er dem Gefragten. Selbstverständlich gibt es auch Menschen, denen die Beziehung zu Ihnen egal ist oder die einfach nicht kompetent genug sind, aber die fragt man dann im Zweifelsfall nur einmal und nie wieder.

Bekannte, es müssen nicht unbedingt Freunde sein!
Dabei geht es nicht nur oder gerade nicht um sehr enge Beziehungen, wirksamer ist sogar ein nur entfernterer Freundschaftsstatus oder eine Bekanntschaft. Was auf den ersten Blick vielleicht irritierend wirkt, ist in der Wissenschaft schon seit Jahrzehnten bekannt. Die sogenannte „Theorie der Stärke schwacher Beziehungen" von Granovetter aus den 1970er Jahren besagt genau dies.[10] Der

---

[10]Die Arbeiten von Granovetter machten ihn lange vor den heutigen digitalen Strukturen zu einem der wichtigsten Autoren der Analyse sozialer Netzwerke. Mark Granovetter: *The Strength of Weak Ties.* In: *American Journal of Sociology* 78 (1973), S. 1360–1380.

Nachbar kann z. B. bei Aktienempfehlungen weitaus einflussreicher sein als der beste Freund, denn „der Nachbar arbeitet ja in einer Bank". Viel engeren Kontakt hat man mit ihm nicht, aber genau dies ist es, was ihn zum Empfehler macht, nur die Vermutung über seine Kompetenz. Anders gesagt, den besten Freund kennt man so gut, dass man weiß, dass er wenig Ahnung hat, dem Bekannten schreibt man diese Kompetenz jedoch aufgrund äußerer Merkmale zu.

Ich kenn Dich nicht, Du bist aber einer von uns!
Im Web bekommt man diese Infos der gleichen Marktseite schon länger über Produktbewertungen von anderen Käufern und Unternehmen, die diese bereitstellen – wie Amazon und Google oder speziell im Tourismus HolidayCheck und TripAdvisor. Da diese aus Kundensicht so wertvoll sind, ist es tragisch, dass sich eine ganze Industrie gebildet hat, um Falschbewertungen gegen Geld anzubieten basierend auf dem Betrug des Kundenvertrauens in diese Bewertungen. Wirklich kundenorientierte Anbieter und Plattformen hintergehen ihre Kunden nicht auf solche Weise und versuchen, Fake-Bewertungen zu unterbinden. Zum Beispiel bei Amazon kamen Untersuchungen immer wieder zum Ergebnis, dass die Falschbewertungen in der Mehrheit sind. Deswegen arbeitet die Plattform zumindest offiziell, um nicht selbst in einen Glaubwürdigkeitsstrudel zu geraten, immer wieder an der Lösung des Problems.

Menschen, die mich interessieren, erzählen eher für mich Interessantes!
Analog gab es die Abkehr vom „Wie viele?" zum „Wer?" im Erzähl-Zuhör-Modus. Ein Redakteur eines klassischen Massenmediums musste sich zwangsläufig nach der Masse richten, wenn er das „Programm" zusammenstellte – es musste möglichst viele Menschen interessieren, damit mehr Werbeeinnahmen erzielt werden konnten. Dementsprechend stellte z. B. die Redaktion der Sportschau das Programm so zusammen, dass Berichte über die erste Bundesliga und speziell über Bayern, Dortmund, Schalke etc. vorrangig behandelt wurden. Wer großer Fan des Angel- oder Schießsports ist, bekommt dort eher weniger. Oder konkreter: Ich bin seit Jahrzehnten leidender Fan des 1. FC Köln! Über lange Jahre kam mein Verein in der Sportschau aufgrund des Erstliga-Fokus nicht vor – verständlich aus der Massensicht der Redaktion, aber völlig unbefriedigend für mich. Im individualisierten Nachrichten-Ticker meines Social-Media-Newsfeeds hingegen habe ich neben Sportmedienseiten direkt den Live-Ticker und die Facebook-Fanseite des 1. FC Köln abonniert. Hinzu kommen die Statusmeldungen meiner Bekannten und Freunde, mit denen ich dort verknüpft bin. In diesem Nachrichtenkanal hat der 1. FC Köln folglich höchste Relevanz, dort erscheint das, was mich interessiert. Was mich nicht interessiert,

kommt dort nicht vor – die Wahrscheinlichkeit, dass dort das neue Auswärtstrikot von Borussia Mönchengladbach vorgestellt wird, ist relativ gering, da dies in meinem sozialen Umfeld eher ein wenig beachtetes Thema wäre. Für andere hingegen schon. Mit anderen Worten: Social-Media-Kanäle sind nach dem „Wer?" geordnet – und zwar nach dem, welche Personen jeder einzelne dort hinzugefügt hat, nicht nach dem „Wie viele?". Diese Bekannten und selbst abonnierten Seiten stellen einen sehr wirksamen Filter dar:

Wenn es mich interessiert, wird es durch meine menschlichen Filter kommen!

Social Media ist in dieser geschilderten Perspektive eben kein neuer Kanal, sondern ein grundsätzlich neuer Filter und ein neues Ordnungsprinzip. Dies ist zum einen die Antwort auf die exorbitant gestiegene Informationsmenge, die sonst unüberschaubar wäre. Zum anderen sind es aber die Filter, die Menschen immer schon angewendet hätten, wenn es möglich gewesen wäre. Durch die neuen technischen Möglichkeiten mit ihrer Transaktionskostensenkung nahe null ist dies jetzt möglich: Sie fragen von ihnen selbst ausgewählte Personen nach Empfehlungen und hören selbst ausgewählten Personen zu, wenn sie sich im Erzähl-Zuhör-Modus befinden. Das Telefonbuch bzw. die Gelben Seiten sind bereits in den Geschichtsbüchern verschwunden und auf absehbare Zeit werden Menschen entweder Google oder selbst ausgewählte Menschen über Soziale Medien, Telefon oder offline fragen. Im Erzähl-Zuhör-Modus hingegen wird meiner Einschätzung nach zwar keine Komplettablösung der alternativen Filtersysteme klassischer Medien und ihrer Redaktionen stattfinden, der „soziale Filter" wird jedoch das Leitprinzip bzw. der Normalfall.

Zurück zur Natur des Menschen
Zusammengefasst bedeutet dies für Fragen und Zuhören im Zeitalter von Mobile-Social: bei Fragen dominieren je nach Kontext Google oder Soziale Medien, beim Zuhören selbst gewählte Menschen und Beiträge entweder in Sozialen oder klassischen Kanälen. Klassische Medien sind auch im Zeitalter von Sozialen Medien nicht tot, sie werden aber in ihrer früheren Monopolstellung Vergangenheit sein und späteren Generationen wird es schwer zu erklären sein, dass es einmal diese Dominanz und dieses Informationsfiltersystem in den Händen weniger gegeben hat. Sie können sich immer fragen, ob sich eine vor Kurzem noch bestehende Regelung oder Ordnung überhaupt entwickelt hätte, wenn es die heutigen neuen Möglichkeiten schon früher gegeben hätte. Da Menschen, wie eben beschrieben, aber heute nur das machen, was sie immer schon gemacht hätten, wenn es möglich gewesen wäre, ist die Antwort ein klares: Nein!

▶ Im beruflichen Kontext gibt es keine Wahl!

Wenn Sie immer noch an negativen Haltepunkten festhängen sollten, biete ich Ihnen jetzt einen mentalen Kompromiss an: Privat können Sie den ganzen „Social-Media-Quatsch" sein lassen, Sie verpassen vielleicht nur eine Chance des Verstehens, der Nähe und des Lernens – das ist aber Ihre freie Wahl und zu respektieren. Beruflich müssen Sie es aber nicht nur begreifen, was da passiert, sondern auch danach handeln! Wenn Sie nicht davon ausgehen, dass die Digital Natives ihre Smartphones und Social Media und Google abschalten, dann wäre die logische und wichtigste Konsequenz die Umstellung des Leitgedankens jeglicher Kommunikation auf allen Kanäle auf „Mobile-Social First"! Wie man durch diese Filter kommt, wie man sich in Gesprächen positioniert, dies wird Gegenstand späterer Kapitel.

5.2   Social Media als gefundenes Fressen für negative Haltepunkte

Nachdem, was der ökonomischen Logik folgend in Sachen Kommunikation „eigentlich" gemacht werden müsste, liefere ich gerne noch ein wenig für die Überwindung der mentalen Hürden. Sie erinnern sich an den Weg aus Kap. 4: Erkenntnis, Fakten, Erklärung, ertappt fühlen, Absolution erteilen und motivierende Neugier entfachen. Dann mal ab zu ein paar typischen negativen Haltepunkten.

5.2.1   Was machen die denn da? Und warum überhaupt? Und wen interessiert das?

Meiner bisherigen Argumentation folgend, hätte schon unsere Großeltern-Generation alles genutzt – von Facebook über TikTok bis Tinder –, wenn es dies gegeben hätte.

Wie bitte? … Ich doch nicht, diesen Mist mit den Selfies und so … Nein!

Da bei Vorträgen die wenigsten meiner Zuhörer das Alter meiner Studenten haben, ist der Anteil der „Social Media als Hauptkommunikationskanal"-Nutzer naturgemäß geringer. Zwar haben mittlerweile sehr viele einen Account bei Facebook, LinkedIn, Instagram oder Xing und „schauen da mal rein", es ist aber nicht ihr Normalfall, nicht der Leitgedanke ihrer Kommunikation, sondern eher das Bonusprogramm. So wie bei mir selbst, schaut man gewohnheitsmäßig vielleicht die Tagesschau oder blättert digital oder auf Papier durch seine Zeitung oder die Apps von n-tv und FAZ oder hört mittlerweile Steingarts Morning Briefing und andere Podcasts. Wirklich sehr hoch ist mittlerweile die Nutzung von WhatsApp, aber die App ist auch nicht mit den anderen Sozialen Netzwerken zu vergleichen, da sie eher auf die kostengünstige Abbildung bestehender sozialer Kreise limitiert ist. Als Konsequenz der niedrigen alltäglichen Nutzung und des Nicht-Fühlens sozialer Medien ist der mehrstufige Reaktions- bzw. Reaktanz-Prozess recht häufig und vielfältig:

Was die „da" machen? ... Klar, Angeber-Selfies ... oder anderes irrelevantes, dummes Zeug ... und erst recht für uns als B2B-Unternehmen Quatsch ... und die können gar keine richtigen Gespräche mehr führen, die schauen nur auf ihre Smartphones, schlimm ... das können Sie doch nicht gut finden!

Damit wären wir wieder bei der Karnevals-Parallele aus dem ersten Kapitel: viele der Menschen, die mir entgegenhalten, dass dies das Unnötigste auf der Welt ist, haben diesen noch nie richtig gefeiert, sondern haben nur, wenn überhaupt, einen kleinen Teileindruck.

Immer wieder dieser Karneval!

Wenn man sich jetzt die Nutzung von sozialen Medien durch die Digital Natives im Vergleich zu den Urteilen der Digitalen Migranten anschaut, müsste man ja eigentlich zu dem Schluss kommen, dass die jüngere Generation komplett bescheuert ist und gerettet werden müsste, richtig? Die Gegenthese dazu lautet, dass diejenigen, die diese These gerne bestätigt sehen würden, vielleicht einfach an starker „Juvenoia" leiden, wie in Kap. 4 beschrieben. Jetzt gilt es, dies wertfrei rational zusammenzuführen.

„Every generation got its own disease"
Fury in the Slaughterhouse, 1993

Ich darf Sie zunächst beruhigen, die heute junge Generation ist weder blöder noch cleverer als die vorherigen noch stimmen die meisten der Vorwürfe. In meinen Vorlesungen über Social-Media-Marketing befragte ich meine Studenten, die dann meist zwischen 18 und 20 Jahren alt sind, jahrelang zu Beginn des ersten Semesters zu ihrer Einstellung und Nutzung Sozialer Medien. Interessanterweise stehen auf der negativen Seite fast die gleichen Phänomene, die auch die digitalen Migranten brandmarken: Man nutzt sie zu viel, man redet zu wenig von Angesicht zu Angesicht, vieles ist oberflächlich, Angeber, Neider, Fakes etc. Allerdings folgen dann nach ein wenig Reflektion mit einem Augenzwinkern die Erkenntnis und Feststellung: „Ja, mache ich aber auch". Und es folgt dann eine ganze Latte von Vorteilen, die den Digitalen Migranten wegen fehlender Nutzung oder Fühlens eben auf dieser „Positiv-Seite" fehlen. Meine Studenten sehen also durchaus auch die Nachteile, sehen aber eben auch die Vorteile, die unterm Strich in der Summe überwiegen. Weil die eigene Erfahrung bei den Digital-Migranten oft heute noch genauso fehlt wie damals vor dem ersten eigenen Handy, ist man oft gefangen in der ablehnenden Haltung, die dann meist noch im eigenen Umfeld verstärkt wird.

> *„Ich habe aber in der Zeitung gelesen oder im TV gesehen, dass Facebook die jungen Leute weglaufen, es nicht mehr so beliebt ist … und überhaupt, meine Kinder sind sowieso viel mehr bei Instagram oder WhatsApp."*

Ich will mal nicht zu polemisch werden und möchte darauf verzichten zu unterstellen, dass klassische Medien nicht gerade zu den Gewinnern der Entwicklung gehören und vielleicht auch deswegen gerne negative Meldungen über die Facebooks dieser Welt betonen. Blenden wir diese böse Unterstellung mal gerne als vollkommen haltlos aus. Zum einen zeigen die Facebook-Nutzerzahlen seit Jahren nur in eine Richtung: nach oben. Dies ist wirklich sehr erstaunlich, denn die Grenzen des Wachstums sollten allein schon durch die Zahl der Menschen mit Internetzugang, die auf derzeit rund vier Milliarden geschätzt werden, gegeben sein. Von denen sind wiederum die rund eine Milliarde Chinesen durch die dortige Regierung von den meisten US-Plattformen ausgeschlossen. Und vom Rest, so wie Facebook, 2,6 Mrd. zu haben, ist schon eine gigantische Hausnummer. Wie ist die sinkende Nutzung, die bei den Kindern beobachtet wird, zu bewerten? Dies ist so und das Wachstum von Instagram, WhatsApp oder zuletzt TikTok ist in den letzten Jahren in der Tat viel größer. Im Falle von Instagram und WhatsApp dürfte dies für Facebook ziemlich egal sein, da beide zum Konzern gehören. Für die ist das in Bezug auf Datengenerierung deswegen eher so, als würden sie vom Kinderzimmer ins Wohnzimmer wechseln, sich aber weiterhin im gleichen Haus aufhalten. Oder um im Bild aus Abschn. 3.1 zu bleiben: Sie bewegen sich immer noch in der gleichen Öllampe. Zudem kann ich durch meine Befragungen von Studienanfängern bestätigen, dass in der Tat in den letzten Semestern viele ankommen und kein Facebook, aber eben Instagram, WhatsApp oder Snapchat und TikTok nutzen. Erstaunlicherweise haben die gleichen Studenten ein paar Semester später zu einem sehr hohen Prozentsatz auch einen Facebook-Account, auch wenn sie ihn nicht so viel nutzen wie die anderen Kanäle. Ich erkläre dies so, dass die meisten zur Abbildung ihrer engeren Bekanntenkreise aus der Jugend WhatsApp nutzen und Instagram, TikTok oder YouTube hinzukommen, um denen zu folgen, die nicht originär aus dem eigenen engen Umfeld kommen. Wenn sie aber in ein neues soziales Umfeld, wie das einer neuen Stadt und/oder der Universität, kommen, so reicht dies meist nicht mehr, um die Organisation von Hausarbeitsteams oder Partys hinzubekommen. Hier kommt Facebook der Netzwerkeffekt zugute, dass dort die meisten Nutzer sind und sich allein dadurch für jeden Einzelnen der Nutzen erhöht.[11] Facebook hat es hier geschafft, zu Beginn der 2020er Jahre so eine Art Betriebssystem des Internets zu sein, das viele brauchen, wenn sie es auch nicht unbedingt dauernd nutzen.

Aber das ist doch kein echtes Gespräch!

Guter Punkt! Auch wenn es kein Offline-Gespräch ist, bei dem man sich ins Gesicht schaut, reicht die Ähnlichkeit aus, um es als Gesprächsprinzip zu identifizieren, ohne exakt das Gleiche zu sein. Ähnlich wie bei einer Telefonkonferenzschaltung, aber eben erweitert um einen vielfältigeren Medieneinsatz. Bei einer Videokonferenz, die spätestens während der Corona-Krise Alltag in den Firmen war, wird wohl auch niemand anzweifeln, dass es sich um ein Gespräch handelt.

Aber ich würde das nie machen! Warum machen die das?

„Aber warum machen die das? Die ganze Zeit über sich zu erzählen? Ich würde das doch auch nicht machen". Das ist ein starker Haltepunkt, den es zu lösen gilt. Daher zum Grundverständnis: die mir bekannten Untersuchungen geben sich nicht viel und decken sich ziemlich mit meinen eigenen Studien aus den Jahren 2007 und 2008. Demnach erstellen nur rund 20 % der Social-Media-Nutzer häufig oder regelmäßig Inhalte, während die breite Masse eher beobachtet oder vielleicht bestenfalls mal etwas kommentiert oder weiterleitet. Von diesen 80 % schaffen es meist nur sehr persönliche Informationen wie die Geburt eines

---

[11]Beim Netzwerkeffekt geht man davon aus, dass sich der Nutzen des Netzwerkes für andere erhöht, wenn ein anderer Nutzer hinzukommt. Dieser Neue kann kontaktiert werden und schafft als potenzieller Kommunikationspartner einen Nutzen. Wenn kein anderer Telefon, E-Mail oder Social Media hätte, gäbe es keinen Nutzen für den Einzelnen und das Netz wäre sinnlos.

Kindes oder mal ein Urlaubsbild in den eigenen Sende-Modus. Dies ist weder positiv noch negativ, sondern einfach feststellend gemeint, weil es erklärt, warum der Großteil meiner Zuhörer zuerst nicht nachvollziehen kann, warum Soziale Medien „mit all dem Blödsinn, den die da posten" funktionieren. Sie gehören eben nicht zu den 10–20 % der Menschen, die extrovertiert genug sind und Selbstdarstellung auch über Soziale Medien ausleben. Genau letzteres ist aber entscheidend: diese Extrovertierten machen das Gleiche wie vor Social Media. Sie reden vielleicht mehr und lauter als andere, sie tanzen vielleicht auch mehr und auffälliger und ziehen sich stylischer und besonders an. Das ist okay, es ist menschlich, diese Leute mögen die Aufmerksamkeit, im Mittelpunkt zu stehen. Die Blicke auf der Party und das wahrgenommene Getuschel im Büro sind eben heute das Social-Media-Feedback – „Gefällt mir"-Klicks, Herzchen-Symbole und Kommentare.

Die einen reden laut und viel, die anderen gucken eher
Für alle, die zurückhaltender sind, ist es kaum nachvollziehbar, dass man sich dort so entblößt mit allem. Das ist auch völlig okay, ist aber auch nur das Gleiche wie auf der Party, wo man eher mit einem Getränk am Rande der Tanz-fläche steht, um dann mal wieder einer kleinen Gesprächsrunde zu lauschen. Die dritte Parallele, die es zu verstehen gilt, ist, dass die Extrovertierten zum einen nicht aufhören, nur weil die Introvertierten sich nicht so auffällig verhalten würden. Und zum anderen, dass die Introvertierten die Extrovertierten trotzdem beobachten oder zumindest mitbekommen, sodass sie beeinflusst werden. Also geschieht in Sozialen Medien im Kern nichts anderes als auf jedem Schulhof und jeder Gartenparty, nur eben potenziell viel größer und losgelöst von Ort und Zeit. Gehen Sie vielleicht mal vor Ihrem geistigen Auge Ihren Bekanntenkreis durch und viele von Ihnen werden merken, dass diese 80/20-Regel ganz gut hinhaut, jeder vierte bis fünfte ist tongebender und lauter als andere. Und in der Schul-klasse wussten Sie auch, wer die beliebten oder vernetzten Mitschüler waren. Wenn Sie Michael und Sandra auf Ihre Klassenparty einluden, konnten Sie davon ausgehen, dass der Rest auch mitkommen würde. Solche sozialen Knotenpunkte kennt wahrscheinlich jeder, das sind die, die jeder kennt und die jeden kennen. Heute in Zeiten von Social Media nennen wir sie „Influencer", aber eigentlich ist es das gleiche Phänomen, nur eben digital vernetzt ohne physische Grenzen.

Aber wen interessiert das ganze Zeug denn? Mich würde es nicht interessieren!

Diese individuelle Interessensichtweise ist eine weitere starke Hürde im Kopf. Der Einzelne vermutet intuitiv, dass die eigenen Interessen ein wenig repräsentativ und allgemeingültig sind. Obwohl wir genauso gelernt haben, dass es Bücher, Zeitschriften, TV-Programme oder Radiosender gab, die wir selbst grottenlangweilig fanden. Diese hätte es doch auch nicht gegeben, wenn sich nicht andere dafür interessiert hätten! Bei Social Media erlebe ich dort eine Art Negierung des Vielfalt-Phänomens. Nicht falsch verstehen, denken Sie an den PROFSKI-Blick und den mentalen Hürdenlauf: das alles ist menschlich, aber nicht hilfreich. Deswegen der Tipp:

▶   Gehen Sie nicht von sich selbst aus, wenn Sie andere verstehen wollen!

Nur weil Sie etwas nicht machen würden oder Sie etwas nicht interessiert, bedeutet dies ja nicht, dass andere etwas nicht machen oder damit aufhören. Andere interessieren sich auch für Dinge, die Sie oder mich einen feuchten Kehricht interessieren. Und genauso wenig können andere vielleicht nicht nachvollziehen, warum Sie eine Leidenschaft für den Angelsport haben. Ja und? Keiner von uns ist der Mittelpunkt der Welt für alle anderen, wir sind maximal der Mittelpunkt unseres eigenen Lebens und unserer Wahrnehmung. Lassen Sie sie doch, seien Sie toleranter. Und wenn Sie es nicht wollen, dann ändert es auch nichts daran, denn die Menschen machen das, ob Sie das wollen oder nicht, ob Sie das gut oder schlecht finden. Und warum? Ganz einfach:

▶   Sie machen das, weil sie es jetzt können!

Dies ist immer die einfachste und hilfreichste Antwort. Nutzen Sie die Möglichkeit, wie noch nie zuvor beobachten und Sicht- und Verhaltensweisen anderer besser nachvollziehen zu können. Ertragen müssen Sie aber auch nichts davon, wenn Sie nicht wollen, Sie können individuell filtern wie nie zuvor. Wenn Sie also jemand nicht interessiert oder was die Person gerade macht oder was sie zum Mittagessen hatte, einfach nicht hinschauen. In Ihren Einstellungen angeben, dass Sie weniger oder gar nichts mehr von dieser Person sehen wollen oder einfach deabonnieren/entfreunden. Aber nicht unnötig aufregen. Die Menschen sind halt so, haben sie immer schon gemacht: Die Höhlenmalereien aus der Steinzeit oder die Wandmalereien in Pyramiden und Tempeln zeigen Szenen des damaligen Alltags, wie der Jagd und Heldentaten im Krieg. Auf den Malereien großer Meister vieler Jahrhunderte finden Sie das Essen auf dem Tisch oder Selbstportraits – wenn Menschen heute also ihr Essen oder Selfies posten, steckt das gleiche Motiv dahinter, nur verfügen sie über andere Mittel der Erstellung und Verbreitung. Es liegt an Ihnen, ob Sie die Scheuklappen dicht machen oder eben nicht, sich beteiligen oder abschotten. Sie haben sich wahrscheinlich auch nicht dauernd die politisch anders gelagerten Reden am Stammtisch oder die für Sie unerträglich langweiligen Sprüche Ihres Nachbarn dauerhaft angetan. Auch wenn Sie ihn nicht gleich „entfreundet" haben, haben Sie ihn einfach ignoriert oder die Kommunikation auf das Mindestmaß des Hallo-Sagens reduziert – genauso wie heute in sozialen Medien.

Aber die haben doch keine Ahnung vom Produkt!

Wenn man als Anbieter dem jeweiligen Empfehler die Beurteilungskompetenz abspricht, mag dies oft auch stimmen. Es hilft aber leider kaum, denn entscheidend ist einzig und allein, ob ich als Nachfrager glaube, dass der Mix aus Vertrauen und gleichzeitig ausreichender Beurteilungskompetenz beim Gefragten vorhanden ist. Wenn der Anbieter die Inkompetenz-Behauptung ausspricht, muss dies ja noch lange nicht meine Meinung sein und ich vermute im Zweifelsfall auch Eigeninteresse bei solchen Unterstellungen.

5.2.2   Muss es nicht besser „asoziale Medien" heißen?

„Social" oder „Sozial" beschreibt nicht nur die schönen Aspekte menschlichen Zusammenlebens im Sinne von „unterstützend, fürsorglich, helfend", sondern eben die Gänze des Zusammenlebens mit allen Licht- und auch seinen Schattenseiten – von Verleumdung über Intrigen bis hin zur Hetze, nur eben jetzt digital vernetzt. Der Mensch an sich ist durch Social Media in seinen Eigenschaften genauso wenig besser oder schlechter geworden wie zuvor durch die Erfindung, des Telefons, der Briefpost oder des Fernsehens. Als Gesellschaft müssen wir lernen, auch mit den negativen Erscheinungen solch epochaler Veränderungen wie den sozialen Medien umzugehen. Die Vor- und Nachteile sowie Lösungen sollten dabei ausgewogen diskutiert werden.

Es gab ja auch gleichzeitig die Telefonseelsorge und genauso anonyme Schmäh-
anrufe – es geht um die Menschen hinter einem Medium, nicht die Technologie ist
„schuld"!

Besonders in sehr offenen und weitgehend anonymen Sozialen Netzwerken wie z. B. Twitter ist der Umgangston bei unterschiedlichen Meinungen oft sehr schnell „rau": Beschimpfungen, Beleidigungen oder Verhetzungen, die manchmal rechtliche, sehr oft aber Grenzen des guten Geschmacks überschreiten, sind nicht selten. Ob dies am Kampf um Ideologien, an Glaubensfanatikern, Verschwörungstheorien, Wichtigtuern oder Aufmerksamkeitsdefiziten liegt, ist unerheblich. Manche Zeitgenossen – sogenannte „Trolle" – haben geradezu die Absicht, sich mit verbalen Eskapaden in schlechter Energie zu suhlen und andere niederzumachen. Oft wird empfohlen, diese einfach zu ignorieren und zu hoffen, dass sie irgendwann die Lust verlieren. Die Regel dazu ist das geflügelte Wort:

„Don't feed the troll!"

Manchmal hilft dies nur bedingt und es kann besonders übel werden, wenn sich mehrere Menschen dieser Sorte zusammentun. Wenn nicht zu vermeiden, kann man rechtliche Schritte bemühen und darauf hoffen, dass dies Einhalt gebietet.

▶   Respekt, Anstand und Zivilcourage sind keine Frage des Kanals!

Hetze, Verleumdung und Mobbing gab es leider immer schon, Menschen sind nun mal leider nicht nur gut und nett zueinander. Und ja, die Dimensionen sind dabei wegen größerer Anonymität der „Bösen" und der Verstärkereffekte des riesigen Social Webs vielleicht schlimmer, aber im Kern ist es kein neues Phänomen. Der Vorteil ist jedoch gleichzeitig eine höhere digitale Transparenz, sodass dem leichter etwas entgegnet werden kann. Die „Guten" können so etwas leichter bemerken, sich leichter zusammentun und sich dem schützend entgegenstellen. Sie müssen es aber auch tun – genauso wie im nicht-digitalen Leben!

„Sonst fliegst Du raus!"
Fordern Sie auf „Ihrer" Gartenparty Ihre Benimmregeln ein!

Eine Chance auf weitaus angenehmere Umgangsformen sollte man in Plattform-Bereichen haben, die ein wenig individueller sind als die rein öffentlichen, da hier meist zumindest ein lockerer persönlicher Bezug oder eine Bekanntschaft besteht. Ich persönlich führe Gespräche mit naturgemäß unterschiedlichen Meinungen nur in den von mir für diese Themen geschaffenen Bereichen, wie z. B. meiner Facebook-Seite. Hier folgen in der Regel nur am fachlichen Austausch Interessierte. Es ist völlig okay, wenn Sie hier Verhaltensregeln aufstellen und auch Menschen verwarnen und z. B. durch Blockieren sanktionieren, wenn diese sich nicht daranhalten. Ich würde auch Gäste von meiner physischen Gartenparty entfernen, wenn sie anfangen, andere Gäste oder mich zu beleidigen. Genauso sollte man es im Social Web handhaben. Bis auf ein paar Eremiten sind wir Menschen auf das Miteinander angewiesen, sodass

Anerkennung, Wertschätzung und die Positionierung in der Gruppe Grundbedürfnisse sind und in jeder Kultur einigen sich Menschen auf ihre Regeln untereinander – das gilt eben auch für die Kultur in sozialen Medien.

„Netiquette" – Ihre Hausordnung für den Umgang miteinander!
Für Unternehmen ist es gegebenenfalls schwerer, solche Benimmregeln aufzustellen, da der soziale Bezug zwischen ihnen und den Menschen da draußen
geringerer ist als im Privaten. Zum anderen ist man schneller „der Böse" und es
fällt den Meckerern leichter, sich gegen eine Firma als Front zu vereinigen. Wenn
dies eskaliert, kommt es zu dem, was man neudeutsch einen „Shitstorm" nennt.[12]
Auf den von Firmen kontrollierten Seiten im Social Web ist es aber genauso
völlig akzeptiert, dass der Gastgeber hier durch das Aufstellen einer „Netiquette"
Regeln zum Schutz aller Gäste der Seite definiert, wenn diese den im jeweiligen
Kulturkreis üblichen Gepflogenheiten entsprechen. Es wird sogar geradezu
erwartet.

Aber so viele Fake News verbreiten sich! ... Ja, und Märchen und Witze auch ...

Als Gesellschaft sollten wir auch lernen, Falschmeldungen oder neudeutsch
„Fakes" zu verstehen – warum entstehen sie, warum verbreiten sie sich und wie
könnten sie bekämpft werden? Schnell kommen in diesem Kontext die üblichen
Verdächtigen in den Sinn: irgendwelche Präsidenten, Verschwörungstheoretiker
oder Extremisten. Selbstverständlich können Menschen in böser Absicht oder aus
Eigeninteresse Meldungen erfinden, sie ins Netz stellen und andere verbreiten sie
mit klarem politischen, ideologischen oder finanziellen Ziel. Vielleicht sind einige
Menschen auch einfach zu schlicht und naiv – bestimmt sogar. Uns sollte aber
bewusst sein, dass das Phänomen komplex und keineswegs nur bei „den Bösen"
zu finden ist. Zudem ist es auch nicht neu. Sie erinnern sich vielleicht noch an die
Pressekonferenz des damaligen US-Außenministers Powell, während der – durch
alle klassischen Kanäle verstärkt – erzählt wurde, man hätte Beweise für irakische
Massenvernichtungswaffen. Später stellte sich dies als reine Luftnummer raus,
nachdem der Krieg gegen den Irak schon vorbei war. Ebenso provozierte der
preußische Kanzler Otto von Bismarck mit der berühmten „Emser Depesche"
1870 in einer Zeitungsveröffentlichung lange vor den Sozialen Medien den

---

[12]In Abschn. 6.5.3 wird dieses Thema kurz aufgegriffen.

Deutsch-Französischen Krieg, der in der Gründung des Kaiserreichs endete.[13] Die Geschichte ist voller Fakes, heute können sie nur leichter und schneller verbreitet werden – dies sollten wir zur Einordnung im Hinterkopf haben.

▶ Wenn es zu schön ist, um wahr zu sein, dann ist es vielleicht einfach wirklich zu schön, um wahr zu sein – also falsch!

Als zum Beispiel das Corona-Virus die Wirtschaft und das öffentliche Leben lahmlegte, verbreiteten sich Bilder und Meldungen über Delphine und Schwäne, die jetzt, wo die Touristen weg waren, in den nun glasklaren Kanälen der Lagunenstadt Venedig schwammen. Mein Newsfeed war voll davon und ich selbst war kurz davor, dies weiterzuteilen. Warum? Weil es so toll wäre: endlich etwas Schönes in ungewissen Zeiten und so eine gute Botschaft, dass die Krise auch ihr Gutes hat und die Natur sich alles zurückholt. Wie im Märchen! Ja, sogar exakt wie im Märchen, denn dies waren Fake News, wie National Geographic später klarstellte.[14] Die Delphinfotos stammten von einem Ort Tausende Kilometer entfernt und die Schwäne waren an dieser Ecke nichts Neues, sondern auch vor Corona immer schon da. Eine Frau in Indien hatte die Bilder zusammengestellt, weil es eben so schön war, und gepostet. Und dafür bekam sie „Soziale Belohnung" in Form von Aufmerksamkeit, Likes und Weiterteilens. Unzählige Menschen teilten es aus gleichen Motiven weiter. Dies sollten wir nicht unbedingt verwerflich finden, sondern vor allem verstehen, dass Menschen so sind: Geschichten werden deswegen erfunden und weiterverbreitet. Auf diese Weise entstanden immer schon Märchen und heute nennen wir die oft Fakes. Natürlich gibt es auch schöne Fakes, die einfach nur gute Stimmung verbreiten, und am Ende ist die Grenze zu Humor und Witzen schnell erreicht. Wir nennen das Phänomen im Social Web dann eher positiver „Memes"[15] und sie kommen als kommentierte Bilder oder Animationen vor.

---

[13]https://www.welt.de/geschichte/article207283157/Alternative-Fakten-Die-fuenf-wirkungsvollsten-Fake-News-der-juengeren-Geschichte.html (zugegriffen am 10.06.2020).

[14]https://api.nationalgeographic.com/distribution/public/amp/animals/2020/03/coronavirus-pandemic-fake-animal-viral-social-media-posts?__twitter_impression=true&fbclid=I wAR3MyjmKhHuiY20SC5z2FsQoA7iyVQRMTs2ox4MnQ49QprnmQ-vZX6nBVMc (zugegriffen am 10.06.2020).

[15]Beim diesem „Kulturphänomen" handelt es sich um meist kleine Medieninhalte, die wegen ihrer meist humoristischen, aber auch gesellschaftskritischen Aussagen in Form von Bildern, Wort-Bild-Kombinationen oder Videoschnipseln im Netz geteilt werden.

Fake bleibt Fake – man sollte sich der Mechanismen bewusst sein!
Die Mechanismen und Motive der sozialen Positionierung und Belohnung sind immer sehr ähnlich, unabhängig von der „guten" oder „weniger guten" Richtung der Inhalte. Die gesellschaftlich gefährlichen, die Angst oder Ressentiments schüren, sollte man bestimmt eher entlarven, damit die Gesellschaft positiver bleibt. Grundsätzlich sollte sich aber jeder Einzelne von uns fragen, ob das, was man da gerade teilt, aus „seriösen Quellen" stammt – also solche Quellen, bei denen die Chance hoch ist, dass sie die eigenen Quellen überprüfen. Und selbst dann ist man nicht davor sicher, ist mir selbst natürlich auch schon passiert. Meist half dann aber die „Weisheit der Masse", d. h. irgendjemand aus meinen Kontakten hat sich die Mühe gemacht, selbst zu recherchieren oder sich der einschlägigen, darauf spezialisierten Seiten zu bemühen. Wie gesagt, wir müssen alle viel lernen.

5.2.3   Die bösen manipulativen Algorithmen

Fast reflexartig höre ich in Gesprächen nach meinen Vorträgen oft nachvollziehbare Einwände bezüglich der Macht der Algorithmen.

Aber die Macht der Algorithmen! ... Und Facebook manipuliert!

Deswegen noch einmal zum genaueren Verständnis und zum „Hinter-die-Ohren-Schreiben" am Beispiel Facebook: Sie selbst bestimmen, wer Ihr Direktkontakt ist und können sehr weitgehend festlegen, was Sie wie oft von ihm sehen möchten und wer was von Ihnen sehen darf! Die meisten Kritiker wären überrascht, wenn sie sich mal die „Einstellungen" anschauen würden. Entscheidend ist, dass ich die Inhalte eines Kontaktes oder einer Firmen-Seite, die ich nicht sehen möchte, deabonnieren, ausblenden oder ganz „entfreunden" kann. Dann kann es mir höchstens passieren, dass ich mal deren Werbung sehe, aber selbst dort kann ich anklicken, dass ich diese in Zukunft nicht mehr sehen will. Den meisten meiner Gesprächspartner ist dies nicht klar: Facebook teilt Ihnen offen mit, warum Sie welche Werbung sehen. Und Sie werden sogar gebeten anzugeben, was Sie nicht mehr sehen möchten, damit der Algorithmus noch genauer versteht, was Sie interessiert und was nicht. Wenn Sie jedoch persönlich nichts an Ihren „Einstellungen" individualisieren, ist Ihr Newsfeed „ab Werk" nach einem sich ständig verändernden Algorithmus von Facebook vorsortiert. Leider wird der Algorithmus immer mehr auf die kommerziellen Interessen der Plattform angepasst. Eine relativ konstante Grundregel blieb bisher jedoch, dass Sie eben nicht alles sehen, was Ihre Direktkontakte posten, kommentieren oder teilen, sondern dass der

Algorithmus Ihnen vor allem das anzeigt, was in Ihrem Netzwerk viel Interaktion, in Form von „Gefällt mir"-Angaben, Kommentaren oder Teilen, erzeugt hat. Die Annahme dahinter ist ziemlich nachvollziehbar:

▶   Wenn in Ihrem Bekanntenkreis ein Post viele Reaktionen hat, dann ist die Wahrscheinlichkeit höher, dass er auch Sie interessieren könnte.

Ebenso „lernt" der Algorithmus in der Regel, was einem gefällt. Er hat ja gerade das Ziel, nicht mit Nicht-Interessantem zu nerven. Liebend gerne hätte meine frühere Tageszeitung ganze Ressortteile bei der Lieferung an mich weglassen können, da habe ich jahrelang nicht reingeschaut, musste aber dafür bezahlen.

Bei solchen Aussagen handelt es sich aber im Übrigen nur um Daumenregeln, denn die Filter und Algorithmen sozialer Netzwerke werden ständig überarbeitet und sind weitgehend ein Betriebsgeheimnis.

Von solchen Details abgesehen, gilt also: ICH bin der wesentliche Gestaltungsfaktor des Nachrichtentickers in meinen sozialen Medien! Ich kann, wie nie zuvor, bestimmen, was ich auf Facebook, LinkedIn, WhatsApp oder Instagram sehe. DAS ist der erste wesentliche Unterschied zum Massenkommunikationszeitalter. In den damals verhältnismäßig wenigen Kanälen von TV, Radio und Print entschieden andere, was in den Newsticker und auf die Titelseite kam und wann man etwas sehen, lesen oder hören kann. Ich selbst konnte bestenfalls entscheiden, ob ich hinsehe, den Kanal wechsle oder ganz darauf verzichte.

Aber wo ist die Vielfalt? ... Das ist doch eine Filterblase ... Über Filterblasen im Internet habe ich doch auch in MEINER Zeitung gelesen, etwas auf MEINEM Sender gesehen!

Also ja, es gibt selbstverständlich Gefahren, dass Algorithmen Informationen für uns zu stark filtern und dies bedeutet viel Macht für die Konzerne und Risiken für die Gesellschaft, aber dies ist nicht mein Punkt. Es geht mir darum, dass durch Social Media ein im Vergleich zum Massenkommunikationszeitalter ungekanntes Maß an Individualisierung von Information machbar ist – mit allen Vorteilen und allen Nachteilen. Früher haben eben ausschließlich die Autoren und Redaktionen weniger Verlagshäuser für alle anderen gefiltert und jetzt ist das Maß an individuellen Möglichkeiten ungleich höher.

▶   Filterblase? Ja klar, aber immer noch besser als die vorherigen!

Übrigens zeigen zumindest alle mir bekannten Untersuchungen zu dem Thema „Filterblasen in Sozialen Medien" im Prinzip genau das Gegenteil der

Befürchtungen: Der Nachrichtenkonsum nimmt zu, genauso wie die Vielzahl der Quellen und Meinungen – dies liegt daran, dass man bei Freunden und Bekannten Links und Meinungen mitbekommt, die man sonst nicht gesehen hätte.[16] Verstärkt wird dies durch Kommentare von Kontakten der eigenen Kontakte, mit denen man selbst gar nicht verbunden war, die den einbezogenen Personenkreis also noch erweitern. Findet man die Äußerungen eines an sich Unbekannten bei Freunden vielleicht immer wieder anregend und spannend, so kann er ja genauso ein eigener Kontakt werden – wie jemand, den Sie in einer Gesprächsrunde in einer Kneipe über Freunde kennengelernt haben und dann selbst Nummern austauschen. Dies geht mir oft so, nur dass man keine Nummern mehr braucht, die Kontaktanfrage mit einem Klick reicht.

Dennoch hält sich der Filterblasen-Vorwurf vor allem gegenüber Sozialen Medien hartnäckig. Die eigene Meinung verfestigt sich demnach, weil man durch lernende Algorithmen immer wieder die für einen passenden Informationen präsentiert bekommt und den gleichen Leuten zuhört. Nun, DAS stimmt! Aber dies hat wenig mit Sozialen Netzwerken an sich zu tun, sondern eher mit dem Hang des Menschen, dass er geradezu akribisch Informationen bevorzugt, die zu seiner bereits gebildeten Position passen – in der Psychologie nennt man diesen Drang zur Bestätigung des eigenen Weltbildes „Confirmation Bias".

▶   „Ich suche mir das und diejenigen, die zu mir passen" – der „Confirmation Bias" gilt überall!

Die Social Media geben Ihnen durch die „Querverweise" von Kontakten zu Kontakten also eine Chance, die in klassischen Medien völlig fehlte. Die erweiterten gerade nicht, sodass die Empfänger untereinander nichts mitbekamen – in IHRER Zeitung bekamen Sie meist das, was zu Ihnen passte. Wenn Sie also Kontakte in Social Media „entfreunden" oder blockieren, weil diese zu kontroversen Themen eine andere Meinung haben, dann ist dies leider menschlich, aber eben nicht dazu dienlich, Vielfalt und Toleranz zu üben. Sie entledigen sich vielmehr diesem innerlich vielleicht unangenehmen Auseinandersetzen mit Informationen und Sichtweisen, die nicht zu Ihrer Meinung passen. Statt diese auszuhalten, vergeben Sie lieber die Chance auf Vielfalt, um konsistent und in sich passend zu bleiben. Dies liegt aber an Ihnen selbst, nicht an sozialen Medien!

„Wenn Du Anhänger von XY bist, dann entfreunde mich!"

---

[16]https://www.spektrum.de/news/soziale-medien-steigern-nachrichtenvielfalt/1705146 (zugegriffen am 10.06.2020).

Ich komme deswegen zu dem Schluss, dass die Menschen sich immer schon in den Filterblasen ihres engen Freundeskreises, ihres Stammtisches und ihrer Zeitung wohlgefühlt haben und aufgrund des psychologischen Bestätigungsdrangs der Vielfalt aus dem Weg gegangen sind. Soziale Medien haben die Transparenz eher so stark erhöht, dass die Enge der früheren Filterblase erst richtig offen sichtbar wurde. Und vielleicht gerade, weil dies so unangenehm ist, verteufeln viele gerne Social Media, obwohl genau diese eine Möglichkeit zum Erweitern des Horizonts bieten. Aber genau dies möchte man ja gar nicht – es sei denn, Sie widerlegen alle Forschungen zur Suche nach Bestätigung der eigenen Meinung. Da baut man lieber dort auch noch sein eigenes Schneckenhäuschen auf, entfreundet diejenigen mit anderen Positionen, geht solchen aus dem Weg, bis es wieder passt, man sich in seiner Runde wieder wohlfühlt. An sich also keine gute Entwicklung, wir als Gesellschaft vertun hier eine Chance.

5.2.4 „Die braucht man nicht mehr!" – Anmerkungen zur Demokratiedebatte

In diesem Buch geht es vor allem um Unternehmen, deswegen hier nur ein kurzer Ausflug zum tieferen Verständnis einer gesamtgesellschaftlichen Debatte, weil sie auch in den Köpfen von Menschen in Unternehmen als negativer Haltepunkt rumschwirrt. Zudem wird sie gerne von Besitzstandswahrern genährt und deswegen komme ich um ein paar nüchterne abschließende Worte zur „Demokratie und neuen Rollen" nie herum. Im Februar 2020 gab es einen Wirbel um die Aussagen des Politikers Friedrich Merz, als der in einem Videomitschnitt anlässlich einer Karnevalsveranstaltung sagte, dass es eine Marktmachtverschiebung weg von denen, die Nachrichten verbreiten, hin zu denen, die sie erstellen, gibt. Man brauche die nicht mehr. Über Social Media kann man seine eigene Deutungshoheit zurückerlangen.[17] In Sachen Marktmachtverschiebung hat Herr Merz vollkommen Recht,

---

[17]Der Originalton von Friedrich Merz war „Im Augenblick gibt es ja eine richtige Machtverschiebung zwischen denen, die Nachrichten verbreiten, und denen, die Nachrichten erzeugen. Und zwar zugunsten derer, die die Nachrichten erzeugen. Wir brauchen die nicht mehr. Und das ist das Schöne: Sie können heute über Ihre eigenen Social-Media-Kanäle, über YouTube ein Publikum erreichen, das teilweise die öffentlich-rechtlichen, auch die privaten institutionalisierten Medien nicht mehr erreichen. Wenn man das richtig nutzt, wenn man das gut macht, dann haben Sie über diese Kanäle eine Möglichkeit, Ihre eigenen Interessen wahrzunehmen, Ihre eigene Deutungshoheit auch zu behalten über das, was Sie gesagt haben. In ganz anderer Form, als wir das früher gehabt haben. So, und das ist die gute Nachricht der Digitalisierung."

wie ich ausführlich beschrieben habe. Der Satz „Man braucht die nicht mehr" veranlasste jedoch gerade klassische Medien dazu, direkt von einem Angriff auf die Pressefreiheit oder Aushebelung der Presse als der so wichtigen „vierten Gewalt der Demokratie" zu sprechen. So nachvollziehbar die Schnappatmungsreaktionen aus Sicht derer, die ein Privileg verloren haben, auch ist, desto nüchterner ist sie zu analysieren. Die teilweise tendenziöse Art der Berichterstattung über die Worte könnte eher als Zeichen gewertet werden, dass Merz vollkommen richtig liegt – was da verdreht und als „Demokratiegefährdung" ausgelegt wurde, war teilweise eher peinlich, zumindest war dies gerade kein ausgewogener Journalismus. Und so einem Quatsch möchte ich selbst auch nicht ausgeliefert sein, ohne eine eigene Stimme zu haben und meine Worte selbst zu erläutern und zu deuten. Darin war ich vor Social Media sehr eingeschränkt.

Angriff auf die Pressefreiheit?
Die Pressefreiheit im engeren Sinne ist durch Soziale Medien in keiner Weise eingeschränkt: jedes klassische Medienhaus und jeder Journalist kann weiter frei berichten, einordnen, filtern und vor allem korrigieren und Falschaussagen mit Fakten entlarven. Gemeint ist bei dem Vorwurf eher die „Konkurrenz": Durch Soziale Medien kann dies eben jetzt jeder andere prinzipiell auch, weil er über die Sendeinfrastruktur verfügt, die zuvor nur wenige Medienhäuser hatten. Wichtig für die Demokratie ist doch nur, dass Kontrolle, Einordnung, Berichtigung der Politik funktional wirksam ausgeübt werden, nicht von wem! Wenn man – wie der Chef des deutschen Journalistenverbandes in seinem offenen Brief an Herrn Merz – fragt, ob dieser ernsthaft glaube, „dass Videos, Tweets und Facebook-Postings als Informationsquellen der Bürger ausreichen?"[18] sollte man vielleicht seine eigene Rolle einem Realitätstest unterziehen. Es gibt klasse Journalisten und es gibt klasse Nicht-Journalisten, die diese Informationsfunktionen jetzt auch massenhaft und öffentlich erfüllen können.

▶   Der YouTuber Rezo hatte mit seinem „Zerstörungsvideo"[19] kurz
     vor der Europawahl wahrscheinlich mehr Einfluss auf die Wahl und
     politische Kehrtwende in Sachen Klimapolitik als alle deutschen
     Medienhäuser zusammen!

---

[18]https://www.coolis.de/2020/02/17/offener-brief-des-djv-an-friedrich-merz-cdu/ (zugegriffen am 10.06.2020).

[19]https://www.youtube.com/watch?v=4Y1lZQsyuSQ&t=2121s (zugegriffen am 10.06.2020).

Dabei bediente Rezo sich eines bestimmt sehr diskussionswürdigen Tons und auch bei seiner Quellenrecherche kann man eine gewisse Ausgewogenheit anzweifeln. Dass in diesem Fall er und seine sich solidarisierenden YouTuber aber eine maßgebliche außerparlamentarische Kontrollgewalt in Sachen Umweltpolitik darstellen, wird wohl bei jedem unstrittig sein, der dies erlebt hat. Seine über soziale Medien verbreitete Botschaft – allein auf YouTube wurde das Video in den zwölf Monaten nach seinem Upload über 19 Mio. Mal gesehen – war ursächlich, klassische Medien griffen dies lediglich auf. Es zeigte sich, dass die in der Politik eingeübten Strukturen gar nicht wussten, wie ihnen geschieht, da ihre tradierten Partner und Muster in klassischen Redaktionen hier nicht mehr funktionierten – man brauchte Zeit, bis man diesen Realitätsschock verarbeitet hatte.

Wer ist „Journalist", wer ist „YouTuber", wer ist „Publizist", wer ist „Normaler"?

Die Begrifflichkeiten stammen aus Funktions- und Kanaldenken der vorvernetzten Welt, es sollte vielmehr begriffen werden, dass die Social-Media-Infrastruktur heute jedem zur Verfügung steht. Ich hatte vor ein paar Jahren auch einen Journalistenausweis, habe davor und danach aber das Gleiche gemacht: genauso über Bücher, auf Bühnen oder in Sozialen Medien meine Sichtweise verbreitet. Die Bezeichnung ist unerheblich. Journalisten haben einfach jetzt Konkurrenz und es ist zutiefst basisdemokratisch, wenn nicht nur ein paar Verlegerfamilien und öffentlich-rechtliche Sender ihre Sicht der Dinge verbreiten können. Ob sie dies als Videos, auf Facebook, auf Zeitungspapier oder im Radio oder als Podcast machen, sollte unerheblich sein, zumal die benannten Social-Media-Kanäle heute oft über Reichweiten verfügen, von denen viele klassische Medien nur noch träumen können. Es zählt nicht der Kanal, sondern WER die Inhalte dort auf welche Art und Weise macht und ob insgesamt die „vierte Gewalt in einer Demokratie" im Sinne von „Checks and Balances" funktioniert. Deswegen ist es auch befremdlich, wenn der DJV[20]-Chef in seinem offenen Brief davon schreibt, dass „Journalisten und Medien als vierte Säule des Staates" ausgehebelt werden könnten. Die vierte Säule wird nicht ausgehebelt, sie wird sogar ergänzt. Es geht nicht darum, ob jemand einen Journalistenausweis hat, und erst recht sind diese Menschen nicht Teil des Staates im engen Sinne. Es handelt sich um privatwirtschaftliche Unternehmen, die für die Demokratie eine

---

[20]DJV – Deutscher Journalistenverband mit 32.000 Mitgliedern.

wichtige Ausgleichsfunktion staatlicher Macht hatten. Dass diese Ausgleichs-funktion aber ausschließlich durch diejenigen mit Druckerpressen, Satelliten-TV-Leitungen und Akkreditierungen ausgeübt werden kann, ist dann erstmal eine Behauptung, die sich eher als Wunschdenken der früher Privilegierten heraus-stellen könnte. Microsoft-Gründer Bill Gates sagte 1994:

> *„Banking is necessary, banks are not. "*

Ganz im Sinne der Netzwerkökonomie mit ihren neuen Rollenmöglichkeiten und durch sinkende Transaktionskosten überflüssigen Mittelsmännern und Gatekeepern könnte man ja analog fragen:

▶   „Journalismus und „Checks and Balances" sind notwendig, aber braucht man auch „Journalisten"?"

Ich persönlich hoffe dies, aber da gibt es keinen automatischen Zwang. Ob Soziale Medien „alleine" aus Sicht der Nutzer ausreichen, wird sich zeigen, aber wenn klassische Journalisten einen wirklich guten Job machen und so unverzicht-bar sind, wie einige glauben, dann werden sie sich auch in einer Welt der Viel-falt aller Medienmöglichkeiten ihre Berechtigung auch ohne staatlichen Eingriff erarbeiten. Und ob wir dann in Zukunft von einer fünften Gewalt durch soziale Medien, in denen „normale" Menschen Politik und klassische Journalisten kontrollieren, sprechen oder Soziale Medien und klassische Medien weiter ver-schmelzen, ist unerheblich: Entscheidend ist, dass die Kontrollfunktion der Politik in einer Demokratie funktioniert!

5.3   Der Human-Digital-Reflex

Viele Autoren und Praktiker erzählen aus verschiedenen Blickwinkeln und mit anderen Schwerpunkten, dass die Bedeutung von Service, der „Customer Experience" generell und der Automation in Kombination mit Künstlicher Intelligenz zunimmt. Das alles sind richtige und sehr wichtige Punkte, ich ver-suche auch hier, zuerst das Übergreifende der Entwicklung zu finden, in das dann später in Detailausprägungen hineingearbeitet werden kann. An vielen Stellen erwähne ich die kaum überschätzbare Rolle des Smartphones für den digitalen Strukturwandel. Es ist wirklich unglaublich, was dies für ein Jahrhundertprodukt ist, das mit seinem Ökosystem nicht nur einen eigenen riesigen Markt geschaffen hat, sondern alle Branchen weltweit mitverändert hat. Wenn etwas so übergreifend ist, dann kann dem PROFSKI-Blick folgend nur der Mensch Ausgangs-punkt und Mittelpunkt der Veränderung sein.

Eines für alle!

Und das Smartphone hat unser aller Leben zwar verändert, aber nur, weil es uns ermöglicht, von überall mit nur einem „Ding" sehr viele Tätigkeiten zu tun, für die wir vor 20 Jahren zig einzelne Geräte benötigten. Musikplayer, Fotokamera, Videokamera, Diktiergerät, Navigationssystem, Taschenrechner, Telefon, TV, Radio, Bücher und Zeitungen waren alles einzelne Geräte oder physische Medien und einzelne Märkte, die heute in einem einzigen vereint sind. Hinzu kommt aber, dass über die App Stores und den mobilen Webzugang noch alle denk-baren Inhalte und Anwendungen dazukommen: allen voran unsere Freunde und Bekannte, sodass unser gesamtes soziales Leben samt jeglicher Unterhaltung und bei vielen noch berufliche Aspekte über dieses eine Gerät organisiert werden können. Hinzu kommt, dass seit dem Aufkommen bezahlbarer Daten-Flatrates die Grenzkosten der Nutzung gegen Null tendieren, zusätzliche Nutzung gefühlt also nicht zusätzlich kostet.

Denken Sie heute, wenn Sie Flatrates für Daten und Telefonie haben, noch darüber nach, ob ein weiteres Gespräch, eine Mail oder einmal Instagram zu schauen zu teuer sind?

Ist es in Anbetracht der Integration einer solchen Fülle an Möglichkeiten wirklich verwunderlich, dass Menschen kaum von diesem Dreh- und Angelpunkt lassen können? Je nach Alter und Untersuchung werden Smartphones bis zu mehrere hundert Mal am Tag genutzt. Natürlich ist das sehr häufig, aber viele andere Geräte werden dafür eben nicht mehr genutzt. Und bei aller Bedeutung von Technik, letztendlich sind die Menschen heute in ständiger Verbindung mit ihren Mitmenschen, und zwar in einem Ausmaß, wie wir uns das nicht hätten träumen lassen. Wie in der menschlichen Frühgeschichte sind wir ständig in Verbindung mit dem „Rudel", nur eben jetzt über alle Distanzen hinweg. Dies bringt Vor- und Nachteile, aber vor allem Lernbedarf damit umzugehen, denn es geht nicht mehr weg!

Reflex statt bewusstem Prozess!

Smartphones bringen also im Vergleich zu allen anderen Möglichkeiten schnell, einfach und günstig die große weite Welt in unsere Hände, die Trans-aktionskosten des Suchens, Vergleichens und Findens sinken auf nahezu Null. Und genau aus diesem Vorteil heraus hat sich das entwickelt, was man den

„Human-Digital-Reflex" nennen kann. Es ist vergleichsweise so vorteilhaft, sein Smartphone zu nutzen, dass die Alternativen gar nicht mehr infrage kommen. Wenn Sie vor wenigen Jahren noch etwas im Internet recherchieren wollten, war dies meist ein aufwändiger und kognitiv bewusster Vorgang: Sie wählen sich vielleicht mit Ihrem Modem ins Internet, nachdem Sie Ihren PC im Keller hochgefahren hatten, und suchten und „surften" Seiten ab. Eine paar Jahre zuvor standen Sie in Ihrem Wissensdurst vom Esstisch auf, gingen zum Bücherregal und schlugen einen ein paar Jahre alten Artikel im Brockhaus nach. Wenn dies nicht ausreichte, blieb oft nichts anderes, als sich in eine Bibliothek zu begeben und dort in Zettelkästen Bücher herauszusuchen, die diesen oder jenen Begriff beinhalteten. Diese suchten Sie dann auf verschiedenen Etagen, nur um vielleicht herauszufinden, dass die Bücher es nicht ganz trafen oder auch veraltet waren. Bei tagesaktuellen Themen konnten Sie Glück haben und die Redaktionen von TV, Radio und Print sortierten für Sie so richtig, dass Ihr Informationsbedarf treffend gestillt wurde – vertiefen, nachfassen, weitere Sichtweisen wären schön gewesen, aber so undenkbar, dass Sie das auch nicht vermisst haben.

All dies ist heute nur wenige Klicks entfernt, sodass der einst aufwändige und bewusste mentale Vorgang durch Ihr Smartphone so selbstverständlich normal und schnell abläuft wie jeder andere Reflex: sich eine Wimper aus dem Auge wischen ist genauso schnell erledigt, wie die Wegbeschreibung zu einem Restaurant zu googlen. Die Kundenbewertungen gibt es direkt dazu. Aufwändig jemanden zu finden, der schon mal dort war, zu fragen, was er empfehlen kann und wie man dorthin kommt, wirkt nahezu aus der Zeit gefallen. Nach der Tages-schau auf die Wettervorhersage für ganz Deutschland zu warten, kommt nicht mehr in den Sinn, die Wetter-App gibt mir standort- und zeitgenauer schneller Infos.

▶   Erst, wenn etwas nicht mehr da ist, vermisst man es!

Wie selbstverständlich und reflexartig diese Welt in unserer Hand geworden ist, merkt man meist nur, wenn der Web-Empfang ausfällt oder der Akku leer ist. Diesen Reflex spüren wir aber nicht nur bei der einfachen Informationssuche, er prägt unsere Erwartungshaltung zunehmend in allen anderen Bereichen, d. h. der Maßstab dessen, was machbar ist, prägt das, was wir erwarten!

▶   Unternehmen konkurrieren nicht mehr mit den früheren Mit-
      bewerbern ihrer Branche, sie konkurrieren mit den besten der Welt,
      die über das Smartphone erreichbar sind.

Dies betrifft jegliche Aspekte des Kundenerlebnisses („Customer Experience"), also wie Menschen mit Unternehmen interagieren und sie fühlen:

- Ist eine App oder Webseite nicht so einfach und intuitiv wie die von XY, dann wundere ich mich. Die anderen können das doch auch mit einem Klick, warum benötig ich hier drei Klicks?
- Wieso kann ich hier nicht kostenlos stornieren, geht bei Booking.com und Billiger-Mietwagen doch auch?
- Wieso bekomme ich diese nervige Werbung in meinen Briefkasten – in Social Media sehe ich doch auch vor allem das, was meinen Kontakten gefällt?
- Wieso muss ich hier denn im Navi einstellen, in welche Straße, in welche Stadt, in welches Land ich will? Bei Google Maps sage ich doch auch nur „Okay Google, nach Hause".

Die Erfahrungen, z. B. bezüglich Einfachheit, Geschwindigkeit, Servicequalität, Individualisierung und jeder anderen Leistung bis hin zum Preis, werden in dieser transparenten, unendlich großen, über mein Smartphone in Echtzeit erreichbaren Welt an den besten der Welt gemessen. Hinsichtlich der Kundenerfahrung gibt es keine Branchen oder Sparten mehr, der Wettbewerb ist damit unbegrenzt. Deswegen fliegen auch die Schlagworte der „Experience Economy" mit gewisser Berechtigung durch den Modewörter-Dschungel.

„Das ist aber unfair, wissen Sie, wie schwer das ist?"

„Nee, aber ist mir egal, XY kann es!"

Kunden sind da zum Leidwesen aller Anbieter „gierig und unverschämt", denn sie scheren sich meist wenig darum, wie schwer etwas zu bewerkstelligen ist. Unternehmen überschätzen hingegen die Loyalität ihrer Kunden. DAS ist eine der wirklich großen Herausforderungen für jedes Unternehmen in jeder Branche, mag sie noch so althergebracht und traditionell gewachsen sein:

ALLE Unternehmen konkurrieren mit Amazon, Google, Facebook und allen anderen Champions der digital vernetzten Welt!

Kunden können grausame Nimmersatts sein!
Dies ist leider die logische Folge des Human-Digital-Reflexes, ob Sie wollen oder nicht – Wettbewerb sucht man sich leider nicht aus, die Kunden entscheiden dies ganz intuitiv und unterschwellig. Diese Entwicklung ging sehr schnell – gerade mal 13 Jahre ist es her, dass 2007 das erste iPhone ausgeliefert wurde. Es ist aber

im Sinne des PROFSKI-Blick nicht verwunderlich. Sie hätten es immer schon so gemacht, wenn es früher möglich gewesen wäre. Sehr wichtig ist, dass dieser Reflex und die sich daraus ergebende Erwartungshaltung nicht auf die digitale Welt beschränkt sind. Im Gegenteil: die digitale Erfahrung prägt auch den Eindruck von Unternehmen, die rein physische Produkte verkaufen und vielleicht fälschlicher Weise vermuten, ihre digitale Leistung sei ja nicht so relevant. Ebenso fahrlässig wäre es zu denken, dass B2B-Unternehmen weniger betroffen wären! Gehen Sie mal in sich und fragen Sie sich, ob Sie einem Geschäftspartner wirklich lange und nachhaltig verzeihen, wenn er das nicht erfüllt, was Sie selbst erwarten, wenn Sie gerade Ihren Konsumentenhut aufhaben?

▶   Kaufen, empfehlen, abraten – in allen Branchen hängt alles zunehmend von der naheliegendsten Erfahrung ab und die ist immer mehr auf meinem Smartphone!

Die Untersuchung von AppDynamics[21] hat diesen übergreifenden Einfluss auf die Erwartungshaltung im Jahre 2019 sehr schön analysiert, u. a. für den deutschen Markt und mit Zahlen zur Orientierung unterfüttert:

- 87 % der Deutschen machen ihre Kaufentscheidung von den digitalen Erlebnissen der jeweiligen Marke abhängig – selbst, wenn es sich um ein physisches Produkt handelt!
- 54 % legen inzwischen mehr Wert auf die digitale Interaktion als auf die physische.
- 50 % der weltweit Befragten zeigen sich bereit, mehr für ein Produkt oder eine Dienstleistung zu bezahlen, wenn die Dienste besser sind als die eines Wettbewerbers.
- 49 % wechseln zum Wettbewerb, wenn die Digitalerfahrung als nicht gut empfunden wird.
- 63 % raten anderen von der Nutzung des Dienstes bzw. der Marke ab, ohne die Marke zu informieren und ihr eine Chance auf Verbesserung zu geben.
- 66 % würden eine Marke oder Dienstleistung vermeiden, von der sie wissen, dass sie keine gute Digitalerfahrung bietet.

---

[21]https://www.appdynamics.com/blog/news/app-attention-index-2019/   (zugegriffen   am 10.06.2020).

Selbst wenn man die Zahlen für seinen eigenen Markt als nur bedingt repräsentativ ansehen sollte, dann muss man sich dennoch fragen, ob dies für die Zukunft nicht auch die eigenen Kunden betreffen könnte. Wenig bis gar nichts spricht dagegen.

Windeln und der Human-Digital-Reflex – ein Anwendungsbeispiel!
In meinen Vorträgen habe ich öfter ein Beispiel für die reflexartig geänderte Erwartungshaltung verwendet, eine Erfahrung, die andere Eltern vielleicht auch hatten: Wer Säuglinge hat, kauft logischerweise viele Windeln und andere immer wieder benötigte Produkte für diese wunderbaren kleinen Wesen – also ein Idealfall für den Einsatz von Kundenbindungssystemen mit Punkten und Treuerabatten. Windeln waren das Erste, was wir 2019 für unsere kleine Tochter kauften und die jahrzehntelange Prägung durch das Werbetrommelfeuer ließ uns mit Pampers starten, die waren da erstmal gesetzt. Für das Sammeln von Treuepunkten gibt es von denen eine App: hier scannt man den Papier-Kaufbeleg ein, es erfolgt eine kurze Prüfung der Bildqualität und des Händlers und Sekunden später bekommt man die Informationen über den neuen Punktestand. Nett, gut, nicht weiter darüber nachdenken. Bezüglich Babynahrung war bei uns die deutsche Firma Hipp gesetzt. Zudem hatte ich von der Firma und deren Produkten einen sehr guten Eindruck, nachdem ich im Rahmen einer Keynote dort im Haus sehr nette Menschen persönlich kennengelernt hatte. Die Voraussetzungen dafür, dass ich auch deren Windeln teste, waren also ideal. Von Hipp gibt es ebenfalls eine App zum Treuepunktesammeln. Auch hier mache ich ein Foto des Kaufbelegs, aber vor dem Hochladen muss ich zuerst noch irgendeinem Datenschutzhinweis, den wahrscheinlich noch nie jemand gelesen hat, zustimmen. Okay, rechtlich einwandfreie deutsche Gründlichkeit, aber unterm Strich ein Klick mehr, der in meinen Kundenaugen eher nervt, als dass er etwas bringt. Vor allem, wenn man ihn jedes Mal machen muss, wenn man einen Beleg hochlädt. Dann erfolgt die Prüfung des Bildes, also genau wie bei der Pampers-App. Statt aber direkt den neuen Punktestand anzuzeigen, bekam ich den Hinweis, dass es jetzt nur maximal 48 h dauern würde, bis der neue Punktestand geprüft und mir dann angezeigt würde. Hätte ich den Vergleich zur Pampers-App nicht, hätte ich wahrscheinlich nichts daran seltsam gefunden. So kam aber sofort der Human-Digital-Reflex-Gedanke, warum dies denn nicht so schnell und einfach geht wie bei Pampers – andere können das, also erwarte ich das! Ich weiß nicht, woran es liegt, ob z. B. dort nicht eine automatisierte Erkennungssoftware mit Künstlicher Intelligenz schon beim Hochladeprozess prüft, sondern die Fotos zum Admin geschickt werden und dort per Software oder Hand geprüft wird.

Ich weiß es nicht und es ist mir im Zweifelsfall auch egal, es erfüllt nicht meine von anderen geprägte Erwartungshaltung und das bleibt nach dem Reflex im Hinterkopf.

In meinem Fall ist diese Erfahrung bisher nicht kriegsentscheidend, denn ich kaufe immer noch auch die Hipp-Windeln, da es preislich und qualitativ für mich kaum einen wahrnehmbaren Unterschied gibt. Intuitiv würde ich auch sagen, dass das persönliche Kennenlernen der Firma ein großes Plus ist. Aber dennoch wirkt der Human-Digital-Reflex! Vielleicht bei anderen auch unbewusster als bei mir, er kann in anderen Fällen das Pendel vielleicht auch erst nach einiger Zeit auf eine andere Seite schwingen lassen. Sicherer wäre es für Hipp und alle anderen in jedem Fall, immer den jeweiligen Standard der Erwartung mitgehen zu können.

5.4 „Customer Earnership" und neue Marktdominanz

Zum Zeitpunkt der Erstellung dieses Buches kann man Amazon meiner Wahrnehmung nach sehr gut im Folgenden als einen der wichtigsten Taktgeber für den beschriebenen „Human-Digital-Reflex" heranziehen. Wenn sich die Beispiele für Sie zu sehr als kritikloses Bejubeln anhören sollten, so kann ich nur darauf hinweisen, dass ich Sachverhalte erläutere, die die Firma offensichtlich in den Augen der Kunden gut und damit erfolgreich gemacht hat – unabhängig davon, was ich oder sonst wer von ihr in anderen Belangen, z. B. als Arbeitgeber oder Steuerzahler hält. Der 2020 reichste Mensch der Welt, Jeff Bezos, hat seine Firma Amazon, die heute neben dem Online-Shopping viele Bereiche umfasst, auf dem Mantra der absoluten Kundenorientierung aufgebaut. Kurzfristige Gewinne spielten kaum eine Rolle, sondern vielmehr, dass Amazon der Maßstab für Kundenorientierung ist.

Langfristig werden glückliche Kunden bei einem bleiben, dafür muss man dann auch nicht unbedingt der billigste sein
Wer Amazon-Kunde ist, weiß, was ich meine. Die Suchfunktion bei Amazon ist mittlerweile im Shopping-Bereich als Standard gesetzt, Kundenbewertungen, Gebraucht-Alternativen und Drittanbieter sind im riesigen Amazon-Marketplace transparent einsehbar. Das Einkaufen ist mit sehr wenigen Klicks erledigt und die Lieferung erfolgt so zuverlässig wie kaum irgendwo anders. Vor allem hat man aber gelernt, dass es auch bei Fehlern keine nervigen Tricks gibt. Das so oft und auch anderswo propagierte „aus Kunden Fans machen" funktioniert bei Amazon meist im Kundenservice. Ich nenne dies.

Der „Amazon-Moment"
Mein „Amazon-Moment" liegt schon Jahre zurück: ich als großer Papier-Fan hatte aus einem Urlaub kommend sehr teures Übergepäck zahlen müssen, da

die Taschen meiner großen Winterjacke voll mit Büchern waren. Freudig hatte ich rund 15 Bücher mit in den Urlaub genommen, die ich alle endlich mal lesen wollte, ich hatte ja jetzt Zeit. Gelesen habe ich am Ende anderthalb, aber eben alle 15 mitgeschleppt. Für das Übergepäckgeld hätte ich einen Kindle-E-Reader können. Dann hätte ich die gesamte Bibliothek der Welt auf Abruf dabeigehabt und eben nur das heruntergeladen, was ich wirklich lesen würde. Direkt am ersten Tag nach dem Urlaub bestellte ich das damalige Top-Modell des „Kindle" und freute mich auf die Lieferung am nächsten Tag. Als ich dann am späten Nachmittag eine Preisreduktion für genau dieses Gerät bemerkte, war mein Frust groß. Na toll, der wäre jetzt 25 EUR billiger gewesen, das Geld ist aber schon von der Kreditkarte abgebucht. Mein Kollege riet mir, als ich beim Kaffee meinem Ärger Luft machte, ich solle doch mal beim Kundenservice anrufen. Ich zierte mich irgendwie grundsätzlich davor, als schlechter Verlierer zu betteln. Ich verhandele auch nicht im Klamottenladen über die Preise auf dem Etikett, ich bin einfach nicht so. Zudem mag ich Telefonieren nicht und erst recht mag ich nicht, in Warteschleifen darauf zu warten. Dennoch kam die Neugier hoch, denn der Kollege hatte so überzeugt empfohlen, dass die da kulant wären, dass ich auf die Webseite von Amazon ging. Alle möglichen Kontaktoptionen, die ich mir vorstellen konnte, waren vorhanden, aber besonders beeindruckend fand ich die Möglichkeit, dass ich JETZT von denen angerufen werden kann – die mich, nicht ich die, und zwar genau jetzt ohne zu warten. Die Neugier stieg und die Erwartung wurde übertroffen: der Anruf auf mein Smartphone erfolgte umgehend, der Mitarbeiter wusste selbstverständlich, wer ich bin, ohne dass ich nochmal irgendwelche Nummern parat haben musste, und vor allem vermutete er sofort, dass es um den Kauf von heute Morgen ging. Ich stammelte etwas davon, dass ja morgen das Gerät ankommen würde, ob ich es dann zurückschicken und dann billiger neu bestellen könne?

„Nee, kein Problem, der Kindle ist schon auf dem Weg zu Ihnen, das Geld bekommen Sie zurück, ich habe den zu viel gezahlten Betrag gerade zurück an Ihre Kreditkarte überwiesen".

So gewinnt man „Fans fürs Leben"! Keine Diskussion, kein Betonen, wie kulant man doch sei, nichts – einfach eine Selbstverständlichkeit, mich als Kunden glücklich zu machen. Für alle anderen Unternehmen der Welt war in dem Moment der Standard meiner Erwartungshaltung gesetzt und jedes Diskutieren, jedes sich auf Geschäftsbedingungen oder rechtliche Standards Beziehen würde von mir nur als Kundenunfreundlichkeit verstanden. Punkt, kommen Sie damit klar, hier behandelt mich einer wie ein König, also machen Sie das auch. Wie weit der Vorsprung dieses Konzeptes ist, zeigt das an sich sehr verrückt klingende

Ergebnis einer Untersuchung des EHI-Institutes: Kunden würden Amazon sogar dafür bezahlen, nur um diesen Standard nutzen zu dürfen – was Prime-Kunden ja auch tun.[22]

▶   „CUSTOMER EARNERSHIP" statt Floskeln!

Amazon hat sich hier wie kein anderer in den letzten Jahren die Kundenbegeisterung erarbeitet – nicht auf dem Papier, nicht mit Marketing-Blabla, sondern durch Taten. Vielleicht werden dies bald mal andere sein, entscheidend ist nur: Die Zeiten der Versprechen von Kundenzufriedenheit, Kundenorientierung, der Customer-Journey-Orientierung und welche Begriffe man da noch verwenden kann, sind vorbei. Der Maßstab ist heute und in Zukunft ein anderer, den ich lieber als „Customer Earnership" bezeichnen würde. Man könnte es auch als „Customer Ownership" bezeichnen, denn viele der digitalen Champions wie Google oder Facebook „besitzen" praktisch den Zugang zum Kunden und können diesen vor anderen abschirmen bzw. sie nur ausgewählt zuführen. Da dies aber ein wenig martialisch und nach unfairen Bedingungen klingt, passt Customer Earnership besser: diese Unternehmen haben sich die Kundengunst nicht erkauft, sie nicht geerbt, sie haben sie in den Augen der Kunden durch Top-Leistungen erarbeitet, sie haben es sich also im wahrsten Sinne des Wortes „verdient". Sie können sie auch wieder verlieren, wenn andere es besser machen, aber zurzeit ist dies eben so und alle anderen können nur mitziehen, Jammern wird nicht helfen. Ein richtig gute, „schmissige" deutsche Übersetzung für Customer Earnership suche ich noch, „erarbeitete, verdiente Kundenhoheit" klingt noch nicht optimal. Jeder Marketing-Sprech-Experte wird aber den Unterschied zu früheren Buzzwords verstehen.

Was würde Amazon machen?

Dass andere Unternehmen nicht mal merken, was sich in der Erwartungshaltung getan hat, sieht wohl jeder, wenn er sich reflexartig aufregt, wenn er wieder mal einen Nicht-Service erfährt, der anachronistisch wirkt. Ich hatte so etwas wieder vor wenigen Monaten, als ich endlich mal mein Dasein als Karteileiche in einem Fitnessstudio beenden wollte. Ich war mindestens zweieinhalb Jahre nicht an den

---

[22]https://www.focus.de/finanzen/boerse/e-commerce-monopol-im-warenkorb-wie-amazon-den-online-handel-in-deutschland-bestimmt_id_10887542.html (zugegriffen am 10.06.2020).

Hanteln gewesen, aber war immer noch Mitglied – der ein oder andere kennt dies bestimmt. Cool, Kündigung einfach per E-Mail möglich – ist ja auch ein hipper Laden, erwarte ich irgendwie von denen, alles gut. Liegt an mir, dass ich die nicht genutzt habe, aber vielleicht komme ich ja in einem anderen Lebensabschnitt wieder, denn mit deren Angeboten an sich war ich happy. Auf meine Kündigung kommt auch recht zügig eine Mail mit der Kündigungsbestätigung, aber leider mit dem fristgerechten Ende meiner Zahlung in elf Monaten!!! Wie bitte? Beendet wird die Mail mit dem für mich geradezu irrwitzig unangebrachten Hinweis, dass man hoffe, mich in Zukunft wieder in einem ihrer Clubs begrüßen zu können. Nee, is klar, mein Reflex ist ein anderer:

„Nie wieder setze ich auch nur einen Fuß da rein und werde jeden vor denen warnen."

Intuitiv kam mir sofort die Frage in den Sinn, was Amazon wohl gemacht hätte – also die, die mich wirklich immer wieder begrüßen möchten und deswegen auf kurzfristige Gewinne verzichten. Also bin ich neugierig und schreibe dem Fitness-Club zurück – ein wenig in der Hoffnung auf Kulanz: „Danke für die Bestätigung der Kündigung, aber meint Ihr ernsthaft, dass eine solche Kündigungsfrist, die mich elf Monate weiterzahlen lässt, in irgendeiner Weise kundenfreundlich oder imagefreundlich ist, mich Euch empfehlen lässt oder motiviert wiederzukommen???" Ja, ich hätte es vielleicht auch weniger gereizt formulieren können, aber ich bin auch nur ein Mensch, und zwar einer, der Unternehmen an anderen misst. Ich habe auch nur ein bisschen auf ein Entgegenkommen gehofft, vor allem war ich neugierig. Aber die Antwort hat in ihrer Sachlichkeit noch einiges bei mir obendrauf gesetzt.

„Deine E-Mail können wir leider nicht zuordnen. Die Kündigungsfrist beträgt sechs Wochen, Du hast jedoch eine Laufzeit von zwölf Monaten, die Du ebenfalls berücksichtigen musst. Einen Fehler können wir nicht feststellen."

Formal oder juristisch liegt natürlich kein Fehler vor und vor wenigen Jahren hätte ich mich nur über mich selbst geärgert, dass ich die Fristen nicht eingehalten habe, mich nicht rechtzeitig in die Geschäftsbedingungen des vor ein paar Jahren abgeschlossenen Vertrages eingelesen habe. Jede Firma muss selbst entscheiden, wie sie mit solchen Kunden umgeht, muss dann eben aber auch die Resultate ertragen. Mein Digital-Reflex ließ mich ohne Nachdenken vermuten, Amazon hätte wahrscheinlich maximal eine monatliche Kündigungsfrist beziehungsweise Restlaufzeit, hätte mich aber nach Unmutsäußerung auch direkt rausgelassen und zurecht gehofft, dass ich wiederkomme. Ob dies so gewesen wäre, weiß ich nicht, aber dies ist mein Gefühl oder intuitive Vermutung und damit meine Erwartungshaltung.

▶   Erwartungshaltung kann wegen Corona nicht erfüllt werden? Egal, nur der Kunde zählt!

Wie konsequent der Markenkern „Kundenorientierung über alles" von Amazon durchgezogen wird, zeigt sich in der Corona-Krise, die im Frühjahr 2020 herrscht. In dieser Zeit wird jedes Unternehmen entschuldigt, wenn etwas nicht klappt, da jeder weiß, dass Lieferketten zusammenbrechen und die Unternehmen, die arbeiten dürfen, am Limit fahren. Es wäre also kein Problem gewesen zu sagen: „Liebe Kunden des Premium-Services Amazon Prime, klar erwartet ihr aufgrund unseres Versprechens die Lieferung innerhalb von 24 Stunden, aber gerade müssen wir uns wegen Corona auf die Lieferung der in solchen Zeiten wichtigen Güter konzentrieren und ziehen diese vor. Deine Lieferung von nicht-lebenswichtigen Gütern verzögert sich deswegen." Ich denke, kein Kunde hätte sich gewundert. Aber der Primus in Sachen Kundenorientierung macht es anders und bietet seinen Top-Bestandskunden an, freiwillig eine längere Lieferzeit anzugeben und dafür monetären Ausgleich zu bekommen, zumindest in den USA.[23] Kundenerwartung erfüllt und Überraschung gelungen, weil es kaum einer erwartet und andere es nicht schaffen. Viele Unternehmen, zu deren Kunden ich zähle, scheinen als Grundregel eher zu haben:

> *„Nein, Rabatte und Premium-Behandlung gibt es nur für Neukunden. Als Bestandskunde habe ich Dich ja schon, bekomme dafür keinen Bonus mehr und deswegen riskiere ich, Dich schlechter behandeln zu können, ohne dass Du abhaust."*

Dass man sich wundert, wenn man gegen Kundenorientierungschampions verliert und einem dann nur Beschweren über die bösen Internet-Giganten einfallen, ist aus Sicht der Wettbewerbsfähigkeit eher erbärmlich. Wer seine Kunden nicht wirklich gut behandelt oder nur kurzfristig, wird einfach verlieren und passt nicht zur Marktentwicklung. Man kann von Amazon halten, was man möchte, aber die Kritik und Gefühle helfen nicht bei einer Veränderung der Marktverhältnisse. Diese Firma passt mit ihrer Grundphilosophie und ihrem Markenkern einfach

---

[23]https://www.basicthinking.de/blog/2020/04/03/amazon-prime-gutschrift-no-rush-shipping/ (zugegriffen am 10.06.2020).

zu den kolossalen Marktmachtverschiebung der laufenden Epoche. Sie reitet die Welle nicht nur, sie lebt sie vor und treibt die anderen in jedem Moment vor sich her und die Kunden machen mit. Punkt.

Wie groß die Abhängigkeit von denen ist, die den Kundenzugang haben, mussten selbst die Edelmarken der Modebranche eingestehen. Jahrelang wollten diese nicht mit Amazon zusammenarbeiten, das Niveau stimmte nicht, die vom Marktplatz verlangte Marge sei zu groß und man hatte ja auch eigene Ladengeschäfte für erlesenes Publikum. Und man glaubte an die Stärke der eigenen Marken, sodass man lieber nicht mit dem Branchenführer kooperierte. All das zählte im Frühjahr 2020 nicht mehr, denn durch die Corona-Beschränkungen zählte nur noch der Online-Kundenzugang und das Amazon-Imperium. Im Mai 2020 wurde die Partnerschaft von Amazon und Vogue sowie vieler unabhängiger Luxusmarken für eine gemeinsame Mode-Plattform verkündet.

Ja, ich bin so einer von diesen miesen Kunden, die sich immer das Beste raussuchen und Sie mit den Besten weltweit vergleichen!

Für alle Unternehmen sollte es erschreckend sein, wie sehr sich die Plattformunternehmen zwischen die Kunden und alle anderen geschoben haben. Lange wurde dies nicht erkannt oder ignoriert, die direkte Kundenbeziehung wurde jedoch kaum selbst erobert oder aufrechterhalten. Ob man dies alles gut findet oder nicht, ob sich die Kunden durch Appelle und Betteln erziehen lassen oder ob man einfach andere Kunden suchen muss, ist dabei nicht relevant. Wichtig ist nur, ob Sie glauben, dass die Menschen niedrigere Standards akzeptieren werden, ob ihr angelernter Human-Digital-Reflex wieder verschwinden wird. Wenn nicht, werden sich alle Unternehmen fragen müssen, was Amazon oder wer auch immer in Zukunft den Standard setzt, machen würde – denn so denken Kunden! Nicht mehr unbedingt bewusst und reflektierend, sondern als Reflex!

5.5   Die Essenz des digitalen Wandels und der Transformation

Zu diesem Zeitpunkt ist das meiner Erfahrung nach nötige Wissen für den Beginn des Change-Managements auf einem Mindestniveau geschildert. Auf dieser ersten Stufe des „Abholens" der Führungstruppe einer Unternehmung ist es das Ziel, ein einheitliches Verständnis über das Wesen der Digitalen Transformation unter den Teilnehmern zu schaffen, um sich später der konkreten Ausgestaltung widmen zu können. Im folgenden Unterkapitel sind als Hilfe für Sie, lieber Leser, einige der bisher wichtigsten Ergebnisse der vorangegangenen Kapitel noch einmal knapp zusammengefasst. Abgeschlossen wird dieser Teil II des Buches mit einer besonderen Bemerkung für B2B-Unternehmungen.

5.5.1 „Digital" gleicht der größten Marktmachtverschiebung aller Zeiten

In so manchen Beiträgen zum Digitalen Wandel findet man Aussagen bzw. Forderungen wie diese:

> *„Digitalisierung muss dem Menschen dienen!"*

Auch wenn die jeweiligen Autoren teilweise etwas anderes meinen, so würde ich mit meinem bewusst nicht-emotionalen PROFSKI-Blick sagen, dass der digitale Strukturwandel natürlich trotz allen Nachteilen für einige und gesamtgesellschaftlichen Risiken unterm Strich sehr vielen Menschen dient. Andernfalls würde er nicht geschehen – so einfach und unaufgeregt sieht das ein Wirtschaftshistoriker. Natürlich bin ich auch nicht der vollkommen kalte, marktradikale, rationale Klotz und weiß, was die Befürworter solcher Aussagen meinen, wenn sie direkt hinterherschieben, man müsse das so gestalten, dass etwas Gutes für die Menschen herauskommt. Auch dies sehe ich als ordnungspolitisch geprägter Ökonom so. Die Frage bleibt jedoch, wer denn die Macht hat, etwas zu gestalten, und was genau „das Gute" ist?

▶   Die neuen Regeln und Rollen helfen den Nachfragern, Endkonsumenten und „kleinen Leuten" … und denen, die sich danach richten!

In den Erläuterungen zur Netzwerkökonomie in Kap. 3 und in diesem Kapitel zu „Social" habe ich die Wirkungsweisen und die neuen Möglichkeiten von Rollen und Prozessen der digital vernetzten Welt mit ihrer ökonomischen Logik aufgrund dramatisch gesunkener Transaktionskosten geschildert. Die an vielen Stellen mit Beispielen erläuterte, sehr starke Grundströmung ist die erhebliche Verschiebung von Marktmacht und Wahlmöglichkeiten hin zur Nachfragerseite – Human-Digital-Reflex und Soziale Medien stellen hier einen Schwerpunkt dar. Im Zuge der Marktverschiebung erfolgt der Aufstieg der Plattformen, die einerseits große Teile der Infrastruktur für die digitale Konsumentenmacht bereitstellen und sich gleichzeitig über datengetriebene Geschäftsmodelle diese neuen Tätigkeiten der Nachfrager zunutze machen.

Ist ein Erfolgreicher böse und ein Verlierer gut?

Zentral war hierbei das Phänomen der „Customer Earnership", das in mehrfacher Hinsicht interessante Fragen aufwirft. Die Tatsache, dass die meisten Internetgiganten sich eben im freien Wettbewerb und oft aus dem Nichts heraus durch bessere Angebote die Gunst der Nutzer und ihre Marktmacht erarbeitet haben, macht es volkswirtschaftlich nicht einfach zu erkennen, wer hier in welche Richtung „gestalten" kann und sollte. Sollte ein Staat hier etwas regulieren, obwohl die eigenen Bürger diesen „Deal" mit den Plattformen, „Daten für Top-Produkte ohne Geld zu bezahlen", in freier Wahl bevorzugen? Wenn die Nutzer auf angeblich europäische oder deutsche Werte und Vorstellungen pfeifen und jegliche Konkurrenzangebote hierzulande links liegen lassen? Gleiches gilt beim Schutz der Besitzstandswahrer: sind diese automatisch „die Guten", nur weil sie diesem Wettbewerb nicht standhalten können? Muss man diese erhalten oder subventionieren, auch wenn jedem offensichtlich wird, dass sie hinter den Möglichkeiten ihrer Zeit sind? Viele dieser Fragen regelt „der Markt" eben durch die dezentralen, freien Entscheidungen der Nutzer. Andere nicht, es ist eine wichtige staatliche Aufgabe, gesetzliche Rahmenbedingungen für Marktakteure zu setzen und Missbrauch von Marktmacht zu verhindern. Populistische Forderungen nach Zerschlagung und scharfer Regulierung erfolgreicher US-Digitalfirmen sind jedoch ziemlich blinde Maßnahmen, wenn man keine klaren wissenschaftlichen und rechtlichen Grundlagen für Marktmachtmissbrauch in der Netzwerkökonomie entwickelt hat. Zudem verschleißen sie lediglich politische Energie durch Ablenkung auf die Einschränkung der Erfolgreichen, ohne sich auf die Konzeption und Durchsetzung erfolgsversprechender eigener Konzepte zu konzentrieren.

▶   Es zählt nur, was am Ende herauskommt, nicht, was man gerne gehabt hätte!

Wenn die bisherigen Rahmenbedingungen vielleicht in guter Absicht entworfen wurden, aber am Ende dazu führen, dass hier keine digitalen Champions entstehen, dann ist dies nachhaltig gefährlich für den Standort und die Wirtschafts- und Gestaltungskraft. Wenn die eigenen Bürger durch ihre Nutzung zudem zeigen, dass sie gar nicht auf diesem Weg „geschützt" werden wollen, dann

müssen sich die Menschen hier fragen, wer sie vor lobbystarken Besitzstandswahrern und Politikern mit am Markt erfolglosen ideologischen Konzepten
schützt. Nur wer mindestens seine eigenen Bürger „mitnimmt", wird irgendetwas
nachhaltig gestalten können. Unabhängig davon werden „wir" als Gesellschaft
alle zusammen lernen müssen, die neuen Regeln, Rollen und Möglichkeiten des
digital vernetzten Zeitalters positiv zu nutzen und die Risiken und Nachteile ein-
zudämmen. Werte und Umgangsformen müssen neu für die vernetzte Welt über-
setzt werden. Dies dauert und muss sich in den neuen Konstellationen in sozialen
Zusammenhängen zwischen uns Menschen erst einspielen.

Und ich als einzelnes Unternehmen und einzelner Mensch darin?

Unabhängig von diesen gesamtgesellschaftlichen Perspektiven ist für die Unter-
nehmensebene die Situation klarer und die Handlungsfelder sind eindeutiger.
Auch Unternehmen müssen lernen, was im digitalen Strukturwandel und Übergang zur Netzwerkökonomie nach welcher ökonomischen Logik geschieht. Wie
erläutert, schaffen die gestiegene Macht der Nachfrageseite und das Aufkommen
neuer Player wie der Digital-Plattformen aus den USA und China dabei neue
Wettbewerbselemente abseits früherer Branchenstrukturen. Dies erfordert auf
Seiten der Firma eine ganzheitliche, wirklich marktorientierte Unternehmensaus-
richtung in Richtung flexibler Wertschöpfungsnetzwerke.

▶   Nachdem alle wissen, was passiert und wie man sich anpassen muss,
      sollten alle wissen, welche Hürden der Veränderung es so schwer-
      machen!

Nachdem im ersten Schritt mindestens die höchste Führungsebene auf einen
gemeinsamen Denkstand hinsichtlich der Digitalen Transformation gebracht
wurde, muss dieses einheitliche Verständnis durch eine zweite „Liste"
komplettiert werden – Sie erinnern sich hoffentlich noch die drei Frage-Listen
aus Kap. 2. Dieser zweite Teil umfasst die Hürden der Umsetzung. Zu diesem
Zeitpunkt geht es hier noch nicht um mögliche Investitionen oder fehlende
Kompetenzen, sondern um den mentalen Hürden-Lauf aus Kap. 4. Im Idealfall
meiner beruflichen Praxis mit Unternehmen habe ich bis zu diesem Zeitpunkt
nur einen, in anderen Fällen je nach Branche und Teilnehmerzahl einen zweiten
Halbtags-Workshop gebraucht. Zum Abschluss eines solchen Tages bietet sich
zudem auch ein Verdauungsabend mit Kaltgetränken an. Man sollte die Zeit zum
gezielten Verarbeiten beim Change-Management nicht unterschätzen. Die letzten
negativen Haltepunkte lösen sich oft erst beim gemütlichen Zusammensitzen und
Beantworten bilateraler Fragen.

Anpassungen entwickeln und Lösungen konkretisieren
Wenn diese beiden Listen in der Führungsmannschaft sehr bewusst abgearbeitet, verstanden und verdaut worden sind, dann kann man in die nächste Phase der Spezifizierung der Digitalen Transformation der Firma gehen. Dafür müssen für die jeweilige Unternehmung passende Zielsysteme und Strategien sowie neue Kompetenzen und Leitprinzipien konkretisiert werden. Hinweise dafür finden Sie in den folgenden Kapiteln.

> *„Nichts ist mächtiger als eine Idee, deren Zeit gekommen ist.“*
> Victor Hugo

Zum Ende der Gedankengänge des Teil II dieses Buches mit seinem hohen Anteil an Grundlagenwissen möchte ich die Kraft dieses Zitates von Victor Hugo wirken lassen. Viele der Veränderungen und Grundbedürfnisse, die gerade aufbrechen, brodelten schon lange unter der Oberfläche. Einzelne Elemente, die es schon vorher gab, werden heute und wurden in den letzten Jahren so zusammengefügt, dass sie jetzt ihre epochale Veränderungskraft entfalten. Ihre Zeit musste kommen, sodass andere Konstellationen von Technologien hinzugefügt werden und in den Köpfen heranreifen konnten.

Dampfmaschine als Spielerei und als Weltveränderer!
Berühmt ist das Beispiel des Universalgelehrten Heron von Alexandria, der wahrscheinlich im 1. Jahrhundert n. Chr. bereits sehr exakt das Prinzip der Dampfmaschine beschrieb und entwickelte. Da er und niemand anderes in der Antike eine Anwendungsmöglichkeit für diesen „Heronsball" hatte, blieb er ein Kuriosum ohne wirklichen Zweck. Diese Spielerei war 1700 Jahre später einer der wichtigsten Faktoren bei der Entfesselung der industriellen Revolution, da die Dampfmaschine Energie überall verfügbar machte, auch wo es keine Wind- oder Wasserkraft gab. Überall suchte man jetzt eine Antwort und die Dampfmaschine war die Lösung, die die Welt rasend schnell umkrempelte, weil ihre Zeit gekommen war. In gleichem Maße ist die Zeit reif für die Entfaltung der digitalen Revolution mit ihren vernetzten Möglichkeiten.

5.5.2   Das Special für B2B-Unternehmen

Im Prinzip waren die Menschen, die am Ende Produkte nutzen, schon immer der wichtigste Faktor. Aber bei vielen Unternehmen war es im Zeitalter von Wertschöpfungsketten gefühlt so, dass es für sie ausreichte, nur bis zur nächsten Stufe denken zu müssen. Endkunden waren für sie gefühlt weit weg und damit weniger relevant, man lebte in einem Geschäftskundenalltag. Dies führt erfahrungsgemäß zu einigen Fehlinterpretationen, auf die ich hier exemplarisch eingehe.

> *„Social Media mag für Konsumgüterhersteller ja wichtig sein, für uns aber nicht, wir sind Maschinenbauer, haben nur Geschäftskunden. Damit ist es für uns nicht relevant, ich kenne alle meine Geschäftspartner persönlich, telefoniere regelmäßig mit denen und sehe sie fünfmal im Jahr."*

Wer davon ausgeht, dass Soziale Medien nur für B2C-Märkte wichtig sind, sollte sich einfach mal LinkedIn anschauen mit bald 700 Mio. Nutzern. Eine Plattform, die exakt nach dem gleichen Grundprinzip von Gesprächen und Filtern funktioniert wie Facebook und alle anderen Plattformen, nur eben mit dem B2B-Schwerpunkt. Wenn für Sie das Denkmusterbeispiel Gartenparty nicht passt, dann denken Sie an die Messestand-Party nach 18 Uhr. Da, wo Sie mal nette Bekannte aus der Branche auf ein Bierchen treffen und informell mal mit diesem, mal mit jenem quatschen. Vielleicht bekommen Sie den neuen netten Kollegen einer Geschäftspartnerin vorgestellt, weil Sie ihn beim nächsten offiziellen Meeting ohnehin kennenlernen würden. Ebenso können Sie auch an ein ungezwungenes „Socializing"-Geschäftsessen mit Partnern oder das Sommerfest Ihres Betriebes denken. Wenn Sie in Ihrem Berufsleben ausschließlich formelle Geschäftstermine mit klarer Agenda und Rollenverteilung haben, dann werden Sie nicht verstehen, was ich meine. Aber dann weiß ich auch nicht, ob ich Ihnen nicht eher zum Jobwechsel raten sollte.

▶   Wer meint, Social Media sei für B2B nicht relevant, der müsste dann auch propagieren, dass man am Telefon nur Privatgespräche führen kann und dass Empfehlungen irrelevant sind.

Vertrauen und Empfehlungen haben unter Menschen im beruflichen Umfeld die gleiche Bedeutung wie unter Endkonsumenten. Man arbeitet lieber mit Menschen zusammen, die einem persönlich empfohlen wurden. Dies ist nur logisch, denn auch hier besteht zwischenmenschliches Haftungspotenzial und das sollte mit dem Erfahrungsschatz eines jeden Managers übereinstimmen.

> *Wir haben da ein Spitzenprodukt entwickelt. Für das Verkaufen haben wir Spezialisten, das ist deren Job, nicht meiner!*

Kundenorientierung schrieb man sich in B2B-Firmen zwar offiziell auch immer auf die Fahnen, aber man meinte eben nicht wirklich den Endkunden und seine

Belange. Speziell in vielen starken deutschen Unternehmen beobachte ich eine ingenieurwissenschaftliche Prägung und Perspektive, man kommt vom Produkt her, vom Prozess der Entwicklung und Fertigung. Vom Kunden her zu denken, ist mehr oder weniger „Marketing-Blabla", das „Richtige" hingegen, das Handfeste, das machen wir ja. Eine solche Haltung mag im Industriezeitalter gereicht haben, im Netzwerkökonomiezeitalter, in dem sich Wertschöpfungsketten auflösen, kann sie zur tödlichen Prüfung werden. Eine konsequente Endkundenorientierung, also eine Wende hin zum „People First" der Amerikaner, ist notwendig. Warum? Weil die Netzwerkökonomie mehr denn je im Kern eine Marktmachtverschiebung hin zur Kundenseite bewirkt und wer hier nicht die jeweils beste Lösung in deren Augen bietet, wird im Wettbewerb schlichtweg untergehen. So war es zwar immer schon, aber die digital vernetzte Welt mit ihren gigantisch niedrigen Transaktionskosten hat hier eine neue Liga von Anforderungen an Geschwindigkeit und Auswahlmöglichkeiten mitgebracht.

▶   Mehr wirkliche Endkundenorientierung statt Ingenieursdenke!

Bei allen Vorteilen der Ingenieursperspektive und Produktqualität, in der wir in Deutschland und anderen Industrieländern wirklich stark sind, geht es jetzt darum, diese konsequent zu ergänzen. Es geht nicht darum, die Amerikaner zu bejubeln und uns nach deren Vorbild zu wandeln. Es geht darum, die eigenen Stärken beizubehalten, aber eben von denen die Kundenorientierung leben zu lernen. Dabei gilt es, jede Abwehrhaltung, jeden sich entwickelnden negativen Haltepunkt, der aus einer der beschriebenen Ebenen resultiert, abzuwerfen. Ich denke, man kann hier schon von einem spezifisch „deutschen Problem" sprechen, das wahrscheinlich aus der eigenen Stärke der deutschen Perfektion resultiert. Ich habe dies jahrelang in der deutschen Automobilindustrie beobachten können. Hier wurden mir einmal in einem Briefing für eine Vortragsanfrage Informationen gegeben wie: „Sprechen Sie aber nicht über Tesla, das wollen und können unsere Leute schon nicht mehr hören". Damals – es muss so um 2014/2015 gewesen sein – habe ich dann die Buchung abgesagt, ein paar Jahre später wurde ich dann genau deswegen gebucht. Die negativen Haltepunkte waren regelmäßig Sätze wie:

„Tesla sei ja bald pleite und die können nicht liefern!"

Das mag ja sein und wenn es so kommt, kann man sich doch bei der Konkurrenz freuen. Aber entscheidend ist doch eher, sich zu fragen, wie die es zu der Zeit geschafft haben, sich so in den Köpfen zu platzieren, dass damals in einer

Woche fast 400.000 Vorbestellungen für den Tesla 3 erfolgten und dies mehr oder weniger, ohne einen Cent in klassische Werbung zu investieren. DAS sollte man verstehen und davon lernen!!! Ganz einfach, um sicher zu sein, dass man dies dann mit den besten Produkten paaren kann. Anfang 2020 überholte Teslas Börsenwert mit Volkswagen auch den letzten deutschen Autokonzern. An diesem Tag war ich echt erstaunt, dass in den Kommentaren unter meinem Post zu dem Thema immer noch die Rede war von Blasen, von ungerechtfertigter Übertreibung, von Marketing-Augenwischerei. Sogar Vergleiche zum Telekom-Börsengang wurden gezogen. Ende April 2020 überstieg dann der Börsenwert von Tesla den Börsenwert von Volkswagen, Daimler und BMW zusammen.[24] Es sei nochmal wiederholt: es geht hier nicht um einen Glaubenskrieg, es kann ja alles anders kommen, als die Börse es einschätzt, aber was hält denn die deutschen Ingenieure davon ab, Marketing von Tesla zu lernen – DAS ist die wesentliche Frage!

▶   „END-CUSTOMER EARNERSCHIP" als Symbiose von Platt-
    formen und ihren Nutzern vernichtet B2B-Denkmuster und Wert-
    schöpfungsketten!

In Abschn. 5.4 habe ich die Position, die sich digitale Plattformchampions wie Amazon, Facebook oder Google erarbeitet haben, ausführlich erläutert. Die Kenntnis über die Endkunden und deren Treue aufgrund besserer Leistungen, z. B. hinsichtlich Bedienungsfreundlichkeit, Service, Transparenz etc., wurden im Phänomen des Human-Digital-Reflex beschrieben, durch den sich solche Firmen zurzeit den „ersten Zugriff" bzw. die Position des ersten Ansprech-partners gesichert haben. Immer wieder treffe ich auf B2B-Firmen, die immer noch glauben, sie müssten weiterhin nur bis zur nächsten Wertschöpfungs-produktionsstufe oder zum Händler denken. Tatsächlich wird aber die gesamte Wertschöpfungskette vom Endkunden her neu sortiert und die Ausrichtung nach diesem „frisst" sich von der Nachfrageseite herkommend durch. Die End-kunden sind die großen Gewinner, sie haben im digital vernetzten Zeitalter mehr Macht, mehr Transparenz, mehr Wahlmöglichkeiten als jemals zuvor. Durch ihre Leistungen gegenüber den Endkunden wiederum sind die Plattformen so mächtig geworden und können sich zwischen Endkunden und alle anderen Stufen der Wertschöpfungsketten schieben. Anschließend schaffen sie es, ihre Macht zu diktieren, da sie die der Endkunden weitergeben.

---

[24]Tesla kam am 27.04.20 auf umgerechnet 134 Mrd. EUR an Marktkapitalisierung; Volks-wagen, Daimler und BMW zusammen auf nur 128 Mrd. EUR.

Frühere Handelsstufen kommen dabei in Bedrängnis und haben oft nur die Wahl, sich selbst zu ersetzen und selbst zu einer solchen Plattform zu werden oder sich einer anderen anzuschließen. Produzenten müssen sich nach den Vorgaben der Plattformen mit den Endkunden richten und verlieren Entscheidungshoheit. Sie können nur darauf hoffen, dass die Plattformen nicht zu viel Rendite abschöpfen, sodass ihnen genug bleibt, um wenigstens zu existieren. Verdeutlichen möchte ich dies am Beispiel der Sprachsteuerung als zurzeit wichtigste Entwicklung der Customer Earnership beim Endkunden. Sie wischt in den Augen der Nutzer offensichtlich alle potenziellen Risiken und Bedenken beiseite, da sie so einfach, schnell und bequem ist. Der Siegeszug von Alexa, Cortana, Siri oder Google Home ist jedenfalls bisher ungebrochen. Wenn Endkunden die Bedienerfreundlichkeit eines Smart Speaker, z. B. des derzeitigen Marktführers Alexa, einmal gelernt haben, erwarten sie sehr schnell, dass sie nicht nur Musik, Nachrichten, Telefongespräche darüber abwickeln können. Die Einfachheit und Intuition wird schnell auch von weiteren Geräten und Dienstleistungen – von Banküberweisungen über Steuerung des Lichts, Stroms, der Heizung und Rollläden bis hin zur Blumenbewässerung im Garten – erwartet. Weniger Bequemlichkeit oder der Mangel anderer Vorzüge wird dabei nicht akzeptiert.

▶   Eines für alle und bei dem bleibe ich!

Ein einmal gelerntes und für gut befundenes System soll für alles und alle Geräte gelten, ein zweites oder drittes System zu lernen, ist aus Kundensicht völlig überflüssig bzw. nachteilig. Das Problem haben jetzt alle Hersteller, die vielleicht eigene Steuerungssysteme für das Licht, die Bedienfunktionen im Auto oder sonstige Geräte entwickelt haben und diese favorisieren. Schmerzlich haben dies Automobilhersteller gemerkt, die lange der Meinung waren, sie könnten Alexa, Google und Co. aus ihren Autos fernhalten zugunsten ihrer viel zu komplizierten Systeme. Letztendlich muss man sich der Kundenmacht und damit den Plattformen ergeben. Auch stolze Hersteller von Heizsystemen wie Viessmann oder Bosch haben sich mittlerweile dem Alexa-System angeschlossen, um den Kunden nicht durch die eigenen komplizierteren Stand-Alone-Lösungen zu verlieren. Ebenso sind mittlerweile fast alle Geräte des Bosch-Siemens-Hausgeräte-Steuerungsnetzwerks „Home Connect" über Alexa steuerbar.

Die Gefahr des „Abgreifens" der Kundendaten und Abschöpfens von Marge ist dabei für alle Hersteller ein reales Problem, das die Netzwerkökonomie mit sich bringt. Die früheren Wertschöpfungsketten haben meist nur bis zur nächsten Stufe gedacht und dies rächt sich jetzt. Da, wo früher die Beziehung z. B. des

Lichtschalterherstellers zum Groß- und Fachhändler und zum Lichtplaner und Elektromeister entscheidend war, ist heute vor allem wichtig, ob sie mit dem „Endkundenansprechpartner" der Plattformen kompatibel sind.

Ist Ihr System mit Alexa kompatibel?

Keine Empfehlung dieser früheren Gatekeeper an den Endkunden wird durchkommen, wenn dieser an seiner einfachen Steuerung festhalten möchte und andere Hersteller dies bieten können. Wegen dieser Neuordnung der Marktmacht bin ich auch immer so verwundert, wenn ich Aussagen aus Politik und Wirtschaft höre, dass wir in Deutschland oder Europa zwar die „erste Runde" der Plattformen gegen die Amerikaner verloren hätten, aber in einer imaginären „zweiten Runde" jetzt die Daten und Spieler der Industrie und Maschinen dran wären, und wir als Industrienation hier bessere Karten hätten. Ich befürchte, dass dies ein völliger Trugschluss ist, weil sich diese eben genauso an der neuen überstarken Marktmacht der Endkunden und damit an den mit Customer Earnership ausgestatteten Plattformen orientieren und Marge abgeben müssen. Anders ausgedrückt:

▶   In der Netzwerkökonomie gibt es kaum mehr weitgehend abgeschlossenes B2B-Business!

Ob oder wie schnell frühere B2B-Strukturen aufgefressen werden, dürfte davon abhängen, wie schnell sich Plattformen und durch wen sie sich etablieren und wie die Wertschöpfungsrenditen in Zukunft verteilt werden. Physisch produziert werden muss weiterhin, aber ob in Zukunft genauso viel Marge bei den vielen Hidden Champions aus Deutschland verbleibt wie heute, muss sich erst noch zeigen, ich wäre da skeptisch. Wenn ich mich täusche, umso besser, denn dann sind die Aussichten zur Erhaltung unseres Wohlstands hierzulande aussichtsreicher.

▶   Social Media ist für B2B-Unternehmen bald noch wichtiger als für B2C-Marken.

Diese These kann man in ihrer Absolutheit bestimmt diskutieren. Ich leite meine Aussage zum einen daraus ab, dass hinter dem einzelnen B2B-Kunden in vielen Branchen höhere Umsätze und Gewinne pro Kopf stehen als in Endkundenmärkten. Deswegen ist jeder Einzelne, dem jetzt besser zugehört werden kann, bei dem man sich die „erster Ansprechpartner"-Position und

Empfehlungen durch hervorragende eigene Inhalte erarbeiten kann, umso wertvoller. Die dafür notwendigen Investitionen in Kompetenzaufbau, wie in den Kap. 7 bis 9 beschrieben, sind folglich umso notwendiger, chancenreicher und rentabler zugleich. Social Media bietet letztendlich mithilfe der Möglichkeit des Direktkontakts zum Kunden im B2B-Bereich auch ein Überspringen früherer Gatekeeper durch Medien und Handel, sodass deren Marge zur Disposition steht. Ob danach die frühere Zwischenstufe überhaupt noch gebraucht wird, ist vom Einzelfall abhängig. Wenn Endkunden involviert sind, ist dies bestimmt leichter möglich, wie ich selbst mehrfach beobachten konnte. Hier schafften es Produzenten von Produktinnovationen im Lebensmittelbereich durch gezielte Social-Media-Aktionen, dass die Kunden in großer Zahl zu den Händlern gingen, um die Produktverfügbarkeit einzufordern. Wird nicht immer gelingen, aber zumindest wird die Verhandlungsposition des Herstellers gegenüber dem früher so mächtigen Händler nicht verschlechtert, wenn er es schafft, deren Kunden einzubinden. Für Hersteller sollte die Möglichkeit zum Direktkontakt in jedem Fall Anreiz genug sein und er sollte nicht warten, bis sich eine neue Plattform dazwischenschiebt.

Teil III
Das handlungsorientierte Wissen zu den Leitplanken und Schwerpunkten der Digitalen Transformation

Nach Teil II haben Sie jetzt eine Vorstellung über Treiber des Strukturwandels und damit bereits einige Implikationen für die Digitale Transformation in Ihrer Organisation. Typische Hürden des Change-Managements sollten auf einer weiteren Liste direkt daneben liegen. Die Köpfe Ihres Teams sind jetzt wenn nicht schon freigeschossen, dann wenigstens sensibilisiert. In diesem Teil III geht es jetzt immer mehr ans Eingemachte, um Handlungsoptionen nicht nur zu kennen, sondern auch mit Leben zu füllen. Jetzt gibt es also nach ziemlich viel „Warum, Was und Wohin?" immer mehr vom „Wie?".

Die Fundamentalprinzipien des digital vernetzten Zeitalters als Daumenregeln der Digitalen Transformation

6

Die in diesem Kapitel dargestellten „Fundamentalprinzipien" können als Checkliste bzw. Richtlinien für die neuen Rahmenbedingungen der Netzwerkökonomie genutzt werden.

Alle Macht geht von den Menschen aus!
Diese Prinzipien haben kaum etwas mit Technologie an sich zu tun, sie entspringen vielmehr, dem PROFSKI-Blick folgend, dem, was Menschen immer schon gemacht hätten, wenn es früher möglich gewesen wäre. Die Digitalisierung ist nur die Voraussetzung, entscheidender ist die daraus folgende Marktmachtverschiebung hin zur Nachfrageseite, die den Knoten platzen lässt. Für Unternehmen stellen diese Prinzipien hilfreiche Daumenregeln dar, mit denen ich gerne Workshops und Beratungsprojekte beginne. Man bringt eine Entscheiderrunde damit auf einen „Denkstand", einen Mindestkanon einer verständlichen Checkliste zur Ausrichtung, zum Hinterfragen und Testen ihrer bestehenden Prozesse, Erlöskomponenten, Denkmuster und Fähigkeiten. Der Vorteil solcher groben Regeln ist, dass man für viele Handlungsfelder einheitliche Richtungen haben kann, bevor man sich in Details verliert. Es ist bestimmt nicht der einzige Weg, aber eben derjenige, den ich seit Jahren verwendet und konstant verbessert habe – er funktioniert, und irgendwo muss man anfangen.

▶ Rosinenpicken geht nicht.

Die Prinzipien greifen ineinander und sind komplementär, dabei aber nicht trennscharf – können sie kaum sein, die Einteilung habe ich lediglich zum besseren Verständnis vorgenommen und dabei Schwerpunkte „gedehnt". Nur mit einem Prinzip anfangen, das geht, aber dann müssen die anderen folgen; eines einfach wegzulassen, funktioniert hingegen kaum.

K. Skibicki, *Das DJ-Prinzip des Managements*, https://doi.org/10.1007/978-3-658-31011-0_6

▶   Der Unterbau aller Prinzipien:
     SOCIAL FIRST und PEOPLE FIRST.

„Social First" (im Sinne von „Menschen im digital vernetzten Zeitalter, die von überall senden, empfangen und filtern können") stellt die Basis aller fünf Fundamentalprinzipien dar. Dies leitet sich zwangsläufig aus dem Verständnis der neuen Rahmenbedingungen der Netzwerkökonomie ab: die Bedeutung von neuen Rollen, dem neuen Marktverständnis und der neuen Kundennähe. Das kam schon im Paradigma „Märkte sind Gespräche", 1999 im bahnbrechenden „Cluetrain Manifest" formuliert, zum Ausdruck.[1] „Social" steht ganz konkret für den neuen Beziehungsaufbau in digital vernetzten sozialen Konstrukten, der auf keinen Fall auf „Social Media" im Sinne von Kanälen reduziert werden darf. Der digitale Wandel ist vor allem eine kulturelle bzw. soziale Revolution. Die Technologie verbindet dabei Menschen lediglich viel einfacher als zuvor. Dadurch werden direkte Beziehungen unter Menschen der gleichen Marktseite, aber auch zwischen Unternehmen und ihren Kunden sowie allen anderen Stakeholdern möglich und nötig. Der Mensch wird organisationsübergreifend eingebunden, wenn er denn möchte.

Dieses Basisverständnis gilt überall und muss über alle Funktionsbereiche einer Organisation gelegt werden, damit sie wettbewerbsfähig bleibt! Es sollte zum neuen übergreifenden Leitgedanken werden und wird durch die Fundamentalprinzipien lediglich spezifiziert.

Die fünf Fundamentalprinzipien im Überblick
   I. Weniger ist mehr! – Maximale Einfachheit und Intuition
  II. Ich bin wir! – Massenhafte Individualisierung im sozialen Kontext statt
      Masse
 III. Hier und jetzt! – Die totale Echtzeit-Konvergenz des SoLoMo (Social,
      Local, Mobile)
 IV. Fischen, wo die Fische sind! – Der Marken-Mensch geht auf die
      Gartenparty
  V. „Market with them, not at them"! – Einbinden der Richtigen statt
      Anschreien von Vielen

---

[1]Die herausragende Bedeutung und meine Interpretation des „Cluetrain Manifest" erläutere ich ausführlich in Abschn. 12.2 dieses Buches.

6.1   Weniger ist mehr! – Maximale Einfachheit und Intuition

Von jeher hört man bezüglich Produkten und Prozessen die Maxime „es muss einfach sein". Das ist also nichts Neues. Dies gilt im digitalen Zeitalter jedoch mehr denn je und die Maßstäbe sind andere als zuvor: Es gilt, „das Maximale" zu erfüllen. Die Maßstäbe orientieren sich nicht an irgendwelchen früheren Mitbewerbern in einer Branche, sondern an den absoluten Champions, die in der gesamten vernetzten Welt die erste Garde unserer Zeit ausmachen. Branchen gibt es nur aus Sicht der Anbieter, in Sachen Einfachheit für den Nutzer zählt dies nicht. Kein Mensch wird einer Firma zugestehen, dass man etwas bei ihr ja nun nicht erwarten könne, was anderswo normal ist – in Abschn. 5.3 habe ich diesen Umstand als „Human-Digital-Reflex" beschrieben. „Alle Unternehmen sehen sich also einer Maximalforderung der Kunden gegenübergestellt: nur einfacher als eine Firma einen Prozesse zuvor selbst angeboten hat oder ein anderer in der Branche dies gelöst hat zählt nicht mehr. Verglichen wird mit der besten Lösung in der Welt, die den Kunden auf dem Smartphone erreicht! Branchengrenzen gibt es in den Augen der Kunden nicht mehr!". Alles, was von irgendjemandem in irgendeiner Branche machbar ist und auf meinem Smartphone landen kann, DAS wird erwartet! Unternehmen müssen sich daran ausrichten. Staatliche Regulierungen und technische Hürden tragen leider oft nicht zur Einfachheit bei und taugen auch nicht immer als Erklärung gegenüber dem Kunden. Wenn dieser darin keinen Mehrwert sieht, z. B. in den deutschen oder europäischen Datenschutzhürden, ist es ein Problem des Anbieters.

> *„Any product that needs a manual to work is broken!"*
> Elon Musk

Die Entwicklung sei an ein paar wenigen Beispielen verdeutlicht, die das „Maximale" darstellen und branchenübergreifend Erwartungen veränderten. Apple brachte 2007 mit dem iPhone ein Jahrhundertprodukt auf den Markt, für dessen Erfolg es sicherlich mehrere Gründe gab. Aber einer sei an dem Umstand verdeutlicht, dass dem früheren Marktführer Nokia der „USP" („Unique Selling Proposition", herausragendes Leistungsmerkmal) zugesprochen wurde, die einfachste Menüführung zu haben. Dies galt so lange, bis Apple die Menüführung des alten Schlags einfach durch intuitive Symbolsteuerung und „Multi-Touch" abschaffte. Dieses „Telefon" wurde schnell ohne Bedienungsanleitungen im früheren Ausmaß ausgeliefert – DAS ist seitdem der Maßstab, was Einfachheit heute bedeutet. Wer kleine Kinder schon einmal mit einem iPhone oder iPad gesehen hat, weiß, was gemeint ist: Lesefähigkeiten sind nicht notwendig, es ist intuitiv ohne Vorkenntnisse verständlich, was getan werden muss.

▶   Amazon, der Schrecken aller Händler ... und aller anderen!

Amazon hat auf seinem Weg zum Schrecken aller Einzelhändler weltweit ebenfalls sehr viele Dinge anders gemacht, eines davon ist das „One-Click-Buying" – der Kaufabschluss eben mit nur EINEM Tastendruck, nicht mit zwei oder drei, erst recht nicht mit „bitte x und y ausfüllen" und zig Menüpunkten – weil es eben so schwer ist, etwas einfach zu gestalten. Die niedrigen Hürden führen zu mehr Kaufabschlüssen und Amazon hat einen Standard gesetzt, den man als Kunde erst bewusst fühlt, wenn man wieder in einem anderen Shop einkauft und sich fragt, wie kompliziert es vergleichsweise sein kann. Auch jeder noch so vermeintlich große Unmut, zum Beispiel basierend auf Gewerkschaftsattacken oder TV-Reportagen, scheint Amazon wegen dieser Kundenorientierung nichts anhaben zu können. Weitere Beispiele der maximalen Einfachheit stammen wiederum aus der Verbreitung von Facebook. Der „Like-Button" ist mittlerweile allgemeines Kulturgut geworden und steht als Symbol für die maximale Komprimierung von Vertrauen im jeweilig individuellen sozialen Kontext. Ein „Like" vom richtigen Empfehler spart oft die Notwendigkeit ausführlicherer Erklärungen.

▶   Der Like-Button ist die maximale Komprimierung von sozialer Komplexität zu einer einzigen Information!

Gerade in angeblich erklärungsbedürftigen Branchen geschieht schnell der Fehler, dass man glaubt: „ja, unsere Produkte sind erklärungsbedürftig, dafür braucht man ja unseren Kundenberater". Dieses Wunschdenken löst den beunruhigenden Umstand aus, dass z. B. die Finanz- oder Versicherungsbranche sich so schwertun, sich an die neuen Rahmenbedingungen anzupassen. Gerade bei erklärungsbedürftigen Produkten verlässt man sich als Kunde lieber auf denjenigen, von dem man glaubt, dass er genug Ahnung hat, aber den man eben kennt und kein finanzielles Interesse unterstellt – nur der Glaube des Kunden ist entscheidend, nicht, ob der Berater dies anders sieht. Ein „Like" bündelt die Komplexität maximal. Im Vergleich zu Kundenbewertungsportalen oder Rezensionen bei Online-Shops brauchen Sie einfach nur ein „Like", wenn Sie diesem Menschen mehr vertrauen als anderen. Stellen Sie sich vor, Sie sind in einer fremden Stadt und wollen essen gehen oder auf eine Party: brauchen Sie dann seitenlange Beschreibungen, die alle Vor- und Nachteile abwägen, oder reicht Ihnen der Hinweis „Dort!" eines Bekannten, den Sie intuitiv als Ratgeber akzeptieren? Dafür muss dieser kein enger Freund sein – die Empfehlungen von Bekannten sind oft hilfreicher als die von Menschen, die uns sehr nahestehen.[2]

Holen Sie sich meine Daten, sie liegen schon bei LinkedIn, Twitter oder Facebook!

Ähnlich wie die „Gefällt mir"-Funktion mittlerweile bei allen großen Sozialen Netzwerken unter anderen Bezeichnungen zu finden ist (mal sind es Herzchen, mal eher Sternchen, mal noch etwas anderes), so hat unter anderem Facebook mit „Facebook Connect" ein praktisches Prinzip geschaffen, das zum Standard geworden ist, auch wenn es jedem deutschen Datenschützer davor graut. Konkret habe ich als Kunde auf einer Webseite die Wahl, mich entweder mit Namen, Adresse, E-Mail, Telefonnummer oder sonst welchen Daten neu anzumelden, die ein Anbieter entweder benötigt oder einfach gerne hätte. Alternativ kann ich mich über Facebook anmelden. Facebook fragt mich dann mit zwei Klicks, ob es für mich okay ist, dass diese Daten übermittelt werden. Technologisch handelt es sich um eine App. Klassische Anbieter wenden hier ein, dass es entweder unsicher ist oder sie lieber mehr Daten hätten. In diesem Zeitalter zählt aber der Nachfrager bzw. dessen Bequemlichkeit, und wenn ich sowieso meine Daten z. B. für einen Mietwagen angeben muss, dann bitte doch so einfach wie möglich! Wenn meine Daten schon bei Facebook liegen, dann hol Du, lieber Anbieter, sie Dir da doch bitte ab. Alle weiteren Einstiegshürden erhöhen einfach nur meinen Aufwand und damit die Abbruchsquote. Mittlerweile haben einige andere diese Anmeldeoption übernommen – Twitter genauso wie LinkedIn, es ist der Standard geworden. Wer dies nicht anbietet, hinkt hinterher! Als Nutzer sollte man sich trotz aller Einfachheit bewusst sein, welche Daten da übermittelt und ausgetauscht werden.

Was ist einfacher: nur eine E-Mail-Adresse oder Name und IBAN?

Vor ein paar Jahren wurde ich mal vom genossenschaftlichen Bankwesen engagiert als externer Redner für die Einführung von „Paydirekt", das als Gegenstück zum Bezahldienst „PayPal" eingeführt werden sollte. An sich war das auch eine gute Idee, aber in der Ausführung nicht ganz durchdacht. Letztendlich fehlte es vor allem an Partnern, bei denen man als Kunde der Volksbanken

---

[2]Auf die „Stärke schwacher Beziehungen" hatte ich bereits hingewiesen: Mark Granovetter: *The Strength of Weak Ties.* In: *American Journal of Sociology* 78 (1973), S. 1360–1380.

oder Sparkassen mit dem Dienst bezahlen konnte. Beim ersten von mehreren Terminen mit den Vorständen der Volksbanken war ich ein wenig verwundert, als ich merkte, dass einige der Zuhörer felsenfest davon überzeugt waren, dass das Projekt schon deshalb ein Erfolg werden würde, weil die Menschen „dann endlich zu den sicheren Volksbanken" wechseln könnten. Ich hatte Schwierigkeiten zu vermitteln, dass es sich meiner Einschätzung nach bestenfalls um das Stoppen einer Abwanderung handeln könnte. Selbstverständlich ist Sicherheit ein wichtiger Punkt, vor allem, wenn es um Geld geht, aber dies ist eine Grundvoraussetzung, ohne die wohl kaum jemand einen Finanzdienst nutzen würde. Ist dieses Vertrauen gegeben, folgt sofort maximale Einfachheit an nächstes Kriterium: Bei PayPal muss ich nur die E-Mail-Adresse oder Handynummer des Empfängers wissen, ein Herausfinden und Eingeben von Bankdaten ist überflüssig und damit überlegen. Mit zunehmender Verbreitung von PayPal, ohne irgendwelche Skandale, war es folgerichtig, dass dieser Standard zur normalen Erwartungshaltung geworden ist. Bei meinen Gesprächspartnern stimmte somit die Grundannahme nicht, dass ein riesiger Vertrauensbonus auf ihrer Seite war – ich nehme an, diese Annahme wurde in der Finanzkrise gelernt, als den „sicheren" Volksbanken und Sparkassen das Geld in die Häuser getragen wurde.

Singen Sie noch oder „shazamen" Sie schon?

Ein persönlicher Meilenstein der Einfachheit ist für mich die Musikerkennungs-App „Shazam". Wenn ich früher, in meinem Leben vor dem Internet, im Radio ein Lied hörte, es so gut fand, dass ich es wieder hören wollte, vergaß der Radio-Brabbeltyp oft den Titel und Interpreten, sprach diesen falsch aus oder ich habe es nicht richtig verstanden. Wollte ich die „Platte" aber haben, fuhr ich direkt durch zum Experten der Offline-Zeit in das örtliche Plattengeschäft. Dort fand ich mich wieder, wie ich in oft peinlicher bis unerträglicher Art versuchte, einem Verkäufer ein Lied vorzusingen, das ich gehört hatte, dessen Titel ich aber nicht kannte, aber das ungefähr soundso ging. Da ich aber in Sachen Singen extrem talentfrei bin, verließ ich den Laden meist unverrichteter Dinge und hatte auf allen Seiten Enttäuschung hinterlassen, weil natürlich niemand mein Gesinge identifizieren konnte. Als die Radiosender anfingen, im Internet ihre Musik-Playlisten zu hinterlegen, konnte ich wenigstens schon dort nachschauen und mir die CD oder den Download kaufen – dies war schon eine tolle Sache, aber immer noch vergleichsweise aufwendig. Wenn ich heute ein Lied höre, bin ich auf niemanden angewiesen, keinen Verkäufer, keine Webseite. Wenn ein Lied irgendwo läuft – im Radio, im Einkaufscenter, während eines Films – klicke ich auf die Shazam-App, diese hört kurz mit, vergleicht die Musik rasend schnell mit riesigen Datenbanken und zeigt mir Titel und Interpret fast in Echtzeit an. Die kann ich dann mit einem Klick herunterladen oder auf meine Playlist bei Spotify und Co. setzen.

▶ Es geht immer einfacher – wirklich immer!

In den letzten fünf Jahren nimmt mit den sprachgesteuerten Geräten, vor allem Amazons Alexa, Googles Home oder Apples Siri, die noch einfachere Steuerung über die Sprache richtig Fahrt auf. Wie zu erwarten, ist gerade in Deutschland die Gruppe der Bedenkenträger sehr hoch, auch wenn diese langsam deutlich kleiner wird. Mögliche Gefahren sollen überhaupt nicht verharmlost werden, so wirklich wissen, was da mitgeschnitten und wo und wie es ausgewertet wird, kann niemand, die Negativtheorien sind zahlreich und von Zeit zu Zeit kommen diesbezüglich Skandalmeldungen heraus. Entscheidend ist für mich an dieser Stelle aber die Frage, ob die Bedenken und möglichen Risiken die Menschen davon abhalten, die neuen Services immer mehr zu nutzen oder eben nicht. Bisher ist das Ergebnis eindeutig und ähnlich wie beim Aufkommen und der Verbreitung von Facebook, WhatsApp oder PayPal: Die Einfachheit und Bequemlichkeit der Nutzung überwiegt, sobald ein Mindestmaß an Vertrauen da ist und keine Risiken gefühlt werden – ob diese tatsächlich nicht da sind oder vielleicht mal in der Zukunft groß werden, ist nicht so erheblich: es zählt das mittelfristig gefühlte Hier und Jetzt.

„Haben Sie jetzt eine Wanze im Schlafzimmer?"

Das war die erste Frage des Moderators der n-tv-Telebörse, als ich zum Deutschlandstart vom Sprachassistenten Google Home dort Studiogast war. Ich würde sagen, ein recht repräsentatives Bedenken. Ich habe es netter beantwortet, aber am liebsten hätte ich zurückgefragt, wo denn sein Smartphone nachts liege, denn dies könne im Zweifelsfall das Gleiche, zumindest bei aktivierter Sprachsteuerung. Der einzig wirkliche Unterschied ist, dass das eine ein neues Gerät und das Smartphone schon gelernter Alltag ist, bei dem die gefühlten Risiken den Vorteilen weit unterlegen sind.

▶ Nie vermisst, weil ich es nicht kannte und fühlte!

Die Einfachheit, Bequemlichkeit und Zeitersparnis von Sprachsteuerung fühlt man aber, wie so vieles, erst, wenn man sie nutzt: Bevor ich einen solchen Sprachassistenten hatte, habe ich nichts vermisst. Es ist, wie es ist, aber anschließend frage ich mich, wie ich es jemals anders machen konnte – so wie auch bei Autos, Fernsehen, Social Media und Smartphones. Erst die eigene Erfahrung und der eigene Anwendungsbezug ändern alles. Vor wenigen Jahren bin ich morgens aufgewacht, ins Bad gegangen, dann in die Küche und habe einen Kaffee gemacht. Irgendwo auf dem Weg habe ich auf meinem Smartphone meinen Kalender für den Tag abgerufen, so wie ich ein paar Jahre davor meinen papierbasierten Zeitplan-Kalender-Notizen-Planer in die Hand genommen hatte, um das Gleiche zu tun.

Wenn dort z. B. „18 Uhr Flug von Köln nach München mit Lufthansa" stand, habe ich dann die Lufthansa-App geöffnet, nochmal geschaut, welches Gate es wird, wann das Boarding beginnt und habe mich eingecheckt. Danach ging es in die Google-Maps-App, um abzuschätzen, wie lange ich wohl mit dem Auto zum Flughafen Köln brauchen werde und ob irgendwelche Baustellen oder Sperrungen dies verlängern könnten. Danach noch schnell in die Booking.com-App, um zu schauen, wo ich wie lange übernachte, bevor noch die Wetter-App mir die Info gab, welche Garderobe für München sinnvoll wäre. Nachdem ich die Pflicht erledigt hatte, habe ich noch schnell mein Smartphone über Bluetooth mit meinem Sound Speaker vernetzt und von Louis Armstrongs „What a Wonderful World" gespielt. Alles super! Fantastisch, wie man so alles über sein Smartphone steuern kann und keine CD mehr einlegen muss. Ist auch so und kann man auch getrost weiterhin so machen. Wenn ich jedoch heute in Zeiten der Sprachassistenten aufstehe, gehe ich immer noch morgens ins Bad und in die Küche, aber irgendwo auf dem Weg könnte ich sagen:

„Alexa, lies mir meinen Kalender vor!"

Dann säuselt mir der Lautsprecher vor: „Du fliegst heute um 18 Uhr von Köln nach München". Während ich vielleicht die Klospülung bediene, sage ich „Alexa, check mich ein". Kurz vor der Kaffeemaschine, die ich persönlich noch gerne von Hand bediene – ich alter Nostalgiker –, frage ich in den Raum „Alexa, wie lange brauche ich zum Flughafen?". Sie weiß ja, wo ich bin, und antwortet: „Zurzeit benötigst Du mit dem Auto 25 Minuten, aber eine Stunde vor Boarding wirst Du voraussichtlich 40 Minuten brauchen". Ist ja schon mal eine gute Orientierung. Während der Kaffee einläuft, frage ich Alexa noch, wo ich in München wohne. „Du übernachtest zwei Nächte im Bayerischen Hof". Och nett, hat mein Auftraggeber mich top einquartiert, hatte ich glatt vergessen, als der Kalendereintrag vor drei Monaten bei der Buchung gemacht wurde. Was packe ich denn ein, vielleicht geht's nach dem Workshop nochmal auf ein Bier ins Seehaus im Englischen Garten? „Alexa, wie wird das Wetter in München bis übermorgen?" „Morgen herrscht in München eine Temperatur von 7 Grad und es regnet stark. Du nimmst Dir besser einen Regenschirm mit!" Okay, beim ersten Schluck Kaffee habe ich die Seehaus-Idee abgehakt und lege schon mal die Regenjacke bereit, während ich sage „Alexa, spiele What a Wonderful World von Louis Armstrong".

▶   Alle Schlagworte von Big Data und Künstlicher Intelligenz dienen
      vor allem dazu, zutiefst menschliche Bedürfnisse zu befriedigen!

Ich gebe zu, dass einige dieser Schritte in meinem Fall zumindest fiktiv sind, einige mache ich aber genau so und intuitiv weiß ich oder erwarte ich, dass diese alle exakt so funktionieren oder bald so gehen – dies zumindest ist meine selbstverständliche Erwartungshaltung, mein Digital-Reflex. Ist das aber auch notwendig, geht das nicht auch wie bisher ohne Alexa und Co.? Natürlich ginge es auch ohne, so wie es vor allen Vereinfachungen ohne ging, aber wenn es einmal möglich und umgestellt ist, dann wird man nicht mehr zurückwollen, denn der Mensch ist bequem! Ob dies evolutionäre Gründe des Energiesparens im Körper hat oder ein natürliches Streben nach Effizienz und Optimierung ist oder einfach nur Faulheit, ist unerheblich. Entscheidend ist nur, dass es so ist, und wohl kaum jemand wird anzweifeln, dass Menschen das Einfachere und Intuitivere als Regelfall immer vorziehen, wenn sie es einmal erfahren haben. Kaum jemand hat vorher etwas vermisst, aber wenn es einmal möglich ist, erwartet man von jedem anderen, dass er das auch so einfach kann. Im Falle der digitalen Helfer hat dies sogar Auswirkungen auf die gesamte Marktmacht und Verteilung von Wertschöpfung beziehungsweise Entlohnung, wie in Abschn. 5.4 gezeigt wurde. Wer hier Daten, Algorithmen, Künstliche Intelligenz einsetzt, um dem Nutzer eines der Grundbedürfnisse aller Menschen, nämlich Einfachheit und Bequemlichkeit, zu liefern, räumt die Wertschöpfungskette von der Kundenseite her auf und ordnet sie zu seinen Gunsten neu. Man sollte sich immer auf die Fakten des Handelns der Menschen, weniger auf ihre Aussagen in Befragungen und erst recht nicht auf mediales Echo verlassen. Für die Verbreitung von Smart Speakern gibt es hier jedenfalls nur eine Richtung: rasantes Wachstum!

▶   Hände sind nicht zum Heilen, sondern Bezahlen!

Bargeld und Kartenzahlung sind auch zu Beginn der 2020er Jahre in Deutschland noch sehr stark – im Falle des Bargeldes gibt es auch noch ganzheitliche

Gründe, die gegen dessen Abschaffung sprechen.[3] Einfachheit spricht jedenfalls kaum für Barzahlung, Kredit- und sonstige Karten sind zwar einfacher zu transportieren, solange aber Einstecken und Geheimzahlen nötig waren, hat dies die Geschwindigkeit an so manchen Kassen eher herabgesetzt, sodass erst das kontaktlose Bezahlen einen wirklichen Schub brachte. Gegen die Einfachheit von Apple Pay oder Google Pay haben sich die deutschen Banken lange gewährt, da sie deren hohe Gebühren nicht zahlen wollten und lieber auf den Aufbau eigener Systeme setzten. Letztendlich gab es aber keine andere Möglichkeit als kleinbeizugeben – die Customer Earnership liegt im Zeitalter mobilen Bezahlens längst bei anderen, die können diktieren und sich ihre Prämie für Einfachheit abholen.

▶   „Bio" – auch beim Bezahlen eine Zaubersilbe.

Handelsunternehmen in Deutschland bauen Anfang der 2020er Jahre die Vereinfachung deutlich aus über stationäre Self-Check-out-Systeme oder die Möglichkeit zum Smartphone-Scan des Etiketts direkt am Regal der Verkaufsstelle und gleichzeitigem Bezahlen – oder zumindest haben sie dies vor. Dies ist gut, aber eben auch spät, denn Smartphones stellen heute zumindest beim Bezahlen eigentlich schon nicht mehr die maximale Einfachheit dar, dafür gibt es Formen des biometrischen Bezahlens. In Asien ist die Variante mit einem Gesichtsscan bereits weiterverbreitet, während dies in Europa bei vielen Menschen noch keine Rolle spielt aufgrund von Abneigungen im Gesamtkontext Gesichtserkennung. Alternativen sind jedoch in der Pipeline, von denen ich den Hand-Scan für sehr aussichtsreich halte, denn sogar im eher zurückhaltenden Deutschland sind die Abneigungen gegen biometrische Zahlverfahren nicht ausgesprochen hoch, teilweise wird dies sogar dem Smartphone-Bezahlen grundsätzlich vorgezogen.[4] Laut dem von Amazon eingereichten Patentantrag ist für den eindeutig als Identität und Bezahlgrundlage verwendbaren Hand-Scan aber weder ein Handauflegen

---

[3]Auch wenn Bargeld wenig praktisch ist, so ermöglicht es jedoch die weitgehend anonyme Zahlung und Verfügung über das eigene Geld und Vermögen. In einer vollkommen digital festgehaltenen und kontrollierten Welt ist jede Transaktion nachvollziehbar und im schlechtesten Fall auch ideologisch sanktionierbar. Minuszinsen und damit faktischen Wertverlusten kann man dann auch nicht mehr entgehen. Die Gegner einer vollkommenen Bargeldabschaffung propagieren deswegen: „Bargeld ist Freiheit!".

[4]Siehe hierzu: https://www.gfm-nachrichten.de/allgemein/deutschland-biometrische-bezahlung-populaerer-als-mobile-payment/?mc_cid=840db9f766&mc_eid=ec60d7f0dc (zugegriffen am 10.06.2020).

noch sonst eine Berührung notwendig – dies wäre hygienisch wahrscheinlich nicht unproblematisch. Erst recht nicht müsste irgendein Mikro-Sensor in die Haut des Nutzers implementiert werden, was wohl auf absehbare Zeit eher etwas für Cyborg-Fans bleibt. Es würde vielmehr ein Scan auf kurze Distanz, also ohne Kontakt, ausreichen, der aber nicht nur Fingerabdrücke – diese sind ähnlich wie ein Iris-Scan wohl nicht sehr fälschungssicher –, sondern auch eindeutige Elemente wie Knochenstruktur und Gewebedichte erfasst.

AmazonGo – reingehen, nehmen, rausgehen, das war es!

Das Maß alles Machbaren beim Einkaufen kommt im Jahre 2020 ebenso vom Internetgiganten Amazon: in seinen Mini-Supermärkten „AmazonGo" scannt man ausschließlich beim Reingehen einmal einen Code aus der AmazonGo-App ein – genauso wie beim Bordkarten-Einlesen auf Ihrem Smartphone, wenn Sie in ein Flugzeug steigen. Im Geschäft misst ein komplexes System aus Sensoren an der Decke, in den Regalen und an den Produkten, was Sie anschließend dort entnehmen. Ohne jeglichen Bezahlvorgang, wie das Einscannen von Produkten oder einer Kasse, verlassen Sie dann das Geschäft und erhalten paar Meter weiter Ihren Kassenbon als Beleg in die App auf ihrem Smartphone, das war's! Kein Schlangestehen, kein aktives Bezahlen, nichts. Dies ist heute schon in einigen AmazonGo-Läden Realität. Käme dann noch der Hand-Scan hinzu, würde auch das Smartphone-Auflegen überflüssig. Der Standard und die Erwartungshaltung der Kunden, die dies einmal genutzt haben, sind danach neu justiert, und alle anderen Shops haben ein Wettbewerbsproblem in solchen Prozessen, unabhängig davon, was sie verkaufen. Im März 2020 verkündete Amazon, dass dieses Bezahlsystem „Just Walk Out" auch anderen Händlern angeboten wird. Sollte sich dieses aus Kundensicht wohl beste System dadurch als Standard etablieren, würde Amazon auch bei den stationären Händlern in die Kundendatensysteme kriechen können. Sie erinnern sich bestimmt an die „Öllampe" aus Abschn. 3.1. „Just Walk Out" könnte eine weitere werden.

▶ Aber ein Leben ohne Smartphone ist schon unvorstellbar … oder?

Im Alltag der meisten Menschen unserer Zeit ist das Smartphone der Dreh- und Angelpunkt, nicht nur in ihrer Kommunikation, sondern für viele andere Vorgänge. Vielen scheint der Verlust diesen leibgewordenen Helferleins Amputationsschmerzen zuzufügen, man kann kaum mehr ohne zurechtkommen. Das mag heute Realität sein, aber grundsätzlich ist es bestimmt nicht die Endstufe von Einfachheit und Bequemlichkeit! Alleine schon deswegen, weil Sie immer etwas mit sich tragen müssen, in der Hosentasche, der Jacke oder eben der Hand. Sie können nicht freihändig die Funktionen nutzen und deswegen ist es auch nicht maximal einfach. In diesem Kontext erinnere ich mich an ein Bild, mit dem Google vor einigen Jahren die ersten Versionen der Datenbrille „Google Glass" vorstellte: Man sah die Perspektive eines Vaters, der sein Kind an beiden Händen haltend im Kreis dreht, ein Karussell-Kreisel-Spiel, das wohl jeder kennt. In dieser Situation ein Foto mit einem Smartphone machen, das aus seiner Perspektive den Blick auf sein Kind festhält? Unmöglich, dann müsste er ja eine Hand des Kindes für das Smartphone loslassen. Neben dem Bild, das aber genau diese Perspektive zeigte, stand nur:

„Okay Google, take a picture!"

Dieser Sprachbefehl an das Mikrofon in der Datenbrille „Google Glass" reicht, um das Foto zu machen. Ich denke, dies zeigt sehr anschaulich, warum Smartphones noch lange nicht das Ende der Fahnenstange sind. Google Glass selbst ist jedoch, wie alle anderen Datenbrillen mit sogenannter „Augmented Reality", also der Erweiterung durch Daten in der Brille, in den letzten Jahren kaum ein Thema mehr. Dies liegt aber nicht an dem fehlenden Wunsch von mehr Einfachheit, sondern daran, dass das Produkt in anderen Bereichen noch lange nicht den Standard von heute erreicht hat: Der Akku hält nur sehr kurz und vor allem ist es weder praktisch noch sieht es gut aus, eine Brille zu tragen – zumindest bei diesen damaligen Datenbrillen. Sollten sich diese vom Aussehen und Coolness-Faktor mal auf dem Niveau der Top-Modelle unter den Sonnenbrillen bewegen, könnte dies anders werden – vielleicht aber auch erst dann, wenn die Größe auf Kontaktlinsen geschrumpft ist. Von Batterien, Display- und Kameraqualität will ich gerade mal abstrahieren. Bisher sind solche Datenbrillen jedenfalls noch nicht massenweise marktreif und die Entwicklung ist noch früh – nennenswert sind höchstens die „HoloLens" von Microsoft mit dem Focus auf B2B-Anwendungen. In der Montage kann es eben sehr sinnvoll sein, beide Hände freizuhaben und trotzdem Anleitungen digital ins Sichtfeld eingeblendet zu bekommen – einfacher als ein Smartphone in einer Hand zu halten.

Die Stimmen und Bilder im Kopf!
Auf absehbare Zeit bleiben Smartphones noch unverzichtbar, aber die Notwendigkeit wird schon langsam weniger: Sprachassistenten in immer mehr Geräten um uns herum machen unser eigenes Gerät in der Hand immer weniger notwendig und wenn sich biometrische Bezahlverfahren durchsetzen, wie oben beschrieben, kann man getrost ohne einkaufen gehen. Gerade explodieren die Märkte für die kleinen am Körper tragbaren Geräte, die neben immer mehr

Körper- und Bewegungsdaten auch zunehmend Funktionen des Smartphones übernehmen. Solche „Wearables" reduzieren dadurch automatisch auch die Abhängigkeit vom Smartphone. Wenn uns in wenigen Jahren immer und überall ein schneller vernetzter Datenraum umgibt, dann wird es darum gehen, wie wir die jeweiligen Informationen, von Unterhaltung bis Business-Anwendungen, individualisiert vor die Augen und in die Ohren bekommen. Noch sind es reine Spekulationen, aber die Fantasien von Displays, die nur für mich als Hologramm irgendwo im Raum oder nur vor meinen Kontaktlinsen erscheinen, sind grenzenlos. Vielleicht wird es nur ein geistiges Auge oder Ohr sein, das direkt in unserem Gehirn stattfindet und über Gedanken gesteuert wird, man weiß es noch nicht. Was man aber sagen kann: einfacher als heute vorstellbar wird es immer gehen und es wird ein konstanter Erfolgsfaktor sein, das menschliche Bedürfnis nach Einfachheit und Bequemlichkeit maximal zu befriedigen – das erste Fundamentalprinzip des digital vernetzten Zeitalters.

6.2   Ich bin wir! – Massenhafte Individualisierung im sozialen Kontext statt Masse

Vor wenigen Jahren beschrieb Chris Anderson in seinem Buch „The Long Tail" eindrucksvoll die massenhafte Vernischung, die durch die Digitalisierung möglich wird.[5] Es ist demnach nicht mehr notwendig, die „wenigen Hits" zu landen, die wenigen Bestseller in seiner ABC-Analyse zu finden, auf die man sich konzentrieren muss. Vielmehr eröffnet der kumulierte „lange Schwanz" zahlloser Nischen viele neue Möglichkeiten, an Segmenten zu verdienen, die früher zu klein waren, um sie zu bedienen. Sehr eindrucksvoll merke ich diese Vielfalt in meinem Alltag anhand von Stars in den Medien. In meiner Generation wird durch die wenigen reichweitestarken Kanäle, die „großen TV-Sender", wahrscheinlich jeder Thomas Gottschalk, Günther Jauch oder Harald Schmidt kennen. Wenn ich heute meine Studenten nach ihren drei YouTube- oder Instagram-Lieblingsstars frage, höre ich eine Vielfalt an Namen, von denen sich oft nur wenige überschneiden. Selbst der beste Kumpel direkt daneben fragt manchmal seinen Kommilitonen „Häh, wer ist das denn?". Wenn ich die Namen der Stars dann auf den Kanälen suche, sehe ich, dass die fast alle zig Millionen Folger haben, aber

---

[5]Chris Anderson: *The Long Tail – der lange Schwanz*. Nischenprodukte statt Massenmarkt – Das Geschäft der Zukunft. München 2007.

eben alle nebeneinander ihre jeweils riesige Nische bedienen, in einer digitalen Welt eben nicht um den engen Platz konkurrieren. In der Welt einer Handvoll von TV-Sendern war dies anders, da konnte nur einer „die große Samstagabend-Show" moderieren, der Rest war eine kleine Nische mit Mini-Reichweiten.

6.2.1   Ich habe meine eigene Gruppe

Das 2. Fundamentalprinzip setzt auf diesem Long-Tail-Gedanken auf, spezifiziert ihn aber für unsere Zwecke vor allem auf kommunikative Aspekte. Wir kommen aus dem Zeitalter der Massenproduktion und der Massenkommunikation. Produktionslosgrößen sowie wenige Kanäle hielten unser Denken gefangen, um „Segmente" zu bilden, also Menschen nach verbindenden Kriterien zusammenzufassen und zu hoffen, dass sie in ähnlicher Weise auf unsere Botschaften reagieren. Die niedrigen Transaktionskosten des digitalen Zeitalters werden uns dies vergessen lassen – Menschen sind Individuen, sind unterschiedlich, auch wenn sie in einigen Kriterien ähnlich sein mögen. Unabhängig davon, ob wir im gleichen Jahr geboren sind, das gleiche Geschlecht haben oder am gleichen Ort wohnen, wir sind unterschiedliche Menschen mit individuellen Vorlieben, Wünschen und Eigenschaften, denen das Denken in Zielgruppen und Segmenten in keiner Weise gerecht wird – es war lediglich eine Notlösung.

Hier gilt es, möglichst schnell die gelernten Denkmuster abzuwerfen und die vollständige Individualisierung zu begreifen und umzusetzen. Dieser Aspekt galt im Prinzip schon immer, die Transaktionskosten waren aber zumindest im Endkundenbereich zu hoch, um jeden individuellen Menschen kommunikativ „bearbeiten" zu können – man machte eben eine Kampagne für alle, die vorm Fernseher saßen. In digitalen Medien hingegen war der Individualisierungsgrad schon sehr viel höher, da die jeweilige IP-Adresse oder das jeweilige Endgerät mit dem Klickverhalten dort schon weitaus individualisiertere Werbung zuließ. Wirklich neu war der Gedanke, der durch die soziale Vernetzung von Social Media hinzukam: Jeder Einzelne ist in der Regel in ein soziales Umfeld eingebunden, mit dem er auch digital direkt oder indirekt interagiert, wodurch wieder die jeweils erreichbare Kommunikation spezifiziert wird. Obwohl wir vielleicht die gleichen Webseiten oder Plattformen, wie Twitter oder Facebook, nutzen, so sieht mein Newsfeed sehr anders aus als der von anderen, da ich unterschiedliche Seiten abonniert und andere Kontakte hinzugefügt habe. Ich habe vielleicht auch noch andere Gruppen gebildet, nutze andere Apps und folglich ist die mir eingeblendete Werbung eine andere – basierend auf meinem Klickverhalten und speziell bei Facebook basierend auf den Seiten, die mir gefallen, und den Likes meiner Kontakte.

▶   Wir sind soziale Wesen – wir werden durch andere beeinflusst und beeinflussen andere!

Es ist wohl auch ohne Studium der Psychologie und Soziologie unstrittig, dass wir nicht immun gegen den Einfluss anderer Menschen sind – warum auch, wir sind soziale Wesen. Bewusst oder unbewusst nehmen wir wahr, was und wie andere sich äußern, sich positionieren, was sie für Kleidung tragen, ob sie ein eigenes Auto fahren, was sie essen – die Aspekte sind sehr vielfältig. Um sich selbst im Spiegel anderer Menschen zurechtzufinden, ist dieser Einfluss für die Entwicklung der eigenen Persönlichkeit von Kindesbeinen an ein essenzieller Baustein unseres Lebens. Das Verhalten in unserer „Sippe" und ihren sozialen Gefügen war über Jahrtausende prägend für unsere Evolution. Soziale Medien haben die Möglichkeit zur Transparenz dieser Informationen in ein zuvor ungeahntes Ausmaß gesteigert. Schon mit einem einzigen „Gefällt mir"-, „Smiley"- oder „Wütend"-Button unter einem Bild, Video oder Text wird hier Zustimmung, dort Ablehnung signalisiert, wofür andere vielleicht auch nur unterschwellig empfänglich sind. Für Unternehmen besteht – vor allem beim Marktführer Facebook – die Möglichkeit, basierend auf diesen „Sozialen Signalen" individualisierte Werbung auszuspielen, also einem Nutzer den Beitrag eines Unternehmens nicht nur zu zeigen, sondern mit dem Zusatz zu versehen, dass dies deinem Kontakt XY gefällt. Diese Garnierung entspricht der bei Kaufentscheidungen für Menschen immer schon wichtigsten Information, der Empfehlung von Menschen, die sie kennen.[6] Somit kommen diese Milliarden von „Gefällt mir"-Angaben Empfehlungen gleich und wir erreichen damit ein neues Niveau von Werbung, wie sie sozial zielgenauer kaum sein könnte – wenn schon der beste Freund, die Mutter oder die Coolste in der Klasse dies mag, dann kann es ja nicht schlecht sein.

Zielgenauer, wenn man soziale Komplexität beherrscht!
Für Werbetreibende ist die Berücksichtigung des sozialen Kontextes auf der einen Seite dank des zu erwartenden höheren Werbewirkungsgrads ein Segen, auf der anderen Seite macht es aber die Kommunikationsgestaltung auch

---

[6]Siehe hierzu Abschn. 5.1.2.

komplexer, gerade weil der soziale Einfluss sehr individuell ist: Das Einsammeln von „Likes", die dann den Kontakten der „Liker" angezeigt werden können, ist eine Grundvoraussetzung, ohne die es nicht geht. Diese notwendige Bedingung ist aber noch keine hinreichende, also keine Garantie, dass dieses „Like" automatisch die Wirkung einer Empfehlung hat, die wirklich positiv wirkt und nicht vielmehr neutral oder sogar abschreckend ist, weil gerade dieser Kontakt kein positiver Empfehler im Bekanntenkreis ist.

„Da frag ich mal die ..."
Jeder von uns hat seine Experten im Bekanntenkreis

Wenn ich bei meinen Vorträgen ins Publikum frage „Wenn es um Autos, Versicherungen oder Smartphones geht – wer weiß, wen er da bei mindestens einem der Produkte im Bekanntenkreis fragen kann?", dann sehe ich meist Handzeichen bei mehr als 90 % der Teilnehmer. Irgendjemand im jeweiligen sozialen Umfeld hat sich erfolgreich als Ansprechpartner positioniert – genau DEN gilt es im Idealfall, in die Werbung einzubinden. Dies ist vielleicht mein Nachbar, den ich seit 20 Jahren jeden Samstag an seinem Auto „rumfrickeln" sehe, dessen Garage voll ist mit allen denkbaren Autolackpflegemitteln dieser Welt und der mir auf jedem Nachbarschaftstreffen von seiner Teilnahme an Oldtimer-Rallyes vorschwärmt und mir erklärt, was Tesla anders macht als Volkswagen oder wie der Wankelmotor und die Brennstoffzelle funktionieren. Ein „Like" von genau diesem Menschen, meinem persönlichen Experten, ist für einen Werbetreibenden Gold wert. Es ist der Ritterschlag, denn damit wird die an sich vielleicht eher plumpe Werbebotschaft so veredelt, dass sie glaubwürdig wirkt. In den meisten Fällen wird dies unterschwellig und unbewusst wirken, ich sehe sie immer wieder und immer mehr wird der Eindruck verstärkt, dass hier eine genauso authentische Empfehlung generiert wird, als hätte mir der Nachbar persönlich die Marke beim gemeinsamen Feierabendbierchen nahegelegt. Wenn mir jedoch das „Like" meines Cousins angezeigt wird, von dem ich vielleicht weiß, dass er sowas von überhaupt keine Ahnung von dem Thema hat, so ist dies bestenfalls wirkungslos. Sehr unsäglich war die Strategie vieler Unternehmen aus den ersten Jahren dieser neuen Möglichkeiten:

„Gib ein Like für unsere Seite und Du kannst ein iPad gewinnen!"

Wenn man so etwas machte, bekam man zwar Likes und optisch mehr Fans für die eigene Facebook-Seite, aber eben nicht von den wertvollen authentischen Fans, sondern von Leuten, die ein iPad gewinnen wollten – das hat nichts mit dem Thema zu tun, sondern ist ein rein optischer Effekt. Mittlerweile ist diese Verknüpfung von Likes und Gewinnspielen zum Glück nicht mehr zugelassen, sodass Werbetreibende vor sich selbst geschützt werden. Noch weniger zu empfehlen ist es, sich über entsprechende Services „Gefällt mir"-Angaben zu kaufen, unabhängig davon, ob es sich um Fake-Profile oder echte, aber gekaufte Profile handelt. Manche Firmen kann man nicht davon abhalten, aber dann muss man ihnen eben sagen, dass es ein rein optischer quantitativer Scheineffekt ist. Qualitativ bringt es nichts, denn diese Empfehlungen sind gekauft und sie beeindrucken damit niemanden. Es dürfte eher nach hinten losgehen, da sehr leicht herauskommt, wenn man Likes und Profile kauft. Da Sie ja wahrscheinlich auch nicht Leute dafür bezahlen würden, dass die auf einer Gartenparty so tun, als wären Sie beliebt, bzw. da dies eher unangenehm wäre, wenn es rauskommt, würde ich nicht zu solchen Strategien raten. Das ist wie im richtigen Leben:

▶ Freunde, Anerkennung und Empfehlungen muss man sich erarbeiten, das ist hart und dauert. Aber wenn man sie hat, sind sie nachhaltig unschätzbar – noch mehr, wenn sie von den Richtigen kommen, also denen, denen andere zu dem Thema zuhören.

Schwerer wird es für Unternehmen, wenn sie von „den Falschen" gelikt werden, also von Menschen, die in meinem individuellen Umfeld eher bekannt dafür sind, keine Ahnung von dem Thema zu haben oder auf einer eher unbeliebten z. B. politischen Seite zu stehen. Hier wird es schwer für Unternehmen, solche ungewollten Fans loszuwerden: dies gelingt oft nur, wenn die Posts der Seite dann so überhaupt nicht zu ihnen passen, dass sie aktiv die Seite „entliken".

▶ Man sollte selbst auf die Gartenparty gehen … und ins Social Web!

Es sollte bis hierhin klargeworden sein, dass auf Unternehmensseite viel mehr Verständnis für soziale Konstrukte gefordert ist, um die neuen Möglichkeiten optimal zu nutzen. Da war es früher einfacher: Zielgruppe überall „anschreien" und hoffen, dass es ankommt. Der höheren Komplexität von Social Media steht aber eben auch die Chance auf nachhaltigeren Markenaufbau und geringere Streuverluste gegenüber. Ich werde noch erläutern, warum diese Kapazität im Unternehmen direkt aufgebaut werden sollte.

▶ Das ist nicht nur reine Facebook-Sache!

Auch wenn Facebook hier und heute im Jahr 2020 aufgrund seiner Datenbasis von mehreren Milliarden untereinander sozial verknüpften Menschen
der absolute Platzhirsch ist und kein anderer Werbung im sozialen Kontext mit
so einer Basis ausspielen kann, so sei betont, dass es sich um ein Grundprinzip
handelt. Auch Google als der andere Werbegigant bietet an, dass Werbung
direkt mit Empfehlungen versehen ausgespielt werden kann. Bei diesen „Shared
Endorsements" handelt es sich um Bewertungen, die z. B. für Restaurants im
Google-Netzwerk abgegeben wurden. Hier fehlt aber meist die individuelle
Zuordnung zu genau meinem sozialen Kontext, d. h. Google zeigt mir hier nicht
nur die Bewertungen von Menschen, die ich kenne. Gleiches gilt für die Kundenbewertungen auf anderen Plattformen wie Amazon. Man sollte davon ausgehen,
dass dies in Zukunft, wenn es möglich ist, noch mehr auf das soziale Umfeld des
jeweiligen Nutzers ausgelegt wird – es scheint hier eher die Frage zu sein, ob man
dies so kann wie Facebook als originär soziales Netzwerk. Google hat in der Vergangenheit mehrere Male versucht, soziale Bezüge einzubauen, ist dabei aber
regelmäßig gescheitert – Google+ als bisher größter Versuch wurde 2019 eingestellt. Wenigstens unter Nutzern mit eigenen Profilen bei Google oder Amazon
sollte dies aber in Zukunft machbar sein.

6.2.2   Apple und Nokia: eine Sache von Fundamentalprinzip 1 und 2

Maximale Einfachheit durch Touch statt Klickmenü wurde schon beim ersten
Fundamentalprinzip als einer der durchschlagenden Erfolgsfaktoren des iPhones
identifiziert. Dies allein war es aber nicht, denn das zweite Fundamentalprinzip
spielte eine noch viel größere Rolle – erfahrungsgemäß ist vielen meiner Zuhörer
dies nicht so deutlich, wenn man sie nach dem disruptiven Untergang des
früheren Handy-Markts mitsamt des Marktführers Nokia fragt. Deswegen sei ein
wenig ausgeholt, um die Erfolgsfaktorenkombination von Apple ganzheitlicher zu
verdeutlichen.

> *„Wie viele Lieder auf der CD fanden Sie denn wirklich so gut, dass Sie für diese
> bezahlen wollten?"*

Apple war bis zum Ende des vorherigen Jahrhunderts noch ein edler
Nischen-Hersteller von Computern – für gewöhnlich hatten „die Kreativen"
in jedem Unternehmen diese stylischen Produkte. Als sich im Jahre 1999 die
Musiktauschbörse Napster aufmachte, die Grundstruktur der Musikindustrie zu

zerlegen, verstand Apple wie kein anderer, auf die Signale des Marktes zu hören, während die klassische Musikindustrie ihr komfortables Geschäftsmodell nicht aufgeben wollte: Jahrzehntelang hatten Plattenfirmen den Gatekeeper zwischen Musikfans und Künstlern stellen können. Sie verbanden diese durch die Tonträger, die sie produzierten und verkauften und sie entschieden, wer in diese relativ engen Kanäle kam – sie konnten in erheblichem Maße die Stars „machen" oder fallen lassen. Ohne die Infrastruktur für die Produktion von Platten und später CDs und deren Vermarktung gab es für die Künstler keinen Zugang zu großem Publikum. Diese komfortable Situation, als einziger in entsprechender Qualität Musik übermitteln zu können, versetzte die Musik-Labes in die Lage, die Käufer wegen Alternativlosigkeit zwingen zu können, für z. B. zwölf Songs auf einem Album zu zahlen. Und dies, obwohl diese vielleicht nur vier Lieder so gut fanden, dass sie dafür hätten bezahlen wollen. Individuelle Vorlieben, dass z. B. der eine Fan vier Songs auf dem Album des Künstlers gut fand, der nächste aber zwei andere, wurde nicht berücksichtigt und musste es nicht. Anders ausgedrückt, die Musikindustrie musste sich um solche individuellen Vorlieben nicht scheren, den Fans blieb keine andere Möglichkeit, als dass alle für das gleiche Album bezahlen mussten. Wer wirklich nur einzelne Stücke haben wollte, konnte noch hoffen, dass genau dieses Lied vom Musik-Label als Single-Auskopplung herausgebracht wurde. Andernfalls konnte er Songs nur mit deutlichem Qualitätsverlust auf Audio-Kassetten einzeln überspielen, wenn ihm jemand die Platte oder CD lieh. Diese Marktmacht wollten die Musikverlage verständlicherweise nicht abgeben.

Die MP3- und Napster-Revolution!
Die technologische Kehrtwende stellt das in Deutschland schon in den 1980er Jahren entwickelte MP3-Format dar: Musikdateien konnten hier ohne nennenswerten Qualitätsverlust so komprimiert werden, dass sie nicht jeden Computerspeicher sprengten und zudem über das Internet geteilt werden konnten. Die Online-Musiktauschbörse „Napster" ermöglichte es seiner rasant wachsenden Nutzerschaft ab Ende der 1990er Jahre, einzelne Songs im MP3-Format herunterzuladen und nichts dafür zu bezahlen – ein Konzept, das erwartungsgemäß blendend ankam. Durch das revolutionäre „Peer-2-Peer"-Konzept musste man auch niemanden persönlich kennen, von dem man die Musikdatei erhielt. Die auf den Rechnern der Nutzer installierte Software durchsuchte automatisiert einfach die jeweils anderen Speicher und lud die Datei von dort herunter. Dies konnte zwar je nach Internetverbindung und Anzahl der vorhandenen Dateien und Downloads lange dauern, aber man musste nicht dabeisitzen und es kostete nichts.

Das Konzept war also eine der ersten massentauglichen weltweiten Plattformen, die der dezentralen Idee der Netzwerkökonomie folgte und die Teilnehmer zu gigantisch gesunkenen Transaktionskosten miteinander verband. Ein Gatekeeper war nicht mehr möglich und hielt auch nicht mehr die Hand auf, die Software stellte nur die Infrastruktur, also den dezentralisierten Marktplatz für die Nutzer bereit. Die rechtliche Unsicherheit dabei hielt genauso wenige ab wie das schlechte Gewissen, die Musikindustrie um ihre Verdienste zu bringen. Als Napster schließlich wenige Jahre später aufgrund von rechtlichen Schritten der Musikindustrie geschlossen wurde, war die Community auf 80 Mio. Nutzer weltweit angestiegen – im damals noch sehr kleinen Internet eine der größten Plattformen überhaupt. Zudem gab es zig Ableger, die dem gleichen Prinzip folgten. Auf diese Signale der Endnutzer konnte man nun in zwei Richtungen reagieren. Die Musikindustrie hatte ihr altes Geschäftsmodell zu verlieren und versuchte, letztendlich auch erfolgreich, Napster und andere Plattformen mit rechtlichen Mitteln zu bekämpfen. Später kam man dann auf die Idee, solche Plattformen zu kaufen oder selbst zu gründen, um den Nutzern dann für die Nutzung Geld abzunehmen. Beides war eher mäßig erfolgreich und auch ein wenig halbherzig – der Damm war gebrochen und nichts würde wieder sein wie vorher.

Anbieter, hört die Signale!

Die Signale der Nachfrager richtig verstanden und genutzt hat hingegen unter anderem Steve Jobs, der Gründer von Apple. Seine Folgerung war: Wenn ihr einzelne Songs wollt und nichts oder vielleicht nur den Gegenwert eines einzelnen Lieds statt eines Albums bezahlen wollt, dann baue ich euch dafür den iTunes Store, in dem ihr einzelne Songs individuell für 99 Cent pro Stück kaufen könnt. Gleich dazu baue ich euch ein schickes tragbares Abspielgerät namens iPod und gebe noch ein paar sinnvolle und praktische Softwarefunktionen zum Verwalten, Konvertieren, Ordnen, Brennen, etc. dazu. Alles rund um eure Musik kann sich jetzt hier abspielen – fertig war die Übernahme der Führungsposition in einer ganzen Branche, in der man zuvor keine Rolle spielte. Apple hatte den Wunsch der Nutzer nach Individualisierung und Mobilität für das Thema erfüllt und damit den Musikmarkt nicht aus Sicht der Angebotsseite oder Industrie, sondern von den Endkonsumenten aus neu aufgerollt. Natürlich muss man Jobs zugutehalten, dass er nur etwas zu gewinnen und nichts zu verlieren hatte wie die alte Musikindustrie – die war im bereits erwähnten „Innovators-Dilemma" gefangen und hätte ihr extrem lukratives Geschäftsmodell selbst zerstören müssen.[7] Dann haben eben andere es zerstört, wie es unausweichlich in Branchen geschieht, die disruptiv verändert werden – in diesem Fall durch die Loslösung der Notwendigkeit alter Tonträger. Es gab somit keinen Gatekeeper-Bonus mehr, die Alternativen waren da und die direkte Verknüpfung von Künstlern und Fans konnte über soziale Medien, allen voran YouTube, hergestellt werden. Wer hier auch als totaler Newcomer seine Fanbasis aufbaut, findet anschließend leicht Funktionen der Vermarktung oder des Produzierens, wenn er denn will – aber eben mit der Musikindustrie als Dienstleister des Künstlers, nicht als mächtiger „Mittelmann", der sich einen großen Teil der Wertschöpfung als Marge holt.

> *„Mit Musik lässt sich kein Geld mehr verdienen!"*
> **Doch, aber auf andere Weise! … und Mieten statt Kaufen!**

Die Rollenverteilung und die Wertschöpfungselemente in der Musikindustrie sind heute nahezu komplett ausgetauscht: Musik wird immer weniger gekauft, nicht mal mehr heruntergeladen, sondern über Spotify und Co. gestreamt – man zahlt also nicht mehr für einzelne Songs, sondern mietet als Nutzer lediglich den Zugang zu so ziemlich jeder Musik, die man gerade haben will. Die Künstler und Musik-Label, die in den alten Strukturen prächtig verdient haben, finden dies nicht toll, denn die Bezahlung pro Stream oder pro Abruf auf YouTube reicht in den meisten Fällen nicht mal annähernd an die Vergütung zu Plattenzeiten heran. Dies war aber die eigentlich unnatürliche Situation, die, ganz im Sinne des PROFSKI-Blicks, so nie entstanden wäre, wenn die Endkonsumenten immer schon die Möglichkeiten von heute gehabt hätten. So sehr ich jeden verstehe, der es nicht gut findet, dass er nicht mehr so viel verdienen kann wie früher, so sehr muss ich leider sagen, dass Sie Kindern, die heute geboren werden, wohl kaum mehr nachvollziehbar erklären können, dass es mal so war. Und mit Musik beziehungsweise um Musik herum wird auch in Zukunft Geld verdient. Vor dem Internet waren Konzerte meist Promo-Touren, bei denen die Tickets im Vergleich zu heute sehr günstig waren – Ziel war es, dass viele Leute die Band sehen und hinterher die Platten oder später CDs kaufen, an denen man dann so richtig viel Geld verdiente. Weiteres Geld kommt noch über die Verwertungsgesellschaften herein, wenn die Songs dann im Radio und in Clubs und auf Partys gespielt werden. Jeder musste also damals direkt oder indirekt für den Genuss der Musik

---

[7]Siehe Kap. 4.

bezahlen. Heute dagegen ist der Konsum über Musik-Streaming-Dienste für den Nutzer zu minimalen Kosten oder auf YouTube sogar ganz ohne Gebühr verfügbar. Diese Kanäle dienen dann vielen Künstlern eher als Promotion für Konzerte, deren Tickets heute im Verhältnis zu den Zeiten ohne Internet auch inflationsbereinigt das Vielfache kosten.

Was hat Apple jetzt zum Nokia-Killer gemacht?

Wenige Jahre später machte sich Apple in genauso schöpferischer Zerstörung daran, den Markt für Mobiltelefone von Grund auf neuzugestalten, als sie das iPhone auf den Markt brachten, dem bald mit dem Tablet „iPad" der nächste Paukenschlag für den Computermarkt folgte. Als im Juni 2007 die ersten iPhones ausgeliefert wurden, war die Welt der mobilen Kommunikation eine andere – obwohl viele es damals noch nicht verstanden oder einfach nicht wahrhaben wollten. Legendär ist das Interview des damaligen Microsoft-CEO Steve Ballmer, der dem iPhone bescheinigte, dass es wirklich keine Chance hätte, einen signifikanten Anteil am Markt für Mobiltelefone zu erobern – man könne damit ja kaum richtig telefonieren.

Ballmer hatte auf bizarre Weise sogar Recht, denn das iPhone eroberte keinen Anteil am Markt für klassische Mobiltelefone, es zerstörte diesen und schaffte einen neuen, nämlich das Smartphone-Ökosystem. Zuvor gab es zwar auch schon mobile Kommunikatoren, mit denen man nicht nur telefonieren, sondern auch ins Web gehen und vor allem E-Mails schreiben konnte. Allen voran Blackberry oder die Nokia Communicator-Modelle waren hier im vergleichsweise kleinen Business-Bereich stark. Im Vergleich zum iPhone waren diese Vorläufer aber eher tragbare Tastaturen, die Bedienbarkeit war umständlich und Bewegung im Internet eher ein nicht flüssig laufender Krampf. Das iPhone war durch Multi-Touch statt Tasten und den kompletten funktionsorientierten Minimalismus im einzigartigen Design schon stark. Dies hätte man aber wohl noch recht schnell imitieren können, wenn eine Umgehung der Patente möglich gewesen wäre – gute Hardware konnten Nokia und Co. auch. Das Apple-Betriebssystem mit vorinstallierten, top funktionierenden Anwendungen, den „Apps" machte die Nutzung aber erst zum Genuss. Vor allem Nokia hat wirklich viel zu spät erkannt, dass neben der Apple-Software vor allem das Universum des 2008 gestarteten App Stores der weitaus wichtigere Erfolgsfaktor war. Sehr gut laufende Software auf dem mobilen Endgerät, maximal einfach und flüssig, aber vor allem jede erdenkliche Anwendung – Spiele, Kalender, Kommunikation, Wetter, alles Mögliche konnte man sich unter bald Millionen und später Milliarden von Apps auf das iPhone laden. Die Zahl wuchs rasant, als Apple Drittentwicklern die Möglichkeit bot, an ihren für das iPhone entwickelten Apps Geld zu verdienen. Mithilfe der Kreativität und Kompetenz von Hunderttausenden von Drittentwicklern wurde den iPhone-Nutzern ein Maximum an Individualisierung geboten, wie es zuvor kaum denkbar erschien – einfach für alles gab es nun Apps.

Der Individualisierungsgrad eines Nokia-Telefons war im Vergleich dazu gerade anachronistisch: Hier waren es eher die Telefonnummern, die Klingeltöne, die Handy-Hülle und viele kleine, nicht wesentliche Hardware-Kinkerlitzchen, die zwei Nokias voneinander unterschieden, wenn sie nebeneinander lagen. Der Startbildschirm verschiedener iPhones konnte sich hingegen bald vor Vielfalt und Individualisierung der Anwendungen durch seinen Nutzer kaum retten, da erschienen die abenteuerlichsten Apps, die man sich nur ausdenken konnten. Nokia war zum Zeitpunkt des iPhone-Markteintritts Weltmarktführer für Mobiltelefone mit über 50 % Anteil. Beim Verkauf der einst so stolzen Nokia-Telefonsparte an Microsoft im Jahr 2013 war der Anteil auf verschwindende 5 % gesunken. Bei der Pressekonferenz zum Verkauf konnte man den weinenden Nokia-CEO Stephan Elop bestaunen, der meinte:

„We didn't do anything wrong, but somehow we lost.“

Ich will dem Mann nichts Böses, aber die haben nicht „irgendwie" verloren, sondern systematisch. Was der Quereinsteiger Apple da 2007 abgeliefert hatte, wurde wohl zunächst eher belächelt, sodass man nicht nur Zeit verlor, sondern sich auch komplett überschätzte, bevor man begriff, was da warum vor sich ging. Apple hatte durch hervorragende Software, sowohl im Betriebssystem als auch in der Anwendungssoftware, den Menschen maximale Einfachheit und Intuition geboten und ihnen eine völlig neue Liga der Individualisierung eröffnet. Sie gaben den Menschen durch die Erfüllung dieser beiden Grundbedürfnisse, gepaart mit dem dritten der Mobilität, also Standortunabhängigkeit, DAS zentrale Steuerungselement ihres eigenen Lebens von heute in die Hand, das sie nur deswegen nie vermisst haben, weil sie es nicht kannten!

Kooperieren mit den Besten statt hoffen auf loyale Kunden!
Nokia verkündete, dass man auf die Markentreue der Kunden setze und die eigene Stärke und Erfahrung in der Entwicklung neuer Mobiltelefone sehe. Tatsächlich hatten die Finnen jahrelang eine wahnsinnig starke Marke, aber Treue von Kunden hält nur, bis ein anderer um Leistungsklassen besser ist. Die eigene Kompetenz von Nokia erstreckte sich vor allem auf Hardware und Produktentwicklung, das hauseigene Betriebssystem Symbian lief schon damals mehr schlecht als recht, aber mit dem eines originären Softwareriesen wie Apple war es eben nicht vergleichbar. Von der Idee eines eigenen App Stores von Nokia

habe ich zumindest weder damals noch heute etwas mitbekommen. Aber genau dies wäre ja der Schlüssel gewesen, die Abwanderung zu Apple, die den Markt vom Kundengrundbedürfnis nach Individualisierung her aufrollten, zu stoppen. Google hat besser erkannt, was der eigentliche Kern der Entwicklung war, als ein anderer Softwareriese per se originär aus der vernetzten Welt kommend.

Ein zweites App-Universum!
Wenige Monate nach Apple startete Google eine eigene Plattform vor allem für Apps für sein eigenes Betriebssystem Android, genannt „Google Play". Wirklich interessant zu sehen, wie sich die früheren Mitwerber anders verhielten als Nokia. Samsung, HTC und andere konzentrierten sich lieber auf die Hardware und vertrauten auf die Kompetenz von Google, ein eigenes App-Universum aufzubauen, und holten Android auf ihre Geräte. Google auf der anderen Seite baute in den folgenden Jahren nur Hardware für das absolute Premium-Segment, wenn es also gegen den Rivalen Apple ging, und überließ den Partnern (vor allem denen aus Asien) die anderen Segmente, um dort über diese massenhaft ihr Betriebssystem Android und ihre Apps laufen zu lassen. Eine Kooperationsstrategie, die bisher aufgegangen zu sein scheint. Anders als Nokia überlebten die anderen Endgerätehersteller und sind dabei auch relativ erfolgreich. Google ist wohl eher an dem Datenstrom und der Kundennähe über die Smartphones interessiert, als dass sie mit Smartphone-Verkauf Geld verdienen wollen – Sie erinnern sich vielleicht an die „Öl-Lampe". Und bis zum Schreiben dieses Buches hat sich der Weltmarktanteil des Android-Betriebssystems immer um 70 bis 80 % bewegt, sodass man von einer erfolgreichen Symbiose sprechen kann.

Wenn sich zwei Kutscher zusammentun, kommt wahrscheinlich kein Auto heraus!

Als sich Nokia und Microsoft durch die Übernahme der Nokia-Mobilfunksparte durch Microsoft 2013 ganz zusammentaten und nicht nur als Kooperation zusammenarbeiteten, stand dies nicht unter einem guten Stern, um erfolgreich zu werden. Es stiegen ja genau die beiden ins Boot, die beim iPhone-Launch durch ihre Zitate und Reaktionen belegten, dass sie nicht begriffen hatten, welche Kompetenzen nun gefragt sind. Klar kann Microsoft Software und Nokia kann Hardware, es waren aber eben schon Jahre am Markt verloren gegangen, als die beiden dann die neuen Modelle des „Microsoft Windows Mobile" auf den Markt brachten. Ich erinnere mich noch, dass ich so ein Modell mal testen durfte: es war eigentlich echt gut, Bedienbarkeit war gewöhnungsbedürftig, aber okay, Kamera auch gut, aber als ich dann ein Bild auf Instagram bearbeiten und mit meiner Community teilen wollte, ging das nicht, weil die App entweder noch nicht vorhanden war oder nicht richtig funktionierte. Ich weiß es nicht mehr genau, aber auf jeden Fall war das, was mir wichtig war, nämlich in der vernetzten Welt Inhalte erstellen und teilen zu können, nicht dem gelernten Standard meines Android-Phones entsprechend und damit war es „raus".

6.2.3 Auch die Besten fangen nach einem Strukturbruch von vorne an

Wenn ich hier die Fehler einiger Top-Manager so aufzeige, sollte man das bitte nicht als „Bashing" verstehen: Im Nachhinein ist man immer schlauer und das waren ja alles Top-Leute, die für ihre Unternehmen bestimmt sehr viel geleistet haben – man kann ja nicht immer alles richtigmachen, das ist völlig normal. Es ist aber eben so, dass man nach einem Strukturbruch auf keinen Fall mit alten Denkweisen in neuen Rahmenbedingungen große Erfolge erwarten kann – zumindest nicht nachhaltig und vor allem nicht, wenn ein starker Disruptor kommt, der die Grundbedürfnisse der Kunden sehr rigoros erfüllt. Manchmal wäre es dann für viele Manager besser, wenn sie mit dem Eintritt des Struktur-bruchs auch gegangen wären. Im Falls von Microsoft scheint solch ein Wechsel an der Spitze Wunder gewirkt zu haben: der ein Jahr nach der Nokia-Übernahme angetretene CEO Nadella hat wohl das Smartphone-Thema einfach abgehakt und das Unternehmen für andere vernetzte Themen so neu aufgestellt, dass Microsoft seitdem zeitweise wieder nach Marktkapitalisierung zur wertvollsten Firma der Welt aufstieg.

Wie bitte? Gerade DU hast kein iPhone?

Ich möchte nicht, dass der Eindruck entsteht, ich würde die hier geschilderten Strategien glorifizieren oder wäre ein Apple-Fanboy. Ich selbst habe sogar bis heute noch kein Apple-Produkt gekauft, was bei meinen Kunden schon öfters zu Überraschungen geführt hat. Bei mir liegt das einfach daran, dass ich kein Kunde bin, der einen so hohen Premium-Aufschlag für die Marke „Apple" zu zahlen bereit ist. Zeitweise hatte ich auch den Eindruck, dass der technische Vorsprung von Apple nicht mehr so groß war beziehungsweise vergleichbare, weitaus günstigere Produkte mir einfach ein besseres Preis-Leistungsverhältnis boten. Trotz meiner persönlichen Kaufpräferenz habe ich aber als Wirtschafts-historiker und Markenmensch natürlich höchsten Respekt, wenn eine Firma so bahnbrechend und disruptiv Strukturbrüche prägt. Vor allem aber passen die beschriebenen Punkte so hervorragend dazu, welche Macht die Erfüllung der Fundamentalprinzipien mit Produkten mit sich bringt.

Wofür steht denn das „i" eigentlich?
Wenn Menschen davon sprechen, wie toll Apple-Produkte sind, dann ist dies bestimmt richtig, aber diese Produkte sind kein Selbstzweck, sondern zielen auf die Erfüllung von einheitlichen Grundbedürfnissen ab: wie kaum eine andere Firma baut die Apfelfirma Produkte, die auf genau jene Bedürfnisse abzielen, die wirklich ALLE Menschen auf der Welt gemeinsam haben, in allen Ländern und in allen Kulturen. Dies ist zum einen der Vorzug von Produkten, die so einfach und intuitiv sind, dass sie kaum eine Bedienungsanleitung benötigen. Zum anderen ist dies der Wunsch, die individuellen Präferenzen erfüllen zu können, eben weniger in eine Gruppe mit wenig Differenzierungsmöglichkeiten gepackt zu werden als bei anderen Anbietern. Genau wegen dieser so strikten Ausrichtung auf und Erfüllung dieser Wünsche kann Apple wie kaum ein anderes Unternehmen weltweit gigantische Premium-Aufschläge erwirtschaften. Es ist eine wirklich globale Marke, die kaum mehr Differenzierung benötigt, da sie auf die Gemeinsamkeiten aller Märkte und aller Menschen abzielt. Folgerichtig und konsequent, aber dennoch oft wenig bewusst ist das verbindende Element sehr vieler Apple-Produkte: das „i"! Von iMac und iTunes über iPod und iPhone bis hin zu iPad, was eben diese Individualisierung über Musik, Apps etc. symbolisiert. Allerdings stand dieses „i" seit seiner ersten Verwendung beim iMac auch für „Internet" und damit für Vernetzung, erst später dann für „individual" und „inspire". Wahrscheinlich, weil es heute normal geworden ist, dass Produkte vernetzt, also internetfähig sind, ist das „i" bei der „Apple Watch" und beim „Apple TV" weggefallen.[8]

Halt, nicht schießen!
Ich bin es, der Klemens, und niemand anderes!

Die Individualisierung von Produkten war immer schon wichtig, die digital vernetzte Welt hat den Maßstab und die Möglichkeiten aber gigantisch erhöht und wird im Zuge des in Abschn. 5.3 beschriebenen Human-Digital-Reflex erwartet. Der daraus resultierende Wettbewerbsdruck in allen Branchen wird

.

---

[8]https://www.chip.de/news/Das-i-in-iPhone-Welche-Bedeutung-hat-der-Buchstabe-fuer-Apple_90029207.html (zugegriffen am 10.06.2020).

dementsprechend immer weiter zunehmen und auch typische nicht-digitale Produkte sollten digitale Möglichkeiten nutzen, um die eigenen Produkte zu erweitern und dem Anspruch gerecht zu werden. Ich als Kunde werde jeden Anbieter in allen Branchen am Machbaren messen, seine Produkte und vor allem seine Services für mich zu individualisieren. Mich als Teil einer Gruppe zu behandeln, bleibt hinter den Möglichkeiten des digital vernetzten Zeitalters zurück. Meine Daten stelle ich gerne zur Verfügung, wenn diese ausschließlich dazu genutzt werden, mir zuzuhören, dann da zu sein, wenn es relevant ist, und für mich maßgeschneiderte Angebote machen zu können. Ich möchte hingegen kein „Ziel" sein, auf das Sie Ihre nicht maßgeschneiderte Werbung schießen.

6.3   Hier und jetzt! – Die totale Echtzeit-Konvergenz des SoLoMo (Social, Local, Mobile)

Im Kapitel über die Veränderungen der Marktbedingungen hin zur Netzwerk-ökonomie habe ich bereits die Bedeutung der mobilen Infrastruktur angedeutet, aber auch erwähnt, dass dieser Prozess immer noch am Anfang steht. 5G als nächste Stufe der mobilen Infrastruktur dürfte hieran einiges ändern und vor allem dem Internet der Dinge einen starken Schub geben. Wiederum geht es für das Management darum, die schon weit fortgeschrittene Konvergenz im Denken und Handeln der vernetzten Kunden auch auf Unternehmensseite herzustellen und zu „leben". Denkweisen, Strukturen und Handlungen müssen sich zu einem einzigen Ganzen im digital vernetzten Zeitalter zusammenfügen. Eine Trennung zwischen online und offline darf es hier nicht mehr geben. Den neuen Möglich-keiten der Nachfrager muss innderhalb der Organisation Entsprechendes ent-gegengesetzt werden, um den Kontakt nicht abreißen zu lassen.

6.3.1   Das Ende von „zwei Welten"

In den Organisationen, deren DNA im vorvernetzten Zeitalter entstanden ist, kam naturgemäß „digital" irgendwann hinzu, dies machte man auch noch neben den bereits gelernten Prozessen. Auch wenn das Digitale immer mehr und wichtiger wird, ist zu oft noch eine Zweiteilung in Abteilungen, Funktionen und Denk-weisen vorhanden. Bezeichnungen mit „Digital-" oder „Online-" vor allen klassischen Begriffen und Jobbezeichnungen – von Redakteur über Marketer bis Marktforschung – zeugen von genau dieser Dichotomie zweier Welten. Leider hat diese aber immer weniger mit der Realität, zumindest der Realität von den in das digital vernetzte Zeitalter Hineingeborenen zu tun: Eine Trennung zwischen Online und Offline im Sinne von „real" und „virtuell" gibt es de facto für diese Generation der Digital Natives nicht mehr. Sie lernen als Kleinkinder die Einfachheit von Informationsbeschaffung und Organisation mithilfe von Smart Speakern oder Smartphones, die für sie die natürlichste Verbindung mit der sie umgebenden grenzenlosen Welt sind. Selbst für uns Digitale Migranten ist eine Trennung nicht mehr vorhanden. Oder fragen Sie sich mal, wann Sie das letzte Mal Ihr Smartphone am Eingang eines Supermarktes abgegeben haben oder es weggelegt haben, weil Sie sich ausschließlich auf einen Radio- oder TV-Sender konzentrieren wollten. Und was ist überhaupt letztlich ein TV-Sender, dessen Programm Sie inzwischen genauso in der Mediathek schauen können wie vorher nur die Streaming-Dienste von Amazon oder Netflix? Okay, an nervigen, nicht für Sie passgenauen Werbepausen merkt man den Unterschied am ehesten. Gerne erinnere ich mich an die Geschichte eines Studenten, der erzählte, dass er, warum auch immer, in einer Telefonumfrage einer Marktforschungsfirma gelandet war: Als die Frage kam, welcher TV-Sender denn sein Favorit wäre (er durfte nur einen nennen), antwortete er reflexartig „Netflix". Der Interviewer konnte einem nur leidtun, denn Netflix war aus seiner Sicht ja kein TV-Sender und stand auch nicht in den vorgegebenen Antworten zur Wahl.

> *„Ich weiß nicht wirklich, was Sie mit „Fernsehsender" meinen, aber alles andere außer Netflix und YouTube interessiert mich nicht!"*

Dies war die ehrliche, spontane Antwort, die eine TV-Sender-Umfrage wahrscheinlich nicht unbedingt hören wollte – hilft aber nichts. Wie virtuell ist für Sie ein Telefonat? Schwer zu sagen, würde ich meinen. Es ist kein „richtiges" Gespräch, bei dem man sich in die Augen schaut, Mimik wahrnimmt und die Umgebung miteinbezieht. Aber ist es deswegen kein Gespräch, sodass es irgendeinen Zusatz im Sinne von künstlich bzw. minderwertig benötigt? Ich denke eher, dass man nach einigem Nachdenken die Differenzierung berücksichtigt, dass – je nach Sachverhalt, Kontext und Gesprächspartner – die eine oder die andere Gesprächsform oder der eine oder der andere Kanal vorteilhaft oder notwendig ist. Genauso schwer ist es aber für einen Digital Native zu sagen, wie virtuell ein Chat über WhatsApp, Snapchat oder Facebook ist! Für ihn waren diese Möglichkeiten bereits da, genauso wie für alle in meinem Alter ein Telefonat. Beim heutigen Video-Chat muss man ja sogar noch zugestehen, dass man den Gegenüber sogar sieht und dies dem Telefon an Vielfalt somit überlegen ist.

6.3.2   Das Vermissen der Selbstverständlichkeit

Selbst bei den Digitalen Migranten hat das Smartphone schon jegliche Denkweisen getrennter Welten zwischen Offline und Online obsolet gemacht –
zumindest, sobald Daten-Flatrate und ausreichender Empfang die Limitierungen
aufheben. Für die in dieses Zeitalter Hineingeborenen war digital ohnehin schon
immer selbstverständlich. Wie sehr, merkt man eigentlich erst wieder, wenn es
nicht mehr da ist. Mein Schlüsselerlebnis geschah vor einigen Jahren in einem
Urlaubsclub: Das Bild werden Sie kennen, einige „ältere" Papierliebhaber
wie ich liegen mit Büchern und Zeitschriften am Pool, die meisten der Kinder
daddeln auf dem Smartphone rum. Ja, selbstverständlich haben auch einige
Ältere E-Reader und Smartphones in der Hand und ein paar Kinder bevorzugen
Papier zum Versinken in einer anderen geistigen Welt. Nach ein paar Tagen im
Club kennt man auch schon einige Leute, man sieht sich beim Essen, macht
gemeinsam Sport, trinkt ein Bier zusammen, das Wetter ist gut – entspanntes
Abhängen im Urlaub eben.

30 Stunden ohne W-LAN – die Anspannung ist zum Greifen nah!
Doch dann passiert es! Eines Morgens fällt das W-LAN im gesamten Club aus.
Da ich in einem Land außerhalb der EU war, waren die Roaming-Gebühren
damals richtig hoch, sodass Internetzugang über Telefondaten schlagartig
wieder richtiger Luxus für wenige war. Der Großteil ist nun „von der Welt"
abgeschnitten und muss sich mit dem physischen Hier und Jetzt abfinden.
Spätestens gegen Mittag konnte man beobachten, dass eine gewisse Unruhe entstanden war, sich ein wenig ungelenk unterhaltende Menschen hier, einige lauter
werdende Konflikte da. Beim Mittagessen wurde wie immer viel gesprochen,
denn im Club gab es die Regel, dass W-LAN in den Speiseräumen ohnehin tabu war. Es gab aber wohl keinen Tisch, an dem der Internet-Ausfall nicht
thematisiert wurde. Am Nachmittag schien aber vielen Familien und anderen
Gruppen ihre „Social-Media-Zeit" zu fehlen, die Spannungszustände des
ungewohnten Dauer-Offlines fingen bis zum Abend an, zu eskalieren. Es ist
nicht so, dass es nicht auch Gruppen gab, die sich schnell wieder zurechtfanden
und sich freuten, sich wieder auf das Zwischenmenschliche – ohne Smartphone
dazwischen – konzentrieren zu können. Insgesamt war die Anspannung aber
überall zu spüren und Menschen sprachen darüber, dass ihnen jetzt schon nach
wenigen Stunden klar wurde, wie sehr der Human-Digital-Reflex allgegenwärtig

geworden war. Als gegen Mittag des folgenden Tages das W-LAN wieder funktionierte, sah man Szenen, die mich an die Abschaffung des Alkoholverbots – der Prohibition – in den USA erinnerte. Wildfremde Menschen, die sich bestenfalls vom Sehen kannten, jubelten sich kurz ein wenig zu, wenn sie sich mit dem Smartphone in der Hand begegneten, die Stimmung am Pool war geradezu euphorisch, bis wieder sehr viele einen ausgiebigen Schluck aus der Internet-Pulle nahmen. Man war wieder in seinem weltweit vernetzten eigenen „Rudel" angekommen, egal, wo man gerade war.

Das Ende der Langeweile!
Natürlich kann man das alles seltsam und gesellschaftlich ungesund finden. Ich selbst empfinde dies auch oft so und lege bewusst Digital-Pausen ein und genieße mit Freunden und Familie Zeit ohne Smartphone. Die allgemeine Verfügbarkeit von jeglichen Informationen hat das Smartphone für sehr viele Menschen unentbehrlich gemacht – weil sie sich informieren können, weil sie jeglichen Menschen nahe sein können, mit denen sie dieses wollen. Aber eben auch, weil es seit dem Smartphone keine Langeweile mehr gibt, man wartet nicht mehr endlose Minuten auf einen Bus und starrt gelangweilt in der Gegend rum, man nutzt die Zeit sinnvoll oder blödsinnig in der digitalen Welt, je nach Perspektive. Das muss man nicht gut finden, denn Langeweile kann der Quell von Kreativität sein, von Erfindergeist, davon, Neues auszuprobieren. Es gibt also viele vielleicht nicht gute Erscheinungen dieser Entwicklung, aber es ist nun mal die Realität, der sich auch Unternehmen stellen müssen: die Menschen tun es und zwar nicht mehr als Einzelfall, sondern als Normalfall, sie nutzen ihre Smartphones praktisch permanent und die mediale Aufmerksamkeit ist dort zentriert.

6.3.3   Nicht „multi" und auch nicht „omni", sondern einfach „EINS"

Damit sind sehr viele Denkmuster, Konzepte, Annahmen und Begriffe des Industrie- und Massenkommunikationszeitalters komplett und grundlegend zu hinterfragen: vor allem ist es das Denken in Kanälen, das Optimieren von Kundenkontaktpunkten, die Aufstellung eines Media-Mix oder die Typologisierung von Online-Kunden und stationären Käufern, um nur ein paar Begriffe exemplarisch zu nennen.

▶   Den Media-Mix immer dabei!

Wer zurecht davon ausgeht, dass die Menschen ihre Smartphones und Vorteile und die allumgebende Macht jeglicher Verfügbarkeit von individuell präferierter Information so schnell nicht mehr aufgeben werden, der sollte alle Denkmuster und Prioritäten daran anpassen. Da, wo ein Media-Mix für verschiedene Kanäle und Nutzungsmuster Sinn machte, ist heute mit Smartphones und mit den darauf laufenden Social Media alles gebündelt. Da, wo morgens ein Radiospot gehört wurde, in der Straßenbahn ein Plakat gesehen, im Zahnarzt-Wartezimmer eine Zeitschriftenwerbung gelesen, abends vorm Fernseher ein TV-Werbeclip geschaut wurde, da, wo die „Touchpoints" mit Produktinformationen waren, dominiert heute die Konzentration auf das Gerät in den eigenen Händen. Das Smartphone IST ein Media-Mix für sich, der eben alles vereint, was früher in Text, Bild, Bewegtbild, Sound getrennt war. Kein Zugabteil, keine Haltestelle, kein Warte-zimmer und auch keine Wohnzimmercouch, wo das Smartphone nicht beim leichtesten Anflug von Langeweile einen Handgriff entfernt ist – bevorzugt in der Werbepause, vorausgesetzt, ein solcher TV-Sender wird überhaupt noch geschaut.

▶   Wer dort nicht vorkommt, ist schlichtweg nicht existent!

Nirgendwo wird so viel Zeit verbracht wie in den Social-Media-Feeds von Instagram, Facebook, TikTok, YouTube oder den Messengern von WhatsApp, Telegram und WeChat. Wer nicht durch die Filter meiner Bekannten, meiner Influencer und meiner sonstigen bevorzugten Inhalte kommt, hat kaum eine Chance, auch nur wahrgenommen zu werden. Der permanente Zugriff und das häufige eigene Senden von Posts, Kommentaren oder Teilen erzeugt eine ständige allumfassende Schleife von vor allem sozialer Beeinflussung in allen potenziellen Phasen einer Konsumentenentscheidung.

Man wird auf Marken und Produkte aufmerksam gemacht, wenn man über diese explizit in sozialen Medien spricht oder sie auch nur indirekt oder neben-bei präsentiert werden – so wie eben auf jeder Gartenparty, dem Schulhof oder Straßenfest. Wenn die Hälfte deines Freundeskreises Schuhe der gleichen Marke trägt, müssen diese nicht darüber reden, es hat aber langfristig und meistens unbewusst eine Wirkung: die Marke hat sich als in deinem sozialen Umfeld angesagte Marke ihren Platz erarbeitet. Die Sozialen Medien tragen diesen „Influence Loop", wie Brian Solis, einer der wichtigsten Autoren zum Social-Media-Marketing, es nennt, grenzenlos von Ort und Zeit in die Welt. Genauso ist man durch seine eigenen Mitteilungen gegebenenfalls auch Einfluss-träger für andere, sodass sich eine sich verstärkende Rückkopplung ergeben kann, ebenfalls genauso wie in einer Schulhof-Community – Moden und Trends sind schon immer so entstanden. Einer fängt an, andere sehen das, es wird akzeptiert und größer, wenn besonders einflussreiche soziale Knotenpunkte, die „jeder kennt", das Ganze aufnehmen.

Ein ortsabhängiger 24-stündiger „Influence Loop" von Beeinflussen und Beeinflusstwerden!
Befinden sich potenzielle Kunden in der Such- oder Entscheidungsphase, werden diese sozialen Signale noch wichtiger und können auch in explizites Befragen der Community übergehen. Sollte hier ein eindeutiges Veto der eigenen Einflussgeber erfolgen, wird es eine Marke in vielen Fällen schwerhaben, sich darüber hinwegzusetzen. Erfolgt hingegen eine Bestärkung, wird der Kaufabschluss sehr wahrscheinlich nur noch eine Frage der Zeit sein. Die aus Markensicht erhoffte Eskalation der sozialen Beeinflussung ist erreicht, wenn Menschen sich auch im Anschluss an den Kauf durch ihre Entscheidungen positionieren wollen, z. B. in einem „Unboxing-Video" – also das feierliche Auspacken des Produkts, das man mit seinem sozialen Umfeld teilen möchte. Falls Sie sich fragen, was das soll: Nein, ich verstehe das meist auch nicht, aber es dient der sozialen Positionierung, so wie ihre dicken Autofelgen einigen Menschen auch nicht wirklich einen Nutzen bringen außer der Aufmerksamkeit und Positionierung bei anderen, die gucken.

6.3.4   SoLoMo nach vorne, alles andere nach hinten

Die wichtigste Quelle für Informationen, Vertrauen, Empfehlungen von Marken und Produkten ist in jeder Situation das Smartphone mit entsprechendem Internetempfang und Datenflatrates – also jederzeit zu Grenzkosten von nahe Null – es ist allgegenwärtig. Menschen haben also ihre erste Wahl in Bezug auf Informationen omnipräsent zur Verfügung und können selbst als Einflussträger eingebunden werden. Jegliche Direktbeschallung durch unternehmensgesteuerte Markeninformationen rückt damit in die zweite Reihe. Aus Sicht der potenziellen Kunden ist dies naturgemäß sowieso der Fall. Auf Seiten der Unternehmen, die sich in den meisten Fällen jahrzehntelang an den werblichen Direktbeschallungsmodus in Richtung Konsumenten an verschiedenen Stellen – den Touchpoints im Media-Mix – gewöhnt hatten, ist dies leider noch nicht oft der Fall. Man hatte es so gelernt, man konnte es sich nicht vorstellen, dass es anders geht, und man hat es auch noch nicht wirklich neu gelernt. Deswegen in aller Klarheit:

▶ Weil „Social Local Mobile" auf Kundenseite nicht mehr weg geht, erfordert es „SoLoMo" auf Unternehmensseite als Leitprinzip, dem sich alle anderen Konzepte und Kanäle unterzuordnen haben!

Dies bedeutet nicht zwangsläufig das Ende aller früheren Touchpoints und des eigenen Sendens von Werbebotschaften. Diese sollten aber bestenfalls unterstützend und/oder als das Auslaufmodell für die vorvernetzten Zielgruppen beibehalten werden. Vielleicht das auch noch lange, da viele ihre Gewohnheiten bis zum Lebensende beibehalten und deswegen weiterhin mit der Werbebotschaft im TV-Film um 20.15 Uhr erreicht werden können. Dies ist vollkommen okay, aber eben nicht die Zukunft, wenn man nicht davon ausgeht, dass die heutigen Digital Natives in ein paar Jahren wieder ihre Smartphones wegschmeißen, sich auf die klassischen Fernsehsender besinnen und lieber Werbebotschaften von Unternehmen erhalten statt zu wissen, was ihre eigenen Bekannten empfehlen. Da ich keinerlei wirklich begründeten Anhaltspunkt dafür sehe bzw. die Entwicklung aus dem Lichte des PROFSKI-Blicks genau das beschreibt, was Menschen immer schon gemacht hätten, wenn es möglich gewesen wäre, sollten Unternehmen die Elemente dieses Fundamentalprinzips wirklich verinnerlichen und priorisieren.

▶ Social First!

Das Leitmotiv der Markenkommunikation muss sich darauf konzentrieren, sich dem Gesprächsprinzip anzupassen und den Sende-Werbemodus, wenn überhaupt, im Hintergrund als Unterstützung beizubehalten. Wie Unternehmen lernen können, den Gesprächen in Echtzeit zuzuhören und selbst Gespräche zu führen, wird Gegenstand noch folgender Kapitel. Neben dem „Selbstsprechen" beinhaltet „Social" aber auch die Berücksichtigung und bestenfalls das Einbinden anderer in die Gespräche – eine logische Folge der Wichtigkeit und des Einflusses, den Bekannte aufeinander haben. Diese beiden Dimensionen sind so elementar, dass sie eigene Fundamentalprinzipien darstellen.

▶ Local First!

Auch wenn Menschen heute jederzeit über die gesamte, digital vernetzte Welt mit jedem und allem verbunden sein können, so leben wir doch natürlich auch noch im örtlichen Hier und Jetzt. Die Temperatur, die ich fühle, die Gebäude, Landschaften und Menschen, die ich gerade sehe, die Gerüche in meiner Nase und die Atmosphäre, die spüre, bleiben bei aller Distanz nachdrückliche Eindrücke, die meine Wahrnehmung, auch mit einem Smartphone als Verbindung zum Rest der Welt, maßgeblich beeinflussen. Stimmungen, Emotionen und simple physische und soziale Bedürfnisse sind örtlich mitgeprägt – vom Restaurant über die Apotheke oder den Club bis hin zu den Menschen in Laufdistanz, all das sollten Unternehmen berücksichtigen. Dating-Apps wie Tinder, Restaurant-Empfehlungen oder Tagestickets haben aus physisch lokaler, aber digital vernetzter Nähe perfekte Geschäftsmodelle gemacht. Neben den Chancen zielgenauer lokaler Ansprache sollten Unternehmen die vielfältigen Möglichkeiten zur Einbindung von Menschen vor Ort begreifen. Sehr offensichtlich sind die z. B. bei Geschäftsmodellen von „Streetspotr"[9]: hier können sich Menschen anmelden und sie erhalten eine Push-Nachricht, wenn sie gerade eine Aufgabe in ihrer Umgebung erledigen können – gegen eine kleine Bezahlung natürlich. Dies sind oft Aufgaben, zu denen man sonst ein teures Marktforschungsteam oder eine Qualitätskontrolle, z. B. in einen Supermarkt, hätte schicken müssen. Ein wenig anspruchsvoller hinsichtlich sozialer Zusammenhänge wird es, wenn Marken Nutzern Anreize setzen, ihren jeweiligen Aufenthaltsort anderen über soziale Medien mitzuteilen und so zu promoten. Besonders gut eignen sich dafür z. B. extravagante Hotels oder Tourismus-Locations, die Lust machen, selbst einmal dort zu sein. Wenn Unternehmen die „Menschen vor Ort" nicht berücksichtigen, vergeben sie vielfältige Chancen, sich deren Nähe, Authentizität und physischen Erfahrungsmöglichkeiten zu leihen bzw. diese einzubinden.

▶   Mobile First!

In den Ausführungen zum Fundamentalprinzip 1 habe ich bereits erläutert, dass Smartphones bestimmt nicht bis in alle Ewigkeit das Maß aller Dinge sein werden. Auf absehbare Zeit werden sie aber das dominierende Endgerät bleiben, das die Menschen ortsunabhängig, digital und in Echtzeit vernetzt. Kein anderes Gerät wird so oft und so viel genutzt und ist der Dreh- und Angelpunkt der Kommunikation der meisten Generationen. Alles auf Unternehmensseite sollte folglich auf diese Nutzung und die Erwartungshaltung, die sich daraus speist, ausrichten. Alles muss mindestens mobil optimiert und auf Echtzeit-Kommunikation ausgerichtet sein. Dort zu sein, wenn es relevant ist, ist die Anforderung des digital vernetzten Zeitalters. Nur unterstützend und

---

[9]https://streetspotr.com/de/ (zugegriffen am 10.06.2020).

nachrangig sollten folglich stationäre, also punktuell, zeitlich oder anlass-gebundene Kanäle eingebunden werden.

Ganz virtuell oder nur erweitert? … Oder doch real?
Mittlerweile ist die Freude auf ganze virtuelle Welten in digitalen Räumen oder auf Erweiterungen der realen Welt durch digitale Elemente schon einigermaßen groß oder in absehbarer Zukunft riesig. Wohl kaum ein anderes Beispiel zeigte so eindeutig, wie „real" und „virtuell" gleichzeitig ergänzend funktionieren, wie „Pokémon Go". Weltweit sah man in den letzten Jahren Menschen, die versuchten, an realen Orten virtuelle Wesen zu finden, die sie in ihrer Augmented-Reality-App sahen. Der Erfolg war wirklich bahnbrechend, aber ist zumindest bisher genauso wenig zum „Mainstream" geworden wie andere bekannte Augmented-Reality-Anwendungen. Das Potenzial ist wahrscheinlich genauso groß wie die von Virtual-Reality-Anwendungen, noch sind beides aber immer größer werdende Nischen. Diese sind spannend und vielleicht bald mehr als nur Spezialfälle. Dann sind sie aber eigene Bücher wert. Für die Mehrzahl der Unternehmen wird auf absehbare Zeit das Real-Physische der Normalfall ihrer Geschäftsmodelle sein, was aber eben digital mit allem und jedem in Echtzeit vernetzt sein kann.

6.4   Fischen, wo die Fische sind! – Der Marken-Mensch geht auf die Gartenparty

In der digital vernetzten Welt, in der Menschen die Macht haben, selbst zu ent-scheiden, wem sie zuhören, was sie nicht erreicht, mit wem sie interagieren und wo sie all dies tun, hat sich eine tektonische Marktmachtverschiebung für Markenkommunikation ergeben.

Die Welt außer Kontrolle der Werbetreibenden!
Wie in Abschn. 5.1.1 beschrieben, ist dies mehr, als einfach Werbung auch in digitalen Kanälen zu schalten. Es handelt sich vielmehr um die Ablösung des Sender-Empfänger-Modells zugunsten des Gesprächsmodells einer „Gartenparty", die ohne Begrenzung von Ort und Zeit stattfinden kann. Vor-gegebene Zeiten und Kanäle, in denen Firmen Menschen mit ihren Werbebot-schaften „anschreien" können, gibt es nicht mehr. Die Kommunikationswelt ist damit so viel größer und komplexer, aber aus Unternehmenssicht vor allem weniger kontrollierbar geworden. Dem steht aber eine sehr vorteilhafte Ver-änderung gegenüber: es ist nicht mehr nur messbar, ob etwas theoretisch

gesehen wurde, sondern ob es nicht nur gesehen, sondern auch damit interagiert wurde. Dass solche grundlegenden Veränderungen nicht ohne genauso
tiefgreifende Anpassungen auf Unternehmensseite bleiben können, ist eigentlich logisch. Dennoch sind wir auch nach 15 Jahren Sozialer Medien noch
nicht da angekommen, wo „Social" wirklich das Leitmotiv der Unternehmenskommunikation geworden ist – so wie es das mehrheitlich auf Seiten der Nutzer
bzw. der jüngeren Altersgruppen unter ihnen bereits ist.

*Ein Plakat musste nie antworten und mit dem Fernseher haben Sie sich (hoffentlich)
auch noch nicht unterhalten.*

Wenn das „Gesprächsprinzip" mit seinem hohen Individualisierungsgrad im
jeweiligen sozialen Kontext nicht mehr weggeht – und davon ist auszugehen,
denn Menschen haben immer lieber Gespräche mit von ihnen selbst ausgewählten
Personen geführt –, welche Fähigkeiten sind dann von Marken zu erlernen?
Lange Zeit – Achtung, jetzt wird böse formuliert – saßen Markenverantwortliche
in ihren Konzernzentralen, um von da aus mit hochbezahlten Werbemenschen
Botschaften zu entwickeln, mit denen sie dann auf allen Sendekanälen jeden und
alle anschreien, wie toll sie sind und dass doch gefälligst ihr Produkte gekauft
werden sollen. Und jetzt sollen sie raus auf eine digitale Gartenparty, ohne dass
sie von den Menschen, die das jetzt können, links liegen gelassen zu werden?
Puh, das ist schwer, aber eben notwendig, sonst kommt man nicht durch die
neuen Filter der sozialen Netzwerke eines jeden Einzelnen. Wie geht man also
konkret auf die Party, wenn man das Ziel hat, mit den Menschen dort zunächst
einmal ins Gespräch zu kommen, sich bei diesen zu positionieren, sodass sie über
kurz oder lang zu Käufern werden?

6.4.1   Wie gehen Sie auf eine Gartenparty, auf der Sie niemanden kennen?

Diese Frage klingt vielleicht seltsam, sie verdeutlicht aber sehr anschaulich,
warum die gelernten Strukturen und Denkmuster der Werbung in der Gesprächs-
welt nicht mehr hilfreich sind. Stellen Sie sich einfach bildlich vor, Sie müssten
vielleicht beruflich bedingt in eine Ihnen bisher völlig fremde Stadt ziehen, in
der Sie niemanden kennen. Als Sie gerade Ihre Möbel ausladen, stolpern Sie
über Ihren neuen Nachbarn, der Sie aus Höflichkeit auf seine heute Abend statt-
findende, sehr große Gartenparty einlädt: „Kommen Sie gerne vorbei, da wird
aber die halbe Stadt sein, deswegen werde ich mich nicht um Sie kümmern

können, aber Sie werden schon zurechtkommen mit den Leuten." Sie sind bestenfalls der Sprache mächtig, aber sonstige kulturelle Aspekte – vom Dialekt über Fußballmannschaften bis hin zu dem beliebtesten Bier in der Umgebung – ist Ihnen alles unbekannt. Sie sind aber darauf angewiesen, mit den Menschen ins Gespräch zu kommen, denn Sie sollen hier die Leitung eines großen Mobilfunk-Shops übernehmen und den Leuten vor Ort irgendwann viele Verträge verkaufen – es ist aber unerheblich, welches Produkt oder welche Branche Sie sich als Beispiel nehmen, die Hürden sind überall die gleichen.

In Kölle wüsste ich, wie das geht … aber in Chemnitz?

Wenn Sie wie ich Kölner sind, dann wüssten Sie, dass Sie sich recht unkompliziert an einen Tisch dazusetzen oder zu einer Gruppe stellen könnten. Sie würden mit einem „lecker Kölsch" anstoßen und mit unverbindlichen Themen wie dem 1. FC Köln, Karneval oder dem Kölner Dom relativ leicht in Gespräche kommen. Vielleicht könnten Sie auch irgendwann fallen lassen, dass Sie neu sind und was Sie so machen, oder Sie werden dazu gefragt. Vielleicht würde Ihnen auch jemand mal eine Frage zu einem Smartphone stellen oder Sie fragen, ob sein Tarif zu teuer ist oder wie gut oder schlecht der Empfang meistens ist. Smalltalk eben, Beziehungen aufbauen und auch mal Geschäftliches einstreuen. Das Problem: Sie sind aber nicht in Köln, sondern völlig woanders, vielleicht in Chemnitz. Die Leute trinken wohl kein Kölsch und den 1. FC Köln, den Dom oder Karneval werden die meisten vermutlich nur aus dem Fernsehen kennen. Und nun? Wie finden Sie heraus, worüber die Leute in Chemnitz sprechen und wann sie dies auf der Party tun?

„Hallo, alle mal herhören! Stellen Sie Ihre Gespräche ein und schauen sich mein tolles Image-Video an."

Genau, niemand – auch kein Kölner in Köln oder ein Hannoveraner in Hannover – würde auf einer Gartenparty jeden anderen Gast anquatschen und sagen „Hallo, ich bin der Klemens, ich habe echt super Mobilfunkprodukte, kaufen Sie doch bei mir". Sie wüssten, dass Sie damit eine sehr geringe Chance hätten, bei den Leuten anzukommen. Auch würden Sie wohl kaum als Gast auf einer privaten Gartenparty Ihre Werbebanner ausrollen und jedem Gast Ihren Werbeflyer in die Hand drücken. Genau solche absurden Dinge machen Unternehmen bildlich gesprochen, wenn sie ihre Werbung im Anschrei-Modus schalten.

„Jedes Gespräch beginnt mit gutem Zuhören!"
Michael Dell

Was Sie wirklich machen würden, einfach, weil Sie in Ihrem Leben gelernt haben, dass dies besser und nachhaltiger funktioniert: Sie schweifen erst einmal dezent über die Party, bleiben vielleicht hier und da mal stehen oder stellen sich dazu mit einem Getränk in der Hand, höflich mal in die Augen schauend und zunickend oder jemanden ein Getränk reichend. Sie beobachten und hören sich um! Sie lernen dabei, verstehen, dass die Gespräche in der Küche anders sind als am Pool oder direkt an der Tanzfläche. Andere Themen, anderer Ton, andere Teilnehmer, andere Meinungsmacher und soziale Konstrukte oder Knotenpunkte. Wenn Sie dies gut machen, bekommen Sie einen guten Eindruck Ihres neuen sozialen Umfelds, sodass Sie immer besser vorbereitet sind, um irgendwann in ein Gespräch einsteigen zu können. Sie haben gelernt, was ein guter Einstieg in einen Smalltalk wäre, vielleicht ein aktuelles lokal-politisches Thema, etwas Sportliches oder die aktuelle Hitzewelle. Sie wissen, dass diese Themen funktionieren, nicht weil Sie es glauben, sondern weil Sie es beobachtet und gehört, also gemessen haben. Sie kennen schon die Meinung einiger besonders aktiver sozialer Akteure, sodass Sie mit hoher Sicherheit wissen, mit welcher Art von Kommentar Sie Zustimmung oder Ablehnung, aber auf jeden Fall Aufmerksamkeit bekommen.

▶   Der Einstieg kann über Smalltalk erfolgen, muss er aber nicht.

Vielleicht warten Sie auch auf Ihren großen Moment, wenn es zu den Themen kommt, zu denen Sie richtig etwas beisteuern können. Wo Ihre Kompetenz den anderen in der Gesprächsrunde einen Mehrwert bringt. Und damit meine ich nicht irgendeinen Werbesprech oder das laute Ausrufen Ihrer Sonderangebote. Das wollte in der Regel noch nie einer hören, aber bestimmt will niemand so einen nervigen Verkaufsanschreier mitten in einem spannenden Gespräch über die politischen Zusammenhänge des Mobilfunknetzes in Deutschland und den Implikation von 5G haben. Wenn es aber genau um dieses Thema geht und alle anderen mit laienhaften Thesen aufwarten, Sie jedoch auf bescheidene, aber sympathische Art eine tiefgründig fundierte und dennoch einleuchtende Erklärung haben, wo hier und da die Fehler gemacht wurden und welche konkreten Chancen sich bieten, DANN ist das Ihre Chance. Aufmerksame Blicke, Nachfragen, Zustimmung von Gesprächsteilnehmern, man wird richtig Platz machen für Sie in der Runde. Auf einmal sind diese Menschen, die Sie gar nicht kennen, bereit, Sie in ihren Gesprächskreis aufzunehmen. Ja, sie freuen sich sogar, denn Sie haben genau das gemacht, warum andere Sie in ihre Konversation aufnehmen – online oder offline:

▶   Sie haben für Ihre Teilnehmer einen Mehrwert geschaffen! Wenn nicht, fliegen Sie irgendwann aus jeder Gesprächsrunde!

Obwohl das wohl jeder von Ihnen weiß, fällt dies Firmen unglaublich schwer, sie wollen ja „nur" verkaufen. Social heißt aber Social, weil es eben genau keine Anschreiwerbung ist, sondern die andere Seite berücksichtigt – sozial eben. Man schreit nicht alle an und hofft, dass man damit auch die wenigen trifft, die es wirklich gerade interessiert, sondern man fängt mit Zuhören und dem Verstehen der anderen Marktseite an, deren Themen, Interessen, deren Meinungsmacher etc. Doch Vorsicht:

▶   Content ist nicht toll, weil Sie ihn haben, und Content Marketing ist nicht Ihre Anschrei-Werbung, nur ein bisschen weniger plump formuliert!

Es geht nicht darum, Produktwerbung anders zu verpacken, es geht um einen wirklichen Paradigmenwechsel: Inhalte sind dann gut, wenn wir ZUVOR gemessen haben, dass sie wirklich interessieren. Nicht mein Bauchgefühl, nicht die Meinung eines erfahrenen Werbers, sondern einzig und allein die digital wie nie zuvor messbaren Themen und Interessen der Menschen, die uns das über ihre Klicks, Standortdaten, Likes etc. mitteilen. Dort zu sein, wenn diese gerade darüber reden oder lesen, DAS ist heute möglich und notwendig, um die Chance zu nutzen, uns in ihren Augen richtig zu positionieren. Je nach Situation und Phase kann dies wirklich direkt ein Kauf sein, sehr oft aber eben auch erst die Chance, uns über gute – weil als interessant empfundene – Inhalte in den Köpfen der Nutzer als die Ansprechpartner zu positionieren, bei denen man später kauft oder die man empfiehlt.

> **„Social" für Unternehmen und Marken**
> Dahin gehen, wo die Menschen Gespräche über alles Mögliche führen, zuhören und dann dort mit Inhalten kommunizieren, die wir vorher als wirklich relevant identifiziert haben. Sprechen heißt nicht mehr, auf allen Kanälen anschreien!

Diese Dialogfähigkeit und, ihr vorgelagert, die Zuhörfähigkeit sind die eigentliche Kernkompetenz jeglicher Unternehmenskommunikation, PR, Werbung oder welche bisherigen Funktionen sich noch mit Kommunikation befasst haben.

Egal, in welchem Kanal! ... Die eine Person kann mit jedem und überall!
Diese Kompetenz ist kanalunabhängig, sie ist eine Grundfähigkeit, die erworben und ständig weiterentwickelt werden muss. Ähnlich Ihrer eigenen menschlichen Persönlichkeit, die sich im jeweiligen sozialen Kontext immer weiterentwickelt hat. Sie haben als Kind sprechen und mit Ihrem Umfeld interagieren gelernt. Wie jedes „Marketing" diente auch dies immer dem Beeinflussen von Austauschbeziehungen zugunsten Ihrer eigenen Ziele. Im Persönlichen war dies nichts anderes, als dass Sie die soziale Kompetenz aufbauten, Ihre Familie zu beeinflussen. Sie mussten verstehen, was Ihre Eltern oder sonstigen Familienmitglieder wollten, damit Sie das bekamen, was Sie wollten. Später haben Sie diese Fähigkeiten auf Ihre Kindheitsfreunde und vielleicht die Kindergärtnerin und den Lehrer ausgedehnt. Und dann gingen Sie als Teenager auf Ihre erste Party und lernten wieder neu: Sie überlegten sich, was Sie anziehen, wie Sie mit wem reden sollten, um sich wie beim wem positionieren zu können. Die Reaktion der anderen ließ Sie lernen, was funktionierte und was nicht.

Erinnern Sie sich an Ihre allererste Party?
Hatten Sie die gleichen Klamotten und Themen wie heute?

Auf Partys, auf dem Schulhof und mit neuen Klassenkameraden, Sie entwickelten sich zu einer Persönlichkeit, die in verschiedenen sozialen Situationen lernte, was sie wie zu sagen hatte. Ihre Ziele dabei waren vielleicht, dass Sie sich für ein Thema als Experte positionieren, der anderen Seite gefallen oder einfach nur gemeinsam eine gute Zeit haben wollten. Irgendwann kam neben dem familiären, freundschaftlichen und schulischen auch noch der berufliche Kontext hinzu. Auch hier sind Sie der gleiche Mensch, im Kern die gleiche Persönlichkeit, auch wenn Sie vielleicht andere Klamotten tragen als zu Hause und anders mit Kollegen und Ihrem Vorstandsvorsitzenden sprechen als mit Kumpels in der Kneipe und in der Umkleide Ihrer Fußballmannschaft. Genau einen solchen Grundcharakter, der aber in einzelnen Nuancen je nach Situation, Kanal und Interaktionszielgruppe jeweils anders ausgeprägt ist, gilt es in der Markenführung zu entwickeln.

6.4.2   Brand Persona – Die „Persönlichkeit" der Marke kann zuhören und Gespräche führen

In vielen „Kreativabteilungen" der Werbemenschen ist der Begriff der „Persona" Alltag. Hier entwickelt man in der Regel schablonenhaft irgendwelche stereotypen Charaktere, damit man sich diese fiktionalen Menschen repräsentativ besser vorstellen kann. Die Hoffnung ist dabei, dass man dann besser weiß, wie die „ticken", was sie wollen und wie wir sie erfolgreich ansprechen und „aktivieren". Man verzeihe mir wieder meine offene Wortwahl, aber im Kern bedeutet dies: „Wie schreien wir sie so an, dass sie endlich kaufen?".

„Das ist Tobias, 35 Jahre alt, Grafikdesigner aus Hamburg, interessiert sich für Veganismus und Kryptowährungen, reist gerne um die Welt. Und das ist Sandra, 22, studiert Medienwissenschaften in Stuttgart, engagiert sich beim WWF und betreibt einen YouTube-Kanal zum Thema Female Empowerment"

Gerne sind die dazugehörigen Visualisierungen als lebensgroße Pappaufsteller einfach nur schön anzuschauen: Fröhliche, gutaussehende Menschen, die unser Super-Produkt so toll finden werden, für die machen wir eine klasse Kampagne. Bitte meine durchklingende Polemik nicht falsch verstehen: Die Idee, seine Zielgruppe besser verstehen zu wollen, und sich deswegen ein besseres Bild davon zu machen, wie sie auf unsere Ansprache reagieren, war und ist gut. Meiner Erfahrung nach stelle ich bei Nachfragen während solcher Projekten dann aber meist fest, dass es sich eben um rein fiktive, ausgedachte Möchtegern-Zielgruppen handelt. Eben die, die man gerne hätte und die man sich aufgrund irgendeines lustigen Zielgruppensystems einer renommierten Marktforschungsfirma ausgesucht hat. Das ist auch okay bzw. war okay, denn ein solches Vorgehen war das Beste – gemessen an den Möglichkeiten der vordigitalen Welt. All das war plausibel und schön und meist kam man auch zu dem Ergebnis, dass es funktioniert hat. Aber ob es das wirklich hat oder warum oder ob es diese Zielgruppe jemals gab und ob genau diese gekauft hat oder vielleicht irgendjemand anders, das war mehr Hoffnung als Wissen. Wenn irgendein Experte das gesagt hat, eine Agentur mit vielen Preisen das umgesetzt hat und am Ende die Zahlen beim Werbekunden stimmten, war alles in Butter. Wer möchte, kann das auch weiter so machen.

Vom reinen Vermuten zu mehr Wissen!
In der digitalen Welt von heute geht das mittlerweile besser, allein die Analyse-Tools, z. B. von Facebook, geben einem mehr Aufschluss über die

eigenen „Fans" oder die anderer Marken. Das sind aber keine Fiktionen, das sind echte Menschen, wenn man von den Fake-Profilen einmal absieht. Wenn man dann ein wenig in die Tiefe geht, sieht man „leider" auch, dass man eine „total tolle Vegan-Content-Strategie" für Tobias, den top aussehenden Grafikdesigner, entwickelt, die aber leider an Mischa, den stark untersetzen Lagerarbeiter und größten Schalke-Currywurst-Fan, ausgespielt hat. Nur als Randbemerkung: in den Persona Workshops sehe ich nie Bilder von unattraktiven, beruflich erfolglosen oder traurigen Menschen, gibt's anscheinend nicht, solche kaufen wohl keine Produkte – Ironie aus, sorry. Mir geht es nicht ums Schlechtmachen von alten Methoden und Machern, die haben alle ihre Verdienste. Jetzt geht es aber eben darum, die digitalen Daten als größte Echtzeitmarktforschung aller Zeiten auch dazu einzusetzen, um wirklich vorhandene Menschen zu verstehen und mit ihnen zu interagieren, statt diese nur mit Werbung anzuschreien. Und genau dafür braucht man eine Brand Persona als Übertragung der Idee einer Persona, nicht nur für die Kunden, sondern über sich als Marke.

„Markenkern? Den haben wir doch!"
Mag sein, aber der kann sich nicht unterhalten!

Vor wenigen Jahren hat es noch gereicht, einen Markenkern zu definieren, also das Wesentliche, das Einzigartige einer Marke, wie man gerne sein wollte, das, „was die Marke ausmacht". Anschließend setzt man dies um in Visualisierungen der Marke, wie z. B. das Logo, die Farben oder auch ein netter Spruch („Claim") und manchmal ein „Jingle" für die Ohren. Dann fuhr man damit eine Kampagne in den klassischen Medien, man inszenierte die Marke in der Regel auf Plakaten und Radio- oder TV-Spots, wenn man viele Menschen damit erreichen wollte. Man prügelte also die eigene Botschaft raus, wo es nur ging, und hoffte, dass sie auch die Köpfe der Botschaftsempfänger erreichte. Erfolgsmessung bestand vor allem in stichprobenartig von Marktforschungsfirmen durchgeführten Markenbekanntheits- oder Erinnerungstests, Fragen nach der Zufriedenheit oder Weiterempfehlungswahrscheinlichkeiten. Neben solchen Markenmesswerten sollte es natürlich auch irgendwann an der Kasse stimmen, aber das ergab sich ja auch irgendwie oder eben auch nicht. Sehr oft höre ich auch heute noch:

„Wir hatten da aber Agentur XY, die hat ja den Haste-nich-gesehen-Award bekommen und ist im Agentur-Ranking bei den Kreativen ganz weit oben!"

Am liebsten würde ich dann immer fragen: Ja und? Von lustigen Jurys vergebene Preise haben meist die gleiche Aussagekraft wie Friseure, die sich gegenseitig bestätigen, wie super sie Haare schneiden können. Anders ausgedrückt, beobachten Sie doch mal die Leute auf der Straße, wie die die Frisur finden. Oder noch anders ausgedrückt „Wie viele Fans, wie viel Interaktion, wie viele Weiterempfehlungen, wie viele Kunden sind TATSÄCHLICH herausgekommen bei dem, was die da gemacht haben?".

▶   Bezahlen Sie Ihre Agentur lieber für den Erfolg bei Ihren Kunden, nicht für deren ausgelebte Kreativität an sich – Kreativität muss bei den anderen „ankommen"!

Es ist heute auch nicht alles messbar, aber vieles davon in einem Ausmaß, wie man es sich in der vordigitalen Welt nicht hat träumen lassen. Man muss sich nicht mehr auf für repräsentativ gehaltene Stichproben verlassen, mehr oder weniger jeder Klick, jedes Like, jeder View sind messbar und wenn es keiner weitergeleitet hat, hat es wohl auch keiner empfohlen – das kann ich massenhaft beobachten und muss nicht nur ein paar danach fragen, was sie hypothetisch machen würden. Und wenn eben herauskommt, dass kaum einer „Gefällt mir" drückt, dann hat es wohl auch keinen interessiert und man kann der Agentur sagen, dass das alles ja nett ist, aber nach den Maßstäben und Messbarkeiten war das nichts, ich bezahle nicht für Kreativleistungen, sondern dafür, dass die Agentur mir Erfolg bringt.

Ist Ihnen wichtiger zu wissen, wie viele Leute Sie theoretisch angeschrien haben …
oder wie viele und welche Sie gut finden, mit Ihnen reden wollen und Sie empfehlen?

Diese Frage muss jeder selbst beantworten. In der vordigitalen Welt gab es nur Reichweite, Interaktion war kaum unmittelbar messbar. Dass aber das Hervorrufen von Interaktion auf der anderen Marktseite durch freiwillige Likes, Kommentare etc. einen höheren Aktivierungsgrad widerspiegelt, als einfach nur hingesehen zu haben, dürfte einleuchtend sein. Warum also nicht diese neuen Erfolgsgrößen nehmen, wenn sie heute messbar sind? Wenn Markenverantwortliche in den Unternehmen die Budgets auch primär an diese neuen Messgrößen der Interaktion statt an nur Reichweite knüpfen würden, dann würden Agenturen auch anders arbeiten und sich intensiver mit den Messbarkeiten und Zusammenhängen beschäftigen müssen – dies ist anstrengend, aber eben notwendig. Es passiert immer mehr, aber ich bin auch 2020 wirklich immer noch zutiefst erstaunt, dass viele „Marken-Profis" die Notwendigkeit einer Brand Persona nur zu einem geringen Maße erkannt haben – so zumindest meine Erfahrung.

Vielleicht ist das auch einfach alles zu anstrengend und solange noch genug Werbetreibende für toll inszenierte Reichweiten Werbespots raushauen, macht man eben einfach so weiter.

„Ihre Marke ist das, was Menschen über Sie sagen, wenn Sie nicht im Raum sind."
Jeff Bezos

Den Markenkern muss man immer noch bestimmen, dabei zählt aber eben nicht nur das, was Sie gerne auf Ihre Plakate kritzeln, weil Sie gerne so sein würden. Amazon-Gründer Bezos hat dies im obigen Zitat wunderbar auf den Punkt gebracht. Wiederum ist das Zuhören also der Ausgangspunkt der Markenführung im digital vernetzten Zeitalter. Der Einsatz mannigfaltiger Data Analytics, Social Media Listening und Analytics-Software im eigenen Team ist hier und heute möglich und geboten.[10] Ist dieser Markenkern entworfen oder feingeschliffen, folgt neben dem Aufbau der Zuhörkompetenz die Fähigkeit zum Sprechen und Interagieren: die Entwicklung einer Brand Persona.

▶   Brand Persona = Operationalisierung des Markenkerns für den Gesprächsmodus

Die Brand Persona hilft also, als fiktive Persönlichkeit diese obige Frage zu beantworten. Nicht irgendwie abstrakt, sondern im tatsächlichen Umsetzungs-modus. Die Vorgaben geben also eine so genaue Orientierung, dass sowohl Menschen im „Community-Management" der eigenen Social-Media-Accounts als auch die Externen in einer Kreativagentur ein genaues Briefing und ein ein-heitliches Charakterbild vor sich haben, für das sie etwas entwerfen. Den schritt-weisen Prozess der Brand Persona erläutere ich noch genauer in Abschn. 8.3.1.

6.4.3   Für alle und jeden auf allen Kanälen, auch die nicht-digitalen

Die Brand Persona als interaktionsfähige Markenpersönlichkeit sollte grundsätz-lich für überall einsatzfähig konzipiert werden – genauso wie in verschiedenen

---

[10]Siehe hierzu auch die Abschn. 8.2 und 9.2.

Gartenparty-Bereichen: Facebook ist vielleicht die Tanzfläche, Twitter das Klo, YouTube die Küche und Snapchat die Theke.

„Ja, aber wir sind Maschinenbauer, beim B2B ist das doch nicht relevant, oder?"

Doch, klar. Markenführung im B2B-Bereich ist zwar oft ein wenig anders, aber deswegen doch nicht weniger wichtig. Und auch wenn Sie vielleicht wenige Geschäftspartner auf einer privaten Gartenparty treffen, so waren Sie vielleicht schon einmal auf einer Messeparty, z. B. nach Ausstellungsende an einem Stand oder eben als Abendveranstaltung organisiert. Auch da führen Sie Gespräche und sind eine Persönlichkeit, andernfalls könnte man ja auch nur Broschüren auslegen und am Stand Roboter Informationen aufnehmen lassen – will wohl keiner. Die virtuelle Messeparty im B2B-Bereich heute ist vor allem LinkedIn mit seinen weltweit rund 700 Mio. Nutzern, im deutschsprachigen Raum schlägt sich Xing als einzig verbliebenes deutsches soziales Netzwerk noch gut. Aber auch die meisten anderen Plattformen, allen voran Facebook und Instagram, können für viele B2B-Marken eine exzellente Möglichkeit sein. Es sei aber noch einmal daran erinnert, dass es weniger eine Frage des Kanals ist. Die Brand Persona eröffnet die grundsätzliche Befähigung zum Zuhören und Interagieren, egal auf welcher Plattform.

Da ich leider in meiner täglichen Praxis auf Menschen stoße, die glauben, ich würde hier „nur" über etwas für Soziale Medien sprechen, sei es noch einmal glasklar formuliert:

▶   Nein, DAS ist ein Fundamentalprinzip, die notwendige Anpassung an die Umstellung auf den Gesprächsmodus statt des Empfänger-modus auf Kundenseite. SOCIAL ist ein ganzheitliches Leitmotiv im Denken für jegliche andere Kommunikation!

Unter „Leitmotiv im Denken" ist gemeint, dass Social als vom Kunden ausgehende – zu seinen gemessenen Interessen passende – interaktive Kommunikation auch für weniger dynamische Kanäle, die ihre Stärke in Inszenierung und Reichweite haben, sinnvoll ist. Ich betone es gerne wieder: Social im Speziellen und Digital im Allgemeinen lösen klassische Medien-kommunikation nicht vollkommen ab im Sinne von Ersetzen. Sie sind vielmehr das Verbindende. Die Stärke von großen Leinwänden, bombastischer Sound, die Klarheit von Farben und die Faszination von Haptik sollten für ein ganzheitliches, multisensorisches Marketing bleiben. Es geht also nicht um Ersetzen, sondern um komplementäres Optimieren, indem man zuerst im Echtzeit-Rückkanal

„Digital mit Social im Lead" testet, was funktioniert. Erst anschließend wird nur das nachweislich Erfolgreiche für Druck und Senden aufbereitet. Was auf Gartenparty-Gesprächen gut ankommt, hat eine gute Chance, auch in anderen Kanälen interessant zu sein, dahinter sitzen ja genauso die Menschen der Zielgruppe, mit der wir interagieren konnten. In den meisten Unternehmen ist es historisch bedingt jedoch genau andersherum: Fernsehen war seit Jahrzehnten der Leuchtturm der klassischen Medienbranche, weit dahinter die anderen Sende-Medien Print, Radio, Außenwerbung oder Kino und Mailings. Folglich war der TV-Spot die Führung des Denkens für alles andere.

▶   So wie Leuchttürme durch GPS abgelöst wurden, wurde auch TV durch Social Media abgelöst … bisher aber erst bei den jüngeren Konsumenten, nicht bei den Unternehmen!

Genau dies muss aber in den nächsten Jahren geschehen. Die Reihenfolge muss sich ändern: das besser messbare Interaktive muss als Leitmotiv nach vorne. Zuhören und in Gesprächen herausfinden, was die andere Marktseite will, kann ja auch für die nicht-interaktiven Sende-Medien nicht schlecht sein. Zudem sollten Botschaften für letztere so aufgebaut sein, dass deren Reichweite genutzt wird, um Anreize zur Konversion in die eigenen interaktiven Kanäle zu setzen. Der Kauf teurer Reichweite sollte auch die Möglichkeit zur Interaktion eröffnen.

Braucht das denn wirklich jedes Unternehmen? … Es muss ja nicht jeder reden!

Von dieser Umstellung auf „Social als Leitmotiv" sind meiner Meinung nach alle Unternehmen, für die in irgendeiner Weise Markenbildung relevant ist, betroffen. Es mag aber sein, dass es für nicht wirklich jedes Unternehmen gleich wichtig ist, sich in Interaktion zu positionieren, sodass die Entwicklung eine Brand Persona nicht notwendig ist. Aber die Fähigkeit zum Zuhören, wo und wie über die für das Unternehmen relevanten Themen gesprochen wird, sollte für wirklich jedes Unternehmen wichtig sein. Der Aufbau von Kompetenzen in digitalen Analyse-systemen wäre jeder Firma zu raten.

▶   **Wichtig**
    Zuhören kann jeder, sprechen muss vielleicht nicht jeder!
    … und mit vielen Marken wollen Menschen vielleicht gar nicht reden!

Warum Marken durch die menschliche Fähigkeit zur Interaktion mit Menschen „menschlicher" werden sollten, dürfte hoffentlich mittlerweile klargeworden sein.

Die Frage bleibt aber, ob die Menschen überhaupt Lust haben, mit Marken zu kommunizieren. Wollen diese nicht vielleicht lieber mit Menschen sprechen? Hier gibt es kein Sowohl-als-auch, denn es sind sich ergänzende Elemente. Es mag einige Marken mit wirklichen Fans geben, aber in der Regel werden Menschen lieber mit Menschen reden. Auf jeden Fall möchten Menschen aber nicht mit Plakaten, TV-Spots oder Radio-Jingles sprechen. Nicht-menschliche Chat-Bots mit Künstlicher Intelligenz können dies heute bereits zu einem gewissen Grad, es ist in vielen Fällen aber eben netter, echte menschliche Empathie zu bedienen. Deswegen müssen Marken sich in der Kommunikation ein Stück weit der „Menschlichkeit" echter Menschen bedienen, die dem fiktiven Charakter der Brand Persona ihre Augen, Ohren, Empathie leihen. Diese und andere Formen der Einbindung von Menschen wird für Unternehmen so wichtig, dass dies zu einem weiteren Fundamentalprinzip wird, welches ich gleich erläutere. Die systematische Einbindung von Mitarbeitern wird in Abschn. 8.3.3 weiter thematisiert.

▶ **Wichtig**
„Wie auf der Klassenfahrt!"
Von Prominenten und durch „Nähe und Interaktion" erarbeiteten Freunden.

Um noch einmal die Chancen einer Brand Persona auch für weniger bekannte oder beliebte Marken zu verdeutlichen, würde ich gerne eine Analogie aufbauen. Mit diesem Beispiel habe ich einem Markenverantwortlichen vor zig Jahren behutsam erklärt, dass seine Marke trotz hoher Markenbekanntheit beim Start ihrer Social-Media-Aktivitäten mit weitaus weniger Fans und Folgern rechnen muss als ihre Mitbewerber. Dies wird vielen Marken so gehen, ist aber nicht schlimm, sie müssen nur einen anderen Weg gehen, um ihre Chancen zu realisieren.

Aber wieso haben wir denn so wenige Follower, unsere Marke kennt doch jeder?

Wie im richtigen Leben, gibt es die „Social Media Celebrities" unter den Marken, die schon vor ihren Social-Media-Präsenzen über einen Star-Bonus verfügen. Wenn ein prominenter Celebrity auf eine reale Gartenparty kommt, wollen viele Menschen gerne neben ihm stehen, Fotos mit ihm machen oder kurz ein paar Worte austauschen oder wenigstens in seiner Nähe sein. Bei diesen oberflächlichen Kontakten stört es auch nicht, wenn die Stars eigentlich nichts Tolles zur Party beitragen, außer „da zu sein". Die „Brad Pitts dieser Welt" haben es meist auch in der Social-Media-Welt leicht, die „Fans" laufen ihnen einfach zu, sie bekennen sich zu ihnen, geben sich mit wenigen tollen Posts zufrieden und

„entliken" auch nicht, wenn der Star vielleicht einmal gar nicht oder spät reagiert. Dem Star verzeiht man dies, es sind halt nette Starallüren.

Quod licet iovi, non licet bovi[11].
... oder „Du bist nicht Brad Pitt, Du kannst aber ein (Er-)Arbeiter sein!"

Alle anderen müssen sich hüten, das gleiche Verhalten wie die Stars an den Tag zu legen. Ihnen wird nichts verziehen – von langen Antwortzeiten bis hin zum Fauxpas in den Formulierungen der Posts und Kommentaren. Wenn Ihre Marke nicht zu den Social-Media-Celebrities gehört, gibt es aber eine andere Chance, die gleichzeitig die einzige Möglichkeit darstellt. Sie müssen und können sich über das Zuhören, den engen Kontakt und die Interaktion Anerkennung erarbeiten. Dies ist gleichzeitig Notwendigkeit und Chance, denn Sie können zumindest ein kleiner Star in Ihrem Umfeld werden.

Glauben Sie nicht? Die Analogie ist ziemlich einfach: Am Anfang der fünften Klasse fuhren wir schon kurz nach Beginn des neuen Schuljahres in ein Landschulheim – das machte extrem Sinn, denn die Schüler kamen nach vier Grundschuljahren aus zig verschiedenen Schulen jetzt in einen neuen Klassenverband, der die nächsten Jahre als Einheit durch die Schulzeit gehen sollte. Dafür sollte man sich auch abseits der Schulstunden und Schulhöfe besser kennenlernen können. Dabei konnte man damals Spannendes beobachten: Da die Kinder sich noch nicht gut kannten, bewerteten sie meist nach recht spontanen oder kurzfristigen Sympathien, basierend auf oberflächlichen Kriterien. Da gab es vielleicht das cleverste oder hübscheste Mädchen oder den sportlichsten Jungen, neben denen so ziemlich jeder auf der Hinfahrt sitzen wollte, was aber naturgemäß nur wenigen gelang. In den folgenden Tagen verbrachte man viel Zeit zusammen, man spielte alles Mögliche und lernte sich gegenseitig auf vielfältige Weise kennen. Dabei stellte sich vielleicht heraus, dass die vermeintlichen „Celebrities" über den oberflächlichen Eindruck hinaus nicht viel zu bieten hatten. Andere waren viel lustiger, hatten viel mehr spannende Dinge zu erzählen und zeigten Fähigkeiten, die man eben erst auf den zweiten Blick während dieser intensiven langen Tage und Nächte kennenlernen konnte. Neue Freundschaften und Freundeskreise oder auch nur Interessengemeinschaften entstanden und bildeten auf der Rückfahrt völlig neue Sitzkonstellation, die dies abbildeten. Die vermeintlich Prominenten der Hinfahrt hatten vielleicht den Glanz ihrer

---

[11]„Was dem Jupiter erlaubt ist, ist dem Ochsen nicht erlaubt" ist eine lateinische Sentenz ungeklärter Herkunft.

guten Startbedingungen verloren, die „Erarbeiter" hatten durch gute Inhalte und spannende Interaktionen ihren Status erarbeitet und echte Beziehungen aufgebaut, die im Zweifelsfall länger hielten und durch die man auch auf dem Schulhof füreinander einstand, wenn man echte Freunde brauchte. Genau dies ist die Chance des digital vernetzten Zeitalters! Die Konzepte für eine Brand Persona und deren ständige Weiterentwicklung in konstanter Interaktion sind manchmal anstrengender und aufwendiger als klassische Werbung, aber es lohnt sich, wenn sie als Ergebnis wahre Fans und Fürsprecher bringen. An die Arbeit!

6.5   „Market with them, not at them!" – Einbinden der Richtigen statt Anschreien der Vielen

Wie an vielen Stellen dieses Buches beschrieben, haben Menschen über Soziale Medien und Smartphones jetzt immer andere, die sie kennen oder selbst auswählen, als immer schon wichtigste Informations- und Filterquelle zur Verfügung. Da es keinen plausiblen Grund gibt, warum Kunden diesen Vorteil wieder aufgeben sollten, gibt es für Unternehmen nur eine logische Folgerung als Anpassung:

▶   Menschen und Menschlichkeit werden der wichtigste Faktor für Unternehmen – aber man muss sie auch befähigen, dies einsetzen zu können!

Wenn man eine Entwicklung also nicht bekämpfen kann, sollten Unternehmen sie sich zunutze machen und versuchen, diese Menschen in die eigene Strategie einzubinden. Dafür erfordert es vor allem soziales Verständnis dafür, wie dies gelingen kann. Die Einbindung der anderen Marktseite in die eigenen Aktivitäten zieht die Grenzen zwischen Unternehmung und Markt neu und verändert Rollen weit über Themen von Marketing und Kommunikation hinaus in allen Wertschöpfungsbereichen.

6.5.1   Exkurs: Der Faktor Mensch im Strukturwandel – eine Näherung vom Allgemeinen

Wie in jedem Strukturwandel zu allen Zeiten werden zuvor bestehende Tätigkeiten durch neue Technologien vereinfacht und effizienter gemacht, genau DAS ist ja der Grund, warum ein solcher Wandel passiert. Schlagworte – von

Künstlicher Intelligenz als Motor digitaler Automatisierung bis zum datenbasierten Informationsaustauschen in Echtzeit – lassen einen sogar deutlich
erkennen, welche Jobs in Zukunft wegfallen können. Die Angst vor dem großen
Arbeitsplatzsterben ohne entsprechenden Ersatz ist vor allem deswegen groß,
weil man sich die Jobs, die neu entstehen, meist noch nicht einmal vorstellen
kann. Stellen Sie sich mal vor, Sie hätten vor 100 Jahren jemandem erzählt, dass
es mal massenhaft Piloten und Software-Entwickler geben würde, der hätte Sie
ahnungslos und ungläubig angestarrt.

*Hauptberufswunsch heutiger Teenager ist „Instagram-Influencer" – als ich Teen-
ager war, gab es noch nicht mal das Internet!*

Damals wie heute kommt der Bedenkenträger-Einwand, dass viele der neuen
Jobs, die vielleicht entstehen, nicht von den gleichen Menschen gemacht werden
können, die ihre Jobs verlieren. Die sind nicht dafür qualifiziert und der Wandel
geht zu schnell, das schaffen die nicht mehr.

Aus dem Lagerarbeiter machen Sie aber keinen Software-Entwickler!

Da ist natürlich etwas dran! Deswegen ist es ja so sträflich, dass wir vor allem
in Deutschland den Wandel nicht aktiv gestalten, früh die Basis legen und
das Bewusstsein dafür stärken, dass der Wandel kommt und wir flexibel sein
müssen. Stattdessen versuchen wir, die Mauern der Besitzstandswahrer höher zu
ziehen, was in der Wirtschaftsgeschichte immer nur eine Zeit lang funktioniert
hat und nicht sinnvoll ist, weil es für sehr viel Geld Unvermeidliches nur zeitlich begrenzt aufhält und die neuen Jobs anderswo entstehen lässt. Für grundsätzlich falsch halte ich übrigens auch den Wunschtraum eines bedingungslosen
Grundeinkommens, der in diesem Kontext immer wieder auf den Tisch kommt.
Die Idee ist so charmant und zu schön, um wahr zu sein, dass sie genau das ist:
zu schön, um wahr zu sein. Im Prinzip ist da auch nicht mehr viel Neues dran
als „Sozialismus light": die systemischen Fehlanreize des „de facto bedingungslosen" real existierenden Sozialismus haben überall, wo es probiert wurde, immer
nur in eine ökonomische Katastrophe geführt, und endeten, als die Substanz ver-
braucht war, deswegen bitte nicht nochmal probieren. Wer mir dagegen hält, noch
kein klares besseres Konzept zu haben, hat Recht, aber deswegen ein definitiv
nicht funktionierendes neues Sozialismus-Experiment zu wagen, ist Selbstmord
aus Angst vor dem Tod. Als Wirtschaftshistoriker bin ich optimistisch, denn
jeder Strukturwandel hat irgendwann seine eigenen Lösungen hervorgebracht.
Marx lag mit seiner Vorhersage über die alternativlos in der totalen Verelendung

endenden Industriekapitalismusphase samt darauffolgender Revolution und Kommunismus auf jeden Fall total daneben. Seien Sie optimistisch, aber wir müssen auch aktiv Wege suchen.

Das Ersetzen der heute noch Hochbezahlten

Neu ist an diesem digitalen Strukturwandel, dass diesmal nicht nur typisch geringqualifizierte Jobs ersetzt werden, sondern auch solche, die aufgrund ihrer Erfahrung und Analysefähigkeit hoch bezahlt waren. Das Paradebeispiel sind Ärzte, deren Diagnosekompetenz schon heute durch Künstliche Intelligenz Konkurrenz hat: diese hat nicht nur Tausende von Patientendaten wie ein Arzt gesehen, sondern Millionen davon nicht nur gesehen, sondern auch abgespeichert, analysiert und sie immer und überall präsent. Was macht man aber dann jetzt, wenn digitale Automatisierung viele der heutigen Tätigkeiten ersetzt? Es gibt kein Allheilmittel, aber eine logische Richtung, die immer gilt, wenn man neue Konkurrenz nicht bekämpfen kann: auf absehbare Zeit sollten Menschen auf das ausweichen, was Maschinen und Algorithmen noch lange nicht können werden, nämlich „Mensch" zu sein.

▶   Wenn digitale Maschinen uns viele Tätigkeiten abnehmen, dann sollten Menschen das tun, was diese nicht können und wofür sie uns mehr Zeit geben – „sozial" und kreativ sein!

Alles, was in den Kapiteln über Social Media schon beschrieben wurde, kommt hier zum Tragen: Menschen verfügen über Fähigkeiten der Empathie, des Deutens von Mimik, des Verstehens sozialer Zusammenhänge, Herzlichkeit und Gefühle. Es geht also um typisch menschliche Urteilskraft und Interpretationsfähigkeit, die wiederum zu neuen Ideen und Kreativität führen. Roboter, Avatare, Humanoide oder Chat-Bots können dieses zumindest heute noch nur sehr bedingt ersetzen. Maschinen sind eben keine sozialen Wesen mit Einfühlungsvermögen, die Sie in den Arm nehmen und deren Hand streicheln können – noch ist es nicht so weit! Wenn die Produktivität durch digitale Technologie immer weiter steigt und damit Kosten für alle anderen Tätigkeiten sinken, werden genau diese menschlichen Fähigkeiten aufgewertet und können in Relation in der Entlohnung steigen. Vielleicht werden wir dann nicht nur wie heute darüber jammern, dass Pflegepersonal und Krankenschwestern schlecht bezahlt werden, sondern wir werden dies ändern, weil wir genau für diese Menschlichkeit wieder mehr Zeit haben und diese wertschätzen werden. Deswegen muss man dafür sorgen, dass die Produktivitätsgewinne an die Menschen weitergegeben werden – ein nicht triviales Thema und das wäre etwas für ein gesondertes Buch. An dieser Stelle soll der Gedanke reichen, dass die menschlichen Tätigkeiten unverzichtbar wichtig sind und eine Chance zur Aufwertung haben.

6.5.2   Menschen als Filter von Menschen

In Abschn. 5.1.2 haben wir gesehen, dass es im Prinzip zwei Situationen gibt, in denen über Social Media individuelle soziale Filter für Menschen eine Rolle spielen, wo zuvor auf Telefonbuch oder klassische Medien zurückgegriffen werden musste. Für Menschen wäre es aber immer schon viel relevanter gewesen, wenn sie in großem Stil hätten zuhören können, was ihre Freunde und Bekannte über Marken und Produkte sagen – über Social Media geht das jetzt. Für Unternehmen war es im Massenkommunikationszeitalter recht simpel, durch die damaligen Gatekeeper bzw. in diese Medien zu kommen: man bezahlte einfach für Werbeplätze und war drin. Für Unternehmen erfordert die Veränderung hin zu sozialen Filtern eine völlige Neuausrichtung der Fragen zur Durchdringung dieser Filter. Hier kann man nur bedingt Empfehlungen und Zuhören kaufen und sollte dies in den meisten Fällen einfach nicht tun. Warum sollten diese Bekannten denn über Marken erzählen? Bestimmt nicht, weil Unternehmen das wollen!!! Ich bin immer total baff, wenn ich auf Unternehmenslenker treffe, die immer noch glauben, dass, wenn sie nur einen Button zum „Teilen" bereitstellen, Nutzer das dann auch tun. Die technische Möglichkeit ist die eine Sache, die Frage, warum jemand diesen Knopf drücken sollte, eine völlig andere, die sich auch 2020 echt noch zu wenige intensiv stellen.

Wie kommt man aber durch den Filter, wenn Nutzer ihre Bekannten in sozialen Medien fragen?

„Wie findet ihr Produkt XY?" oder „Welche ist die beste Marke für YZ?": Das kann jeder seine vielleicht Tausende von Kontakten in sozialen Medien mit wenigen Klicks fragen. Wie schaffen Firmen es, dort empfohlen zu werden, also durch diese Empfehlungsfilter zu kommen? Die Antwort ist so einfach, wie sie brutal ist: Nur, wenn sie wirklich für gut bzw. empfehlenswert befunden werden. Haben Sie selbst schon einmal einem Freund etwas empfohlen? Ich nehme an, dass hat schon jeder mal gemacht, und wenn man Sie fragt warum, wird die Antwort vermutlich sein:

▶   „Weil ich es gut fand!" ... Sonst nichts!

Oder würden Sie einem Bekannten wirklich etwas empfehlen, von dem Sie glauben, dass es nicht gut ist? Ich hoffe nicht! Und genau dies ist der Grund, warum Menschen den Empfehlungen von anderen, die sie kennen, trauen. Könnte ein Unternehmen Sie persönlich „kaufen", damit Sie Ihren Freunden etwas empfehlen, obwohl Sie es nicht gut finden? Ich hoffe nicht! Und warum würden Sie es nicht tun – vorausgesetzt Sie sind kein professioneller Influencer und wir sprechen wirklich über Ihre Freunde und nicht irgendwelche Follower? Ganz einfach: Weil Sie fürchten müssten, die Freundschaft zu verlieren, wenn herauskommt, dass das Produkt gar nicht gut war und Sie das wussten.

Freundschaft als Haftungsmasse!
Sie haften also mit Ihrem „sozialen Kapital" bzw. konkret: Sie riskieren, die Freundschaft zu verlieren. Und das möchte man in der Regel nicht – genau DAS macht den Wert von Vertrauen aus und erzeugt extreme Glaubwürdigkeit.[12]

▶   Früher war alles einfacher! … für Werbetreibende …

Betrachten wir diesen Sachverhalt aus Sicht eines Unternehmens, so wird das Dilemma der Marktmachtverschiebung durch Social Media sehr deutlich. Wie kam ein Unternehmen in den Filter des Telefonbuches/Branchenverzeichnisses, als diese in der Welt vor dem Internet eine entscheidende Rolle spielten? Sehr einfach, man buchte einfach Werbeanzeigen und zahlte für Einträge. Wie kam man durch den Filter einer Suchmaschine wie Google, als diese der relevante Filter wurde? Schon schwererer als zuvor, denn eine Firma musste in Suchmaschinenmarketing investieren, also konkret das Zusammenspiel zwischen Suchmaschinenoptimierung für die organischen Suchergebnisse und Anzeigen wie „Google AdSense" aussteuern. Beides konnte völlig unabhängig davon gelingen, ob andere Nutzer oder Bekannte des jeweils Suchenden das Produkt gut fanden. Aber durch die sozialen Filter des Bekanntenkreises eines Menschen kommt man nur, wenn man von diesen wirklich gut gefunden und empfohlen wird!

Dann erhöhen wir einfach den Werbedruck, dann werden die schon kaufen!

---

[12]Siehe dazu die Erläuterungen in Abschn. 5.1.2.

Haben Sie Ihre negative Meinung zu einem Produkt schon einmal geändert, weil das Unternehmen sein Werbebudget verfünffacht hat? Im Zweifelsfall eher nicht und genau dies ist der Grund, warum plumpes Geldausgeben, was im Massenkommunikationszeitalter vielleicht noch funktioniert hat, im Social-Media-Zeitalter, wo jeder immer und überall Zugriff auf die Meinungen von Bekannten hat, nicht mehr der Weisheit letzter Schluss ist, oder noch deutlicher gesagt, im Zweifelsfall wirkungslos verpufft!

▶   Kunden sind grausam!

Also halten wir fest: Unternehmen müssen in den Augen der Bekannten gut sein, damit man durch diesen Filter kommt. Das ist brutal, klar, es gibt aber keinen Ausweg, als sich diese Meinungen zu erarbeiten. An der Verfügbarkeit dieser Informationen können Unternehmen jedoch arbeiten, z. B. indem man diese Empfehlungen bei eigener Werbung mit anzeigt.

Wie kommen Sie als Marke oder Produkt ohne Werbezeugs in meinen Social-Media-Newsfeed?
In Analogie zum gerade beschriebenen Frage-Such-Modus müssen sich Unternehmen auch im Erzähl-Zuhör-Modus die Frage stellen, wie sie denn in diese individuell zusammengestellten sozialen Nachrichtenticker hineinkommen, in denen Menschen immer mehr Zeit verbringen und ihre Informationen individuell filtern. Die Logik dabei ist ja grundsätzlich nicht neu – zumindest für das Leben abseits klassischer Werbung. Sind Sie einmal auf eine Gartenparty gekommen und haben gesagt:

Hey Leute, ich bin super! Und sagt das einfach mal allen weiter!

Auch wenn Sie selbst das wohl nicht machen würden, weil sie entweder zu bescheiden dafür sind oder das Ganze etwas peinlich fänden: Genau dies haben Firmen mit klassischer Werbung meistens getan. Man musste ja das direkte Feedback nicht aushalten und die meisten Menschen nahmen Werbung ohnehin nicht für voll. Leider haben viele das auch in den ersten Jahren der sozialen Medien dort getan und einige tun dies heute noch. Sich dann auch noch zu wundern, warum das Ganze nicht wirklich erfolgreich ist, zeigt nicht wirklich Verständnis für soziale Zusammenhänge. Wenn man sich nochmal an die Gartenparty erinnert: Viel wirkungsvoller, als selbst zu erzählen, wie toll man ist, war es immer schon, wenn andere erzählten, wie toll man ist. Fürsprecher oder „Brand Advocates" nennt man das heute. Auf dem Schulhof waren das entweder Ihre Kumpel oder wenigstens Leute, die Sie irgendwie gut fanden oder zeigen wollten, dass sie Sie kennen.

▶   Marketing in Zeiten von Social Media heißt „über Bande spielen" statt „selbst schreien"!

Um es wieder vorwegzunehmen: im Vergleich dazu war es bei den klassischen Medien kinderleicht. Hier war man als Werbetreibender sogar Teil des Systems. Medien lieferten ihren Konsumenten Inhalte, die sie interessierten, und mangels Alternativen mussten sie auch die „Verbraucherinformationen" der Firmen mitkonsumieren – ob diese interessierten oder wirkten, war nahezu unerheblich, das war halt so. Für Unternehmen war es auf diese Weise sehr einfach, die Menschen, die wenige Alternativen hatten, zu erreichen, aber gleichzeitig war es sehr teuer und mit hohen Streuverlusten verbunden, die man mitbezahlte. Man „mietete" sich Werbeblöcke zwischen oder neben dem eigentlichen Programm und dann wurde dies gesendet – einfach: man bezahlt und kommt darin vor! Dies war in TV, Radio und Print schon seit Jahrzehnten so. Als das Internet kam, übertrug man das gleiche Prinzip auf die Werbung im Internet. Bezahlbasis war auch hier in der Regel der Tausenderkontaktpreis. Man bezahlte also für den Kontakt, das Erfolgsrisiko liegt nicht beim Medium, sondern beim Werbetreibenden. Die Frage im Zeitalter Sozialer Medien heißt nun: wie kommen Marken/Produkte in die menschlichen Social-Media-Nachrichtenticker, also wann erzählen Menschen ihren Freunden direkt oder indirekt davon? Denken Sie noch einmal daran, dass es hier nicht an Technologien oder Social Media liegt, diese machen es nur möglich. Ganz abseits des Digitalen können Sie sich auch fragen, wann Menschen etwas über Marken und Produkte im Hausflur, auf der Gartenparty oder beim Mittagessen erzählen würden. Der Mensch und sein psychologisches und soziologisches Verständnis ist hier der Schlüssel zum Erfolg!

Warum posten Menschen über Marken?
Im Wesentlichen gibt es nur drei Motive für die Integration von Firmen in Nutzer-Postings, jedenfalls ist mir nach 15 Jahren Beschäftigung mit dem Thema kein weiteres, wirklich nachvollziehbares über den Weg gelaufen.

Motivation hinter dem „Posten"

1. Menschen sind total fasziniert und begeistert von Marken und Produkten. Zufriedenheit reicht in der Regel nicht.
2. Menschen sind unzufrieden und wollen andere warnen und ihre negative Energie loswerden.
3. Marken/Produkte helfen Menschen dabei, sich zu „sozialisieren", d. h. z. B., sich zu positionieren, Feedback und Aufmerksamkeit zu bekommen.

Das erste Motiv zu erfüllen, gelingt Firmen meist nur punktuell und ausnahmsweise. Für die wenigen Unternehmen, denen dies dauerhaft gelingt, ist das Social Web ohnehin das Beste, was jemals geschehen konnte. Auch wenn unzählige Firmen „Begeisterung" ihrer Kunden in ihre Strategiepapiere oder Werbesprüche schreiben, es ist leichter gesagt als getan und für mich kein pragmatischer Ansatz, mit dem man täglich arbeiten kann.

Aber wir haben doch 86 % zufriedene Kunden!
… Schön, reicht aber nicht!

Es mag sein, dass viele ihrer Kunden auf Nachfrage sagen, dass Sie mit Ihnen zufrieden sind. Ich sehe jetzt mal von allen methodischen Mängeln der Befragung ab, also dass bspw. nur die bei der Umfrage mitgemacht haben, die wollten, und viele andere gar nicht einbezogen wurden, eine Repräsentativität nur vermutet werden kann etc. Das ist insgesamt wirklich schön, wenn die Kunden zufrieden sind, reicht aber nicht dafür, dass diese das jedem in den sozialen Medien oder sonst wo erzählen. Auf Nachfrage zu bestätigen und aktiv zu handeln und zu erzählen, sind unterschiedliche Dinge und erfordern eine andere Energie.

Wann haben Sie das letzte Mal Ihren Kollegen im Büro davon erzählt, dass der Zug erwartungsgemäß pünktlich war oder Ihr Auto Sie störungsfrei von Ort zu Ort gebracht hat?

„Begeisterung" ist eben etwas völlig anderes als Zufriedenheit! Zufriedenheit beschreibt das Erreichen der Erwartungen, Begeisterung ist Überraschung, ist Energie, ist Übertreffen der Erwartungen. Wenn mein Thermostat am Heizkörper kaputt ist und jemand vorbeikommt und das repariert, dann bin ich zufrieden, werde es aber nicht unbedingt jedem erzählen müssen. Wenn ich aber an Heiligabend jemanden wegen meiner kaputten Heizung anrufe, der umgehend vorbeikommt, alles schnell und kostengünstig repariert und noch den Dreck vorm Heizkörper so aufräumt, dass es hinterher sauberer ist als vorher (vielleicht trägt er auch noch weiße Handschuhe dabei), DANN bin ich begeistert! Und dann bringe ich auch die Energie auf, dies jedem im Hausflur und in den sozialen Medien zu erzählen und diesen Menschen zu empfehlen. Warum? Weil er mich begeistert hat, weil er es verdient hat, weil er so anders ist als die anderen, und meine Erwartungen sowas von übertroffen hat. Begeisterung zu entfachen, gelingt mal, aber dies als realistisches Ziel jeden Tag zu haben, ist schlichtweg für die meisten Unternehmen kein Handlungsansatz: es wird nicht gelingen, immer und immer wieder aufs Neue die Erwartungen zu übertreffen. Also schön, wenn man es schafft, aber es kann nicht die Routine sein.

▶   „Denen" gebe ich es mal ... aber so richtig!

Das zweite Motiv, um zu posten, speist sich aus dem Gegenteil von Begeisterung, nämlich so starker Unzufriedenheit über ein unter den Erwartungen zurückbleibendes Kundenerlebnis, dass man anderen darüber erzählen will. Ob im Hausflur oder in den Sozialen Medien, ist wiederum egal, das Motiv und den Antrieb zu verstehen, ist entscheidend. Das Problem für Unternehmen ist, dass „positive Erfahrungen" von Kunden sehr gerne „mitgenommen" werden, aber, wie beschrieben, nicht unweigerlich einen Antrieb darstellen, jedem darüber erzählen zu wollen. Bei negativen Erfahrungen ist die Energie meist ungleich höher. Der Frust der Enttäuschung ist vielleicht groß, den will man loswerden, man will es dem bösen Anbieter zeigen, das hat er verdient für diese schlechte Leistung, da er sein Werbeversprechen nicht gehalten hat. „Dem kann ich die Schuld geben statt mir selbst! Ich muss mir nicht eingestehen, dass ich so blöd war, den Mist gekauft zu haben. Ich muss meine Mitmenschen vor so bösen Jungs warnen."

Die Quellen und Antriebe hinter dieser negativen Energie sind vielfältig und können sich jetzt ganz einfach entladen, sodass man sich besser fühlt. Dem Nachbar im Hausflur das negativ Erlebte zu erzählen, hat noch nicht gereicht, vielleicht auch nicht, es den Eltern und Geschwistern beim Familienfest zu erzählen, aber mal eben mit paar Klicks das Ganze vor Tausenden von Kontakten in den Sozialen Medien abzulassen, das ist schon was. Dann bekommt man dabei auch noch Bestätigung, weil andere ähnliches erlebt haben, und so kann man es den Anbietern mal so richtig zeigen und seine neue Macht ausspielen!

Und es geht so einfach. Der Aufwand von wenigen Sekunden auf meinem Smartphone ist doch lächerlich im Vergleich zur Erleichterung meines inneren

Spannungszustandes durch das Frusterlebnis. Und den Streit mit meiner Freundin heute Morgen, den kann ich dabei vielleicht sogar noch unterschwellig direkt mitverarbeiten und fühle mich hinterher besser. Sie merken schon: das mag „primitiv" sein, aber eben menschlich und gegebenenfalls mächtig.

Oh nein, die könnten ja schlecht über uns reden, das können wir nicht kontrollieren ... da gehen wir lieber nicht hin!

Für Unternehmen ist diese Marktmacht in den Händen der Kunden, gepaart mit vielen Quellen negativer Energie, nicht erfreulich. Und es ist leider auch ziemlich irrelevant, ob öffentliche Beschwerden aus Unternehmenssicht gerechtfertigt sind oder nicht, entscheidend ist nur, ob der Kunde das so sieht oder nicht, er hat die Macht dazu. Kann man das verhindern? Im Regelfall nicht, in einigen krassen Fällen vielleicht mit rechtlichen Mitteln, die aber wiederum Aufwand darstellen und gegebenenfalls auch nicht gut bei den Menschen da draußen ankommen. Es sollte hier eine Einzelfallabwägung erfolgen. Unterm Strich bleibt Firmen leider nichts anderes übrig, als sich nicht nur darauf einzustellen, sondern vor allem vorzubereiten. Dazu gehört zum einen der Aufbau eines Social-Media-Listening-Systems, sodass man überhaupt mitbekommt, wenn negativ über einen im Social Web gesprochen wird. Weiterhin sollte man sich kommunikativ vorbereiten, um entsprechend antworten zu können, wenn es im Einzelfall geboten ist. Was jedoch nicht geht, ist die leider in den ersten Jahren weit verbreitete Reaktion auf diese „unverschämte Kunden": Sehr oft hörte ich damals, dass man genau deshalb nicht im Social Web vertreten sei, weil man dort ja nicht kontrollieren könne, was über einen gesprochen werde. Da bleibe man lieber bei klassischen Medien. Ich wusste manchmal gar nicht, ob ich lachen oder weinen sollte, denn eine solche Reaktion ist bestenfalls „naiv".

▶   Kommen Sie damit klar, die Kunden werden sich diese Macht nicht mehr nehmen lassen!

Im Zeitalter klassischer Medien hatte man ja lediglich die Illusion der Kontrolle, man hatte keinen Einfluss auf die Gespräche über die eigene Marke auf Gartenpartys, man bekam es einfach nur nicht mit. Da dies meist nur im Kleinen stattfand und es auch sonst keiner mitbekam, war das oft auch nicht so schlimm. Im Social-Media-Zeitalter hat dies aber Massenwirkung und kann sich zu einem gewaltigen „Shitstorm"[13] über einem ausweiten. Es wäre fahrlässig, hier nicht vorbereitet zu sein. Man sollte eher froh sein, dass man über diese größte transparente Marktforschung aller Zeiten mitbekommt, was wirklich am Markt abgeht. So kann man sich darauf vorbereiten und wenn es gut läuft, schafft man es sogar über gute Reaktionen, aus Enttäuschten Fürsprecher zu machen.[14]

▶ **DAMIT kann man arbeiten!**

Das dritte Motiv, um zu posten, ist endlich eines, das man in der eigenen Kommunikation adressieren kann und vor allem muss, um Menschen in der digital vernetzten Welt einbinden zu können. Ich erinnere an dieser Stelle gerne noch einmal an das Abschn. 5.2.1 und die dort beschriebenen Grundmotive für Beiträge in Sozialen Medien: Menschen sind soziale Wesen und erleben sich selbst in Reflektion ihres eigenen sozialen Umfelds – das machen sie ihr Leben lang in der physischen Welt, in digitalen Kanälen, einfach überall. Sie entwickeln dabei ihre Persönlichkeit und das ist ganz normal.

▶ Nein, hier sind nicht alle gleich!

Dabei gibt es einige, die dies sehr offensiv und extrovertiert tun, die es genießen oder erstreben, Aufmerksamkeit zu bekommen, und sich in den Themen, für die sie gerne stehen möchten, positionieren – für den einen kann das Fußball, für den anderen Mode und für einen Dritten Maschinenbauthemen sein. Unter diesen Extrovertierten gibt es wiederum einige, die sich zu sozialen Knotenpunkten und oft auch Ton- und Taktgebern entwickelt haben, weil sie sehr viele Kontakte haben und mit sehr vielen bekannt sind. Noch einmal zur Erinnerung: dies war immer schon so, nur durch Soziale Medien ist dies transparenter und in der Ausweitung gigantisch größer geworden. Die Mehrheit der Menschen ist jedoch wenig offensiv, laut und extrovertiert, sie erzählen vielleicht seltener bis fast nie und vor allem nicht von sich, sie stehen nicht so gern im Mittelpunkt und äußern sich vielleicht nur zu den Themen, in denen sie sich richtig gut auskennen. Vielleicht sind sie aber auch nur Experten für ein Thema, ohne überhaupt darüber

---

[13]Dies ist übrigens ein eher in Deutschland verbreiteter Begriff, im Englischen würde man von einer „Social Media Crisis" oder einem „Online Firestorm" sprechen.
[14]Siehe zur Vorbereitung u. a. die systematische Identifikation von internen und externen Kommunikationszielgruppen in den Abschn. 8.3.3 und 8.3.4.

zu sprechen oder nur, wenn sie gefragt werden. Was aber alle Menschen machen, ist Zuhören und Zuschauen. Diese Unterschiede zwischen den Menschen sind auf dem Schulhof und auf der Gartenparty nicht großartig anders als in Sozialen Medien. Dort sind die Extrovertierten aber noch prominenter zu sehen, weil ihre Posts mit viel Interaktion in Newsfeeds und Suchmaschinen überproportional auftauchen, was wiederum noch mehr Follower und Aufmerksamkeit bringt.

90 % passiv – Ist die alte Regel immer noch aktuell?

Fast schon ein Klassiker der frühen Forschung über das Internet ist die „90-9-1"-Regel, die als Daumenregel besagt, dass 90 % der Internetnutzer im Wesentlichen nur zuschauen, was passiert, und sich sonst passiv verhält und lediglich 1 % richtig viele und oft Inhalte erstellt. 9 % machen dies von Zeit zu Zeit. Da diese ursprünglichen Orientierungswerte von Jacob Nilson bereits im Jahre 2006 in die Welt gesetzt wurden, als das Social Web noch vor allem aus kleinen Communitys, Blogs oder Usenet-Gruppen bestand, ist oft darüber gestritten worden, ob sie denn auch noch heute gelten, wo Milliarden von Menschen in riesigen Netzwerken verbunden sind.[15] Einiges spricht dafür, einiges dagegen, aber im Kern sind ein paar Prozentpunkte hier oder da für uns auch unerheblich, die Richtungsgrößen bleiben.

Darauf haben die Selbstdarsteller nur gewartet

Für diese Extrovertierten ist das Social Web natürlich ein gefundenes Fressen, denn sie müssen nicht mehr Journalisten oder Fernsehstars werden, um von vielen Menschen Aufmerksamkeit, Feedback, Bekanntheit etc. zu bekommen. Wenn sie gut ankommen, werden sie in Sozialen Medien zu ihren eigenen Kanälen und Medienmarken. Die ganz Erfolgreichen darunter schimpfen sich heute „Influencer" und schaffen es oft, mit der Vermarktung ihrer Beliebtheit und Reichweite Geld zu verdienen, teilweise sogar sehr viel Geld. Aber auch die vielen, die dies nicht professionell angehen, sondern sich einfach nur für bestimmte Themen durch für andere interessante Inhalte positioniert haben oder die einfach nur „gesellige" und kommunikativ starke Menschen sind, kommen auf zig tausende Social-Media-Kontakte.

▶   Es geht darum, „die Richtigen" einzubinden!

---

[15]https://www.nngroup.com/articles/participation-inequality/ (zugegriffen am 10.06.2020).

Und genau um diese gut Vernetzten, die in der Regel auch im Social Web viele Inhalte erstellen, kommentieren, teilen und diskutieren, wie sie es auf einer Gartenparty in der Offline-Welt auch machen, geht es in der Hauptsache. Wenn man sie gewinnt, sodass sie über Ihre Marke und Ihr Produkt sprechen, dann trägt man diese in die Newsfeeds von Millionen, die ihnen zuhören. Wie schafft man dies? Bei den professionellen Influencern ist dies sehr einfach: man bezahlt sie, so wie man früher Stars bezahlte und deren Werbespruch dann auf Plakate klebte und im TV zeigte, nur dass die jetzt ihre eigenen Kanäle haben. Das kann man machen, da läuft meiner Einschätzung nach in den letzten Jahren viel falsch, vor allem, weil zu oft die Authentizität verloren geht, aber das wäre ein eigenes Buch wert. Mir geht es jetzt darum, eher das Grundprinzip davon zu verstehen, wie man alle anderen einbindet, die man nicht mit Geld bezahlt. Denn Kleinvieh macht bekanntlich auch Mist und in der Masse der jeweiligen sozialen Konstrukte erzielt dies meiner Meinung nach eine langfristigere authentischere Wirkung, als ein paar gehypten Influencern mit vielen Followern, die man nicht persönlich kennt, viel Geld zu geben.

Wenn nicht mit Geld bezahlen, womit dann? ... Wann reden die endlich über unsere tollen Produkte?

Um sich dieser Frage zu nähern, muss man sich noch einmal sehr glasklar vor Augen führen, warum Menschen überhaupt posten und worüber sie sprechen. Oder anders, ins Extreme gezogen:

Worüber sprechen sehr extrovertierte Menschen am liebsten? ... Egal wo?
Richtig: über sich selbst! Ob man Sie oder mich gut, schlecht, lächerlich oder sonst wie findet, ist dabei vollkommen egal, man muss es aber wirklich begreifen. Und worüber reden Marken seit eh und je in klassischer Werbung? Wieder richtig: über sich selbst! Wie toll sie sind, warum man sie kaufen soll, warum sie besser als andere sind usw. Wer will denn bitte als Extrovertierter darüber reden, wie toll andere sind? Naja, wenn man mich dafür bezahlt, mach ich das. Deswegen haben klassische Medien das gemacht, deswegen haben Kinostars das gemacht und deswegen machen Social-Media-Influencer das auch – auch wenn sie versuchen, dies glaubwürdiger zu verpacken, um ihre eigene Marke nicht kaputtzumachen. Aber alle anderen machen dies eben nicht, denn diese Extrovertierten wollen ja am liebsten über sich selbst sprechen, sich positionieren etc. Deswegen ist die sehr logische Antwort auf die Frage:

▶ Marken müssen aufhören, nur sich selbst gut aussehen zu lassen und
über sich zu reden! Sie müssen andere gut aussehen lassen, damit
diese sie in ihre Gespräche einbauen!

Wie immer im Sinne des PROFSKI-Blicks, ist dies nichts Neues und auch nicht
auf das Digitale beschränkt. Viele – besonders die Extrovertierten – haben sich
auch auf Gartenpartys oder sonst wo gerne im Umfeld von Marken gezeigt: das
kleine Logo auf dem Poloshirt, das Logo auf der Kappe, der Schriftzug am Heck
und auf der Kühlerhaube, alles nichts Neues. Marken erfüllen hier die Funktion
der Orientierung oder auch der Positionierung, man versucht, die dem Markenimage zugeschriebenen Werte auf sich zu übertragen und damit cool, hipp,
modern, sportlich, hochwertig, exklusiv und was weiß ich zu sein. Aber auch
dabei musste es in der Regel doch eher dezent zugehen. Kaum einer kam in eine
Gruppe von Menschen und prahlte:

*„Hey, schau mal, was ich mir leisten kann, das war teuer ... und das hier, davon
haben nur echte Experten Ahnung, deswegen ich auch!"*

Also okay, manche haben das vielleicht doch gemacht, aber das wird bei vielen
Menschen als eher peinlich wahrgenommen und ob man das als Markenver-
antwortlicher will, dürfte auch strittig sein. Und natürlich gibt es so etwas
Explizites auch in den Sozialen Medien, so wie es eben alle Formen online
und offline gibt. Und Vereinsmarken von Sportclubs haben dabei wahrscheinlich den höchsten Grad an Identifikation mit der Marke, da sich auch sonst eher
Zurückhaltende gerne sehr offensiv mit allen möglichen Utensilien und stolzer
Brust zeigen. Halten wir als das „Normale" für die meisten Marken einfach fest,
dass viele Menschen sich nicht grundsätzlich weigern, Marken und Produkte
in ihre Kommunikation einzubauen. Sie machten dies aber nicht unbedingt
verbal offensiv, sondern eher indirekt durch selbstverständliches Einbauen und
Mitnehmen in ihren Alltag und ihre Gespräche. Nichts anderes machen die
Menschen in den Sozialen Medien: Sie tragen genauso Klamotten, steigen in
Autos ein und „cruisen" so, dass man sie sieht, lassen Fachsimpelei und kleine
Angebereien nebenher in Gesprächen fallen. Genauso wie früher, nur heute
können dies vielmehr Menschen in den Sozialen Medien sehen und dadurch
bewusst oder unbewusst beeinflusst werden.

Ja, aber warum posten die denn jetzt so viel und was?
Wenn man versucht, die Motive ein wenig zu spezifizieren, so fällt es schwer
zu klären, ob einfach nur der Wunsch, gesehen zu werden, also nach Aufmerk-

samkeit, oder nach wirklichem Feedback in Form von Likes oder Kommentaren oder die gezielte Positionierung in einer bestimmten Gruppe das Ziel ist. Aber ob es ein Mix oder das ein oder andere Teilmotiv ist, in der Masse der Extrovertierten ist das eher unerheblich. Alle aus meiner Sicht interessanten Studien zu dem Thema kommen zu dem Ergebnis, dass der wirklich große Teil der erstellten Inhalte mit ihnen selbst zu tun haben. Dies stimmt im Wesentlichen auch mit meinen eigenen Forschungen aus den Anfangsjahren des Social Webs überein. Damals im Jahre 2008 habe ich in meiner Marktforschungsvorlesung bzw. den dazugehörigen Praxisprojekten an der Cologne Business School 150 Studenten damit „gequält", rund 60.000 Profile in 600 Sozialen Netzwerken mit jeweils mehr als 10.000 Mitgliedern weltweit über einen Zeitraum von rund drei Monaten zu analysieren. Eine wichtige Kategorie war die Zuordnung der Informationsabgabe durch die Nutzer – heute würden wir „Posts" sagen, damals gab es aber teilweise unterschiedliche Formen.

▶   Wenn Sie Bilder von Ihnen vor Ihrem Haus, Ihrem Boot und Ihrem Auto posten, ist egal, wie alt Sie sind, wo Sie wohnen oder welches Geschlecht Sie haben, Sie sind einfach ein Angeber!

Neu war damals, dass die Studenten subjektiv einordnen sollten, welchem Zweck die jeweilige Informationsabgabe dienen könnte. Klar, das war nur deren Interpretation, aber wir diskutierten so viele Fälle, dass wir immer bessere Leitlinien bekamen. Auf jeden Fall war diese Motivzuordnung aus meiner Sicht weitaus nützlicher als nur die Erfassung von offensichtlichen demografischen Kriterien wie Geschlecht, Wohnort oder Alter, die keine Aufschlüsse über das jeweilige Motiv geben würden.

▶   Selbstdarstellung als kontant wichtigstes Motiv, Inhalte einzustellen!

Spannend war nicht nur die Eindeutigkeit der ich – bezogenen Motive mit Selbstdarstellung an erster Stelle der Zwecke aller gesehenen Posts. Wichtig war auch, dass diese Inhalte im Wesentlichen von nur rund einem Drittel aller Nutzer kamen, die in dem Zeitraum überhaupt etwas gepostet haben. Also nicht ganz die 90-9-1-Regel, aber die Tendenz stimmt eben.

Erkenntnis für erfolgreiches Einbinden und „über Bande spielen" als Kern der Markenführung im vernetzten Zeitalter
Wer extrovertierte Menschen, die Einfluss auf andere ausüben, einbinden will, muss diesen helfen, sich „mit der Marke" positionieren zu können – Marken müssen die Bühne für diejenigen sein, nicht ihr eigener Lautsprecher!

Marken, die weiterhin nur über sich reden, müssen sich nicht wundern, wenn diejenigen, die auch gerne über sich selbst reden, sie nicht in ihre Gespräche tragen!

Das Einbinden von wenigen potenziellen Influencern fiel in der Zeit vor Social Media unter Begriffe wie „Guerilla-Marketing" oder „Below-the-Line" und war eher etwas für kleine Segmente und Themen, für die es sich nicht lohnte, teure Massenwerbung mit hohen Streuverlusten zu bezahlen. Ich erinnere mich noch gut, als in den späten 1980er Jahren ein Marketing-Team von Adidas auf den Freiplatz der Kölner Sporthochschule – damals ein Hotspot der Basketball-Szene in Deutschland – kam. Sie schauten sich mehrere Wochenenden lang das dynamische Treiben dort an und fragten ein paar der Leute, die immer da waren, ob sie nicht den neuen Kobe-Bryant-Schuh „testen" wollten. Das waren genau die, von denen sie glaubten, dass dies die Influencer dieser Community waren. Diese Wenigen freuten sich über ihre kostenlosen Schuhe und das Leben ging weiter. Ich war aber schon erstaunt, als am Ende des Sommers doch viele, vor allem der Jüngeren, die Schuhe gekauft hatten – ob dies alleinig an „ihren" Influencern lag, zu denen sie jedes Wochenende aufschauten, kann man im Nachhinein nicht mehr klären, aber es wird wohl einen Einfluss gehabt haben. Heute kann genau dieses frühere „Klein-Klein-Prinzip" skaliert werden, da die Nischen, weltweit gesehen, groß sind und relativ wenige Streuverluste anfallen. Die frühere „Above-the-Line"-Werbung in TV, Radio, Print ist aber genau von hohen Streuverlusten geprägt und wird immer weniger von nachwachsenden Generationen genutzt – „der Normalfall" dreht sich also zunehmend um.

Das neue „Normal"!
Die Logik hinter diesem Wechsel des Leitmotivs hin zum „Market with them, not at them" oder „über Bande spielen" ist so einfach, wie sie genial ist, aber auf der anderen Seite fällt es den Unternehmen so schwer wie kaum etwas anderes. Marken waren gewohnt, vor allem sich selbst zu inszenieren, sich selbst auf die Bühne zu stellen. Ein ganzes Ökosystem mit Werbeagenturen

und Mediaagenturen hat sich jahrzehntelang darauf konzentriert, Marken in
den klassischen Kanälen „toll" aussehen zu lassen. Dabei haben sich noch
zig Spezialsegmente für Print, Events, Radio oder das Fernsehen, später auch
Online-Werbung per Banner, E-Mail und anderen Sende-Formate entwickelt. Die
tektonischen Verschiebungen, die sich aus dem Wechsel zu „Social First", bzw.
im Speziellen seinen Ausprägungen der Gespräche führenden Brand Personas
und dem Einbinden von sozialen Knotenpunkten, ergeben, sind gewaltig. Dies
betrifft nicht nur die Denkweisen, Konzepte und Köpfe an der Spitze, sondern
vor allem grundlegende Verschiebungen in den Kompetenzen und Rollenverteilungen. Während man die Themen der Marke und die Kommunikation in
großem Ausmaß spezialisierten Externen in Agenturen überließ, ergibt sich bei
der Markenführung durch die Brand Persona eine Tendenz zum „Insourcing", also
zum Selbermachen. Dies hat etwas damit zu tun, dass man die eigene Persönlich-
keitsentwicklung schwerlich anderen überlassen kann. Genauso wenig können
andere für einen authentisch Gespräche führen. Leider erzählen viele Agenturen
ihren Werbekunden etwas anderes mit teilweise abenteuerlichen Begründungen –
meiner Meinung nach entweder, weil sie ihre Budgets nicht verlieren wollen, oder,
weil sie die Thematik nicht verstanden haben oder wahrhaben wollen. Dieses
Beharrungsvermögen ist nicht hilfreich, aber aus Sicht ihres betriebswirtschaft-
lichen Interesses nachvollziehbar. Unabhängig davon, wer was macht, wäre die
logische Konsequenz:

▶   Wir werden mehr soziologische Kompetenz und weniger Media-
        planer und Selbstverwirklicher unter den Kreativen brauchen!

Ebenfalls langsam vollzieht sich die Umstellung der Ziele und Messgrößen für
jeweils definierten Erfolg, der sogenannten „Key Performance Indicators" oder
kurz „KPIs". Mehr schlecht als recht konnten in klassischen Medien die Reichweiten der erreichten Menschen gemessen werden, alles darüber hinaus war entweder undenkbar zu messen oder reine Spekulation. Die Branche konnte sich bei
so wenig Erfolgsmessungsmöglichkeiten selbst Preise verleihen und Ranglisten
aufstellen und feiern, wie gut man ist. Heute im digitalen Zeitalter kann Reichweite eigentlich vor allem nur ein hinreichendes Kriterium sein, weil man zahl-
reiche KPIs der Interaktion messen kann, die zuvor undenkbar waren: wie viele
und wer hat kommentiert, gelikt und – als höchster Grad der Interaktion – Inhalte
seinen Kontakten weitergeleitet. Werbetreibende Unternehmen sollten sich und
ihre externen Partner zur Messung des Kommunikationserfolges zunehmend
fragen bzw. als wichtigste KPIs etablieren:

Wie viele Kunden, die die glaubwürdigste und einflussreichste Quelle für andere sind, haben Sie einbinden können?

Jetzt nochmal in aller Klarheit die vielleicht unangenehme Wahrheit: Wohl kaum ein Mensch ist in den Sozialen Netzwerken, um klassische Werbung zu sehen, so wie auch niemand auf eine private Gartenparty geht, um dort Werbeplakate zu sehen. Zumindest die meisten wollten auch nicht ihren Lieblingsfilm von einem „ultracoolen Werbeclip" unterbrochen wissen. Woher ich das weiß, wie ich denn sowas behaupten kann? Zum einen, weil es dem gesunden Menschenverstand entspricht, und zum anderen, weil ich in den letzten zehn Jahren bei bestimmt 100 Vorträgen gefragt habe:

„Wer von Ihnen schaut total gerne TV-Werbung?

Niemals, wirklich niemals haben daraufhin mehr als drei von hundert Teilnehmern aufgezeigt und die meinten auf Nachfrage dann immer ausschließlich den ein oder anderen Clip, den sie toll fanden. Sonst sagten alle: NEIN! Und bei mir sitzen ja eher digitale Migranten, die das nicht anders kennen. Wenn ich in meinen Vorlesungen die Digital Natives frage, zeigt zwar auch keiner auf, aber es kommt die Erläuterung, dass man das so kaum sagen könne, denn man schaue kaum Fernsehen. Wenn Sie lieber der GfK[16] und Werbeindustrie glauben wollen, die damit ihr Geld verdienen, dann dürfen Sie das selbstverständlich gerne machen, ist ja Ihr Geld. Dennoch sollten alle Werbetreibenden das steigende Aufkommen von Werbeblockern, das Überspringen von Werbeclips bei YouTube, sobald es nur geht, als Zeichen verstehen, also als echte Marktforschung: keiner will unterbrochen werden, wenn er unterhalten werden will, wenn er einen Film schaut oder checkt, was seine Freunde so machen. Ihre Botschaft kann noch so toll sein, wenn sie zur falschen Zeit am falschen Ort stört, ist sie nicht erwünscht!

► Unternehmen werden lernen müssen, dann da zu sein, wenn es relevant ist, und zwar in einer Form, bei der wir messen können, dass sie gefällt!

Und dies nicht als Zusatz oder immer so ein bisschen mehr, sondern als Leitprinzip! Nur so kann man dauerhaft der Marktmachtverschiebung hin zum Kunden widerstehen, um nicht weggeblockt und herausgefiltert zu werden.

---

[16]Gesellschaft für Konsumforschung, die die Einschaltquoten für TV in Deutschland erhebt.

Darüber hinaus ist und war es einfach vollkommen ineffizient, mit hohen Streuverlusten alle Menschen, die eine TV-Sendung sehen oder eine Zeitschrift
durchblättern, zu bombardieren, aber für jeden dieser theoretischen Kontakte zu
bezahlen. Hätte es die heutigen Möglichkeiten zur individuellen Aussteuerung
von Werbebotschaften und erfolgsabhängigere Bezahlmöglichkeiten, wie z. B.
„Pay per Click", immer schon gegeben, wäre das Massen-Anschrei-Werbemodell
wohl so nicht entstanden. Aber dieses hält sich aus meiner Sicht erstaunlich lange
und wird auch weiter funktionieren, solange es genug Werbetreibende gibt, die
sich damit zufriedengeben, und genug Menschen in der Werbeindustrie gibt, die
damit überzeugen können, dass dieses ja „funktioniere". Das mag sein und in
Zeiten vordigitaler Modelle gab es auch keine Alternativen.

„Ich weiß, was sie nicht tun: Werbung schauen!"

Ich muss mich häufig in diesem Kontext an eine Rede des damaligen
Geschäftsführers von StudiVZ erinnern – ich meine, es war 2008, als der Vorläufer der heutigen Messe DMEXCO in Düsseldorf stattfand. Er meinte
damals, als StudiVZ noch Marktführer der Sozialen Netzwerke in Deutschland war, dass er sich frage, wie lange Werbetreibende im klassischen
Tausenderkontaktpreis-TV-Werbemodell noch Geld ausgeben. Sie scheinen zu
glauben: „Klar geht mal jemand in der Werbepause auf die Toilette oder holt
sich ein Getränk aus der Küche, aber der Rest sitzt vorm Fernseher und schaut
unsere Werbung." Er könne aber messen, dass dies nicht so sei, denn bei TV-
Sendungen mit jungen Zielgruppen (wie damals „Germany's Next Top Model")
sehe er genau, dass sich exakt zu den Werbepausen Millionen Nutzer in StudiVZ
einloggen. Wahrscheinlich schauen sie einfach, was ihre Freunde so machen,
oder tauschen sich über die Sendung, die sie gerade schauen, aus. Es ist auch
unerheblich, entscheidend ist nur, dass sie nicht TV-Werbung schauen, zumindest
nicht bewusst. Und wir reden über 2008, das heißt, erst relativ wenige hatten ein
Smartphone. Sie saßen also mit Notebooks auf den Knien vorm Fernseher, wenn
sie ein W-LAN hatten, oder wenn nicht, gingen sie zu ihrem PC, der vielleicht in
einem anderen Raum stand, und loggten sich über Modem ein. Wenn dies damals
schon der Fall war, frage ich mich, wie das heute ist, und kenne die Antwort.
Schwer nachvollziehbar, warum Werbetreibende sich damit zufriedengeben.

„Haben Sie etwas gegen Werber?"

In der Tat wurde ich dies mehrfach gefragt. Ich gönne jedem in der klassischen
Industrie sein Auskommen, aber ich sehe mich als Erklärer unabhängig von den

Einzelinteressen von Besitzstandswahrern. Alle sollten zumindest die Möglichkeiten des digital vernetzten Zeitalters verstehen und sich das Beste aussuchen, um ihre Unternehmen wettbewerbsfähig zu halten. Ob das frühere Werbetreibende sind, die Kunden brauchen, oder Agenturen aus der Werbeindustrie, die geschilderten Anpassungen sind unausweichlich, sofern Sie die hier geschilderte ökonomische Logik dahinter akzeptieren. Natürlich können Sie komplett anderer Meinung sein. Wenn Sie ein anderes Modell, Erklärungen und Wege finden, sehr gerne! Aber nur, weil man die Entwicklung nicht gut findet, weil man es nicht anders kann oder noch kein neues Geschäftsmodell dafür hat, das ist kein Grund für Ablehnung. Es hält nur auf, während andere an uns vorbeiziehen!

Aber sind denn so viele solch extreme Selbstdarsteller?

Natürlich unterscheiden sich die Menschen online und offline in ihrem Drang zur Selbstdarstellung. Die einen suchen immer ihre Bühne, egal womit, andere möchten sich vielleicht nur in ihrem Umfeld gerne zu einigen wenigen Themen positionieren und wieder andere genießen einfach ab und zu mal die Aufmerksamkeit. Man muss nicht immer das Extreme als Orientierung nehmen, auch schon kleine Content-Elemente können dabei helfen, das andere diesen teilen, einfach um ein wenig Feedback zu bekommen. Das ist alles nicht „schlimm", wir sind soziale Wesen, leben also gemeinsam und vor dem jeweiligen Spiegel der anderen.

Haben Sie schon einmal einen Witz weitererzählt? ... Und warum? Und was passiert dann?

„Was für eine blöde Frage!", denken Sie sich vielleicht. Klar, haben Sie das, einfach weil es lustig ist. Wirklich? Mag sein, trotzdem sollten wir uns die möglichen sozialen Zusammenhänge darüber hinaus einmal verdeutlichen. Wenn Sie in einer Runde einen Witz erzählen, dann bekommen Sie (hoffentlich) Aufmerksamkeit und positives Feedback in Form von Lachen. Sie haben aber dadurch auch noch eine Community, eine Gemeinschaft geschaffen, indem Sie Menschen gemeinsam zum Lachen gebracht haben. Zusätzlich haben Sie sich in diesem sozialen Konstrukt als „die lustige Person, die mit den immer guten Witzen, die anderen Freude bringt, die Unterhaltende" positioniert. Wenn man als Individuum nur Teile oder alles davon genießt, so entsteht ein Anreiz zu solcher Aktivität. Verstärkt wird dies, wenn Sie vielleicht die erfolgreiche Reaktion auf den gleichen Witz in einer anderen Runde gesehen haben, als ihn ein anderer erzählt hat. Dieser grundsätzliche Mechanismus und diese Motivstruktur sind immer gleich: Ob Sie dies in Ihrer Stammkneipe, auf dem Schulhof oder eben in den Sozialen Netzwerken oder Ihren WhatsApp-Gruppen machen, es macht keinen Unterschied. Auch ist es unerheblich, ob dies bewusst und gezielt oder mehr oder weniger unbewusst und nebenbei abläuft. Erinnern Sie sich bitte: Menschen machen in sozialen Netzwerken das, was sie immer schon gemacht haben und hätten, wenn es möglich gewesen wäre – dies war elementarer Teil des PROFSKI-Blicks. Deswegen gingen Witze früher schon „viral", verbreiteten witzige Dinge sich immer schon, nur dass es eben heute rasend schnell mit einem Klick geht.

Sollen wir als Firma dann einfach immer etwas Lustiges posten?

Nicht grundsätzlich und erst recht nicht ausschließlich, es sei denn Sie möchten sich bzw. Ihre Brand Persona vor allem als „lustig" positionieren. Mal eingestreut kann Humor immer hilfreich sein, aber auch dies sollte man dosieren. Der Witz dient nur zur Veranschaulichung des Mechanismus, weil wahrscheinlich jeder diese Situation kennt. Bei der Positionierung durch Inhalte zu Ihren Themen, die Sie in der Brand Persona festgelegt haben, sollten aber die gleichen Motive berücksichtigt werden.[17]

▶ Kernfrage: Wer genau sollte aufgrund welcher Motive Ihre Inhalte teilen?

Wenn reine Aufmerksamkeit das Ziel ist, sind die Möglichkeiten meist vielfältiger als bei Spezialthemen von Maschinenbau bis Chemieindustrie. Zu jedem Thema gibt es aber Menschen, die gerne Wissen teilen und damit anderen helfen wollen oder sich z. B. als Experte oder als innovativ oder tiefgründig positionieren möchten. Das Ermöglichen des einfachen Weiterleitens reicht nicht, es muss genau die jeweilige Motivstruktur herausgestellt werden. Wie kann Ihr Inhalt gestaltet werden, damit andere sich damit positionieren können und Sie deswegen in ihre Gespräche und soziales Umfeld hereintragen und Sie als Marke mitnehmen? Die Frage nach den konkreten Motiven als Voraussetzung für jeden Ihrer Social-Media-Posts zu stellen, hilft erfahrungsgemäß enorm, den „Sendeschrott" fernzuhalten.

---

[17]Genaueres zu den Schritten Ihrer Brand Persona in Abschn. 8.3.1.

6.5.3   Mitarbeiter als Filter und Botschafter

Menschen außerhalb der eigenen Organisation einzubinden, ist also aufgrund ihrer Marktmacht und ihres hohen potenziellen Beeinflussungsgrades ein unerlässliches Ziel. Eine besondere Rolle kommt aber auch den eigenen aktuellen und oft auch ehemaligen Mitarbeitern zu, die bisher nicht in kommunikativer Weise eingebunden wurden.

Wen würden Menschen fragen, ob Sie ein guter Arbeitgeber sind?

Die erste wichtige Bedeutung leitet sich aus der Filterrolle von Menschen in Analogie zur Produktmarke ab. So wie Menschen lieber andere Kunden als Ihr Vertriebsteam fragen oder lieber diesen zuhören, ob Ihre Produkte besser oder schlechter sind als die der Mitbewerber, so machen sie das auch bei Ihrer Arbeitgebermarke. Dass Sie, Ihr Personaler-Team oder externe Personaldienstleister erzählen, dass Sie ein toller Arbeitgeber sind, ist aus dem Eigeninteresse heraus nachvollziehbar und gibt mir als potenziellem Mitarbeiter wenig Mehrwert. Lieber frage ich jemanden, von dem ich glaube, dass er genug Ahnung davon und kein finanzielles Interesse hinter seinen Aussagen hat. Da ich solche Menschen nicht immer persönlich kenne oder über soziale Netzwerke erreiche, haben sich speziell für dieses Thema mittlerweile Arbeitgeberbewertungsplattformen wie kununu.com etabliert. Dort können aktuelle und ehemalige Mitarbeiter ihre Arbeitgeber nach verschiedenen Kriterien für alle einsehbar bewerten. Damit sind sie eine willkommene Orientierungsanlaufstelle für Bewerber.

„Doch, wir schauen da von der Personalabteilung ab und zu mal rein."

Ich bin immer wieder erstaunt, dass auch 2020 noch viele Unternehmen, wenn ich nachfrage, gestehen, dass sie keinen systematischen Prozess für dieses Phänomen haben. Ein absolutes Muss sollte ein System sein, über das man informiert wird, sobald dort über die Firma gesprochen wird. Wenn man nur sporadisch alle paar Wochen reinschaut, kann die im Zweifelsfall unvorteilhafte Meinung eines unzufriedenen Ehemaligen dort zu lange unkommentiert stehen. Die offensichtliche Nicht-Reaktion des Unternehmens könnte signalisieren, dass die Firma für solche Themen nicht gut aufgestellt ist oder es ihr egal ist. Es kann durchaus vorkommen, dass Ehemalige, vielleicht weil sie sich schlecht behandelt gefühlt haben oder Frust loswerden wollen, die Bewertungen unsachlich, einseitig und tendenziös negativ darstellen. Hier sollte man zumindest überdenken, ob man dem durch sachliche Darstellungen etwas entgegensetzen will, sodass ein ganzheitlicheres Bild für die Leser entsteht. Auch hierfür sollte man sich vorbereiten, um systematisch in den Dialog gehen zu können. Neben dieser Pflichtdisziplin kann man Mitarbeitern signalisieren, dass sie auch gerne als Fürsprecher für ihren Arbeitgeber auftreten können.

▶   Menschen vor Ort zu haben, ist eine Riesenchance!

Beim vorangegangenen Fundamentalprinzip in Abschn. 6.4 habe ich geschildert, dass Marken durch die Ausgestaltung einer Brand Persona „menschlicher" gemacht werden sollten, um überhaupt in der Lage zu sein, mehr oder weniger in Echtzeit Gespräche führen zu können. Mitarbeiter werden in diesem Kontext unendlich wertvoll, denn diese sind bereits Persönlichkeiten mit menschlichen Fähigkeiten, mit Empathie, mit situativem und menschlichem Gespür. Diesen kann man in die Augen schauen, sie können einem die Hand geben und Mimik deuten. Viele machen dies im Kundenkontakt ohnehin. Einige Unternehmen machen diesbezüglich seit Jahren einen großen, systematischen Fehler: Wenn Menschen vor Ort nur als Falt- und Einräumhilfe eingesetzt werden, anstatt im Kundenkontakt mindestens auch ein Stück weit menschliche Fähigkeiten für die Marke einzubringen, ist dies ohnehin nicht clever. Aber wenn dieses „Vor-Ort-Sein" auf den Verkaufsraum und damit den sporadischen Kundenkontakt beschränkt wird, ist eine Chance vertan, die wichtigste Fähigkeit von Menschen ganzheitlich einzubinden. Rund zehn Jahre lang habe ich mir bei Auftritten vor Filialbanken und stationären Händlern den Mund vergeblich fusselig geredet.

▶   Was haben Online-Banken und Amazon nicht?

Wenn man auf dem Feldherrnhügel steht und sich überlegt, welche Fähigkeiten, Kapazitäten, Chancen und Risiken Unternehmen mit stationären Filialsystemen, wie Banken oder Händler, haben, so dürfte Folgendes klar sein: Die Kosten der Filiale sind ungleich höher und die Online-Konkurrenten haben so ziemlich bei allen Prozessen eine schlankere und kostengünstigere Struktur. Was Letztere aber nicht haben, sind Menschen vor Ort, die mir nicht nur in der Filiale ins Gesicht schauen können, sondern die ich vielleicht auch noch bei mir in der Eckkneipe und sonntags auf dem Fußballplatz sehe. Aber selbst, wenn sie keine Rolle in meinem direkten sozialen Umfeld vor Ort spielen, ein nettes Augenzwinkern, ein Zuhören, was ich gerade warum brauche, hier ein Spruch beim Reinkommen über den 1. FC Köln oder Karneval, all das kann dazu dienen, einen wertvollen sozialen Bezug zum Kunden aufzubauen. Diese wertvolle menschliche Fähigkeit, mir als Kunde nahe zu sein, sollte weit über das Gespräch in der Filiale hinaus auf die digitale Welt der sozialen Netzwerke ausgeweitet werden, wo man mir genauso zuhören und mich besser verstehen und mit mir sprechen kann. Hier gilt es, entsprechend der Fundamentalprinzipien 2 und 3, die Welt ganzheitlich, ohne jegliche Trennung von online und offline zu begreifen, in der Kunden sich in ihrem eigenen sozialen Kontext bewegen. Diesen kann man, zumindest soweit dies öffentlich transparent ist, beobachten oder sogar über Mitarbeiter ein Teil davon sein kann. In meinem Fall kann ich sagen, dass ich in den letzten Jahren nur noch Kunde meiner lokalen Bank um die Ecke bin, weil ich dort einen furchtbar netten Betreuer habe, der Dinge für mich unkompliziert regelt, weil er weiß, was ich für ein individueller Fall bin.

▶   Ankommen im Sowohl-als-auch!

Wenn selbst stationäre Unternehmen nicht an die Bindungsfähigkeit durch ihre Mitarbeiter glauben, dann können Sie den Laden eigentlich direkt dichtmachen. Zugegeben, das ist drastisch formuliert, aber ich kann es einfach nicht verstehen, warum man nicht auf die Befähigung seiner Mitarbeiter setzt und lieber einfach wartet, bis andere den Markt gestalten. Wiederum zeigt Amazon durch die Expansion in das stationäre Geschäft exzellent, dass es nicht um „entweder Online-Handel oder stationären Handel" geht. Vielmehr gilt es, beides geschickt mit den jeweiligen Vorteilen zu verknüpfen: Die Kundenkenntnis in Form digitaler Daten bereitet die ideale Basis für ein persönliches Gespräch, in dem man einem Kunden genau das zum Testen in die Hand geben kann, von dem man aufgrund der Daten schon weiß, dass dieser genau dies höchstwahrscheinlich haben will. Dazu bedarf es aber eben einer hohen digitalen Kompetenz zur Erhebung, Verarbeitung und Ausspielung von Daten, die man sich über Jahre hinweg hätte aufbauen müssen. Ob dies bei anderen ursprünglich stationären Händlern in ausreichendem Maße geschehen ist, stelle ich mal zur Debatte.

Ja, wo sind sie denn?

Natürlich ist nicht jeder Mitarbeiter willens und auch nicht fähig, sich bzw. seine Menschlichkeit und Authentizität für die Firma einbinden zu lassen. Meiner Erfahrung nach gibt es aber in jeder Organisation Naturtalente für Kommunikation, wie sie im digital vernetzten Zeitalter gebraucht werden. Diese muss man systematisch identifizieren, befähigen und eine eigene digitale Unterstützungsstruktur für sie aufbauen. Darauf werde ich in Abschn. 8.3.3 eingehen.

6.5.4 Die „Crowd" (=Menschenmenge) für so ziemlich alles

Durch die so wichtige Filter- und Influencer-Funktion in den Sozialen Medien könnte man schnell übersehen, dass es sich bei der Einbindung in neue Rollen um ein ganzheitliches Fundamentalprinzip handelt. Und dies bedeutet, es ist für alle Wertschöpfungsstufen und alle Bereiche der Unternehmung gültig. Ein paar Beispiele dieses „Crowd-Sourcing" (= Nutzung bzw. Einbindung der Menschenmenge als Quelle) und für seine Voraussetzungen sollen dies erläutern. Man spricht in diesem Kontext auch davon, dass man sich die „Schwarmintelligenz" oder die „Weisheit der Masse" zunutze macht, die sich aus einer Gruppe von Elementen als Ganzes ergibt.

▶   Gebt uns eure Ideen!

Viele Unternehmen haben in den letzten 20 Jahren digitale Plätze geschaffen, auf denen sie versuchten, von externen Quellen, meist ihren Kunden Ideen einzusammeln. Viele davon konnten die Erwartungen nicht erfüllen, endeten unmotiviert oder wurden auf mittlerweile groß gewordene soziale Netzwerke ausgelagert. Ein gut dokumentiertes Beispiel für diese Mechanismen war „My Starbucks Idea" von Starbucks, das von 2008 an zehn Jahre lang als separate Plattform betrieben wurde.[18] Die Konstruktion machte es jedem möglich, Ideen für neue Produkte oder Prozesse bei Starbucks in diese Community einzustellen. Andere konnten dann darüber abstimmen und mit Verantwortlichen bei Starbucks in den Dialog zur Konkretisierung gehen. Herauskamen zigtausende Ideen und Abstimmungen. Einige der Ideen wurden dann tatsächlich umgesetzt, aber für Starbucks selbst war schon die Beschäftigung mit Ideen rund um die Marke Starbucks samt der Interaktion mit Kunden ein Erfolg, den man sich sonst teuer hätte erkaufen müssen. Mir geht es hier weniger darum, den Erfolg zu bewerten, sondern die Mechanismen zu verdeutlichen, die man beachten sollte.

Erfolg ist auch eine Betrachtung der Alternativen!
Zunächst einmal ist festzuhalten, dass in solchen „Open Innovations" durch die Einbeziehung der anderen Marktseite eine weitaus größere Masse an Menschen kreativ tätig wird, als wenn sich nur interne Kräfte damit beschäftigen. Ob

---

[18]https://www.braineet.com/blog/my-starbucks-idea-case-study/ (zugegriffen am 10.06.2020).

diese dazu besser geeignet sind, kann man gerne diskutieren. Da sie aber nicht monetär bezahlt werden müssen, sollte der nur mit den Betriebskosten der Plattform verbundene Input oft eine positive Bilanz aufweisen können. Für die Crowd von außen spricht jedenfalls, dass diese aus Anwendersicht auf etwas schauen. Genau für diese Sicht hätte man alternativ eine Marktforschung bezahlen müssen. Gleiches gilt für die Funktion der Bewertung der einzelnen Ideen durch die Community. Man bekommt durch die kostenlose Marktforschung ein gutes Gefühl dafür, ob die Idee, die am Ende genau diesen Kunden gefallen muss, nur das Hirngespinst eines Einzelnen ist oder Massenwirkung haben könnte. Diese offene Einbeziehung in die Ideengenerierung und Ideenbewertung stellt auch den wichtigen Unterschied zum schon lange in Unternehmen bekannten „betrieblichen Vorschlagswesen" dar, bei dem Mitarbeiter motiviert werden, Ideen einzubringen. Diese werden leider oft durch die Meinung der hierarchisch höher gelagerten Einheiten aus dem Rennen geworfen, ohne dass die Kundenperspektive wirklich einbezogen wurde – demotivierend und marktfern, deswegen auch nicht immer erfolgreich in Unternehmen.

Warum machen die denn da mit?
Im Falle von Starbucks sollte man genau diese Motivation zur Nutzung der Plattform genauer betrachten. Warum schenken Menschen tausendfach einem Unternehmen kostenlos ihre Ideen und ihre Meinungen? Allein die Aussicht auf eine finanzielle Beteiligung, die es auch anderswo geben kann, dürfte den Erfolg gerade der Starbucks-Community nicht erklären. Ich denke, es liegt am bereits vorher aufgebauten, sehr partizipativen und emotionalen Markenimage von Starbucks: Wenn man hier bestellt, wird man zuerst nach seinem Namen gefragt, der auf den Kaffeebecher geschrieben wird. Man bekommt also nicht einfach einen Kaffee, sondern man bekommt SEINEN Kaffee, den man dann entweder mitnimmt oder vor Ort konsumiert. Dieser Ort vereint meist sowohl Elemente eines Arbeitsplatzes als auch eines Zuhauses und hat es deswegen geschafft, einen Lifestyle zu verkaufen, mit dem viele sich gerne in ihrem sozialen Umfeld positionieren. Aus dieser emotionalen Kraft heraus ist es nachzuvollziehen, dass sich Leute gerne daran beteiligen und Starbucks um Ideen bereichern. Sie helfen damit nicht irgendeiner Firma, kostenlose Marktforschung zu bekommen, sie verbessern damit vielmehr IHR Produkt und damit die Möglichkeiten, sich selbst in der Community zu positionieren. Genau solche Motivstrukturen gilt es genau herauszustellen, wenn man Crowd-Plattformen mit Leben füllen möchte. Einfach die Technik bereitzustellen und zu hoffen, dass irgendjemand sie nutzt, ist sehr mutig.

Die Crowd hinter dem App Store

Der Gedanke der Crowd, also eine Menge von Menschen im Netzwerk außerhalb der eigenen Organisation einzubinden, hat auch bei der Software-Produktion schillernde Beispiele. Wie schon zuvor erläutert, war ein wichtiger Erfolgsfaktor des iPhones, dass um dieses Produkt ein ganzes Ökosystem geschaffen wurde, das den Nutzer über den Apple App Store ein unfassbares Maß an Vielfalt der Möglichkeiten bietet, um sein Gerät zu konfigurieren. Gestartet 2008, waren bereits acht Jahre später mehr als zwei Millionen Apps im Store verfügbar. Ein Großteil davon wird aber eben durch die Drittanbieter, also Entwickler, die nicht von Apple, sondern aus der Crowd der externen Entwickler kommen, produziert – bereits ein Jahr nach dem Start nannte Apple die Zahl von 125.000 Drittentwicklern.[19] Diese Zahlen belegen, welch wichtige Rolle Crowd-Sourcing spielen kann. Selbst eine so reiche Firma wie Apple hätte diese gewaltige Zahl an Apps nicht schaffen können, wenn sie die Ressourcen selbst hätte aufbringen müssen. Der Anreizmechanismus ist hier sehr klar und einfach: Der App Store bietet Drittentwicklern eine hervorragende Chance, für ihre Apps direkt und schnell an Kunden zu kommen und damit Geld zu verdienen. Apple behält 30 % der Verkaufserlöse und schüttet 70 % an die Entwickler aus, sodass in den ersten zehn Jahren des App Stores rund 100 Mrd. USD an Drittentwickler flossen.[20] Es entsteht eine Win-Win-Situation: Die Drittentwickler bekommen Erlöse und einfachen Kundenzugang, Apple bekommt riesige Angebotsvielfalt und trägt bei den Drittanbieter-Apps weder das Risiko eines Flops noch irgendwelche Entwicklungskosten.

Bahnbrechende Entscheidung für Facebooks Aufstieg: Öffnung für Dritte!

Als Apple seinen App Store startete, gab es bereits eine Plattform, deren Aufstieg unter den Sozialen Netzwerken dem Erfolg des Wachsens durch „Öffnen und Teilen" zu verdanken war. Bereits im Mai 2007 hatte Facebook seine „Facebook Platform" für Drittentwickler geöffnet und bereits 14 Monate später über 400.000 registrierte Entwickler und 33.000 fertige Apps. Diese ungeheuren Zahlen wären mit einem „klassischen Produktionssystem", bei dem man selbst entwickelt, Kosten und Flop-Risiko trägt, niemals möglich gewesen. Erst recht nicht, für eine damals gerade drei Jahre alte Firma. Oft wird beim Aufstieg

---

[19]https://de.wikipedia.org/wiki/App_Store_(iOS) (zugegriffen am 10.06.2020).

[20]https://www.nzz.ch/digital/der-app-store-ist-ein-milliardengeschaeft-fuer-app-entwickler-ld.1403035?reduced=true (zugegriffen am 10.06.2020).

von Facebook vergessen, dass es solche wegweisenden Entscheidungen wie diese Öffnung für Dritte waren, die das Soziale Netzwerk an allen anderen Konkurrenten vorbeiziehen ließ. Aufgrund dieser App-Vielfalt konnte man hier alles Erdenkliche machen, ohne die Facebook-Welt verlassen zu müssen. Die Drittentwickler bekamen die Möglichkeit, ihre Apps für Gewinnspiele, Wettervorhersagen oder „Welchem Hollywood-Star siehst Du ähnlich"-Tests Millionen von Facebook-Nutzern verfügbar zu machen und sie mussten dafür ein Drittel der Erlöse an die Plattform abgeben. Wie gut diese Symbiose funktioniert, zeigt sich am Star der ersten Jahre: Der Social-Games-Hersteller Zynga konnte wohl nur über Facebook Millionen von Spieler für Spiele wie Farmville, Cityville und Co. gewinnen. Fast zeitgleich mit der Öffnung der Facebook-Schnittstellen 2007 gegründet, wuchs Zynga ungeahnt schnell, sodass 2011 ein Milliarden-Dollar-Börsengang – der größte seit Google 2004 – gelang.[21]

Die ollen Kamellen vom Doritos Super Bowl – aber eben der Klassiker: Crash the Super Bowl!

Vielleicht liegt es an meiner Vorliebe für Meilensteine, dass ich nicht immer die neuesten, sondern oft Beispiele erläutere, die wirklich bahnbrechend waren. Deswegen sollte sich jeder, der sich mit der Thematik beschäftigt, die Zeit nehmen, das Beispiel der US-Firma Doritos in seiner Gänze verstanden zu haben: Wie viele andere hatte die Chips-Firma schon seit Jahren für die TV-Übertragung des Endspiels der American Football Liga NFL Werbeclips produzieren lassen. Im Jahre 2005 testeten sie eine neue Art der Produktion dieser Spots: statt wie zuvor eine Kreativagentur auszuwählen und denen ein Produktionsbudget in die Hand zu drücken, organisierte man die Möglichkeit, das jeder, der wollte, einen Clip produzieren konnte: der Wettbewerb „Crash the Super Bowl" stand jedem offen. Seinen Clip konnte man dann auf der Website crashthesuperbowl.com hochladen. Ein Doritos-Jury wählte fünf Finalisten aus, für die dann wiederum die Crowd einen Monat lang abstimmen konnte. Diese „Menge" wurde also bei der Ideengenerierung und -bewertung und sogar der Produktion miteinbezogen, statt sich auf wenige Profis einer Agentur zu beschränken. Anreiz war, dass der Gewinner zusätzlich zu den Produktionskosten noch 10.000 US$ erhielt und sein Spot eben beim Super Bowl gesendet würde. Das Ergebnis war umwerfend: Mehr als 1065 Beiträge wurden hochgeladen und zigtausend „Likes" bei der Abstimmung vergeben. Bevor also Werbegeld ausgegeben wurde, hatte Doritos schon signifikante Interaktionen mit ihrer Marke generiert. Als der Gewinner-Spot dann gesendet

---

[21]https://www.n-tv.de/wirtschaft/Zynga-stolpert-an-die-Boerse-article5015041.html (zugegriffen am 10.06.2020).

wurde, gehörte er zu den ersten viralen Hits im noch jungen Social Web, und die Berichterstattung über diesen ersten von Konsumenten generierten Werbespot war immens. Ebenso wurden mehrere Jury-Preise in den gängigen amerikanischen Werbe-Rankings abgeräumt. Das Konzept war so erfolgreich, dass Doritos es in dieser Form bis 2016 weiterführte und Preise bis zu einer Millionen USD aussetzen konnte, für die es insgesamt mehr als 36.000 Einsendungen gab.[22] Die Einbindung der Masse ohne die Beschränkung, in einer Werbeagentur zu sein, hatte sich als sehr erfolgreich erwiesen. Die andere Marktseite, der ein Spot gefallen muss, wurde also vom ersten bis zum letzten Moment maßgeblich miteinbezogen. Ob dies massentauglich und für jede Firma anwendbar ist, sei dahingestellt. Auch, dass in der Werbebranche, die um ihre Hoheit für „die Kreativen" fürchtete, die Vorgehensweise zumindest kritisch diskutiert wurde, ist verständlich. Lernen kann man aber davon definitiv.

Haben wir auch gemacht!
Nein, es kommt auf die Details an!

Als ich wenige Jahre nach dem ersten Doritos-Wettbewerb in einem Kundenworkshop die Geschichte erzählte, winkten meine Teilnehmer ab und meinten, sie hätten genau das Gleiche nach dem Vorbild Doritos gemacht, nachdem ihre Werbeagentur ihnen das Beispiel gezeigt hatte. Es hätte aber nicht funktioniert, man hatte nur ganz wenige Uploads, es war eher peinlich. Meine Neugier war geweckt, denn zum einen hatte ich nicht davon gehört, obwohl es eine bekannte Marke war, und zum anderen konnte ich es einfach nicht glauben, dass sie wirklich die Details des Vorgehens übernommen hatte. „Doch, doch wir haben einen Wettbewerb gestartet, dass man eine lustige Version unseres TV-Spots nachdrehen und diese hochladen sollte. Die anderen Nutzer sollten dann abstimmen und der Gewinner bekommt 10.000 €. Also genau das Gleiche wie bei Doritos." Das war die Antwort auf meine Skepsis. Dies ist ein schönes Beispiel, um zu betonen, dass es eben jedes Mal genau durchdacht sein muss, wer aufgrund welches Motivs eingebunden werden kann. Fragen Sie sich mal systematisch, für wen genau welche Anreize bestanden? Sicher sind 10.000 US$ sehr interessant, aber hier kam es eher darauf an, genau diejenigen zu motivieren, die so einen Spot überhaupt technisch und inhaltlich produzieren konnten. Damals, 2007 vor den Smartphones, brauchte man schon noch eine ein bisschen aufwendigere

---

[22]https://en.wikipedia.org/wiki/Crash_the_Super_Bowl (zugegriffen am 10.06.2020).

Ausstattung und Softwarekenntnisse zur Bildbearbeitung als heute. Es vermochten also nicht so viele Menschen wie heute, einen Werbeclip zu erstellen. Für die Zielgruppe derer, die sich mit Werbung, Schnitt und Konzeption beschäftigten, dürfte es der zigfach größere Anreiz als das Geld gewesen sein, dass das jeweilige Werk beim Super Bowl gesendet wird. Wenn man z. B. eine junge Medienstudentin ist, die vielleicht mal in die Werbebranche möchte, die Praktika macht, sich jahrelang durch lange Arbeitstage, unendliche Pitches schlägt, um irgendwann mal im Olymp des „Werbespots für den Super Bowl" zu landen, ist eine solche Abkürzung mehr als nur interessant. Sie wird alles geben und jeden bitten, für ihren Clip abzustimmen, und wenn es klappt, wird sie wohl mit solch einer Referenz kaum Schwierigkeiten haben, sich irgendwo zu bewerben. Für genau diese Gruppe der „Fähigen" war der Anreiz konzipiert, um ihre Kreativität einzubringen. Im Falle meines Kunden war dieser Anreiz nicht existent, da ging es „nur" um 10.000 € und darum, eine Vorlage zu bearbeiten.

Und wenn alle im Schwarm dumm sind?

Ein Klassiker unter den Einwänden gegen die Einbindung der Masse ist, dass diese ja vielleicht gar nicht so clever ist und ich mich dann der Schwarmdummheit bediene. Diese werde ja durch die Dummheit seiner Einzelteile nur größer und nicht verbessert. In der Theorie sind Fälle konstruierbar und auch in der Praxis beobachtbar, vor allem dann, wenn Menschen nicht unabhängig voneinander entscheiden, sondern wissen, wie die anderen „ticken", z. B. in Filterblasen an der Börse.[23] Dies ist für die meisten Fälle der Unternehmensrealität jedoch vernachlässigbar, in der Regel funktioniert die Crowd ganz gut. Hilfreich bei der Einbindung von außen ist eben, dass Sie sich einen neutralen oder unvoreingenommenen Blick oder noch besser den der Zielgruppe hereinholen. Sie bekommen also den Blick der Kunden, denen das Produkt oder eine Kampagne gefallen muss. Gerade am Beispiel Doritos wurde besonders deutlich, wie es gelingt, auch die wertvolle Kreativität von Menschen einzubinden, die in den bestehenden Alternativen „durchs Raster" gefallen wären. In der Kampagnenerstellung bekommen Sie aus dem Ökosystem der Werbebranche ja nur die Kreativität derjenigen, die sich schon in den vorangegangenen Filterprozessen der Hierarchien durchgesetzt haben. Diese mussten erst in der Agentur einen Job bekommen, dort aufsteigen, bei Werbekunden zum Pitch eingeladen

---

[23]https://www.spiegel.de/wissenschaft/mensch/schwarmintelligenz-gemeinsam-sind-wir-duemmer-a-762837.html (zugegriffen am 10.06.2020).

werden und genau dann die zündende Idee haben. Die niedrigen Transaktions-kosten der digitalen Welt haben es Doritos ermöglicht, einfach alle, statt nur die bereits durch diese Filter Gekommenen einzubinden. Da ist dann vielleicht jemand dabei, der sonst beruflich nicht viel gepackt oder etwas völlig anderes gemacht hat, aber genau zu diesem Thema einfach die eine sensationelle Idee hat. Die Einzelnen müssen also nicht immer und bei allem besonders clever, kreativ, wissend oder finanzstark sein. Wenn man sie aber zusammenfügt oder jeweils die Richtigen nach vorne bringt, entfaltet sich die Stärke der Masse.

Wie heißt der Hund von Paris Hilton? … Wer weiß denn so ein unnützes Zeug?

Anhand dieser Frage habe ich bis vor wenigen Jahren Seminarteilnehmern vorgeführt, wie gut die Schwarmintelligenz funktioniert.[24] Ich kann mich in bestimmt 30 Veranstaltungen mit 15–30 Teilnehmern an kein einziges Mal erinnern, wo nicht mindestens eine Person rief „Tinkerbell!". Meist schauten die anderen so verblüfft, wie ich beim ersten Mal, wie man denn so etwas wissen könne? Dabei schwang oft die Wertung mit, dass dies umso erstaunlicher sei, weil es sich um sonst wenig relevantes Wissen handle. Letzteres sei jedem selbst über-lassen, aber es zeigt eben sehr schön, dass es im jeweiligen Auge des Betrachters liegt, welche Information relevant bzw. wichtig ist oder nicht. Noch hilfreicher ist allerdings zu begreifen, dass dieses Wissen in der Gruppe vorhanden ist, auch wenn dies kaum jemand vermutet.

Wikipedia ist ja nicht so dumm …
Bei der Online-Enzyklopädie werden unfassbar viele kleine Stücke des Spezial-wissens von Millionen von Autoren zusammengefügt. Bei klassischen Enzyklo-pädien sind hingegen jeweils Top-Spezialisten am Werk, die einzeln für sich genommen vermutlich den meisten Wikipedia-Autoren überlegen sind. Aber es waren eben viel weniger. Die Masse der Menschen kann bei Wikipedia nicht nur Inhalte erstellen, sondern auch kontrollieren und korrigieren. Unter einer riesigen Zahl ist immer jemand dabei, dem etwas auffällt, der Zeit hat, etwas zu kontrollieren. Zudem ist dies zu jeder Zeit möglich und nicht nur bis zum

---

[24]Das Schoßhündchen verstarb 2015, aber war bis dahin bei der damals in allen Medien sehr präsenten Paris Hilton immer dabei. Heute wäre die Bekanntheit wahrscheinlich weit-aus geringer.

Buchdruck, wie bei meinem Brockhaus früher. Wikipedia hat genau wegen dieses Crowd-Sourcing-Prinzips in so ziemlich jedem Vergleich die klassischen Enzyklopädien an Menge, Aktualität und Fehlerdichte der Inhalte geschlagen.

Einer gegen alle!
Um die Schwarmintelligenz anfassbarer zu machen, habe ich früher aus Spaß einigen Seminargruppen angeboten, in z. B. fünf Allgemeinwissenskategorien jeweils drei Fragen willkürlich aus einem Katalog auszuwählen. Einmal beantworteten jeweils drei Teilnehmer, die sich freiwillig als Menschen mit gutem Allgemeinwissen (nicht Spezialistenwissen) gemeldet hatten, individuell und alleine diese Fragen. Ohne die Antworten zu kennen, beantwortete der Rest der rund 20 Leute die Fragen als Kollektiv. Jedes Mal gewann das Kollektiv gegen den Einzelnen, einer wusste immer etwas, wovon andere in der Gruppe keinen Schimmer hatten. Nur ganz selten waren es immer die Gleichen, die in der Gruppe alle oder mehrere Fragen richtig beantworteten. Das Wissen war also dezentral in den Köpfen verteilt und konnte erfolgreich gebündelt werden. Probieren Sie das gerne einmal. Vielleicht sind Sie so vielwissend, dass Sie mal gewinnen, aber so viele von Ihnen sind meist nicht für ein Projekt verfügbar. Wenn Sie immer noch nicht glauben, wie richtig die Masse oft liegt, dann schauen Sie mal, wie hilfreich der Publikumsjoker bei Sendungen wie „Wer wird Millionär" ist.

6.5.5 Gamification – den sozialen Spieltrieb nutzen

Menschen lernen seit jeher spielend und sie spielen meist ihr ganzes Leben lang – oft alleine, aber meistens gemeinsam mit anderen. Die zunehmende Berücksichtigung von Mitarbeitern und Kunden in vielen Prozessen wird „Gamification" genannt und ist zutiefst „sozial". Ein sehr ganzheitliches Beispiel, nicht nur für die Einbindung von Stakeholdern in neue Rollen, sind sogenannte „Social Games" bzw. „Social Network Games". Wunderbar lassen sich am Aufkommen solcher Social-Games-Klassiker wie „Farmville" oder „Cityville" neue Möglichkeiten basierend auf alten sozialen Motivstrukturen verdeutlichen.

Neue Motive und Rollen verändern die Schwerpunkte der Wertschöpfungskette
In der digitalen Spielebranche sind in den letzten Jahrzehnten gigantische Dimensionen erreicht worden: Spieleentwickler, Programmierer und Grafiker versetzen die Spieler in die Rollen von Protagonisten wie in Top-Hollywood-Produktionen. Sensationelle Grafiken und faszinierende

Geschichten kosten allerdings in der Produktion auch viel Geld, das aber auch oft über hohe Verkaufszahlen wieder hereingeholt werden kann. Vor rund zehn Jahren war der bisherige Höhepunkt des Phänomens des „Social Gaming", das einem für die Spiele-Branche völlig neuem Muster folgte.

Wir bauen gemeinsam einen Bauernhof – und die Grafik erinnert eher an ein Telespiel aus den 1980er Jahren.

So ungefähr konnte man die an sich wenig einfallsreiche Geschichte von „Farmville", das zeitweise 80 Mio. Menschen pro Monat weltweit spielten, beschreiben. Der Aufstieg solcher Browser-Spiele des 2007 gegründeten Marktführers Zynga nahm vor allem durch Facebook rasant Fahrt auf. Hier konnte man sehr einfach seine Kontakte einladen, um dann gemeinsam Bauernhöfe aufzubauen und zu betreiben. Verkürzt dargestellt, konnte man durch Spielaktivitäten und den Einsatz von Farmville-Währung in den Bauernhof investieren und u. a. durch Tauschen und Verkaufen Spielgelder einnehmen. Diese Detailausprägungen sind bei allen Social Games anders, entscheidend ist vor allem, dass die Spieler etwas gemeinsam machen und es eine Rangliste gibt, die anzeigt, wo man im Vergleich zu denen steht, gegen die man gespielt hat. Da es aus Sicht der Hersteller klassischer Spieler so absurd erscheinen mag, noch einmal deutlich formuliert:

▶   Story und Grafik sind nicht so wichtig, entscheidend ist, dass man gemeinsam spielt und es eine Rangliste gibt!

Dies ist von mir bestimmt verkürzt plakativ formuliert, trifft es aber meiner Meinung nach sehr gut. Das „Soziale" ist ausschlaggebend bzw. die Gemeinsamkeit, die die Gruppe bildet, und die Möglichkeit der Positionierung innerhalb dieses sozialen Konstrukts. Sie kennen bestimmt die Aussage, dass es nicht so sehr darauf ankommt, wo man ist oder wie gut Essen und Trinken vor Ort tatsächlich sind. Hauptsache, man ist mit den richtigen Leuten da, z. B. mit Freunden und Familie. Social Games fokussieren genau diese Gruppendynamik, weswegen Grafik und Story weniger wichtig werden. Über alle Distanzen und zeitlichen Hürden hinweg kann der Mensch mit „seiner Truppe" verbunden bleiben, mit seinen Aktivitäten und seinen sozialen Ordnungen und Hierarchien.

Gemeinsam, aber auch ein wenig gesunde Rivalität – kein Widerspruch!
Ganz im Sinne des PROFSKI-Blicks ist dies natürlich im Grunde nichts Neues, da Menschen dies immer schon gemacht haben. Sie selbst haben vielleicht

auch als Kind mit Ihren Freunden gemeinsam Sandburgen am Strand gebaut und trotz des gemeinsamen Spielens fanden Sie es vielleicht auch schön, wenn Ihre Burg vielleicht ein wenig höher als die der Freunde war und die vorbeigehenden Strandspaziergänger ein bisschen häufiger Ihre Burg bewunderten. Vielleicht haben Sie später gemeinsam Fußball gespielt und das Gemeinsame machte richtig Spaß und schweißte zusammen. Trotzdem war es mit ein bisschen gesunder Rivalität klasse, wenn Sie ein Tor mehr geschossen haben als Ihr bester Freund. Gleiches galt vielleicht auch für die Schulnoten oder den Erfolg beim präferierten Geschlecht. Das gleiche Muster von Gemeinsamkeit mit gleichzeitiger durch Rivalität erreichter Positionierung innerhalb der Gruppe zieht sich durch die meisten Teambuilding-Maßnahmen im Berufsleben: man macht etwas gemeinsam, aber am Ende gewinnt eine Gruppe oder ein Mitglied und andere landen auf den hinteren Plätzen. Dies ist alles nicht im Sinne von ausgrenzender Rivalität und Kampf bis zum Untergehen konzipiert. Im Gegenteil: die Gemeinsamkeit und Einordnung darin stehen im Vordergrund. Und da dies nur gelingt, wenn viele oder speziell „Ihre Gruppe" im Spiel zusammenkommt, haben viele Spieler mit einem Klick in der Farmville-Facebook-App ihre Freunde eingeladen. Der individuelle Wunsch zu spielerischer Gemeinsamkeit war der Antriebsfaktor, warum die Spieler zu Akquisiteuren neuer Spieler wurden.

Nee, habe ich nie gemacht – macht nichts!

Wenn Sie selbst keines der Beispiele nachvollziehen können, dann haben Sie vielleicht nicht so viel kompetitiven Ehrgeiz in sich oder suchen ihn anderswo. Dies ist absolut fein, Sie werden aber wahrscheinlich kaum anzweifeln, dass andere ihn haben. So wie bei den Motiven der Selbstdarstellung über Posten in den Sozialen Netzwerken, so gilt auch hier, dass die Motive nicht unbedingt für Sie selbst gelten müssen oder dass Sie diese gut finden müssen. Es ist nur wichtig, dass Sie begreifen, dass es sie gibt und wie sie funktionieren.

Und das Spielen ist auch noch kostenlos – wie wollen die dann Geld verdienen?

Auch wenn der soziale Mechanismus der Social Games für die Menschheit keineswegs neu ist, so war er es für die etablierten Big Player der Spielehersteller auf jeden Fall. Hätte man ihnen erzählt, dass die eigentliche Geschichte und die Visualisierung nicht so wichtig sind, hätten die wohl schon wenig davon geglaubt. Erst recht hätten sie mit dem Kopf geschüttelt, wenn Sie erzählen, dass das Spiel kostenlos gespielt werden kann und man kostenlos andere zum Mitspielen einladen kann. Die Einnahmen wurden in der Regel über

„Freemium-Modelle" generiert. Dies bedeutet, dass man sich gegen reales Geld, z. B. von seiner Kreditkarte, virtuelles Geld im Spiel oder besondere virtuelle Accessoires, die meist den Status innerhalb der Gruppe erhöhen, erwerben konnte. Wenn Sie sich fragen, wie man so einen Schwachsinn machen kann, sind Sie in guter Gesellschaft, denn meistens machen dies nur ganz wenige Prozent der Spieler. Bei den sehr hohen Zahlen von Spielern reicht dies immer noch für sehr ordentliche Umsätze, die dem damaligen Marktführer Zynga 2011 einen Börsengang mit Milliarden-Bewertung ermöglichten.

Wer hat die dicksten Tomaten?

Zur Verdeutlichung folgendes Beispiel: Angenommen, Sie haben sich über Wochen hinweg über Spieleaktivitäten an Ihrem Desktop im Büro oder zu Hause – denn Smartphones hatten damals um 2010 noch nicht so viele – bis auf Position 1 in Ihrer Rangliste im Social Game heraufgearbeitet. Dann fahren Sie zwei Wochen in den Urlaub und können von dort nicht spielen. Andere haben die Chance Ihrer Abwesenheit genutzt und sich an Ihnen vorbeigearbeitet. Als Sie sich das erste Mal wieder in das Spiel einloggen, sind Sie nur noch auf Platz 12 auf der Rangliste. Wenn Sie sich sagen „Dann ist das halt so, dann muss ich mich über Aktivitäten eben wieder langsam nach vorne kämpfen" oder wenn es Ihnen egal ist, dass Sie abgerutscht sind, dann gehören Sie zur Mehrheit. Wenn Sie aber zu den Wenigen – irgendwo las ich mal die Zahl 1–2 % im Falle von Farmville – gehören, die das so sehr fuchst, dass Sie sich von realem Geld virtuellen Dünger für Ihre Tomaten kaufen, um im Ranking wieder nach oben zu kommen, dann haben Sie das Geschäftsmodell hinter den Social Games begriffen. Sie bezahlen dort für Ihre Positionierung in einem virtuellen Spiel, was aber nichts anderes als ein Grundmotiv sozialer Wesen wie dem Menschen ist. Bekloppt? Vielleicht und kann man so finden, aber es funktioniert und sollte als Mechanismus begriffen werden, auch wenn man sich selbst nicht zur Zielgruppe zählt.

6.5.6   Worauf es bei der Einbindung ankommt

Die Erläuterungen und Beispiele dieses letzten Fundamentalprinzips waren auch deswegen so vielfältig, weil es meiner Erfahrung nach eines der schwierigsten in der Umsetzung und in der Tragweite der möglichen Funktionsbereiche ist. Unabhängig davon, ob Externe für Innovation, Marktforschung, Produktion, Empfehlungen oder sonstige andere Themen eingebunden werden sollen. Immer gilt es, nicht nur einfach technisch die Möglichkeit herzustellen. Vielmehr braucht man eine ganz eindeutige Vorstellung davon, welche Individuen oder Gruppen aufgrund welcher konkreten Motivationen und Anreize diese Möglichkeiten nutzen sollen. Erfahrungsgemäß ist hier vor allem psychologisches und soziologisches Gespür notwendig, sobald keine monetären Anreize verwendet werden können oder sollen. Mit Geld zu bezahlen, ist vergleichsweise simpel. Menschen aber mit Feedback, Aufmerksamkeit, Anerkennung, ihrer gewünschten sozialen Positionierung zu entlohnen und zu incentivieren, ist viel komplexer, aber lohnend, da die digitale Vernetzung zu Transaktionskosten nahe Null zur Vervielfachung des Effekts eines einzelnen Nutzers führen kann. Die soziale Komplexität entsteht dadurch, dass eben nicht nur potenzielle Käufer, sondern auch deren Einflussträger oder Menschen hinsichtlich völlig anderer Funktionsbereiche eingebunden werden können. Beim Einbinden „über Bande zu spielen", erfordert mehr, als jeweils nur eine Zielgruppe mit nur einer individuellen Botschaft anzuschreien.

▶   „Viral" ... aber das kann doch zu ansteckender sozialer Hysterie
     führen!

Ja, das kann es leider. Es geht hier eben nicht darum, dass alte Phänomen der „sozialen Ansteckung und Epidemien" zu kritisieren, sondern es zu verstehen und bestenfalls für die eigene Marke bzw. das eigene Unternehmen einzusetzen. Moden, Trends und Hypes entstanden immer schon, aber eben auch Panik und Hysterie – im digital vernetzten Zeitalter geht dies eben wegen der niedrigen Transaktionskosten rasend schnell.[25] Wie wahrscheinlich alle Leser 2020 im Falle des Corona-Virus sehen. Auch hier verbreiteten sich Bilder von leeren Regalen und Hamsterkauf-Einkaufswagen, irre Preisdarstellungen von Desinfektionsmitteln, seriöse Artikel und wildeste Verschwörungstheorien massenhaft und rasend schnell in den Sozialen Medien. Hier sind wieder die Motive zu verstehen: derjenige, der so etwas postet, hat „soziale Anliegen" in dem Sinne, dass er eine Community schafft, die ihm zuhört. Er bekommt Aufmerksamkeit, Feedback und will sich vielleicht als derjenige positionieren, der die anderen warnt, vielleicht aber auch als derjenige, der es schon immer oder als Erster gewusst hat. Klassische Medien sind da im Kern natürlich nur bedingt besser, es ist schließlich Kern ihres Geschäftsmodells, Aufmerksamkeit zu bekommen, sonst verdienen sie

---

[25]Ein wirklich hervorragendes, aber trotzdem einfach zu lesendes Buch zum Verständnis sozialer Epidemien ist „Tipping Point – Wie kleine Dinge Großes bewirken können" von Malcom Gladwell. München: Goldmann Verlag 2016.

kein Geld. Ja, wir sind soziale Wesen mit allen positiven und negativen Effekten und Übertreibungen, lassen Sie uns lernen, damit umzugehen – als Gesellschaft und als Entscheider im Unternehmen.

Die Lawine der „DREI ???" als Crowd-Sourcing-Konstante im Wandel der Möglichkeiten

Wenn Sie wie ich ein langjähriger Fan der gleichnamigen Detektiv-Hörspielserie sind, dann haben Sie den Wandel der heute „Crowd-Sourcing" und „Viralität" genannten Phänomene im technischen Wandel vor Augen. Immer, wenn Justus, Peter und Bob schnell das Wissen der Masse aktivieren wollten, bedienten sie sich der „Lawine". In den Folgen meiner Kindheit und noch sehr lange danach riefen sie jeweils fünf Freunde wegen einer Fragestellung an, z. B. ob sie den und den gesehen hatten, dies und das kannten etc. Diese sollten dann wiederum fünf Freunde mit der gleichen Botschaft anrufen und diese wiederum andere usw. Wenn die gewünschte Information irgendwo in diesem Schneeballsystem vorhanden war, sollte sie durch einen Telefonanruf in der Zentrale der drei Detektive abgegeben werden. Irgendwann wurde die über Jahrzehnte produzierte Serie technisch daran angepasst, dass statt Telefonanrufen E-Mails geschickt werden sollten. Vielleicht ist es schon passiert und ich habe es nur nicht mitbekommen, aber heute im Jahre 2020 würden die drei Detektive mit einem Post und der Aufforderung des Weiterteilens dieses Posts in allen sozialen Netzwerken und Messengern ihre soziale Lawine starten. Die Wirkung dürfte ungleich höher sein, da die Transaktionskosten gigantisch niedriger sind als zu Zeiten des Festnetztelefons und damit mehr Menschen viel schneller erreicht werden können. Dennoch muss damals wie heute das soziale Motiv vorhanden sein, damit die Lawine läuft: die Bitte eines Freundes in Kombination mit dem Motiv zu helfen, Teil einer guten Sache zu sein, sich dadurch zu positionieren etc. Wie immer im Lichte des PROFSKI-Blicks ändern sich Technologien schnell, Menschen aber eben nicht, deswegen gilt es, diese zu verstehen.

> **Fazit für die Markenführung**
> Marken müssen für das digital vernetzte Zeitalter mit seinem Gesprächs-modus als Leitmotiv „menschlicher" werden, also zuhören, sprechen, inter-pretieren und mit Empathie interagieren und sich darüber hinaus konstant in Ihrer Kernpersönlichkeit und ihren Ausprägungen weiterentwickeln können. Positionierung und Beziehungen können und müssen über gute Interaktion in den Augen der Kunden „erarbeitet" werden, um nicht heraus-gefiltert zu werden. Es gilt also auch für Marken in Zukunft: „Social First!"

Wichtige Erinnerung am Ende dieses Kapitels
Die Fundamentalprinzipien gehören zusammen! Sie greifen ineinander und müssen als Leitplanken Ihrer Handlungen und Neuordnungen als Ganzes umgesetzt werden, um den Anforderungen und der Marktmachtverschiebung der Netzwerkökonomie zu entsprechen. Sie resultieren aus menschlichen Grundbedürfnissen!

Das DJ-Prinzip des Managements als Konsequenz und neues Leitbild

7

Nachdem schon zwei Drittel des Buches vorbei sind, löse ich jetzt endlich mal auf, warum ich das Ganze so genannt habe. Ich denke nicht, dass DJs bisher in der Management-Denke häufig vorkommen. Dies sollte sich ändern!

7.1   Was haben ein DJ und ein Manager gemeinsam?

Um der Klarheit des Management-Begriffes Genüge zu tun, sollte hier als Arbeitsdefinition reichen: „Management" umfasst die Kreislaufaktivitäten von Analysieren, Planen, Entscheiden, Leiten und Organisieren sowie erneutes Analysieren in dem Sinne, dass man Ergebnisse beobachtet und in die neue Gesamtanalyse einfließen lässt. Die Aufspaltung dieser groben Schritte kann dabei unfassbar vielfältig in Funktionsbereiche untergliedert werden, ist aber für unseren Abstraktionsgrad hier weniger wichtig. Auf jeden Fall hat Management etwas mit Führung und Entscheiden zu tun, worauf schon die sprachliche Herleitung des Begriffes hindeutet: „manus"=lateinisch für „Hand" und „agere"=lateinisch für „führen". Das zeigt das „an der Hand führen" als Kernelement. Dies grenzt auch von rein ausführenden Tätigkeiten ab, auch wenn dies im Zuge einer teilweise inflationären Verwendung des Begriffs und der Einteilungen in „Top" „höhere", „mittlere" oder „niedrigere" Managementebenen in Hierarchien schwieriger wird.

„Du bist also ein Manager?"

Das Industriezeitalter brachte unzählige Management-Konzepte und Führungsstile hervor und alle mögen je nach Zeit und Branche ihre Berechtigung gehabt haben. Bei allen unterschiedlichen Ausprägungen waren diese jedoch allesamt naturgemäß für die Rahmenbedingungen der Wertschöpfungsketten, Hierarchien und Abteilungen sowie Push-Kommunikation der Massenmedien konzipiert worden. Gleiches gilt für die Ausbildung der Führungskräfte, unabhängig davon, ob sie eine betriebswirtschaftliche oder Ingenieursausbildung oder jegliche andere Qualifikation genossen hatten. Sie lernten in der Regel aus Büchern und von Personen, die alle von der Perspektive vor dem Strukturbruch zum digital vernetzten Zeitalter geprägt wurden. Produktfokus, Erfahrung, geballte Macht und „Durchdrücken" von Entscheidungen von oben nach unten sowie die Realisierung von Skaleneffekten in Einkauf oder Produktion gehörten zum Stammrepertoire von Industriekapitänen.

▶   Mit alten Management-Konzepten dürfte es schwer werden, die Anforderungen der neuen Rahmenbedingungen zu erfüllen!

Manager in den neuen Rahmenbedingungen der Netzwerkökonomie, die ein Echtzeit-Feedback ermöglichen, können und müssen viel mehr wie DJs agieren! Was macht ein DJ? Was er auf jeden Fall nicht macht, ist, auf eine Party zu kommen, seine Lieblings-Playlist einlegen, die „den Kunden schon gefallen wird … er hat ja auch schon andere DJs gefragt … oder den Musiker oder die Klofrau, was die hier so mögen" und in drei Stunden wiederzukommen, um zu schauen, was passiert ist. Aber genauso agieren allerdings die meisten Manager des alten Schlags: Sie ENTSCHEIDEN nach ihren individuellen Kriterien und Einschätzungen und ihr Amt und ihre Funktion geben ihnen die Macht dazu! Sie möchten dabei bestimmt gute Entscheidungen treffen, sie tun dies aber eben unter Unsicherheit und aus dem Glauben an ihr eigenes Wissen, ihr Gespür und das ihrer Berater und des Ökosystems um sie herum. Genau DIES macht Entscheider und Führungspersönlichkeiten aus! Da, wo es unübersichtlich und komplex wird, muss einer entscheiden, um Stillstand zu verhindern. Dies bedeutet auch, die Verantwortung dafür zu tragen, wenn es schlecht läuft, oder die Lorbeeren einzusammeln, wenn alles klappt. Ob dem so ist, weiß man aber erst hinterher und früher oft mit sehr großer Zeitverzögerung statt in gemessener Echtzeit-Resonanz, wie dies im digital vernetzten Zeitalter zunehmend möglich wird.

Jeder war schon einmal auf einer Party, auf der der DJ vor allem seine eigene Lieblingsmusik gespielt hat:
Wie war die Stimmung, wurde der DJ weiterempfohlen?

Ein erfolgreicher DJ hingegen kommt auf die Veranstaltung mit einer gewissen Vorstellung, analysiert dann sein Publikum und „testet" vielleicht ein wenig aus. Auch bei ihm spielen Gespür, Erfahrung und Ideen eine große Rolle bei den ersten „Angeboten", die er den Gästen mit seiner gespielten Musik macht. Er akzeptiert aber, wenn diese Angebote nicht oder noch nicht angenommen werden, d. h. wenn die Tanzfläche leerer wird, steuert er dagegen, denn er will eine erfolgreiche Party abliefern. Er testet weiter im permanenten Austausch und Feedback mit seinem Publikum in Echtzeit. Entscheidend ist nicht so sehr, was er selbst mag oder was er glaubt, entscheidend ist das Resultat bei den Gästen – diese müssen es mögen, um zu tanzen und gut drauf zu sein. Ein guter bzw. kommerziell erfolgreicher DJ steuert die Masse durch Empathie, die er in dieser ständigen Symbiose lernt, auf das gemeinsame Ziel hin. Gleichzeitig akzeptiert die Masse der Feiernden einen guten DJ und bewundert ihn oft sogar für diese dosierte Steuerung der Veranstaltung. Er erarbeitet sich diese Führungsrolle, anstatt qua Amt, Position etc. zu beschließen, was die Leute tun sollen oder gut zu finden haben. Einem hoch dekorierten DJ mag ein Image und damit die bessere Startposition vorauseilen, am Ende wird aber ein jeder an den für alle anhand der Tanzfläche offensichtlichen Ergebnisse gemessen.

▶   Die digitale Welt und speziell das Social Web als Tanzfläche!

Die digital immer vernetztere Welt und allem voran das Social Web stellen genau diese Resonanzmöglichkeit in Echtzeit dar: die Aktivitäten auf der Tanzfläche sind dabei die Engagements in Form von Klicks, Standortdaten, Suchabfragen, Likes, Shares, Comments. Und genau wie die Tanzfläche für den DJ ist die digitale Welt für den DJ-Manager sicht- und messbar – vorausgesetzt, die Organisation hat die entsprechende Infrastruktur für Digital Analytics geschaffen und er weiß, wie und wo hinzuschauen.

Der DJ als Management-Vorbild? Ein Blick in eine Berufsgeschichte!
Um mein Lieblingsbild für Management-Analogie tiefer zu verstehen, sollte man sich vergegenwärtigen, wie sich die Rolle des DJs entwickelt hat.[1] Vor wenigen Jahrzehnten, vor der massenhaften Verbreitung von Tonträgern, gab es in der Geschichte der Menschheit nur Live-Musikgenuss vor Ort. Ein musikalischer Leiter koordinierte dabei in der Regel eine kleinere oder größere Zahl von

---

[1]https://de.wikipedia.org/wiki/DJ (zugegriffen am 10.06.2020).

Musikern, die zur Unterhaltung der Gäste spielte oder eben die Basis für ihre Tanzveranstaltung stellte. Es gab nur Echtzeit-Resonanz vor Ort, ob die Musik beim Publikum ankam oder eben nicht – ein Blick in die Gesichter und auf die Tanzfläche half jedem „Band-Leader" oder Dirigenten. Man las die Situation und spielte zum Dinner begleitend, bevor es dann vielleicht animierend wurde, damit es zum Abend noch ein heißer Tanz werden konnte. Wenn es irgendwann für den Gastgeber oder die Band genug war, wusste man auch, welche Lieder gespielt werden mussten, um die Gäste mehr oder weniger dezent von der Tanzfläche und nach Hause zu jagen. Wenn man vielleicht selbst ein Lieblingsstück hatte, aber bemerkte, dass die Gäste, denen es ja gefallen sollte, beim Spielen reihenweise das Weite suchten, kürzte man den Song ab. Wenn man sah, dass ein anderes Stück immer wieder „knallt", dann spielte man es eben öfter, unabhängig davon, ob man es selbst mochte oder nicht. Auch bei Musikwünschen aus der Gästeschaar merkte man schnell, wer vielleicht repräsentativ für die Zuhörerschaft oder in der Lage war, andere zum Mittanzen zu animieren – wer waren die „Influencer", die man einbinden musste, und wer eben nicht. Das Problem der Band war, dass sie lediglich für ihre Leistung vor Ort Feedback und Einnahmen erzielen konnten. Sich Empfehlungen zu erarbeiten, war möglich und man bekam weitere Buchungen, die aber allesamt wiederum auf einen neuen Ort und eine neue Zeit beschränkt waren. Das Geschäft konnte man nicht „skalieren".

Mehr Geld auf Kosten der Nähe!
Mit der Verbreitung von Tonträgern in Form von Schallplatten ab ca. 1900 konnte die physische Distanz zwischen Musikern und Zuhörern stark ausgeweitet werden. Dies war auf der einen Seite schön für den Produzenten der jeweiligen Musik, weil er seine Einnahmen für das einmal aufgenommene Stück skalieren konnte. Auf der anderen Seite profitierten auch die Musikfans, weil sie eben nicht mehr an den Ort der Produktion gebunden waren, als nun Platten oder deren Abspielen im Radio den Musikgenuss in die Welt trugen. Der Nachteil war jedoch, dass Feedback entweder über umständliche Mittel wie Briefe übermittelt werden musste oder gar nicht erfolgte, weil die Transaktionskosten zu hoch waren. Konzerte wurden im Vergleich zum Tonträgerkonsum und dessen Verlängerung in Radio und später Fernsehen bald eher zur Ausnahme statt zur Regel, das Volumen des Musikgenusses konnte unterm Strich dadurch enorm gesteigert werden. Musiker saßen nun im kleinen Kreis in ihren Studios und tüftelten dort an der Optimierung ihrer Produkte für sehr viele Menschen dort draußen in der Welt. Die Nähe zum Publikum und die Echtzeitreaktion waren jedoch verloren.

▶   Erst vom „Handlanger" zum Ko-Produzenten und Künstler, dann zur
    Marke und zum unternehmerischen Entscheider!

Schon im Radio der frühen Jahre des 20. Jahrhunderts brauchte man einen
Ansager und Aufleger der Musikplatten. Für diese Rolle entwickelte sich in
den USA ab den 1940er Jahren der Begriff des „Disc Jockeys" oder kurz eben
„DJ" – darauf, dass dies damals ein weniger künstlerischer Begriff als heute war,
deutet die Übersetzung des „Jockey" als „Positionierer" oder auch „Handlanger"
für die „Disc", also die Platte.[2] Im später aufkommenden Fernsehen wurde der
Begriff übernommen. Auch die nach dem 2 Weltkrieg in aller Welt entstehenden
Live-Musik-Abspielstätten ohne Künstler bekamen Namen. So wurden diese
regelmäßigen Institutionen, die neuen Tanzlokale „Diskotheken" oder „Clubs"
genannt. Dort war nun ebenfalls die Dienstleistung des „Plattenauflegers" gefragt
– ähnlich zu der des Filmvorführers in den Kinos, aber meist mit einer Durchsage
zu den schneller rotierenden kurzen Musikstücken auf der Platte. Im Gegensatz
zum Filmvorführer, der sich auf reine Mechanik beschränkte, konnten die Plattenaufleger die Party vor Ort schnell durch ihre Musikauswahl und ihre Ansagetexte
beeinflussen, wurden also ein größerer Teil des Ganzen. Charismatische Figuren
unter ihnen gelang dies ab Mitte der 1960er Jahre so gut, dass Clubs legendären
Pilgerstatus in aller Welt erlangten – das „Studio54" in New York der späten
1970er Jahre etwa dürfte vielen ein Begriff sein. Hinzu kamen neue technische
Möglichkeiten des Mixens von Übergängen, Scratchen oder Backspin, die das
Live-Erlebnis prägten. Irgendwann gingen die ersten Plattenaufleger-Dienstleister
dazu über, ihre Erfahrungen und die im Laufe der Zeit gelernte Empathie für das
Publikum selbst in Produkte umzusetzen – der „Remix" wurden ein schillernder
Begriff, der genauso wie eigene künstlerische Kreationen vor Ort getestet
und mit Publikum-Feedback optimiert werden konnte. Den Künstlern in den
fernen Studios fehlte diese Echtzeit-Resonanz oft und sie begannen, die besten
DJs selbst als Künstler zu akzeptieren und ihr Wissen als Ko-Produzenten einzubringen. Weltstars reißen sich heute darum, mit den Top-DJs dieser Welt
zusammen produzieren zu dürfen – sie beteiligen sie dann dafür, dass diese die
Nähe zu den Endkonsumenten wiederherstellen. Die Rollen verschwammen
bald und die früheren Aufleger und Ansager sind heute selbst eigenständige
Produzenten, Musiker, Künstler und eben eigene Marken und damit zu eigenen
Produkten geworden. Man spielt dabei ein „Angebot" an, testet in Echtzeit mal

---

[2]https://de.wikipedia.org/wiki/DJ (zugegriffen am 10.06.2020).

in diese, mal in jene Richtung und beobachtet die Reaktionen: Die Produktentwicklung wird permanent optimiert und muss nicht final sein, „wenn die Platten
gepresst werden". Die digitalen Kanäle haben heute zudem die Nähe zu den
Menschen „vor Ort" exorbitant ausgeweitet. Fans und Gäste können durch ihre
Social-Media-Kanäle wiederum selbst in die Produktvermarktung und Markenführung des DJs verstärkend eingebunden werden. Die niedrigen Transaktionskosten der digitalen Welt ermöglichen eine Marktnähe und Einbindung, wie sie in
den Kapiteln über die Fundamentalprinzipien spezifiziert wurden.

7.2   Ein Universalprinzip für alle Branchen im digital vernetzten Zeitalter

Die Entwicklung der Aufwertung durch die ständige marktorientierte, wert-
schöpfende Produktverbesserung im Falle des DJs sollten Manager heute in
allen Branchen und Unternehmensfunktionen im Kopf haben. Die Chance,
die heutigen Frontbereiche, die Touchpoints mit ihren Kunden über digital vernetzte Welten und speziell Social Media einzusetzen, sollte erkannt werden:
Social-Media-Manager und Social-Listening-Center sind direkte Resonanz- und
Analysemöglichkeiten, die nicht als Abspielstationen „verschwendet" werden
sollten. Es sollte vielmehr darum gehen, die andere Seite des Marktes zu verstehen, von ihr zu lernen und bessere Entscheidungen treffen zu können. Die
Erkenntnisse sollten besser in die Produktentwicklung, den Service, Vertrieb, die
Markensteuerung und andere Funktionen der Wertschöpfungskette eingebaut und
verwertet werden! Die Menschen da draußen können und müssen wieder in die
Unternehmung eingebunden werden, denn bei ihnen und in ihren Augen muss die
Unternehmung erfolgreich sein. Jede Unternehmung wird diese „DJ-Fähigkeiten"
nutzen müssen, um im Wettbewerb der Netzwerkökonomie mit der Erwartungshaltung der anderen Marktseite und dem Wettbewerb mit den Besten mithalten zu
können.

> *„Ja, da können wir ja gleich die Algorithmen entscheiden lassen, da brauchen wir
> keinen Menschen, keinen Manager, keinen menschlichen Entscheider mehr!"*

Solche Gedanken kommen einigen meiner Zuhörer in Workshops oft in den
Sinn, weswegen ich auch hier noch einmal nachhaken möchte. Es wird viele
Tätigkeiten geben, bei denen Algorithmen ablaufen können, wenn einfache
„Wenn-Dann"-Entscheidungen getroffen werden, wo es nicht wirklich mensch-
licher Fähigkeiten bedarf. Aber in vielen Situationen wird dies auch anders sein.

Maschinen oder alles, was heute gemeinhin unter „Künstlicher Intelligenz" zusammengefasst wird, sind noch lange nicht vollkommen und es fehlt ihnen an Empathie, an Gespür für soziale Zusammenhänge oder Emotionen. Kurz gesagt: Menschliche Urteilskraft und intuitive Interpretation sind entscheidend und bleiben der Schlüssel für Kreativität!

Das DJ-Prinzip

(Daten + künstliche Intelligenz) + (emotionale Intelligenz + Empathie + Urteilskraft + Kreativität).

Genau dies macht aber eben auch einen guten DJ aus. Er hat die technischen und musikalischen Fähigkeiten, die Möglichkeiten zur Analyse in Echtzeit, aber eben auch das Gespür und die Intuition für die jeweilige Situation und die andere Marktseite, welche Produktteile gerade passen. Er steuert die Party im Idealfall punktgenau, gibt Impulse je nach Marktsituation, entweder stimulierend oder abfedernd, entweder animierend oder mit Rausschmeißer-Songs, wenn die Party für heute vorbei sein soll. Seine wichtigsten Produktbestandteile sind die Musik, sein eigenes Auftreten; Gesten, Sprache und Mimik können aber je nach Typ und Situation ebenso eingesetzt werden. Seine Daten werden mit Intuition und Gespür zu Entscheidungen vermischt und umgesetzt. Wenn es nicht wie gewünscht funktioniert, wie die Reaktionsdaten zeigen, kann die Entscheidung zügig revidiert und in einen anderen „Flow" umgesetzt werden.

„Am Ende muss getanzt werden, egal, wer welche Musik ausgesucht hat!"

Wie bei DJs auch, wird es bei Entscheidern unterschiedliche Typen und Charaktere geben und dies ist auch gut so. Mancher DJ und mancher Entscheider glaubt eben sehr stark an das Eigene, an die eigene Intuition, die eigenen Entscheidungen, das eigene Bauchgefühl, und hört deswegen vielleicht weniger auf das Feedback von heute. Sie wollen Trends machen, früh am Markt sein, vor der Welle sein, Bestehendes hinterfragen und davon abweichen. Solche Menschen werden entweder brotlos scheitern oder sie werden zu Legenden, wenn ihre inneren Stimmen Recht hatten. Ich denke, dass kommerziell erfolgreiche DJs auch nicht immer die Musik spielen, die sie selbst toll finden, sondern eben am Ende ein gutes Gesamtprodukt für die Gäste und deren Geschmack und damit für den Auftraggeber abliefern. Nur wenige schaffen es darüber hinaus zu echten

Superstars, bei denen es geklappt hat, die aber auch Misserfolge in Kauf nehmen mussten. Genauso gibt es auch wenige Management-Ikonen, aber eben sehr viele Entscheider, für die Demut vor den Zahlen und der Erfolgsmessbarkeit gepaart mit ihrer Empathie die bessere Grundregel darstellt. Damit meine ich nicht „blinde Zahlengläubigkeit" im Sinne von Verkaufszahlen, sondern auch Zahlen des messbaren Verhalten durch Klicks, Likes, Views etc. Da, wo vorher allein das Bauchgefühl und Erfahrungen zu Entscheidungen führten, sollte einem jetzt einfach bewusst sein, dass es sich um Vermutungen, also Hypothesen handelt, und es durch die digitalen Messdaten schneller möglich ist, diese zu verifizieren oder eben zu verwerfen.

„Digitalisierung ist auch eine Frage des Egos! Manchmal muss man auch Youngster nach vorne lassen, weil sie eine Sprache sprechen, die man nicht beherrscht!"
Debby Gastes, 2020

Die damit einhergehende Transparenz soll nicht dazu eingesetzt werden, jemanden wegen fehlerhaften Entscheidungen anzuprangern, sondern allgemein als Möglichkeit betrachtet werden, Entscheidungen schnell zu korrigieren und zu optimieren. Früher musste jemand entscheiden und dafür geradestehen, wenn es nicht klappte. Aus diesem Grund wurden Fehlentscheidungen oft kaschiert oder gingen in der Komplexität unter, sodass keine „Köpfe rollen" mussten. Mit den Möglichkeiten von heute sollten Ideen von Teammitgliedern einfach im Kleinen digital getestet werden – dabei sollte es unerheblich sein, ob die Ideen vom Praktikanten, CEO oder Abteilungsleiter kommen. Dies ist mit „Demut" gemeint, es kann nicht darum gehen, dass meine Idee besser zu sein hat, weil ich der Chef hier bin. Wenn es nicht der beste Vorschlag ist, wird dies ohnehin schnell sichtbar und transparent, sodass man sowieso keine andere Wahl hat. Ein guter DJ-Manger zeigt die Größe, auch Ideen anderer vorzulassen, entscheidend ist nur, dass die Zahlen stimmen – wenn keiner „tanzt", kommt die Musik eben nicht an, egal von welchem noch so tollen Künstler!

Die meisten Künstler vor Dürer und da Vinci waren auch mal „Handlanger"
Wem die Geschichte mit den DJs zu abstrakt ist oder wer sie nicht glauben mag, der frage mal im eigenen Bekanntenkreis nach, welche DJs man heute so kennt und es werden viele Namen fallen, die in die erste Riege der erfolgreichsten Künstler fallen. Fragt man nach DJs aus den 1990ern, wird es schon enger, aber es gibt bekannte Namen. Bei den 1980er wird es schon dünn und aus den 1970ern wird wohl kein Name mehr fallen. Aus der Zeit davor ohnehin nicht.

Wenn Sie das Gleiche z. B. in der Malerei machen, wird die Parallele aber erst richtig deutlich. Fragen Sie einmal nach bekannten Namen und erkundigen Sie sich, aus welcher Epoche denn so die ersten bekannt stammen und gehen Sie dabei in der Geschichte immer weiter zurück. In meinem Bekanntenkreis endet das meist im Leonardo da Vinci, Michelangelo oder Albrecht Dürer. Namen aus früheren Epochen fallen kaum. Dies liegt schlichtweg daran, dass Malerarbeiten vorher in der Regel keine Kunst waren, von der man leben konnte, sondern genauso ein Handwerk und eine Dienstleistung waren wie „Plattenaufleger". Wände sollten verschönert werden, wie etwa der Speisesaal des Dominikanerklosters Santa Maria delle Grazie mit dem letzten Abendmahl von da Vinci im Auftrag des Herzogs von Mailand oder die Sixtinische Kapelle, vor allem von Michelangelo, im Vatikan. Beliebt war auch die Verewigung der eigenen Person oder von anderen Geliebten auf Leinwand. Es gab aber jahrhundertelang nur relativ wenige Abnehmer, wie die Kirche oder reiche Kaufleute. Die besten dieser Handwerker konnten diese Arbeiten teurer verkaufen, wenn sie ein Markenzeichen daraufsetzten, und so wurden aus Dienstleistern irgendwann Künstler, die eine Marke aus ihrem Namen machten. Bilder wurden jetzt signiert und wertvoll alleine dadurch, wer sie hergestellt hatte, und nicht was oder wer darauf zu sehen war.

Das DJ-Prinzip als Mix von Mensch und Maschine!
Vielleicht wird der ein oder andere Manager dieses Leitbildes des DJs für das Management im digital vernetzten Zeitalter nicht wirklich mögen, weil man am Ende doch „Sklave der Zahlen und Algorithmen" bzw. der Echtzeit-Marktforschung wird, in der man kaum mehr selbst entscheiden kann. Genau um diese geistige Hürde zu überwinden, bedarf es einer produktiveren individuellen Geisteshaltung und Unternehmenskultur: Resonanz muss als Chance akzeptiert werden, um schneller bessere Entscheidungen in den Augen der anderen Marktseite zu treffen, und diese Herausforderung, sich das Engagement erarbeiten zu wollen, muss angenommen werden. Es wird immer noch sehr viel Raum bleiben gerade für die menschlichen Fähigkeiten des sozialen Gespürs, der Interpretation von Zusammenhängen und der Empathie für die andere Seite! Menschliche Urteilskraft steht eben vor der Transparenz des digitalen Resonanzkörpers, der Gartenparty digital verbundener Menschen ohne Grenzen und Distanzen, die den Grad der Vermutung reduziert und den des Wissens über die andere Marktseite permanent erhöht. Langfristig wird die hohe Messbarkeit der Netzwerkökonomie wohl zwangsläufig zu einem solchen Management-Stil tendieren und viele andere Konzepte nur als Nachwirkungen und Relikte einer Zeit erscheinen lassen, in der man seine Entscheidungen nicht direkt zuordnen musste bzw. konnte und viele Wirkungszusammenhänge im Nebulösen untergingen.

7.3   Ein „systemischer Blick" auf das Ganze

Im vorangegangenen Kapitel sprach ich von „Demut vor den Zahlen". Da es so elementar wichtig ist für das DJ-Prinzip von Management und Führung, sei es ein wenig komplettiert und spezifiziert. Die Zahlen sind ein messbares Element eines immer stärker werdenden Kulturraumes vernetzter Menschen. Die Individuen können senden, empfangen und verstärken, sie gehen kulturelle Verbindungen in einer Gesellschaft ein, es bildet sich ein Werteschema durch gemeinsame Konventionen heraus. Dies war zwar in sozialen Systemen immer schon so, aber durch die digitalen Möglichkeiten ist hier der Turbo eingelegt worden. Der Vernetzungsgrad ist vor allem durch Social Media extrem gestiegen, dadurch ist die Komplexität explodiert und gleichzeitig haben sich durch die digital gigantisch niedrigen Transaktionskosten das Volumen der Netzwerkpunkte und Informationen, aber vor allem die Geschwindigkeit auf ein ungeahntes Niveau erhöht. Was wir messen, ist eine vor sich hin brodelnde Masse, die zunächst Blasen werfen kann, bevor sie an endlosen Stellen kocht. Wie und wo das genau geschieht, ist nicht vorherzusagen und nicht planbar. Dies sollte man begreifen, akzeptieren und vor dieser Kraft entsprechend bescheiden und voller Respekt stehen. Deswegen lautet der wohl wichtigste Satz des Managements für die Netzwerkökonomie:

„Ich weiß, dass ich wenig weiß!"
… und das fängt mit dem Einfühlen in digital vernetzte Kraft- und Kulturräume an!

Für diese neuen Rahmenbedingungen ist eine Abkehr von der Vorstellung mächtiger Industriekapitäne notwendig, die den Riesenkahn sicher und zielgenau von der Brücke aus durch die Meere schippern, während unten im Schiff alle nach ihren Signalen funktionieren. Man kann nicht den Kurs navigieren lassen und an ein paar Untiefen vorbei auf das Ziel zufahren. Notwendig ist die absolute Bereitschaft, sich auf die Nicht-Vorhersagbarkeit von nicht-linearen Systemen, wie dem einer digital vernetzten Gesellschaft, einzulassen. Hier kann eben ein kleiner Auslöser sehr große Wirkung haben und sich in Selbstverstärkung aufschaukeln.[3] Wenn wir dadurch einen viralen Hit für unser Marketing gelandet

---

[3]Ich empfehle noch einmal alle YouTube-Videos des fantastischen Prof. Dr. Peter Kruse dazu.

haben, freuen wir uns darüber. Wenn sich unerwartet und plötzlich ein Shitstorm entfacht, dann ist das sehr ärgerlich. Beides ist nicht planbar oder vermeidbar, es passiert in komplexen Netzwerkstrukturen meist spontan und mit offenem Ausgang. Ein Ziel und eine Strategie muss man zwar auch hier aufstellen, aber planbar ist deswegen in solchen Welten noch lange nichts. Es ist ein wenig wie bei einem Fußball-Spiel: Ich kann zwar einige wenige Standardsituationen wie Ecken oder bestimmte Freistoßkonstellationen planen und einüben, dass diese aber funktionieren oder gar der ganze Spielablauf planbar ist, ist eine Illusion. Ist man deswegen vollkommen hilflos und kann man Führung komplett vergessen? Nein, der einzelne „DJ" kann iterativ immer und immer wieder testen, was in den jeweiligen Situationen funktioniert, und lernen, was dabei herauskommt.

Wir kommen hoffentlich dahin, aber wie genau, weiß keiner!

„Sich einlassen auf das Segeln auf Sicht!"
Peter Kruse

Ergebnisoffenheit ist bei nicht-linearen Netzwerken die richtige Grundhaltung, es kann funktionieren, einfach passieren, aber planen kann man es nur ansatzweise und eher als Vision anstatt eines wirklich konkreten Zielsystems. Aber das ständige Ohr am digital vernetzten Kulturraum gibt uns die Möglichkeit zu lernen, markante Systempunkte zu identifizieren und diese Anreize zu setzen und zu verstärken, wenn sie angenommen werden. Das Einfühlungsvermögen, die Intuition, das Gespür für soziale Zusammenhänge wird hier zum Schlüsselfaktor. Unbewusstes und/oder emotional geprägtes Bewerten von sozialen Konstellationen, Werten und Entwicklungen hilft hier meist mehr als rationale sachliche Entscheidungen eines reinen Zahlenmenschen. Da genau solche Funktionen nach heutigem Kenntnisstand vor allem im sogenannten „limbischen System"[4] des menschlichen Gehirns verortet sind, können wir als Menschen guter Hoffnung sein, dass wir den künstlichen Intelligenzen und Maschinen hier auf absehbare Zeit überlegen bleiben. Ist doch schön, müssen wir aber eben auch einsetzen, und zwar als ganze flexible Organisation, mehr oder weniger ohne egomane Alphatiere, die ihren Weg für die Unternehmung durchboxen wollen.

---

[4]https://de.wikipedia.org/wiki/Limbisches_System (zugegriffen am 10.06.2020).

▶ Menschliche Ideen sind der Schlüssel, um „robust" gegen Dynamik
aufgestellt zu sein!

Sehr schön dargestellt findet man dies neben denen von Peter Kruse in den
Konzepten von Gerhard Wohland, dessen Sichtweise auf Komplexität und
Dynamik bzw. dessen organisatorische Antworten darauf jedem helfen können,
seine Antworten zu finden.[5] Der Mensch hat somit die Chance, auch in Zeiten
von künstlicher Intelligenz, niedrigeren Transaktionskosten und neuen Prozessen
in Netzwerken als souveräner Ideengenerierer für Überraschungen elementar
wichtig zu bleiben. Man muss ihn aber eben auch in die Lage versetzen, diese
menschlichen Fähigkeiten für solche Höchstleistungen nutzen zu können.
Unternehmen müssen es schaffen, die „Talente"[6] ihrer Mitglieder zur Problemlösung in den überraschenden Situationen, die aus der komplexen Netzwerkökonomie um sie herum entstehen, zu entdecken und nach vorne zu bringen. Diese
interne Flexibilität zur Entdeckung dieser Menschen hat naturgemäß wenig mit
Hierarchie oder aus ihrem Amt heraus mächtigen Entscheidern zu tun.

▶ Die beiden Dimensionen des DJ-Prinzips: Netzwerkunternehmung
und der einzelne Mensch!

Es erfordert, zwei Dimensionen zu betrachten, um das DJ-Prinzip zu ermöglichen.
Die eine betrifft die gesamte Organisation, die in ihren Strukturen und Fähigkeiten neu
ausgerichtet und befähigt werden muss. Die zweite betrifft den einzelnen Menschen
als Teil dieser neuen Netzwerkunternehmensstruktur. Genaugenommen können auch
unternehmensexterne Stakeholder Teil davon sein, wie beim Fundamentalprinzip zur
Einbindung gezeigt wurde.[7] „Organisation" muss also wirklich grundlegend neu,
nicht abschließend, sondern übergreifend und ganzheitlich gedacht werden. Das
Mindestmaß an Gemeinsamkeit dieser beiden Dimensionen Organisation und Einzelner ist die geteilte Geisteshaltung bzw. Kultur als untereinander ausgehandelte Werte.
Diese beinhalten genau die Ergebnisoffenheit, den Willen, iterativ und als Ganzes

---

[5]Hier empfehle ich https://dynamikrobust.com/ oder seine Bücher oder Videos auf
YouTube.
[6]Ich bleibe gerne in den Begrifflichkeiten von Gerhard Wohland, dessen Beiträge dazu ich
nur empfehlen kann. Das „Talent" ist, wie Ideen, kaum planbar, eher ist es spontan zu entdecken.
[7]Siehe Abschn. 6.5.

zu lernen und jeweils situationsabhängig die besten Talente „nach vorn" zu lassen und damit die Ausrichtung der Gesamtorganisation anzustoßen. Um im DJ-Bild zu bleiben, kann die Gesamtunternehmung als DJ betrachtet werden, die durch ihre Aktionen und Akteure die einzelnen Songs spielt. Neben dieser Makrobetrachtung verhält sich aber auch der Einzelne auf der Mikroebene wie ein DJ, der durch seine jeweiligen Aktivitäten, sprich Musikstücke, den Resonanzbogen des Marktumfeldes immer wieder auslotet. Diese beiden Dimensionsbetrachtungen werden gesondert in den Kap. 8 und 9 erläutert.

7.4 Marketing ist keine Funktion

An vielen Stellen dieses Buches bin ich auf die Notwendigkeit eingegangen, den Menschen auf der Nachfrageseite in den Mittelpunkt der Unternehmensperspektive zu rücken. Er sollte der Ausgangspunkt aller Aktivitäten einer Firma sein, das, nachdem sich alles in der Organisation richtet. Das normative „Social First" steht dabei sinnbildlich für diese Forderung. Diese steht nicht im Raum, weil sie so nett klingt, jeder gerade so redet oder weil dies eine Option ist, die zur Wahl steht! Dies ist überlebenswichtig, weil es in einer Netzwerkökonomie notwendig ist: Die Marktmachtverschiebung zur Nachfrageseite mit dem Human-Digital-Reflex und dem Gesprächsprinzip erzwingen diesen Leitgedanken! Die Erwartungshaltung und der Wettbewerb können andernfalls nicht mitgegangen werden.

Nach meiner Erfahrung werden viele Entscheider durch Begriffe wie „Social-Media-Marketing", „digital" oder „Marketing" abgelenkt und ordnen aufgrund solcher Begriffe die Entwicklungen und Zuständigkeiten falsch zu. Sie übersehen in ihrem nicht hinterfragten Abteilungs- und Funktionsbereichsdenken schnell das Ganzheitliche der Transformation. Deswegen nochmal glasklar als Appell zusammengefasst, sodass es niemand ignorieren kann:

„Marketing gilt überall!"

Eine auf Vertrieb, Werbung, Kommunikation verkürzte und beschränkte Sichtweite von Marketing als Teilbereich reicht für die Anforderungen des digital vernetzten Zeitalters auf keinen Fall aus. Wirklich ALLE Funktionen können und müssen einbezogen werden, um dem Anspruch der Fundamentalprinzipien gerecht werden zu können. Die Impulse der vernetzten Welt außerhalb der Organisation müssen überall in die Unternehmung hineinströmen können, um die volle Kraft entsprechender Lösungen zurückgeben zu können. Mit nur ein paar Schnittstellen in Kommunikation, PR oder Vertrieb wird das nicht gelingen, die Energie in der Organisation wird irgendwann veröden und auf der Strecke bleiben.

„Marketing is coming home!"

Das Fehlen eines konsequenten Denkens vom Kunden her ist leider gerade in Deutschland weit verbreitet. Der Begriff „Marketing" wurde in den USA erfunden, und zwar zu einer Zeit, als viele Märkte dort bereits gesättigt waren, d. h. die produzierten Güter wurden einer Firma nicht mehr aus den Händen gerissen, wenn man sie nur produzieren konnte. Im Nachkriegseuropa war zu dieser Zeit das „Produzieren und Verteilen" noch komfortabler Alltag vieler Unternehmen. Ein ganzheitliches Verständnis von Marketing wäre das einer „marktorientierten Unternehmensführung entlang der gesamten Wertschöpfungs-kette", also jeweils zuallererst und wirklich überall die andere Marktseite zu verstehen und die eigenen Aktivitäten komplett an dieser auszurichten. Bei vielen deutschen Unternehmen habe ich den Eindruck, dass die alten Stufen und Abteilungen „Absatz und Vertrieb" einfach umbenannt wurden und heute zwar „Marketing" heißen, aber eben keinesfalls das Zentrum oder Ausgangspunkt der Unternehmensaktivitäten darstellen. Oft war alles andere aber auch nicht nötig, da die Produkte oder Prozesse einfach so gut waren.

180-Grad-Wende der Kultur von „einkaufsgetrieben" zu „marktgetrieben"
Aus meiner Beratungspraxis weiß ich, wie schwer es ist, in einer erfolgreichen Unternehmenshistorie die gesamte „DNA", die den Ursprung der Firma darstellt, auszuwechseln. Das sind Firmen, die in der zigsten Generation den Schwerpunkt auf dem Einkauf oder der Produktion haben. Irgendein Vorfahre oder Gründer hat mal etwas tolles Mechanisches ertüftelt, für das es ein Patent gab, oder der Einkaufsprozess und das Sortiment wurden so mutig und innovativ neu geordnet. Fortan sind diese ersten Stufen der Wertschöpfungskette bis heute der entscheidende Schlüssel zum Erfolg.

Solche Herkunft ist nicht zu unterschätzen, sie steckt tief drin in der Geisteshaltung der Organisation, ihrer Ausrichtung, in der Frage der Prioritäten der Budgets und wo man die besten Talente hinschickt. Es ist leider ein wirklich „radikaler"[8] Wechsel, also von der Wurzel der ganzen gewachsenen Pflanze her notwendig, ohne diese dabei zu zerstören. Hier ist wirklich starkes Change-Management gefragt, denn diese Entwicklung „passt irgendwie nicht zu uns". Dann müssen Sie es leider passend machen oder es wird bald, zumindest hier, nichts mehr geben, was zu den neuen Rahmenbedingungen passt. Sie kennen die typischen Management-Weisheiten dazu, wie z. B. die von Carl Josef Neckermann:

---

[8]Radikal hat seinen Ursprung im lateinischen „radix" = Wurzel, Ursprung.

„Wer nicht mit der Zeit geht, geht mit der Zeit!"

Die Gültigkeit muss man bei einem solchen Strukturwandel wie dem gerade laufenden besonders betonen.

Marketing, wie es sein sollte! – In sehr einfachen, bestimmt nicht wissenschaftlichen Worten

Die überlebenswichtige Handlungsmaxime der notwendigen Interpretation von Marketing sollte lauten: Beginnen Sie wirklich bei allen Austauschbeziehungen einer Unternehmung mit der anderen Seite des Marktes. Bei allen Funktionen mit allen Märkten, also nicht nur Absatz- und Beschaffungsmärkte, sondern genauso Arbeits- und Finanzmärkte, politische Märkte oder Journalisten, Influencer und alle anderen Stakeholder. Überall bestehen Beziehungen, die im Austausch neu, enger und direkter gestaltet werden können. Erst, wenn man das Ziel und den größten Nutzen für das Gegenüber auf der anderen Marktseite kennt, kennt man seine maximale Bereitschaft, dafür das zu „bezahlen" bzw. zu leisten, was man von ihm haben will. Das unterstellte Vergleichskalkül jedes Handelnden ist dabei:

„Wat bringt et mir, wat kost et mich?"

Wenn es mir viel bringt, darf es mich auch viel kosten. Keinesfalls werde ich bewusst einem Tausch zustimmen, der mich mehr kostet, als er mir bringt. Dabei kann sich der Deal im Nachhinein als in diesem Sinne nicht lohnend herausstellen, aber man ist eben im Vorhinein nicht so schlau. Bewusst wird niemand einem Tausch zustimmen, von dem er glaubt, dass er danach schlechter gestellt ist als vorher.[9] Wenn man den gewünschten Nutzen der anderen Marktseite kennst

---

[9]Es sei mir eine Randbemerkung in diesem Kontext erlaubt: Völlig befremdlich finde ich die immer wieder von „Marktkritikern" aufgestellte Behauptung, dass der „Homo oeconomicus" ja widerlegt sei, weil Menschen nicht immer rational nach solcher Maximierung streben. Ich verstehe zwar, was gemeint ist, aber bei dieser Kritik wird immer unterschwellig unterstellt, „rational" und „Nutzen" seien so etwas wie „monetäre Gewinnmaximierung". Das habe ich noch nie so verstanden und auch keiner, zumindest meiner Hochschullehrer Anfang der 1990er, hat dies damals so gelehrt. „Rational" bedeutet jedenfalls in meinem Verständnis, dass jedes Individuum versucht, DAS zu maximieren, was ihm am meisten Nutzen bringt. Wenn also jemand z. B. einem Verletzten hilft und dafür darauf verzichtet, einen finanziell attraktiven Auftrag zu bekommen, ist das keineswegs irrational. Es entspricht einfach seinen Werten und Zielen. Das Geld zu bekommen, aber gleichzeitig das schlechte Gewissen zu haben, jemandem nicht geholfen zu haben, wäre eine aus seiner Sicht schlechtere Entscheidung gewesen, die weniger Nutzen gebracht hätte. In diesem Sinne ist es rational, auch wenn der Nutzen emotional determiniert wird.

und ihn maximiert, aktiviert man die höchste Zahlungsbereitschaft der anderen Seite. Dies sollte der jeweilige Ausgangspunkt sein. Die Gewinnmaximierung erreicht man von diesem Startpunkt, indem man versucht, dies mit einem dafür geringstmöglichen Mitteleinsatz zu bekommen. Alle Kosten, die der anderen Marktseite keinen Nutzen bringen, sollte man loswerden.

Spätestens hier sollte es hoffentlich jedem einleuchten, warum Empathie eine so wichtige Management-Fähigkeit ist: jegliche „Bezahlung" in Form von Anerkennung, Wertschätzung, Aufmerksamkeit und anderen „sozialen" Elementen spart bares Geld oder sonstige Ressourcen.

Das DJ-Prinzip auf Unternehmensebene   8

Mittlerweile schwirren so einige Konzepte und zahllose Schlagworte durch die Welt der Organisationstheorien, um Antworten auf die Anforderungen zu finden, die sich aus den Rahmenbedingungen der Netzwerkökonomie des digitalen Zeitalters ergeben. Es geht naturgemäß immer darum, schneller und flexibler auf die Dynamik und die Erwartungshaltung der anderen Marktseite reagieren zu können: „agiles Arbeiten", „agile Führung", „Digital Leadership", „New Work", „Knowledge Sharing", „Minimum Viable Product", „Scrum", „Design Thinking", „kollaborative Netze" sind nur einige der Buzzwords. Herkömmliche Hierarchien und alle Sonder- und Mischformen davon können den Rahmenbedingungen der Netzwerkökonomie einfach nicht gerecht werden.

> *„Wir haben da doch den Chief Digital Officer!"*
> **Reicht nicht!**

Bei der Tragweite und Tiefe der Veränderungen im Vergleich zu früheren Organisationsstrukturen sollte mittlerweile klar sein, dass hier die gesamte Geschäftsführung gefragt ist. Alle Funktionsbereiche und alle Menschen darin sind betroffen, dass kann nur gemeinschaftliche Chefsache sein, so wie eine umfassende Restrukturierung. Denn es ist für die meisten genau das: die tiefste Umstrukturierung und Neuaufstellung, die die Organisation je erlebt hat. Sie muss ganzheitlich entwickelt, implementiert und vorgelebt werden.

8.1   Was muss ein „Wertschöpfungsnetzwerk" der Unternehmung in der Netzwerkökonomie leisten?

Viele der Anforderungen wurden als direkte Handlungsrichtungen in den Erläuterungen der Fundamentalprinzipien als Antwort auf die Netzwerkökonomie und der gestiegenen Erwartungshaltung bereits angesprochen. Wie muss eine Struktur denn dann aussehen, um dies zu leisten? Die ganzheitlicheren Konzepte „Liquid Organization", „Fluid Organization" oder „Swarm Organization" gehen in diesem Kontext meiner Meinung nach bereits zumindest begrifflich sehr gut in Richtung eines neuen geeigneten Zielbildes für eine Organisation und entsprechende Führungskultur.

„Das muss flüssiger werden!"

Das Dynamische und Verbundene einer Flüssigkeit, die rundum und formlos ein Objekt umgibt und sich rasend schnell den situativen Gegebenheiten fließend anpasst, ist gefragt. Ebenso schön ist die Analogie der Organisation als einer Wolkenbildung: Je nach den auf sie in der Atmosphäre einwirkenden Kräfte verändert die Wolke durch Kondensation oder Verdampfen der Wassermoleküle ihre Größe, Form und Struktur. Ähnlich sollte sich eine Organisation verändern können, wenn die Kräfte der Rahmenbedingungen um sie herum wirken.[1] Vielleicht nicht so gut sind diese beiden Analogien, wenn man sich auf die Größe und die individuelle Eigenschaft eines Lebewesens als Teil einer Organisation im Vergleich zu Wassermolekülen als den Elementen von Flüssigkeit bezieht.

Schwarm – das Ganze ist mehr als seine Teile

Also passt vielleicht besser die Schwarmstruktur, wie man sie bei Vögeln oder Fischen in faszinierender Weise beobachten kann: Hier gibt es kaum Hierarchien, sondern wechselnde Führungsrollen und die Richtungsänderung erfolgt aufgrund von Impulsen von außen spontan. Es ist also nicht unbedingt die Schwarmspitze, die reagiert oder Richtungsänderungen einleitet. Jedes einzelne Tier kann aufgrund der sensiblen Wahrnehmung seiner Umwelt Impulse an die anderen weitergeben, sodass diese „angesteckt" werden und sich eine ganzheitliche Reaktion des Schwarms ergibt. Hier müssen keine Anweisungen in Hierarchien und Ketten

---

[1]Dieses Bild wird z. B. von Chris Rufer, dem Gründer von Morning Star verwendet.

weitergegeben werden, die Schwarmintelligenz ergibt sich aus dem Zusammenfügen der einzelnen Elemente und übersteigt durch die komplementäre Wirkung
die Dynamik und Kraft den Einzelnen. Wer so etwas in der Natur oder in Videos
gesehen hat, weiß, wie faszinierend dies funktioniert.

▶   „Swarming Defense" = alle dahin, wo es brennt!

Als jemand, dessen Leben 20 Jahre lang maßgeblich vom Basketball-Sport
beeinflusst wurde, kommt mir beim Strukturbruch in der Organisationsfrage
immer eine zu meiner aktiven Zeit erfolgreiche Innovation in der Verteidigung
in meinem Lieblingsspiel in Erinnerung. Dazu muss man wissen, dass zwei
grundsätzliche Arten der Verteidigung des eigenen Korbes dominierten: In der
Mann-Mann-Verteidigung hatte jeder Spieler einen direkten Gegenspieler,
um den er sich grundsätzlich immer kümmerte und diesen nur im Ausnahmefall wechselte. Bei der Zonenverteidigung hingegen wurde jedem Spieler ein
Raum zugeordnet, den man verteidigte, egal, wer gerade dort war. Spieltaktisch
wurde auch zwischen diesen beiden Grundformen oder Varianten und Mischformen gewechselt, je nachdem, welche Stärken und Schwächen die fremde
oder eigene Mannschaft in sich vereinte. Bei der damals innovative „Swarming
Defense" handelt es sich um eine Auflösung dieser Grundformen: weder Raum
noch gegnerische Spieler dienen als Bezugspunkt der Verteidigung, sondern
der Ball bzw. der ballführende Spieler dient als Fokus. Diesem werden immer
die volle Aufmerksamkeit und alle verfügbaren Energien gewidmet. Auf ihn
wird viel aggressiver Druck ausgeübt, entweder durch den Verteidiger, der
gerade am nächsten ist, oder durch zwei Spieler, die ihn sogar „doppeln". Die
anderen müssen dabei genauso flink und geistesgegenwärtig die Abspieloptionen
abdecken, wie sich die anderen auf den Ball stürzen. Die für diese Verteidigung
benötigte hohe Intensität braucht Spieler in physischer Top-Kondition statt
vielleicht langsameren und behäbigeren, die aber andere Stärken haben. Der
jeweils Nächste am Ball ist der Wichtigste und der muss es genauso gut wissen
und können wie die anderen, damit das System ohne Schwachstellen flexibel
agieren kann.

▶   „Swarming Offense" = proaktiv punkten!

Übertragen auf die Anforderungen der Organisation, die sich durch die sie
umgebende Netzwerkökonomie ergeben, wäre der Ball die jeweilige Aktivität
auf der Nachfrageseite. Dies kann zum Beispiel ein wichtiger Influencer oder

eine besonders kritische Servicefunktion sein, auf die sich alle Energien der Organisation ausrichten soll. Die Swarming-Defense-Analogie soll jedoch nicht so weitgehend sein, dass auf den Kunden Druck ausgeübt werden soll, man sollte ihm eher volle Lösungsenergie widmen. Ebenso soll es keine „Verteidigung", also Reaktion sein. Vielmehr ist gefragt, proaktiv bereitzustehen und mit aller Energie für den Kunden „da zu sein", wenn es für diesen relevant ist. Insofern ist es weniger eine Defense (= Verteidigung), sondern eher eine „Offense", also Aktionen, mit denen man punktet! Dies erfordert ein ständiges Zuhören und Analysieren, um jeden einzelnen Stakeholder und dessen soziales Umfeld zu verstehen, wo dies möglich ist. Nur dann kann man genau das anbieten und damit da sein, wofür jener sich in der jeweiligen Situation interessiert.

Die „spontan emergente Organisation" als Zielbild
Wie bitte, was ist das denn? Leider ist mir in all den Jahren, in denen ich mich mit der Thematik beschäftige, kein optimaler Begriff in diesem Sammelsurium von Schlagworten untergekommen oder eingefallen, der es genau trifft. Vielleicht ist es aber auch genau dieses nicht ganz genau Treffende, das den jeweils notwendigen Raum für individuelle Lösungen für die Organisationsentwicklung einer jeweiligen Unternehmung lässt. „Emergenz" bedeutet „Entstehung" beziehungsweise Herausbildung von Strukturen und Eigenschaften eines Systems als Folge des Zusammenwirkens seiner Bestandteile, die isoliert betrachtet diese Eigenschaften vielleicht nicht aufweisen. Solche Phänomene werden in vielen Bereichen der Naturwissenschaften genauso wie in den Sozial- und Wirtschaftswissenschaften beschrieben und sind damit genauso übergreifend, wie es der Komplexität des Unternehmensalltags entspricht. Eine „emergente Struktur" (oder emergente Ordnung) bezeichnet ein soziales System, das sich von Traditionen, Kulturen, Werten lösen kann und ständig durch seine Individuen verändert wird. Da diese Veränderungen auf zwischenmenschlichem Verhalten basieren, sind sie kaum vorhersehbar.

Die drei Mindestkomponenten, die die Organisation des Wertschöpfungsnetzwerks leisten muss!
Wenn es gelingt, auf der einen Seite diese Unvorhersehbarkeit zu akzeptieren und auf der anderen Seite das Bewusstsein für das grundsätzliche Ziel zu entwickeln, sich den beschriebenen Anforderungen der Rahmenbedingungen der Netzwerkökonomie anzupassen, dann haben wir zumindest eine Zielvision, auf die man hinarbeiten kann: ein emergentes „Wertschöpfungsnetzwerk" als Unternehmen.

Dieses würde dann mindestens diese drei Dimensionen beinhalten, die in verschiedenen Ausprägungen ausgestaltet sein können:

1. Eine interne Netzwerk- bzw. Schwarmstruktur, die die mit entsprechender digitaler Infrastruktur ständig erfasste Dynamik der sie umgebenden Rahmenbedingungen wahrnehmen, analysieren und weitergeben kann, sodass „die Richtigen" darauf reagieren können. Auch nicht-ständig unternehmensinterne Stakeholder können situativ in das Netzwerk einbezogen werden.[2] Die Ergebnisse der iterativen Tests der besten Lösungen müssen dabei intern geteilt und verarbeitet werden, um die Intelligenz des Netzwerks größer als die Eigenschaften des Einzelnen werden lassen zu können.

2. Emergente Führungsprinzipien, die es zulassen, die jeweils für die individuelle Konstellation besten „Talente" im eigenen Schwarm (also Stakeholder in und gegebenenfalls auch außerhalb der eigenen Unternehmung) nach vorne zu lassen. Talente sind dabei diejenigen, deren Empathie sich für das „Fühlen" des Resonanzkörpers und entsprechender Antworten oder Impulse am besten eignet, also „die Richtigen" bezüglich ihrer Urteilskraft. Diese müssen aber entdeckt werden, stehen nicht von vornherein fest. Es ist unwahrscheinlich, dass dies genau diejenigen sind, die sich jahrelang in den Mechanismen einer Hierarchie nach oben gedient und geboxt haben – dafür hatten sie ein Talent, denn sonst wären sie nicht oben angekommen.

3. Es bedarf eines einheitlichen Verständnisses zwischen den Einzelnen des Wertschöpfungsnetzwerks, also eine wirklich akzeptierte und gelebte Kultur, sodass die Ergebnisse interner Prozesse und Rollen genauso wenig planbar sind wie die der umgebenden externen Marktfelder. Sie können sich aber iterativ testend immer weiter verbessern. Die interne Netzwerkbildung als logische Antwort einer gegengleichen Komplexität der Umgebung gehört damit zur „DNA" einer solchen Unternehmung.

Um diese Anforderungen erreichen zu können, ist auch ein „verbaler" Wechsel zu vollziehen, der sinnbildlich frühere Organisationsprinzipien auflöst, die weiterhin Hürden und Schranken suggerieren. Unterteilungen wie „Innendienst" und „Außendienst" sollten genauso wie „interne Kunden" oder „Abteilung" aus dem Sprachgebrauch und der Geisteshaltung verschwinden. Sie passen nicht zu der Vorstellung eines barrierefreien Wertschöpfungsnetzwerkes, das sich letztendlich nur nach den Impulsen der Endkunden neu ausrichtet.

---

[2] Siehe hierzu Abschn. 6.5. Fundamentalprinzip der Einbeziehung.

8.2   Digital Analytics als Kernbaustein eines neuen Marketing-Informationssystems

In der klassischen Marktforschung versteht man unter einem „Marketing-Informationssystem" oder „Management-Informationssystem" ein ganzheitliches System, in dem die relevanten internen und externen Daten formell gesammelt, gespeichert, analysiert und entsprechend derer Informationsbedürfnisse regelmäßig an Manager zur Entscheidungsunterstützung ausgeliefert werden.

Doch, wir haben da ein paar ganz tolle digitale Tools!

Mit den neuen Möglichkeiten des Messens und Zuhörens bei den Gesprächen von Milliarden von Menschen und weiterer Datenpunkten von Menschen und Geräten in Echtzeit sowie den Analysen dieser Informationen u. a. mithilfe von Künstlicher Intelligenz ist hier eine Neubewertung vorzunehmen: Zum einen geht es nicht mehr um die eigene Marktforschungsabteilung oder die externe Marktforschungsfirma, die man mal zu wenigen wichtigen Anlässen und Entscheidungen hinzuzieht! Auch ist es nicht mit ein paar Analyse-Tools, die man im digitalen Marketing bisher verwendet hat, getan. Hier ist ein grundlegender Neuaufbau von internen Kapazitäten, Fähigkeiten und technischen Strukturen vorzunehmen. Es geht um nichts weniger als:

Die neuen Lebensadern und Nervenbahnen, die die gesamte Organisation vernetzen und die externen und internen Informationen teilen, anreichern und zielgenau an die jeweiligen Entscheider ausspielen.

Die Schwingungen der vernetzten Welt außerhalb der Organisation müssen über alle Funktionsbereiche hinweg in die Unternehmung fließen können, um die volle Kraft entsprechender Lösungen zurückgeben zu können.

Ein paar Regeln sind immer zu beachten!

Eine konkrete Ausgestaltung eines solchen Marketing-Informationssystems mit den Möglichkeiten des Jahres 2020 ist für die jeweiligen Erfordernisse des Einzelfalles zu konfigurieren. Dennoch seien ein paar Hinweise gegeben, die in allen Firmen meiner Erfahrung nach zu beachten sind. Ein solch grundlegender Aus- oder Neubau der digitalen Informationsbasis für Entscheidungen ist ein richtig großes Transformationsprojekt. Es kann nur mit voller Rückendeckung der gesamten Geschäftsführung implementiert werden und muss zudem von dieser mit vorgelebt werden. Organisatorisch empfiehlt sich meiner Erfahrung nach, eine neue zentrale Schaltstelle zu etablieren.

„Listening, Analytics and Support Center?"

„Cockpit?" – „Gibt's da nichts Deutsches?" – „Brücke"?

Sie können diese auch „Lagezentrum" oder meinetwegen auch „Oberste Heeres-
leitung" nennen. Wichtig ist nur, dass jedem in der Organisation sehr deutlich
wird, dass hier im „Haus" eine einerseits zentrale Steuerungseinheit – ein Gehirn –
mit großer Kapazität und Kompetenz entsteht. Andererseits wird dieses als
zentrales Nervensystem auch die Lebensadern der gesamten Unternehmung –
über Aktivitäten des Sammelns, Auswertens, Anreicherns und Ausspielens von
externen und internen Informationen – einbinden. Es ist das wichtigste Insourcing-
Projekt, das man für das digital vernetzte Zeitalter gestalten muss, da hierin der
Schlüssel zur Marktkenntnis und damit Wettbewerbsfähigkeit liegt. Deswegen ist
dies auch mehr als eine „Stabsstelle zur Unterstützung", sondern der Kern einer
neuen Unternehmens-DNA, die wechselseitig jeden Einzelnen steuert und gleichzeitig unterstützt.

Ein Pionier-Vorbild!

Eine der ersten Firmen, die bereits 2010 ein Konstrukt in dieser Richtung
geschaffen hat, war der Computerhersteller Dell, der es trefflicher Weise „Social
Media Listening and Command Center" nannte. Das „Listening" (= Zuhören)
richtete sich nach außen, also zum Zuhören der Märkte, was über Dell und deren
Themen im Social Web gesprochen wurde. Das „Command" (= Anweisen) betraf
die Richtung in die Organisation hinein. Dies wies interne Strukturen an, sich an
den Marktsignalen auszurichten. Letzteres gelang nur durch die vom CEO ver-
liehene entsprechende Autorität in Form eines „Chief Listening Officers", der
eben nicht nur Informationen liefern konnte, sondern auch Änderung von Anreiz-
strukturen innerhalb der Organisation dementsprechend anstoßen konnte.

Die „kritische Masse" und das „Daten-Schwert"!

Neben dem Vorantreiben von „ganz oben" braucht es meiner Erfahrung nach eine
Mindestgröße, von der aus sich die neue Schaltstelle in die gesamte Organisation
hinein vernetzten kann. Die hohe Messbarkeit der Zahlen der digitalen Welt
muss dabei transparent genutzt werden, denn da kann kaum eine klassische
Messmethodik als Argument dagegenhalten. In meinem Netzwerk verwendeten
wir hier im ersten Schritt ein sogenanntes „Hub and Spokes"-Modell, also ein
zentrales Speichenrad, das sich in die gesamte Organisation vernetzt. Was keinesfalls reicht, ist, noch so tolle „neue Digital-Experten" in bestehende Strukturen zu
setzen und zu hoffen, dass dies schon von alleine was wird. Diese Neuen werden

eher von den alten Organisationen glattgestrichen, nahezu verschluckt, oder sie laufen Ihnen von selbst wieder weg! Hier ist eine übergreifende Veränderung der Organisation zu implementieren.

„Hilf mir, es selbst zu tun!"
Maria Montessori

Digitale Analyse-Fähigkeiten sind das wichtigste Insourcing-Thema!
Noch weniger kann diese elementare Funktion externen Marktforschungsfirmen oder teilweise auch Mediaagenturen überlassen werden, wie in so vielen Firmen in der Vergangenheit. Dies bedeutet nicht, dass man sich nicht weiterhin externer Dienstleister aus dem Digital-Analytics-Bereich bedienen kann. Im Gegenteil: die Vielfalt der Spezialkenntnisse digitaler Analysefelder ist so zahlreich, dass man Spezialisten mehr denn je braucht. Der Unterschied ist jedoch, dass man im Haus mindestens so viel Kompetenz aufbauen muss, dass man die Fähigkeiten und Kenntnisse der externen Spezialisten beurteilen und nutzenstiftend einbinden kann. In zu vielen Unternehmen habe ich leider wegen dem Mangel an solcher Inhouse-Kompetenz eher eine Mischung erlebt zwischen „dem Spezialisten ausgeliefert sein" und „ich rette meinen Hintern, indem ich die Verantwortung auf den Externen schieben kann, den ich beauftragt habe". Beides ist nicht zielführend und man kann sich das unter den Wettbewerbsbedingungen der Netzwerkökonomie nicht mehr leisten.

Warum gehen Sie nicht auf die Gartenparty und hören den Menschen zu, die mal Ihre Produkte kaufen sollen?

Es gibt heute bereits unzählige technische Systeme zu Erfassung und Auswertung von digitalen Daten. Dominant ist meines Eindrucks nach auch 2020 in Unternehmen noch die Analyse der eigenen Website und Social-Media-Auftritte. Als eher stiefmütterlich behandelt empfinde ich in vielen Firmen die Erfassung externer „unstrukturierter Daten" in der vernetzten Welt: eine systematische Auswertung davon, wer wo in welcher Art und Weise über unsere Themen, unsere Marken und Produkte, über die der Mitbewerber spricht, oder davon, wer die Influencer zu diesen Themen sind, ist zu oft Mangelware. Diesen muss man zuhören, um zu erfahren, was die Menschen, die unsere Produkte kaufen sollen, wirklich bewegt, wie sie uns und andere sehen, wen sie um Rat fragen, wem sie zuhören. Auch wenn mittlerweile Datenschutzhürden weniger zulassen als vor einigen Jahren, gehören solche „Social Media Monitoring"- oder „Social Media Listening"-Systeme in „jeden unternehmerischen Haushalt". Jedoch reicht auch dies noch nicht.

„Kennen Sie Tool Social XY? Sollen wir das kaufen?"

„Ach nee, das haben wir ja schon."

Was mir in dem Kontext immer wieder auffällt, ist, dass die Anschaffung entsprechender Software schnell als ausreichend angesehen wird. Diese Beruhigungspille können Sie sich schenken, wenn Sie nicht bereit sind, Zeit und Geld in das Wissen und die Fähigkeiten zu investieren, die mit diesen Daten aufgebaut werden können. Software liefert Daten, mehr nicht! An Daten kann man lernen, wie man richtig zuhört, wie man die richtigen Fragen stellt, wie die andere Marktseite tickt, wie Shitstorms entstehen etc. Dies alles erfordert interne Ressourcen, die konstant immer wertvoller werdende Marktkenntnis und Methodenkompetenz aufbauen. Software alleine erledigt gar nichts, die Wundermaschine, die einem Antworten liefert, zu denen man nicht mal weiß, wie man die Fragen richtig stellt, gibt es zumindest meiner Kenntnis nach nicht. Es sei noch einmal wiederholt, dass dies ein Insourcing-Thema ist und keinesfalls nur anderen überlassen werden sollte.

▶   Es ist IHR direkter Weg zu IHREN Kunden!

Da sollte keiner dazwischen sein bzw. nur dann, wenn externes Know-how zeitweise hinzugezogen werden muss, weil es zu speziell ist. Ich habe in solchen Fällen eher als Regel statt als Ausnahme erlebt, dass eine Firma mit mehreren Agenturen zusammenarbeitet, die wiederum alle verschiedene Software mit unterschiedlichen Algorithmen einsetzen. Alle haben tolle Dashboards, die die Illusion von Beherrschbarkeit aufbauen, ohne dabei zu bemerken, dass sie alle gegeneinander liefen, obwohl sie sich in der Mehrheit auf den gleichen Datenstamm bezogen – zumindest 2020 sehr oft auf Facebook als das größte soziale Netzwerk. Auf die Idee, mal beim „Original" – also der nativen Datenbasis der „Facebook Insights" – nachzuschauen, kam schon keiner mehr. Das Vertrauen in die bei den externen Spezialisten teuer eingekauften Analyse-Wundermaschinen war zu groß. Dies alles ist kein Vorwurf an den einzelnen Entscheider, er ist von früher gewohnt, sich der externen Partner zu bedienen. Kann er auch weiterhin tun, aber er muss intern mindestens so viel Know-how aufbauen, dass er beurteilen kann, was diese da machen. Zudem ist der Aufbau von direkten Kontakten, z. B. zu den Ansprechpartnern bei den Betreibern Sozialer Netzwerke, nicht schädlich und gelingt zumindest bei den Unternehmen relativ einfach, die groß genug sind oder dort ohnehin entsprechend viel Geld ausgeben.

8.3   Marke, Markenführung und Kommunikation in eigener Hand

Die zweite wichtige Thematik zum „Insourcing" – neben der eben geschilderten „Daten-Struktur" – ist generell die Kommunikation und hier im ganz Besonderen „Marke und Markenführung". Hier gehört die Federführung wieder ganz klar in die Hände interner Kompetenz. Dies bedeutet nicht den Tod externer Dienstleister, aber keinesfalls darf man in Abhängigkeit von spezialisierten „Kreativen" sein, wie dies in vielen Unternehmen mehr oder weniger traditionell der Fall ist. Es geht um eine grundsätzliche Neuordnung der Rollen, die sich aus der Logik der Netzwerkökonomie ergeben:

> *„Aber für Kommunikation haben wir doch Agentur XY, die „machen" Marke für uns!"*
> **Nein, nicht mehr!**

Wie zu Beginn des Buches beschrieben, ergeben sich aufgrund der niedrigen Transaktionskosten der digitalen Welt die Möglichkeiten zur Direktkommunikation von Unternehmen und Kommunikationszielgruppen. Klassische Massenmedien sind nicht mehr notwendig, um viele Menschen zu erreichen. Die digital vernetzte Welt stellt eben über Smartphones, schnelle Internetleitungen und Soziale Netzwerke jedem die Infrastruktur zur Erstellung und Verbreitung von Inhalten zur Verfügung, über die früher nur Massenmedien verfügten – auch Ihnen als Marke! Frühere Gatekeeper gibt es nicht mehr und die neuen funktionieren anders.

> *„Die beste Agentur der Welt kann nicht für SIE authentisch kommunizieren!"*

Mit der Rolle der Massenmedien und deren Möglichkeit zur Direktkommunikation ist auch das gesamte Ökosystem aus Werbe-, Kreativ- und Mediaagenturen sinnvollerweise neu zu sortieren. Vielleicht werden „Werbeprofis" Ihnen etwas anderes erzählen und dies kann ich schon deshalb nachvollziehen, weil sie ein ureigenes Interesse daran haben, den Expertenstatus zu behalten, dem Sie Ihre Marke und damit Ihre Gelder anvertrauen. Es ist ziemlich unrealistisch, von diesen zu erwarten, dass sie Ihnen sagen: „Klar, ich bin da nicht mehr notwendig, ich helfe Ihnen noch einmal, damit Sie das selbst können, und wenn Sie es geschafft haben, brauchen Sie mich nicht mehr und können sich die Honorare für mich sparen."

▶ „Werbesprech" ist eben kein Gespräch!

Es geht um den Gesprächscharakter zwischen mir als Kunden und Ihnen als Marke. Und wenn ich mit Ihnen sprechen möchte, dann meine ich SIE persönlich, nicht einen Dritten, der in Ihrem Namen reden soll. Und wenn es nicht anders geht, dann soll der wenigstens in Ihrem Namen und so wie Sie sprechen, also genau nach IHREN Vorgaben, und mich nicht einfach anschreien, wie toll Sie doch sind. Wenn es nicht gelingt, für eine Marke einen Gesprächsmodus zu kreieren, ist die Chance hoch, dass diese schlichtweg durch den Filter fällt, also wegen Irrelevanz oder sogar Nervigkeit einfach geblockt wird. Erinnern Sie sich, dass Menschen jetzt wie nie zuvor die Macht haben, aus ihrer Sicht irrelevante Botschaften aus ihrem Wahrnehmungsfeld zu blocken, und dies auch tun, wenn sie „stören". Folgendes sollte akzeptiert werden:

▶ Wohl kaum jemand ist in den Sozialen Netzwerken unterwegs, besucht Gartenpartys oder schaut einen Film, um von Ihrer Werbung dabei gestört zu werden!

Es sei denn, es ist aus meiner Sicht passend, und dies gelingt nur, wenn Sie mich so gut kennen, dass Sie wissen, dass es für mich genau in diesem Moment relevant ist. Und genau dazu haben Sie die Chance, wenn Sie Ihr im Kapitel zuvor erläutertes Marketing-Informationssystem gut justiert haben. Ebenso hilft dies zu verstehen, wie man in die Gespräche von anderen hineingelassen wird. Wie bei jedem in Ihrem Bekanntenkreisen und jeder Gruppe von Menschen in der Welt: Menschen lassen Sie nur herein, wenn Sie den Beteiligten einen Mehrwert bringen, einen spannenden Inhalt, eine interessante Meinung – nicht Ihre Hoffnung oder das Gusto Ihrer Werbemenschen zählt dabei, einzig und allein die Nutzer entscheiden dies.

8.3.1 Von der Plakat-Marke zu einer quasi-menschlichen Persönlichkeit

In der klassischen Markenlehre des Massenkommunikationszeitalters war der Gesprächsmodus für Marken kaum nötig, da Plakate und TV-Werbespots nicht in Echtzeit vor großer Öffentlichkeit Gespräche führen mussten – zumindest nicht so wie ein Mensch auf einem Schulhof oder beim Geschäftsessen. In Abschn. 6.4.2 hatte ich bereits die Begrifflichkeit der „Brand Persona" als Operationalisierung des Markenkerns erläutert, die eine Marke befähigt, entweder selbst im Gesprächsmodus zu agieren oder ein glasklares Briefing für die ausführenden Dienstleister zu erstellen. Die Entwicklung solcher Brand Personas stellt zunehmend einen Schwerpunkt der Beratungsarbeit in meinem Netzwerks dar. Aus diesem Grund arbeiten wir an einem gesonderten Buch speziell zur Markenführung im digital vernetzten Zeitalter. An dieser Stelle sei deswegen nur die grundsätzliche Vorgehensweise erläutert.

Welche Fragen muss man sich neu stellen in der Markenführung für die Welt der Gespräche im digital vernetzten Zeitalter – im Vergleich zur Welt der Medien im reinen Sende-Modus wie TV, Radio, Print? Und welche müssen nur angepasst werden oder verlieren an Relevanz?

> **Die kompakte Fragestellung der Brand Persona**
> WER möchte WARUM und WO mit WEM WORÜBER und auf welche ART und WEISE sprechen?

„Ist doch alles altbekannt, wir haben doch jetzt schon unsere neue Content-Strategie, unsere Kanal-Strategie auch für Digitales, Zielgruppen sowieso und die Ziele, da hat sich doch nichts geändert, geht um Markenbekanntheit oder Verkaufen, welches Ziel auch sonst."

„Den Markenkern haben wir schon lange definiert, wir sind also bestens aufgestellt."

Solche Aussagen erlebe ich oft und auf den ersten Blick wirken sie auch richtig. Kratzt man aber ein wenig an der Oberfläche und stellt konkrete Fragen zu der Umsetzung an der Social-Media-Front, kommt die Unzulänglichkeit zum Vorschein, die vor wenigen Jahren vielleicht noch nicht relevant gewesen wäre.

Kommunikationsziele hatte man natürlich vorher auch schon, aber diese sollten im Zeitalter sozialer Medien um Interaktions-Ziele erweitert werden, die in der klassischen Massenkommunikation undenkbar waren. Gemessene Interaktion mit Inhalten stellt wohl unstrittig einen höheren Aktivierungsgrad dar, als wenn man eine Botschaft nur gesehen hat. Ob dies am Ende nun zu mehr Aufmerksamkeit, Bekanntheit oder Kaufabsichten führen soll, ist unerheblich: Wer Menschen dazu bewegt, mit der Marke zu interagieren oder sich in deren eigene Kommunikation einzubauen, hat als Ausgangsbasis erstmal mehr erreicht.

Die möglichen Orte und Kanäle der Kommunikation haben sich im digitalen Zeitalter erheblich ausgeweitet und die höhere Messbarkeit der digitalen Welt sollte dazu führen, dass man frühere Prioritäten hinterfragt. Nur, weil Sie immer TV-Werbung gemacht haben und dies lange der Leitkanal war, muss das ja nicht heißen, dass dies so bleiben muss. Wo Sie mit Zielgruppen kommunizieren wollen, sollte davon abhängen, wo Sie diese Menschen identifiziert haben! Wo sind diese und wo sprechen und beeinflussen sie einander? Diese Frage sollte beantwortet werden, BEVOR man sich auf Kanäle festlegt. Die Frage kann nicht an Kanälen ausgerichtet sein, sondern an den Menschen. Leider werde ich immer wieder Dinge gefragt wie: „Brauchen wir Ihrer Ansicht nach eigentlich Kanal XY?". Ich kann darauf immer nur unbefriedigend zurückfragen:

Wissen Sie denn, wo sich die Menschen, die Sie erreichen wollen, bewegen?

Zu oft haben die Unternehmen dies weder gemessen noch sind sie sich klar, welche Ziele sie überhaupt „dort" verfolgen können. Also bitte nicht in Kanälen denken, sondern in Menschen, die für Sie wichtig sind! Dies sind in den Zeiten sozialer Medien nicht nur potenzielle Kunden, sondern es kann sich auch um reine Kommunikationszielgruppen handeln. Diese kaufen vielleicht nicht selbst, sind aber als Beeinflusser, als Verteiler, als Empfehler oder als Filter enorm wichtig. In Abschn. 6.5 habe ich dem Einbinden solcher Stakeholder ein eigenes Fundamentalprinzip gewidmet („über Bande spielen"), denn es ist ein wirklich grundlegender Unterschied zum massenhaften „Anschreien von vielen" früherer Zeiten.

„Worüber reden? Ist doch klar: Werbung dafür, wie toll wir sind und dass man uns kaufen soll! Oder etwa nicht?"

Wie in verschiedenen Kapiteln dieses Buches betont, hat klassische Werbung eine sehr hohe Chance, in digitalen Kanälen und speziell in sozialen Netzwerken herausgefiltert, geblockt und ignoriert zu werden. Reine Werbeinhalte und -ausgaben haben hier also noch mehr als in klassischen Kanälen das Potenzial zu verpuffen. Menschen interessieren sich aber durchaus für Themen, zu denen Produkte wirkliche Problemlösungen sind und zu denen Marken sich über interessante Inhalte als Ansprechpartner profilieren können. Dabei müssen Sie aber herausfinden, welche Inhalte die Zielgruppen wirklich interessieren und wie diese gestaltet sein müssen. Seit Jahren schwirrt in diesem Kontext das Schlagwort „Content-Marketing" herum. Leider verstehen noch zu viele Unternehmen darunter, ihre Werbebotschaften ein wenig neu zu verpacken und in sozialen Netzwerke zu posten.

▶ Die „Verlängerung" Ihrer Anschrei-Werbung in Social Media ist kein
  Content-Marketing!

DAS ist genau kein Content-Marketing im richtigen Sinne, das ist einfach alter
Wein in neuen Schläuchen. „Content" sind dann „guter" Inhalt, wenn Sie zuvor
gemessen haben, dass dieser die Leute wirklich interessiert. Dafür benötigt man
die bereits mehrfach erwähnten Social-Analytics-Fähigkeiten genauso wie für
das Austesten, ob die Art der Gestaltung zu Interaktion führt oder eben nicht.
Inhalte sind nicht super, nur weil Sie sie haben, sondern alleinig die Perspektive
der Nutzer zählt. Kann man leider nicht oft genug sagen, weil viele Firmen das
einfach immer noch nicht wahrhaben wollen und es die Abläufe und Rollen verändert. Die digital messbare Social-Media-Welt ist die „Tanzfläche des DJs", die
ihm hilft zu verstehen, was die Leute hören wollen, und nicht das zu spielen, was
er selbst gut findet.

> *„Wer sind Sie denn? Nein, nicht Ihr Logo, Claim oder Ihre Farben … SIE?"*

Das wirklich grundlegend Neue und nicht nur Abgeänderte ist jedoch die Frage
nach dem „Wer", also wer oder was die Marke eigentlich ist. Damit sind nicht ein
Logo, ein Motto oder andere Vorgaben zum „Corporate Design", zur Sprache und
zu Farben gemeint. Hier geht es darum, eine „menschenähnliche Markenpersönlichkeit" zu entwerfen, die sich im iterativen Prozess des dauernden Gesprächsmodus permanent weiterentwickelt. Irgendwo muss man aber anfangen und das
ist mit dem Markenkern.

Markenkern, Markenraum und die Kruste – die Welt der Marke!

Für alle, die weniger mit Markenkernanalyse vertraut sind, sei erläutert, dass
dieses Konzept der Analogie der Erde folgt: Unter der Kruste liegt die große
weichere Magmamasse und ganz in der Mitte der ultraharte Kern. Logo, Claim,
Farben etc. sind „die Kruste", die Kontaktfläche zu den Menschen, der Markenraum steht für die weicheren inhaltlichen Elemente und der harte, aber kleinere
Markenkern als Mittelpunkt stellt das Unverwechselbare, das Wesentliche, das
eindeutig Unterscheidbare dar.

Die meisten Marken haben zumindest irgendwann einmal eine Marken-
kerndefinition erarbeitet. Dies ist schon mal gut, ich empfehle aber, auch einen
bestehenden Markenkern zu aktualisieren oder zu hinterfragen, ob er nicht nur
das reine Wunschkonzept einer Kreativagentur oder eines Markenverantwortlichen selbst ist. Wurde auch dahingehend analysiert, ob er dem entspricht, was

die andere Marktseite darüber sagt, ob man es selbst überhaupt so sieht und ob er für Gespräche tauglich ist?

Damit ein Markenkern authentisch ist, sollte das eigene Team, die eigene Firma die wichtigste Rolle bei der Markenkernbestimmung einnehmen. Mit meinem Netzwerk gehen wir dabei mindestens mit einem Kernteam aus der Firma iterativ und in mehreren Stufen vor, deren Erläuterung an dieser Stelle jedoch zu detailliert wäre.[3] Anschließend sollte die Übereinstimmung des Ergebnisses mit der Wahrnehmung der anderen Marktseite zumindest auf einem Mindestmaß überprüft oder neue Aspekte analysiert werden. Klassische Marktforschung kann hier genauso ihren Platz finden wie die Erkenntnisse aus Ihren Digital Analytics bzw. Social Media Analytics, soweit bereits vorhanden.

Herkunft, Heute, Zukunft!

Wenn man den Ist – Zustand und das Zielbild für den Markenkern und Markenraum auf einem arbeitsfähigen Niveau gefunden hat, geht es darum, gemeinsam die Machbarkeit und Wege zum Zielbild zu diskutieren. Dies kann sich auch über mehrere Workshops hinziehen und immer wieder mit kleinen Tests in Sozialen Medien oder klassischer Marktforschung angereichert werden.

Vom Markenkern zur Brand Persona!

Nach der Findung eines Markenkerns als dem Wesentlichen, dem Unterscheidbaren muss dieser dahingehend operationalisiert werden, dass er „gesprächsfähig" wird und im weiteren Verlauf zu einer „Persönlichkeit" werden kann: der Brand Persona. Spätestens hier, oder schon vorher beim Markenkern, bringen wir die Teilnehmer in verschiedenen Gruppen-Sessions dazu, ein Set an Einstellungen und Werten für die Markenpersönlichkeit zu erstellen, um daraus eine Liste zu generieren, auf die sich später alle einigen können. Wesentliches Ziel ist die Ausgestaltung zu einer Persönlichkeit, die sich mit Ihnen auf der von mir immer wieder strapazierten Gartenparty unterhalten könnte. Die Themen, die Orte und die Zielgruppen haben die meisten Marken oft bereits definiert, aber die wirkliche Art und Weise, also wie diese vermenschlichte Markenpersönlichkeit über diese Themen mit wem spricht, ist – wenn überhaupt – auf einem kaum gebrauchsfähigen Level vorhanden.

---

[3]Hier der Hinweis, dass ein separates Buch meines Netzwerkes zur Markenführung in Arbeit ist. Sollte dies noch nicht erschienen sein, bevor Sie Detailschritte benötigen, kontaktieren Sie mich gerne.

„Wir wollen lustig, aber informativ und kompetent sprechen, eher so wie ein guter Freund"

Weder interne Ressourcen noch externe Agenturen können mit einem solchen Briefing wirklich etwas anfangen, zu viel bleibt der persönlichen Interpretation vorbehalten. Bei „lustig" denkt der eine an Mario Barth, der andere an Loriot und der dritte an Didi Hallervorden. Das reicht genauso wenig als Arbeitsgrundlage wie alle anderen generischen denkbaren Ausdrücke, die bei solchen Übungen immer herauskommen. Meiner Erfahrung nach sind die wenigsten Teilnehmer in der Lage, so prägnant und detailliert zu beschreiben, dass es wirklich eine eindeutige Vorgabe wird. Deswegen verwenden wir hier meist auch mehrere Runden zur Verdichtung von Meinungen und fragen Skalen zur Art der Spracheigenschaften ab.

„Wasch Dir die Hände, als hättest Du gerade Chillies geschnitten und wolltest jetzt masturbieren."
Die Partei, 2020

Dieses recht anzügliche Meme der Satirepartei DIE PARTEI geisterte im März 2020, als ich dieses Kapitel schrieb, durch die Social-Media-Welten. Es beschreibt anschaulich, wie konkret eine Ansage im Vergleich zu „Bitte Hände waschen" sein kann. Genau solche Genauigkeit ist gemeint und sollte bei den Teilnehmern immer wieder angeregt und reflektiert werden. Manchmal lasse ich auch Teilnehmer vor den Augen der anderen wie bei der „Stillen Post" üben, um zu zeigen, dass ein zu unklar formuliertes Briefing über mehrere Stationen bei ihrer Agentur gegebenenfalls nur als unbrauchbar ankommt. Folglich kann auch nicht das Richtige zurückkommen, was im Wesentlichen an Ihrem unpräzisen Briefing gelegen haben kann.

Wie würde Ihre Brand Persona aussehen?
Erstaunlich unterschiedliche Ergebnisse erleben wir, wenn in mehreren Gruppen das äußere Erscheinungsbild einer Brand Persona skizziert werden soll. Hier machen wir meist nur Vorgaben, dass die Teams sich auf Merkmale wie Geschlecht, Alter, Kleidungsstil, Größe etc. einigen sollen. Die Unterschiede sind zuweilen wirklich groß, bieten aber dann den gewollten Anlass, um sich in Diskussionen immer weiter anzunähern und hoffentlich am Ende zu einigen. Als Ergebnis sollte jeder Teilnehmer vor seinem geistigen Auge einen Gesprächspartner haben. Manchmal sind auch Teilnehmer so talentiert, dass sie direkt eine grafische Umsetzung mitliefern.

Programmieren Sie Ihren Humanoiden!

Wenn man sich im Team auf eine ausgestaltete Version der Brand Persona geeinigt hat, entsteht meist die Erkenntnis, dass ja auch jeder menschliche Charakter zwar im Kern immer der gleiche ist, aber in verschiedenen Situationen und an verschiedenen Orten oder mit unterschiedlichen Gesprächspartnern völlig anders sprechen kann. Wir nutzen hier gerne das Beispiel von einer intimen Erfahrung, wie dem ersten Kuss in der Jugend. Unserem besten Kumpel oder der besten Freundin werden wir von diesem Ereignis wohl anders erzählt haben als unseren Eltern. Sie als echter menschlicher Charakter haben dies im Laufe Ihres Lebens hoffentlich bereits gelernt: Sie sprechen mit Ihren Eltern, Kindern, Freunden jeweils anders und besprechen oft auch andere Inhalte als mit Nachbarn, Ihren Kollegen, Ihren Kunden, Ihren Fußballkumpels oder der Bundeskanzlerin. Genau diese Unterschiede müssen zumindest bis zu einem gewissen Anfangslevel für die künstliche Brand Persona entworfen werden.

In Workshops verwende ich für die Teilnehmer oft das Gedankenspiel, sie müssten einen menschengleichen Roboter entwerfen, wie es vielleicht einige aus der Serie „Westworld" kennen. Die Vorgaben und Algorithmen müssen für recht viele Szenarien im Vorhinein entwickelt werden. Manchmal sind die Zielgruppen, Kanäle oder Themen auch so dermaßen unterschiedlich, dass wir multiple Brand Personas entwerfen müssen. Alles in einen Charakter zu packen, wäre zu wenig eindeutig und prägnant. Hier werden dann mehrere Markenpersonen spezifisch für die jeweiligen Kommunikationszielgruppen entworfen.

Es ist nur der Anfang – der Charakter entwickelt sich im Laufe der Zeit!

Aber lassen Sie sich beruhigen. Erfahrungsgemäß kann man gar nicht alles bis ins kleinste Detail planen. Eher entwickeln Sie ein erstes Bild von einer Brand Persona, die dann anfängt, auf Partys und andere Anlässe zu gehen, und dabei in Gesprächen und Situationen immer weiter ihren Charakter formt. Dazu bedarf es dem permanenten Zusammenspiel der digitalen Analysesysteme und der für die Brand Persona entwickelten Ausprägungen.

Die hier geschilderten Schritte können im jeweiligen Projekt der Markenführung an unzähligen Stellen verfeinert und um Methoden und Übungen ergänzt werden. Je nach Wichtigkeit sowie Zeit und Budget kann man sich hier sehr intensiv austoben, oft kommt man aber schon mit den hier beschriebenen Schritten auf eine erste praktikable Basis, die man später in der laufenden Arbeit optimiert. Hier sollte eine zentrale organisatorische Anlaufstelle festgelegt sein, die die Erkenntnisse sammelt und verarbeitet. Oft macht es Sinn, diese parallel mit den Inhalten an Ihrer Analyseeinheit oder Ihrem „Content Hub" anzudocken, auf das ich im folgenden Kapitel eingehe.

8.3.2 „Social First" und Ihr Team am Steuer!

Die im Kap. 6 geschilderten Daumenregeln der Fundamentalprinzipien führen zwangsläufig zu einer bereits erläuterten Wertschöpfungsnetzwerk-Organisationsstruktur, die sich spontan, schnell und flexibel um Informationen herum finden muss. Ein ganzheitliches Marketing-Informationssystem für den Datenfluss wurde ebenfalls bereits erläutert.

Überall sollte „Social First" als KPI priorisiert werden!

Um die „richtigen", d. h. die am besten geeigneten, Informationen für die Lösungen der Aufgaben zu finden, wird eine Neuausrichtung der entsprechenden KPIs, also der Erfolgskennziffern, durch die Unternehmensführung empfohlen. Ihr Unternehmen sollte internen Ressourcen und erst recht externen Dienstleistern diese Steuerungsgrößen zur Ausrichtung auferlegen. Das bedeutet zum Beispiel, dass „Interaktionsmessgrößen" aufgrund des höheren Aktivierungsgrades das wichtigere Ziel werden sollten – auch vor Reichweite. Letztere bleibt weiterhin sehr wichtig, zumal sie in der Regel Voraussetzung für Interaktion ist: Wer Inhalte nicht sieht, kann auch nicht mit ihnen interagieren. Aber nur weil man gesehen wird, bedeutet das noch lange nicht, dass andere mit einem interagieren möchten – noch einmal ausführlicher erläutert finden Sie dies in Abschn. 9.3. Wenn Sie solche Zielhierarchien nicht festlegen und für deren Erreichung keine Anreize setzen, werden Sie auch nicht zum Ziel kommen. KPIs können je nach Unternehmen verschieden sein, sollten aber permanent mit neu entwickelten Möglichkeiten getestet werden.

8.3.3 Systematische Einbindung von internen Kommunikatoren

Mit der Brand Persona versucht man, Marken zu „vermenschlichen", zu einem künstlichen, aber quasi-menschlichen Charakter zu machen, der so real erscheint, dass man sich mit ihm auf einer Gartenparty unterhalten könnte. Mehr kann man als Marke selbst kaum tun, um in die Gespräche der Kommunikationszielgruppen kommen. Dennoch reicht dies nicht aus beziehungsweise bleibt unter den Möglichkeiten. Das Ziel sollte es sein, „echte Menschen" für die Gespräche mit Kommunikationszielgruppen einzubinden.

Was machen wir eigentlich, wenn die Menschen gar nicht mit einer Marke sprechen wollen, sondern mit Menschen?

Wenn Menschen nicht mit Marken sprechen wollen, sondern mit Menschen, hat das im Wesentlichen zwei Gründe. Der erste Grund: Die noch so gut konzipierte Brand Persona ist und bleibt kein Mensch. Über die Einbindung von echten Menschen „leiht" man sich als Marke ein Stück von deren Menschlichkeit, Authentizität, Spontaneität und Empathie. Der zweite Grund ist der Kapazitätsmangel, also die schlichte quantitative Überforderung der üblichen Ressourcen in Marketing oder Kommunikation: Angenommen, Sie haben Millionen von Kunden, die mit Ihrer Marke interagieren wollen, aber dann treffen diese auf im Verhältnis dazu lächerlich geringe Zahlen an Mitarbeitern in Ihrer Marketing/PR/ Kundenservice-Abteilung. Mittlerweile sind in vielen Unternehmen entweder eigene Social-Media-Service-Einheiten oder Community-Management-Kräfte aufgebaut, die dann wiederum mit Service-Kräften abgestimmt agieren. Neben diesen dezidiert dafür aufgebauten Einheiten sollte man sich darum bemühen, so viele „normale" Mitarbeiter wie möglich ebenfalls einzubinden. Diese können ebenso zuhören, sprechen, weiterteilen und andere beeinflussen. Unternehmen, denen es gelingt, Mitarbeiter erfolgreich für ihre Marke und Inhalte einzubinden, erreichen in der Summe nicht nur sehr viele, sondern auch andere Menschen über deren Soziale-Medien-Nutzung als nur über die Accounts der Unternehmen. Dies liegt in der Regel am persönlichen sozialen Bezug und den Inhalten, die meist keinen werblichen Charakter haben, sondern zum Beispiel Meinung und Expertise des jeweiligen Jobumfeldes des Mitarbeiters widerspiegeln.

Richtlinien und Fortbildung für die digitale Vernetzung!
Eine erfolgreiche Einbindung erfordert eine systematische Identifizierung und Befähigung der Willigen sowie deren Incentivierung unter Beachtung der jeweiligen Motivstrukturen. Gleiches gilt für externe Stakeholder. Ich hoffe, dass zum Zeitpunkt des Schreibens dieses Buches im Jahr 2020 die meisten Unternehmen bereits im Kontext ihrer Mitarbeiter eine positive Grundhaltung gegenüber Sozialen Medien kommuniziert haben. Selbst wenn dies nicht der Fall ist, so kommt man ja nicht an dem Phänomen vorbei und hat deswegen Richtlinien für den Gebrauch herausgegeben. Für deren Ausgestaltung sind unzählige Varianten möglich. Meiner Erfahrung nach sind vor allem in Deutschland viele „Social Media Guidelines" so umfangreich ausgestaltet, dass sie eher abschreckend als anregend wirken. Die Grundregeln sollten eher kurz und knackig gehalten werden und darauf hinweisen, dass Social-Media-Kommunikation der Mitarbeiter gewünscht ist, dabei aber transparent kommuniziert werden soll, dass ein Bezug zum Unternehmen besteht. Hinweise, dass der bestehende rechtliche Rahmen eingehalten und speziell keine Urheberrechte oder Persönlichkeitsrechte

verletzt werden sollten, gehören ebenfalls dazu. Meiner Erfahrung nach sind die Menschen ohnehin eher vorsichtig. Ein sinnvoller Hinweis:

„Posten Sie nichts, was Ihren Eltern oder Ihrer Chefin peinlich sein könnte!"

Das wäre meist ausreichend. Die Anzahl der wirklich groben Schnitzer durch Mitarbeiter hält sich in meiner Wahrnehmung in Grenzen. Aber natürlich muss sich jedes Unternehmen gut fühlen dabei, insofern gilt: Regeln Sie offiziell, was Sie wollen, aber geben Sie das Signal, dass Sie Ihre Leute einbinden und „nach vorne" lassen wollen.

Schöne Worte reichen nicht! Systematisch lernen, wie es geht!

Wie immer gibt es auch für Social-Media-Kommunikation Naturtalente und im Privaten sind bestimmt auch sehr viele Ihrer Mitarbeiter bereits dort unterwegs. Ein systematisches Lernen für den beruflichen Kontext sollte aber jede Unternehmung unterstützen. Vor allem in den USA haben so große Namen wie Dell, Intel oder Cisco bereits vor etlichen Jahren eigene „Social Media Universities" geschaffen, also interne Fortbildungsprogramme zur Qualifikation von Tausenden von Mitarbeitern. Bei Dell werden zum Beispiel stufenweise Fähigkeiten in vernetzten Offline- und Online-Fortbildungen gelehrt, die in der höchsten Stufe Mitarbeiter dazu befähigen, überall im Namen ihrer Firma zu sprechen. Da, wo früher ein Pressesprecher war, sind heute Tausende von normalen Mitarbeitern unterwegs. In Deutschland habe ich etwas wirklich Vergleichbares leider noch nicht wahrgenommen. Ist aber auch nicht verwunderlich, wenn man sich die immer noch deutliche Unterrepräsentanz von deutschen Top-Managern in den sozialen Medien anschaut – warum sollten die ihren Mitarbeitern etwas beibringen, was sie selbst nicht machen oder „fühlen"?

Ob Sie eigene großangelegte Schulungsinstitutionen erschaffen, müssen Sie selbst entscheiden, aber grundsätzlich müssen Sie auf irgendeinem Weg für digitale Kompetenz in Ihrer Belegschaft sorgen, um gut für den Strukturwandel gerüstet zu sein. Kommunikation in den Sozialen Medien ist da fast noch das Einfachste und zudem das, bei dem eigentlich jeder mitmachen oder zumindest zuhören und so Ihre neu geschaffene „Zentrale Digitale Zuhör- und Kompetenz-Einheit" aus Abschn. 8.2 unterstützen kann. Zumindest sollten Sie den Willigen die Möglichkeit zur Vernetzung geben und diese vorangehen lassen, sodass sie untereinander lernen und Nachzügler von ihnen lernen können. Ein starkes Signal von oben wirkt hier meiner Erfahrung nach manchmal Wunder! Vielleicht haben Sie den Zeitaufwand oder die Kosten für die Fortbildung, die Mitarbeiter für Soziale Medien „verschwenden", noch nicht als Investition gesehen. Machen Sie sich dann immer wieder klar, dass Sie dadurch die glaubwürdigsten Markenbotschafter bekommen, die ihren Zuhörern authentisch von Ihrer Marke erzählen und Hintergründe erklären können wie kein anderer. Ein Mitarbeiter, der stolz auf seinen Arbeitsplatz und seine Firma ist, kann heute nicht nur beim Abendessen seiner Familie davon erzählen, wie toll sein Job oder das Produkt, das er gerade mitentwickelt hat, ist. Gegebenenfalls geschieht dies vor Tausenden von Menschen im Social Web. Ebenso kann er in seiner einzigartig authentischen Art und Weise Informationen der Marke teilen und dabei „kuratieren", also mit seiner Sichtweise, seinen Erklärungen bereichern. Ein einfaches Teilen wird immer weniger wert sein als ein Kuratieren oder Kommentieren. Menschen hören jemandem ja genau wegen dieser Anreicherung zu, andernfalls könnten sie auch die Pressemitteilungen der Firma lesen.

Dann da sein, wenn es brennt und keiner es mitbekommt!
Vielleicht haben Sie auch schon erlebt, wie sich jemand über die schlechte Leistung einer Unternehmung irgendwo am Stammtisch aufgeregt und laut darüber losgepoltert hat. Dann hat dieser Mensch aber einen fachkundigen Hinweis oder eine Erklärung zum Sachverhalt von jemandem im Gesprächskreis erhalten, der die Behauptung relativieren, erklären oder widerlegen konnte, weil er bei der gescholtenen Firma arbeitet. Die Umstehenden haben auf diese Weise ein ganzheitliches und meist nicht mehr so negatives Bild erhalten. Genau diese Situationen geschehen heute noch viel transparenter und reichweitenstärker in den sozialen Medien und in den Kontaktkreisen von vielleicht Tausenden von Mitarbeitern einer Firma. Dass hier eine Kommentierung und ein Fürsprechen für die eigene Marke umso wertvoller ist, dürfte jedem klar sein. Dies muss aber als von der Firma gewollt kommuniziert und gezeigt werden, wie es funktionieren kann. Wer dahingehend nichts aufbaut, verschwendet die wertvollsten Markenbotschafter mit Augen, Ohren und Stimmen, die er nur haben kann. Wenn Sie sich fragen, woher Sie das Geld für ihre Befähigung nehmen sollen, würde ich mal in Ihren „Werbesprech-Budgets" nachschauen und hinterfragen, ob diese genauso authentisch und wirksam sind.

Die Talente identifizieren!
Manche Unternehmen haben das Glück, dass sie einfach Naturtalente unter ihren Mitarbeitern haben, die zu wahren Social-Media-Profis werden. Damit dies aber nicht dem Zufall überlassen bleibt, bietet sich meiner Erfahrung nach ein systematischer Prozess, zumindest für die Führungskräfte, an, da diese besonders im Rampenlicht stehen können und müssen. Hier geht es neben der Identifikation und der Befähigung auch darum, diesen eine unterstützende Infrastruktur aufzubauen. Diese hilft beim

Finden von relevanten Inhalten, deren Aufbereitung speziell für die sozialen Medien und gegebenenfalls auch bei der Interaktion. Ohne eine solche Support-Struktur fällt es speziell den Führungskräften, die nicht im Social-Media-Zeitalter groß geworden sind, meist schwer, „das auch noch zu machen". Weitere Hinweise dazu gebe ich im Kontext des Aufbaus einer Personenmarke in Abschn. 9.5.

Corporate Influencer – Make or Buy?
Idealerweise entwickelt man die medialen Speerspitzen authentisch aus einer Unternehmung heraus. Andere Unternehmen gehen jedoch auch den Weg, frühere externe Fachleute einzukaufen, die sich die Leserschaft ihres thematischen Blogs oder YouTube-Kanals ursprünglich selbst mit Leidenschaft und Kompetenz erarbeitet haben, um diese für das eigene Unternehmen arbeiten zu lassen. Entweder als enger externer Partner oder eingekauft als Teil der Organisation. Hier kann viel funktionieren, aber es sollte getestet werden, inwieweit die Glaubwürdigkeit eines solchen „Corporate Influencers" gegeben ist, wenn er sich einer Firma anschließt. Eine solche Einbringung von Erfahrung und Kompetenz tut jedoch etablierten Unternehmen in jedem Fall gut.

Was würden Sie denn so über Ihre Firma erzählen?

Ein weiterer in vielen Unternehmen völlig unterschätzter Vorteil der Einbindung von Mitarbeitern ist – neben dem Kuratieren und der Weiterleitung von Inhalten – das Finden oder direkt die Erstellung von Inhalten für die Sozialen Medien. Ich bin immer wieder positiv überrascht, wie gerne motivierte Menschen über ihren Job erzählen – was und wie sie ihren Freunden darüber erzählen, wie sie interne und externe Entwicklungen im Themenfeld ihres Arbeitsplatzes genau beobachten und einschätzen. Diese Quelle für Inhalte sollte überall in der Unternehmung und in einem systematischen Inhalte – Findungsprozess ihres Content Hubs genutzt werden, da es einfach nicht menschlicher und authentischer geht als auf diese Weise. Im Personalmarketing setzen Firmen ihre Mitarbeiter immer häufiger für Social-Media-Accounts ein, damit diese zum Bespiel über einen Zeitraum ihre tägliche Arbeit dokumentieren und mit Interessenten interagieren. Denken Sie immer daran, dass Menschen sich am liebsten bei Menschen auf ihrer Seite des Marktes über eine Marke informieren – dies gilt nicht nur bei einer Produktmarke, sondern genauso bei einer Arbeitgebermarke. Wenn es Ihnen gelingt, dies im Sinne Ihrer Marke ein wenig zu unterstützen, indem Sie die Motiviertesten nach vorne lassen, kann dies nur hilfreich sein. Das Mindeste, das Sie auch in Ihren Social Media Guidelines kommunizieren sollten, ist, dass es gern gesehen wird, wenn Mitarbeiter in ihren Social-Media-Profilen angeben, wo sie arbeiten. Ich bin immer wieder erstaunt, dass so manche Firma genau das Gegenteil gemacht und die Nutzung mehr oder weniger untersagt hat. Was ist denn das für ein Zeichen, wenn ein Mitarbeiter nicht mal zeigen soll, dass er vielleicht gerne für eine Firma arbeitet? Scham? Peinlichkeit? Aus meiner Sicht sehr seltsam und geht in die völlig falsche Richtung, weil hier eine Chance vertan wird.

8.3.4   Systematische Einbindung von externen Kommunikatoren

Influencer-Marketing ist in den letzten Jahren ein wirklich großes Thema und ein eigenes Genre mit den ganzen Ökosystemen eines Milliarden-Business geworden.

Und was ist jetzt mit diesem Influencer-Marketing?

An mehreren Stellen habe ich bereits darauf hingewiesen, dass die neuen Möglichkeiten der vernetzten Welt dazu geführt haben, dass sich viele Menschen über ihre Inhalte und ihre Art viele Follower erarbeitet haben, sie sind selbst zu einer Marke mit eigenem Medium geworden, das sich der von den Internetgiganten bereitgestellten Infrastruktur bedient. Es zeichnet sie wirklich aus, dass sie sich ihre Stellung in ständigen Feedback-Schleifen mit dem Publikum erworben und dabei tiefes Wissen über die Funktionsweisen und Reaktionen ihrer Follower angereichert haben. Sie sind nah dran und kennen „ihre Leute", verfügen also über wertvolle Marktkenntnis. Dies unterscheidet sie grundlegend von früheren Stars, die – zum Beispiel vom Sport, der Musik, dem Schauspiel oder anderen Themen kommend – zu prominenten Medien-Quereinsteigern wurden. Selbstverständlich gibt es auch solche, die aus der früheren Bekanntheit heraus dann auch riesige Followerzahlen im Social Web haben, aber diese sind eben nicht eigenständig erarbeitet. Die Follower sind ihnen eher wegen ihres Prominenten-Status gefolgt, sie wurden nicht prominent, weil sie sich ihren Status über soziale Medien erarbeitet haben.

▶   Es geht um Authentizität und die wird in der Regel nicht erkauft!

Marken sollten begreifen, dass der Wandel in der Kommunikation weitaus tiefgehender ist, als jetzt einfach erfolgreiche YouTuber, Instagram- oder TikTok-Stars einzukaufen. Dann machen Sie im Kern nichts Anderes als früher auch: Sie bezahlen Prominente dafür, dass sie sagen, dass Ihre Marke toll ist. Dies birgt das Risiko, eben nicht authentisch und nicht glaubwürdig zu sein, auch wenn professionelle Influencer versuchen, es so aussehen zu lassen. Dennoch kann Influencer-Marketing je nach Markenziel gut einsetzbar sein, ich empfehle hier aber eine Prüfung im Einzelfall. Besser als platte Werbebotschaften wie so oft üblich in klassischen Zeiten dürfte es jedoch sein. Vor allem, wenn es gelingt, den Influencer für eine dauerhafte Partnerschaft einzubinden und dabei sein Wissen über seine Zielgruppe und Follower so zu nutzen, dass eine echte Win-Win-Situation entsteht. Solche Kooperationen können sehr fruchtbar und erfolgreich sein, das ist aber jeweils genau zu analysieren und konzipieren.

Echte Marken-Fürsprecher („Brand Advocates") finden und aufbauen!

Ob man Influencer-Marketing macht oder nicht, in jedem Fall sollte über die digitale Analyse-Infrastruktur ein systematischer Prozess erfolgen, wer wo im Social Web über eine Marke spricht. Dies sollte dahingehend verfeinert werden, dass man auch diejenigen identifiziert, die vielleicht gerne negativ über die Marke sprechen und immer wieder darauf abzielen, einen Shitstorm zu entfachen. Dann ist man vorbereitet, lernt die Reaktionsmuster im Social Web, erkennt neuralgische Punkte. Genauso sollte man aber eben seine Freunde und Fürsprecher kennen, die es hoffentlich gibt. Oft treffe ich auf Unternehmen, die seit Jahren wie selbstverständlich ihre Netzwerke zu Multiplikatoren in den klassischen Medien und der Politik pflegen, um ihnen wohl Gesonnene und auch weniger positiv eingestellte Personen zu kennen und notfalls kontaktieren zu können. Wenn ich aber dann danach frage, ob man denn eine ähnliche Liste für die „neuen Medien" hat und diese pflegt, schaue ich meist in erstaunte Gesichter oder bekomme den Hinweis, dass man ja doch immer ein paar Blogger zum Event XY einlade. Dies ist damit nicht gemeint, sondern eben ein systematischer Überblick über diesen Resonanzkörper im Social Web.

Wie auf dem Schulhof – Sie können nicht immer da sein, wenn andere über Sie sprechen!

Mit der Brand Persona haben Marken die Möglichkeit, im Social Web Gespräche zu führen, Attacken zu parieren oder positive Impulse zu verstärken. Aber nicht immer kann man selbst vor Ort sein und nicht immer macht es Sinn, selbst zu agieren, wenn andere dies viel wirksamer können. Sogar in Abschn. 6.5 als Fundamentalprinzip habe ich schon geschildert, dass „über Bande zu spielen" viel wirksamer sein kann, als selbst zu agieren. Marken-Fürsprecher sind solche, die Ihre Marke nicht nur gut finden, sondern diese sogar gegenüber Angriffen verteidigen. Dabei gibt es wahre Fans und Freunde, die Sie aus tiefster Überzeugung bis aufs Blut verteidigen würden, und solche, die es vielleicht einfach nur unfair finden, wenn Sie über Gebühr niedergemacht werden. Ein bisschen ist das so wie mit Leuten, die auf dem Schulhof über jemanden gelästert haben, der gerade nicht da war und sich deswegen nicht selbst verteidigen konnte. Auch da wollte man wissen, wer seine Freunde und Fürsprecher waren. Marken-Fürsprecher sind deswegen so ungeheuer wertvoll, weil sie eben aus eigenständiger Motivation heraus handeln und sprechen. Sie müssen nicht mit Geld incentiviert werden. Dies spart Kosten, aber vor allem ist es unfassbar glaubwürdig und damit die beste Kommunikation, die Sie sich wünschen können. Diese sollte man systematisch identifizieren und als Netzwerk pflegen: Ein Austausch, ein besonderes Zuhören mit diesem wohlgesonnenen Ohr der vernetzten Welt, vielleicht mal exklusive Informationen, mit denen sich ihre Fans vielleicht in ihrem Umfeld positionieren wollen – vieles ist hier möglich und sollte geprüft werden.

Viel „Micro" kann zusammen auch „Macro" sein!
Im Idealfall finden Sie unter ihren Marken-Fürsprechern auch noch solche, die selbst nur wenig erfolgreich im Social Web Aufmerksamkeit und Follower einsammeln. Wenn diese vielleicht nur ein paar tausend Kontakte oder Follower statt Millionen haben, spricht man auch von „Micro-Influencern". Diese können dann der engste Kern Ihrer Influencer-Familie sein, die dann auch gerne mal um besonders reichweitenstarke Accounts ergänzt werden können, die vielleicht eher durch Geld motiviert werden. Bei diesen Hinweisen werde ich es in diesem Kurzanleitungsbuch belassen und verweise wiederum auf das hoffentlich bald folgende Spezialwerk zur Markenführung.

Aber Hilfe, da ist ein Shitstorm über uns!

Im Kontext dieser externen Fürsprecher möchte ich ein paar Gedanken zum oftmals so gefürchteten „Shitstorm" darlegen. Vorab sei zur Beruhigung aber erwähnt, dass die meisten solcher „Marken-Krisen" in den sozialen Netzwerken meist kurze, vielleicht heftige, aber dennoch im Großen und Ganzen auf das Social Web begrenzte Stürme sind, die auch schnell wieder vergessen werden.

„Das macht man einfach nicht!"

Legal ist nicht immer gesellschaftlich legitimiert!
In anderen Fällen, wie zum Beispiel bei Adidas, H&M oder Deichmann, war das Ignorieren nicht möglich. Als diese Firmen im Frühjahr 2020 ankündigten, im Zuge der Gesetzesänderung für Corona-Betroffene ihre Mietzahlungen für geschlossene Geschäfte auszusetzen, war die Aufregung ganzheitlich. Faktisch

handelten die Unternehmen im Rahmen des Gesetzes und im Sinne ihrer Eigentümer ergriffen sie Möglichkeiten, um deren Kosten zu senken. Man tat etwas,
das nicht illegal ist, dennoch war die Empörung schnell groß und schwappte vom
Social Web auf klassische Medien mit Talkshows und Pressekonferenzen von
Politikern über. Detailinformationen, wie zum Beispiel, dass wohl nur Zahlungen
an Immobilien-Giganten ausgesetzt worden und diese unter eben zwei Konzernen
neu verhandelt werden sollten, gingen unter. Auch hätte man Politikern, die sich
öffentlichkeitswirksam auf allen Kanälen positionierten, vorwerfen können,
dass sie einfach ein schlechtes Gesetz gemacht haben, das den Konzernen dies
ermöglichte, sie also nicht ganz schuldlos dabei waren. All das zählte nicht.
Über das Wochenende waren Adidas und Co. geächtet, waren böse Nutznießer,
die trotz Milliardengewinnen die armen, bestimmt kleinen Vermieter prellten.
Aus der Nummer kamen die Firmen nicht mehr richtig raus, egal welche Nach-
besserungen gemacht wurden, das Kind war bereits in den Brunnen gefallen.
Ich will dies gar nicht inhaltlich bewerten, einzelne Meinungen können in alle
Richtungen gehen. Aber unterm Strich könnte der Image-Schaden teurer gewesen
sein als die Mietersparnisse bzw. Mietverschiebungen. Deswegen eher die Frage:

Was hätten Adidas & Co. denn tun können?

Mindestens hätten die Augen und Ohren der digitalen Analysesysteme im „Social
Media Listening Center" besonders scharf gestellt werden müssen. Der Seismo-
graph hätte schnell gezeigt, dass im Resonanzköper Social Web die kulturellen
Werte in dieser sensiblen Zeit empfindlich gereizt wurden. Genau diese „Tanzfläche" hätte gezeigt, dass die Leute nicht nur nicht tanzen, sondern den DJ direkt
mit Tomaten beschmeißen. Auch hier wäre ein erster Test, ein Reinhorchen in die
identifizierte Fürsprecher-Gruppe, ein guter Indikator gewesen. Wenn dort schon
eine skeptische Reaktion zu verzeichnen ist, ist man gewarnt vor dem, was von
allen anderen kommen wird. Bei vielen Aktionen sind solche Fürsprecher die
besten Antennen, die Sie haben können. Man kann nicht auf jeden Spinner und
Schreier reagieren – dies gilt online wie offline gleichermaßen. Man sieht aber an
der Reaktion der Umstehenden meist sehr gut, ob dies ein einsamer Rufer ist, den
andere ignorieren und den man damit auch selbst weitgehend ignorieren kann,
weil er einfach absurd weit auf seinem eigenen Trip unterwegs ist. Wenn die
anderen und erst recht die eigenen Fürsprecher aber innehalten, dem Beschwerer
zuhören, diesem schnell zustimmen und nicht mäßigend und zu unseren Gunsten
relativierend einschreiten, ja dann gibt es nur ein Innehalten: Motor stoppen und
zurücksetzen.

Sollten wichtige reich- und vor allem meinungsstarke Influencer bei ihrer Stimmungsmache gegen Ihre Marke richtig liegen, dann hilft meist nur noch: „Hände hoch, Hosen runter und Fehler eingestehen". Genau das hat übrigens auch Adidas getan, sie haben einen offenen Brief geschrieben, um Verzeihung gebeten und weiter Miete gezahlt. Wenn man Glück hat, erntet man dann wenigstens Respekt für das schnelle Einlenken bei einem Fehler, der ja jedem mal passieren kann. Bitte nicht falsch verstehen: Man sollte jeden Kunden oder Stakeholder da draußen als Firma ernstnehmen und respektieren, aber in besonderem Maße muss dies gelten, wenn der Resonanzkörper Social Web „ins Rote" geht. Im besten Fall gelingt dies, bevor es sich ungezügelt hochschaukeln kann. Im Zweifelsfall ist es nur Schadensbegrenzung und im Idealfall gelingt es sogar, „Schreier und Gegner" durch ehrlichen Respekt und Aufmerksamkeit später zu Befürwortern der Marke zu machen.

Im Falle von Adidas und den anderen Mietern hätte eine schnelle und mit künstlicher Intelligenz aufbereitete Datenanalyse, gepaart mit ausgeprägter menschlicher Intelligenz und Empathie, vielleicht geholfen, den Image-Schaden rechtzeitiger zu begrenzen. Vielleicht wäre es sogar einen Versuch wert gewesen, die sensible Corona-Stimmung und die Notstandsgesetzgebung zu nutzen, um ein kommunikatives Signal zu setzen, dass man die Situation gerade bewusst NICHT ausnutzt. Dabei hätte man die Neuverhandlung der Mietverträge unter dem Stern der gemeinsamen solidarischen Lösungen, durch die man zusammen durch die Krise kommt, durchführen können. Im Nachhinein ist man immer schlauer, deswegen ist es ja so wichtig, das Vorhinein so oft und aktuell wie möglich durch ständige Beobachtung der kulturellen Stimmung im Social Web auf dem Schirm zu haben. Mit anderen Worten: ein Shitstorm zeigt nur die Realität der „Werte" da draußen, ist also ein guter Anlass, um zu lernen, wie man sich sensibel auf ähnliche Situationen vorbereitet, die man immer weniger planen, aber eben beobachten kann, um schnell reagieren zu können.

8.3.5   Ein Anwendungsbeispiel: Das #Profskigedeck

Sehr authentisch kann ich mich hier selbst als Beispiel eines „Brand Advocates" schildern. Ich esse leidenschaftlich gerne Käsekuchen und ich trinke auch sehr gerne Kölsch – das Bier meiner Heimatstadt Köln. Irgendwann habe ich die Kombination aus beidem „Profskigedeck" getauft und darüber auch im Social Web mehr oder weniger beiläufig gesprochen, wenn sich dies ergab. Dies war nicht gekünstelt eingebaut, sondern einfach authentisch, das Normalste meiner Welt, auch wenn andere die Kombination unmöglich finden.

Da ich seit vielen Jahre mit der Kölsch-Brauerei Gaffel und mit einigen Ansprechpartnern dort persönlich, schon eher freundschaftlich als geschäftlich, verbunden bin, trinke ich auch meistens Kölsch der Marke Gaffel. Das Produkt finde ich gut und ich mag die Menschen, die ich seit Jahren kenne – besser geht es für eine Marke kaum. Das war nicht immer so: bevor ich die Protagonisten persönlich kannte, trank ich eher Reissdorf Kölsch, aber durch den persönlichen Bezug und das immer wieder ein wenig freundschaftliche „Stänkern" durch meine Gaffel-Freunde wechselte ich langsam meine Stammmarke und möchte diese nicht mehr missen. Ist so, hat sich so entwickelt, kann auch jeder sehen, der mich regelmäßig in einer Kölner Gastronomie verweilen sieht.

„Keine Süßspeisen zum Kölsch!"
Thomas Deloy, Gaffel Brauerei

Folglich war es auch naheliegend, die Kombination Käsekuchen mit Kölsch dahingehend zu spezifizieren, dass sie „nur echt mit Gaffel-Kölsch" ist. Anfangs war dies wohl gar nicht so gern gesehen, wie ich durch den Hinweis von einem meiner Kontakte in der Brauerei bezüglich der Nicht-Kombinierbarkeit von Bier und Süßspeisen erfuhr. Die Kritik habe ich jedoch seitdem nie wieder gehört, denn offensichtlich war die mir und meinen Social-Media-Kontakten vollkommen egal. Denn von mir ungeplant hat es sich so ergeben, dass so mancher Veranstalter, auf dessen Event ich als Redner gebucht war, mich mit einem Profskigedeck begrüßt oder verabschiedet hat. Dies ist nicht nur sehr nett und aufmerksam, sondern ich poste diese dann auch sehr gerne mit einem Dankeschön versehen. Die Marke profitiert in meinem bescheidenen Rahmen von mehreren zehntausend Kontakten davon, immer wieder genannt zu werden. Außerdem ist es ja schön, wenn auch mal in allen möglichen Gegenden Deutschlands, die per se weit weg vom Stammgebiet einer Kölsch-Marke liegen, jemand ein paar Flaschen kauft. Die Firma Gaffel bezahlt mich aber nicht dafür, das ist einfach im Rahmen einer authentischen Verbindung entstanden und wurde angenommen. Sie beobachten und bedanken sich aber regelmäßig, „bezahlen" also mit Aufmerksamkeit und Dankbarkeit und pflegen die Beziehung zu mir. Ab und zu durfte ich mich auch über Produktproben freuen, aber grundsätzlich kaufe ich mein Kölsch selbst. Besser kann es für eine Marke nicht laufen, als wenn Menschen glaubwürdig und aus freien Stücken diese Marke in ihre Gespräche tragen. Was bringen im Vergleich dazu teuer eingekaufte Model-Gesichter, die gespielt fröhlich von teuren Plakaten runterlächeln, von denen man weiß, dass sie eingekauft wurden und vielleicht privat etwas anderes trinken? Okay, sie bringen vielleicht mehr Reichweite, die aber eben bezahlt werden muss. Hätte man eine ganze Familie oder ein Netzwerk an authentischen Micro-Influencern, wäre dies glaubhafter und wahrscheinlich auch kostengünstiger.

Was Gaffel kann, kann Iglo noch lange nicht!
Neben Käsekuchen erfreuen sich seit Jahren auch immer wieder meine Posts zu Fischstäbchen einer relativ großen Beliebtheit bzw. Resonanz durch Kommentare und Likes – zumindest in meinem bescheidenen Rahmen. Anders als Gaffel-Kölsch scheint „meine" Fischstäbchen-Marke Iglo entweder kein gutes Social-Media-Monitoring zu haben oder ich bin ihr einfach egal. Jahrelang hat man zumindest nicht auf meine mit Hashtags versehenen Posts reagiert. Vielleicht verfolgt Iglo auch nur eine andere Strategie, aber meiner Meinung nach lassen Sie als Marke Potenzial liegen, wenn Sie mich durch Ignoranz verprellen. Irgendwann bekam ich dann doch mal eine Reaktion: eine E-Mail mit dem Hinweis, dass sie informiert worden sein, dass ich Fan ihrer Produkte sei, ich auch darüber posten würde und sie sich darüber freuen würden. Tja, besser als nichts. Vielleicht hätte Iglo sich die Mail lieber gespart: Als ich zurückschrieb, dass ich mich bedanke, aber anregen würde, in Kontakt zu bleiben und gerne mal etwas gemeinsam zu machen, kam nie eine Antwort. Als Fan fühle ich mich dadurch nicht gerade wertgeschätzt und bin nicht motiviert, die Marke zu empfehlen. Warum sollte ich? Produkte gut, aber Marke überhaupt nicht „sozial".

Wie ein Hotel das Profskigedeck „kaperte"
Beziehungen zwischen Micro-Influencern und eigenen Produkten aufzubauen, kann naturgemäß aufwendig sein und lange dauern. Sich in bereits bestehende Kontakte einzuklinken, kann unter Umständen viel schneller erfolgreich gelingen. Mein seit Jahren bestes Praxisbeispiel ist das Prizeotel in Hamburg. Der Gründer der Hotelkette Prizeotel, Marco Nussbaum, war vor rund zehn Jahren auf einer von mir moderierten Social-Media-Konferenz als Redner auf der Bühne und ich war davon beeindruckt, wie früh und gut er sein Team mit Social-Media-Kompetenzen ausgestattet hatte. Seit Jahren waren wir über digitale Kanäle verbunden, aber leider viel zu unregelmäßig in Kontakt. Als ich vor ein paar Jahren wegen eines Speaker-Auftritts in Hamburg kurzfristig ein Zimmer in seinem Hotel buchte, staunte ich nicht schlecht, als ich ins Zimmer kam: Da lag die Zeitschrift „Kicker" auf dem Tisch – aufgeschlagen mit der Seite „meines" 1. FC Köln. Daneben stand ein superleckeres Stück Käsekuchen und eine Flasche Gaffel Kölsch – ein echtes Profskigedeck! Und das in Hamburg. Ich kam aus der Begeisterung nicht mehr heraus: DAS ist Zuhören, DAS ist Kundenorientierung im digital vernetzten Zeitalter! Nussbaum und sein Team hatten offensichtlich meine Posts zum Profskigedeck in den letzten Jahren verfolgt und als Über-

raschung besorgt. Was für ein Aufwand für nur eine einzige Übernachtung! Da
ich weiß, dass es in Hamburg nicht so leicht ist wie in Köln, ein Gaffel Kölsch zu
besorgen, war die Wertschätzung besonders groß.

> *„Ja, lohnt sich so etwas denn? Ich kann doch nicht für jeden Gast so einen Aufwand*
> *betreiben!"*

An dieser Frage mag sicherlich etwas dran sein, aber es geht ja eben darum, „die
Richtigen" für authentische Empfehlungen einzubinden. Und dies ist Prizeotel
gelungen. Das Team hatte verstanden, dass sie mich mit der Aktion so begeistern
würden, dass ich diese Überraschung und tolle Leistung als „Best Practice"
weitererzähle. Dies mache ich gerade hier in diesem Buch, das mache ich seit
Jahren in Vorträgen und auch damals, als es passierte, habe ich dies gemacht.
Spontan und authentisch postete ich ein Bild des Profskigedecks in Hamburg,
versehen mit einem expliziten Danke und Lob an das Prizeotel-Team, und
teilte es auf allen meinen Social-Media-Kanälen. Nach zwei Tagen hatten rund
30.000 Menschen diese echte Empfehlung gesehen und hunderte hatten sie
gelikt, kommentiert und geteilt, wodurch wiederum deren Kontakte aufmerksam
gemacht wurden. Das Prizeotel hat sich durch diese Aktion also sehr positiv in
die Gespräche und Wahrnehmung tausender Menschen eingebracht, indem sie
es schafften, mich einzubinden. Mit klassischer Werbung wäre dies kaum möglich gewesen bzw. definitiv nicht für den Gegenwert eines Käsekuchens und eines
Kölsch.

8.4   Das DJ-Prinzip als ganzheitlicher Ansatz –
Anwendungsbeispiel Produktentwicklung

Das DJ-Prinzip ist ein ganzheitlicher Leitgedanke, kann und muss also für alle
Funktionsbereiche und Aktivitäten einer Unternehmung verwendet werden.
Auf kommunikative Themen konzentriere ich mich nur deswegen, da hier-
von tatsächlich alle Branchen grundlegend betroffen sind. Die Ausgestaltung
für alle anderen Bereiche muss je nach Unternehmen individuell durchdacht und umgesetzt werden. Bisher ist mir aber noch keine Firma über den
Weg gelaufen, bei der dies nicht möglich war – also machen Sie sich daran!
Ich betone dies so gerne, da viele vor allem meiner ingenieurwissenschaftlich geprägten Zuhörer in den letzten Jahren gerne mal meinten, dass würde ja
nur für das „Marketing-Zeugs" gelten, aber doch nicht etwa für ihre handfeste
Tüftler-Spezialmaschinen-Entwicklung.

Stefan Raab und das „Minimum Viable Product" zu Zeiten des linearen TV
Vielleicht erinnern Sie sich an mein absolutes Lieblingsbeispiel aus der Welt vor
Social Media. Damals im Jahre 1999 kannte jeder den *Maschendrahtzaun*-Song von
Stefan Raab. Dieses Universalgenie des späten TV-Zeitalters propagierte das DJ-
Prinzip, ohne es so zu nennen, in seiner Sendung „TV-Total" unzählige Male, wenn
er Video-Schnipsel aus anderen Sendungen in seine Moderationen und Gespräche
einfließen ließ. Kam der Einspieler gut beim Studiopublikum an, so spielte er ihn
immer wieder ab. Fiel einer beim Publikum durch und es gab keine Lacher, wurde er
nie wiedergesehen. Ob ein Produzent oder Moderator den gut fand, war egal, er war
raus. Wenn ein Video-Einspieler immer wieder gut ankam, wie im Fall der Dame,
die während eines Nachbarschaftsstreits im TV in breitem sächsischen Dialekt über
ihren Maschendrahtzaun sprach, so schnappte Raab sich irgendwann ein Instrument
und trällerte den passenden Text vor seinem Publikum im Studio und an den Bildschirmen. Dies war die nächste Produktionsstufe der „Prototyp-Entwicklung".
    Fiel dieser durch, weg damit, kam er an, weitermachen. Besser kann man
einen Live-Produkttest des ersten Prototyps gar nicht machen. Nach dem mehr-
fachen Testen in seiner Sendung war klar, dass er aus einem kleinen Teststück
einen ganzen Song machen und diesen als CD herausbringen kann. Dass Risiko
war nach dem Live-Test gering, das Publikum ging spontan in Echtzeit mit, also
wurde weiterentwickelt und produziert. Das Ergebnis war ein Nummer-1-Hit in
den deutschen Musikcharts, ab dem ersten günstigen Test praktisch ohne Risiko
oder ohne teure Vermarktung mit Werbegeldern.[4]

Von Stefan Raab ins Silicon Valley und zurück?
Später feierte man ein solches Vorgehen: Erst einen kleinen, aber funktionsfähigen
Kern eines Produktes entwickeln und von Kunden am Markt testen und verbessern
lassen, bevor es fertigentwickelt wird. Dieses Konzept des „Minimum Viable
Product" steht heute sinnbildlich für Produktentwicklung im Silicon Valley und als
Gegensatz zum Ansatz der Champions des Industriezeitalters, die erst alles komplett
und perfekt fertig haben müssen, bevor es auf den Markt geht. Eric Riess machte
das Vorgehen in seinem Buch „Lean Start-up" in der Welt bekannt – sollten Sie
gerne mal lesen, ohne von vornherein zu denken: „Aber bei uns geht das nicht!".[5]

---

[4]https://de.wikipedia.org/wiki/Maschen-Draht-Zaun (zugegriffen am 10.06.2020).
[5]Eric Ries, The Lean Startup: How Today's Entrepreneurs Use Continuous Innovation to
Create Successful Businesses. New York: Random House 2011.

Was Stefan Raab konnte, funktioniert heute bei jedem Unternehmen, welches über digitale Analysefähigkeiten verfügt. Da, wo Sie vorher eine Idee hatten, sie intern auswählten, im kleinen Kreis diskutierten und dann teuer entwickelten, kann man der „Community" aus externen Stakeholdern in Sozialen Medien heute Gedanken z. B. in Form von digitalen A/B-Tests „zum ersten Fraß vorwerfen". Wenn niemand reagiert, kann dies ein guter Hinweis sein, dass das Produkt niemanden interessiert. Wird es aber angenommen, diskutiert, ja vielleicht sogar verfeinert und um Gedanken bereichert, die man intern gar nicht hatte, so lohnt es sich eher, in die Weiterentwicklung zu investieren. Klar, das ist nichts anderes als Marktforschung zur Reduzierung der Flop-Rate, diesmal aber eben rasant schneller und mit weitaus geringerem Aufwand. Nicht mehr, aber auch nicht weniger!

8.5   „Neues Arbeiten" in dezentralen Netzwerkstrukturen und neuen Rollen

Ein wenig philosophisch-ganzheitlich beschreibt die „New Work"-Thematik bzw. -Bewegung die Arbeit unter digital vernetzten Rahmenbedingungen. Gerne empfehle ich, sich hier einzulesen. New Work ist im Kern in vielen Ausprägungen die logische Antwort auf die Netzwerkökonomie und die in diesem Buch beschriebenen Auswirkungen auf Organisationen, Denkmuster und die einzelnen Menschen darin. Die Flexibilität, die neuen Rollen und die Fähigkeiten einzelner benötigen eben nicht mehr die Anordnung und die Abläufe in Hierarchien und Vorschriften. Im Gegenteil, es braucht sogar solche dezentralen Entscheidungsstrukturen, die sich flexibel um neue Informationen gruppieren. Informationen und Wissen sollen kontinuierlich geteilt und angereichert werden. Das Netzwerk der internen Organisation kann sich dabei auch physisch ähnlich dezentral verteilen wie die vernetzte Welt um sie herum.

Selbst ist die Frau oder der Mann – Insourcing von Kernaufgaben und richtige Partnerwahl

Zum Abschluss dieses Kapitels sei noch einmal meine wichtigste Botschaft zur Neuverteilung von Aufgaben und Rollen betont: Mindestens das Thema Markenführung und die Datenkompetenz für Erhebung, Analyse, Aufbereitung und interne Verteilung gehören als Schlüsselfähigkeiten des digital vernetzten Zeitalters in die eigene Organisation. Andernfalls werden Sie die erforderliche Marktkenntnis und Interaktionsfähigkeit kaum aufbringen können. Ich reite so auf diesem Punkt herum, weil dies zu einem sehr hohen Maß in vielen Unternehmen zu lange externen Kräften überlassen wurde. Dies muss nicht bedeuten, dass Sie keine externen Marktforscher oder Agenturen für Werbung, PR, Media etc. einbinden sollen. Im Gegenteil, in vielen Branchen werden Sie sogar immer mehr Spezialisten benötigen. Aber der Kern der Steuerung und die Kompetenz zur Beurteilung von externen Spezialisten gehört voll und ganz in Ihre Hände! Auch wenn man als große, vielleicht weltweit agierende Organisation gerne andere große externe Ansprechpartner hat, so muss man jetzt genau testen, ob dies noch möglich ist. Genauso wie Sie die beschriebene interne, flexibel agile Netzwerkstruktur der vernetzten dynamischen Welt Ihrer Kunden entgegensetzen müssen, ist dies auch bei Ihren Partnern erforderlich. Sie können es sich nicht leisten, eine große und vielleicht im Massenkommunikationszeitalter erfolgreiche Agentur mitzuschleppen, wenn diese, speziell in ihrer Führungsetage, gedanklich und strukturell noch in der „Werbe-Anschrei-Zeit" hängt oder dieser hinterhertrauert. Ihre Partner sollten die neue Philosophie des DJ-Prinzips mit Social First, mit Wendigkeit, Spontaneität, neuen Erfolgskennziffern und Agilität genauso leben wie Sie und Ihre Umwelt, sonst wird es nicht passen. Ob über die beiden genannten Themen hinaus Rollen und Zuständigkeiten, vielleicht durch Einbindung von externen Stakeholdern, neu geordnet werden sollten, ist vom Einzelfall abhängig, die Wahrscheinlichkeit ist aber hoch, dass dies so sein wird. Bitte erinnern Sie sich an den Leitgedanken bei der Aufgabe der Digitalen Transformation: Alle bestehenden Rollen und Prozesse müssen dahingehend geprüft werden, ob sie noch die beste Möglichkeit aus dem heute Möglichen darstellen. Andernfalls wird man die Wettbewerbsfähigkeit verlieren.

Das DJ-Prinzip auf der Ebene des Einzelnen – „Digital Leadership"

Viele meiner Zuhörer und Teilnehmer in Workshops kommen erst beim zweiten oder dritten Feierabend-Bierchen auf mich zu und äußern sich manchmal verstohlen, wenn wir alleine sind: Ist ja schön, dass meine Unternehmung alles Mögliche machen muss, aber was bedeutet das für MICH? Und für jeden anderen in einer Organisation? Was muss ich können, was erlernen, was neu gewichten? Ich werde vielleicht nicht auf ewig Teil der Firma sein, was kann ich jetzt auf- oder ausbauen, was ich mitnehmen kann und was mir überall helfen wird?

Welche Schlüsselqualifikationen leiten sich aus dem DJ-Prinzip für den Einzelnen ab?

Und da wir jetzt hier „unter uns" sind, sage ich Ihnen hier das Gleiche als Antwort: Natürlich muss man nicht alle früher gelernten Führungsqualifikationen oder Managementkonzepte über den Haufen werfen. Man sollte aber pragmatisch hinterfragen, was unter den Rahmenbedingungen der Netzwerkökonomie weiterhin hilfreich ist oder worauf verzichtet werden kann. Vor allem geht es aber darum, welche neuen Fähigkeiten erworben, welche alten von Grund auf auf ein neues Level gehoben oder neu gewichtet werden sollten. Eines der größten Probleme der Digitalen Transformation besteht nach meiner Erfahrung der letzten zehn bis 15 Jahre darin, dass den einzelnen Entscheidern die Grundkenntnisse fehlen, um beurteilen zu können, wie gut interne und externe Dienstleister-Ressourcen in Bezug auf die Anforderungen der Netzwerkökonomie aufgestellt sind. Wenn man diese dann fragen muss, wie gut sie denn eigentlich sind, kennt man die Antwort schon vorher. Lassen Sie das einfach.

Falls Sie direkt zu diesem Kapitel gesprungen sind: Selbstredend gehören das Verständnis des Strukturwandels hin zum Netzwerkökonomiezeitalter mit seinen

© Der/die Herausgeber bzw. der/die Autor(en), exklusiv lizenziert durch Springer Fachmedien Wiesbaden GmbH, ein Teil von Springer Nature 2020
K. Skibicki, *Das DJ-Prinzip des Managements,*
https://doi.org/10.1007/978-3-658-31011-0_9

niedrigeren Transaktionskosten, neuen Rollen, Prozessen und Erlöskomponenten sowie die durch die Fundamentalprinzipien skizzierten Handlungsrichtungen der Anpassungen ohnehin zu den Voraussetzungen für die Führung in das digital vernetzte Zeitalter. Wie soll man eine Organisation dorthin führen, wenn man zu wenig Vorstellung davon hat, warum es wohin gehen soll? Die folgende Auflistung dient lediglich ein wenig der komprimierten Wiederholung und der expliziten Spezifikation für einzelne Personen und ist in Kombination mit den korrespondierenden Anforderungen der Gesamtorganisation zu betrachten. Es können dem Abstraktionsniveau dieses Kurzanleitungsbuches entsprechend nur Felder, Richtungen und beispielhafte Hinweise gegeben werden, konkrete Leitfäden müssen dann in den jeweiligen Spezialbereichen intensiviert werden. Da ich vor allem von der Seite der Kommunikation und Markenführung herkomme, fallen die dahingehenden Hinweise naturgemäß ausführlicher aus. Dies betrifft eher das digitale Verständnis oder „Digital Mindset", wie die Schlagwort-Fans es nennen. Dass Sie Technologie auch zu einem Mindestmaß selbst bedienen können, ist so selbstverständlich, dass ich hier kaum mehr darauf eingehe.

9.1   Wie und wann wird Geld verdient: Öllampe oder Produkt?

Die relevanten Erfolgskennziffern einer Unternehmung können recht individuell sein, aber am Ende muss überall irgendwann Geld verdient werden. Die Möglichkeiten, wann und wie dies geschieht, verändern und erweitern sich aber in der Netzwerkökonomie vor allem durch Daten als neue Werttreiber und die neuen Rollen und Prozesse der Wertschöpfung. Wesentlich ist es für das gesamte Management zu begreifen, was für eine Industrieproduktion mit ihren Wertschöpfungsketten und Quartalen zu Verkauf und Stückgewinnen aus dem Blickwinkel eines datengetriebenen Plattformökonomiemodells vielleicht die in Abschn. 3.1 beschriebene „Öllampe" ist. Das Produkt des einen ist für den anderen lediglich ein Anlass, Daten zu erfassen, die, mit anderen kombiniert und analysiert, vielleicht sehr viel später zu Erlösen führen. Für Datenmodelle und/ oder Unternehmen, die langfristig die „Customer Earnership" anstreben und diese z. B. durch Einfachheit und Geschwindigkeit erarbeiten wollen, ist das Produkt des einen somit nur eine quersubventionierte Investition. Erst, wenn beide Blickwinkel auf den gleichen Gegenstand oder Service – Produkt und Erlöskomponente versus Öllampe und Investition – gerichtet sind, ist das gesamte Marktfeld aufgespannt. Für dieses Feld können dann Ziele, Strategien und eben

Messgrößen des Erfolgs individuell entwickelt werden. Ob Sie dann auch am Öl verdienen wollen oder nicht, bleibt Ihre Entscheidung. Auf jeden Fall sollten alle Branchen auf dem Schirm haben, dass sich die gelernten B2B-Beziehungen der früheren Wertschöpfungsketten spätestens dann auflösen, wenn Plattformmodelle sich als universeller Bezugspunkt für den jeweiligen Kunden etablieren. Dann werden ihre Güter zwar vielleicht immer noch physisch produziert, die Frage, wer sich aber den größten Teil der Wertschöpfung beziehungsweise des Gewinns abzweigt, wird neu verhandelt. Und wer bei den Nutzern Ihres Produktes erster Ansprechpartner ist, sitzt immer mehr am längeren Hebel, wie ich im Abschn. 5.4 anhand der Internetgiganten erläutert habe.

9.2 Digitale Analysefähigkeiten

In Bezug auf den in Abschn. 8.2 skizzierten Aufbau eines zeitgemäßen „Management-Informationssystems"[1] in der gesamten Unternehmung sollte wirklich jeder Entscheider heute die grundsätzlichen Kenntnisse über digitale Analyse-Tools verinnerlichen und mögliche Kennzahlen verstehen und beurteilen können. Ich möchte hier aus Platzgründen und der Dynamik der Möglichkeiten kein Mindestmaß spezifizieren, das sollte in einem ständig aktualisierten Fortbildungs- und Wissenstransfersystem aber geschehen. Dass ich heute im Jahre 2020 auf Top-Entscheider treffe, die nicht einmal im Ansatz wissen, was digital heute alles messbar ist oder wie grundlegende Mechanismen funktionieren, die das Leben in unserer Gesellschaft maßgeblich beeinflussen, dürfte eigentlich nicht sein. Suchmaschinenmarketing und die Möglichkeiten der individualisierteren Aussteuerung von Werbung in Sozialen Netzwerken müssen zumindest im Kern und als Abgrenzung zu klassischen Werbemodellen genauso verstanden sein wie die dahinterliegenden Mechanismen der Algorithmen, soweit sie öffentlich bekannt sind.

„Aber da habe ich doch meine Marktforscher, die können das doch auch!"
Jaein, vielleicht!

---

[1]Ich verwende die Begriffe „Marketing-Informationssystem" und „Management-Informationssystem" bewusst synonym, da – wie in Abschn. 7.4 geschildert – Marketing nicht als Funktion, sondern als ganzheitliche Unternehmensführung bzw. Management begriffen werden sollte.

Das systematische „Zuhören" und Verstehen der ständig von Milliarden von Menschen hinterlassenen unstrukturierten Daten hat nur noch wenig mit dem Auswerten von Befragungen und Stichproben der klassischen Marktforschung und klassischen Medienanalysen zu tun und sollte zu den Kernqualifikationen gehören. Ich erinnere noch einmal daran, dass Befragungen sicherlich in einigen Teilbereichen weiterhin ihre Berechtigung behalten werden, z. B. in Tiefeninterviews, um Ursachen für Handeln besser zu verstehen. Sie wurden aber bei vielen anderen Fragestellungen nicht deswegen durchgeführt, weil sie immer und überall die beste Methodenkategorie darstellen, um die andere Marktseite zu verstehen. Sie waren vielmehr sehr oft entweder die kostengünstigste oder einzig technisch machbare Lösung. Neben Befragungen gibt es vor allem die Kategorien der Beobachtungen und Experimente. Beobachtungen tatsächlichen Entscheidens und Handels wären immer schon hilfreicher gewesen, als Absichtsbekundungen abzufragen. Meist war es aber prohibitiv teuer, Menschen auf Schritt und Tritt zu beobachten, oder sie weigerten sich, dies zuzulassen. Ich denke, Sie hätten auch nicht zugestimmt, dass ich Ihnen jeden Tag 24 h lang überall hin folge und schaue, was Sie tun. Ihr Smartphone hingegen ist statistisch gesehen selbst auf der Toilette und im Bett direkt neben Ihnen und kann jede Suchabfrage, Ihre Standortdaten, jeden Klick und wem Sie auf Instagram folgen, zumindest theoretisch beobachten. Befragungen haben zudem systemische Nachteile: Es fällt Menschen schwer bzw. es ist ihnen nahezu unmöglich, richtig und wahrheitsgemäß zu antworten. Dies liegt nicht mal daran, dass sie es nicht wollen, sondern dass sie es nicht können, weil sehr viele Entscheidungen im flüchtigen Hier und Jetzt aus der jeweiligen Situation und Laune heraus getroffen werden. Oft wussten sie noch wenige Sekunden vorher nicht, wie sie entscheiden würden. Von theoretisch beschriebenen Situationen, die noch nicht einmal absehbar oder erfahren waren, mal ganz abgesehen. Ich nehme an, jeder ist schon einmal aus einem Kaufhaus oder Supermarkt mit etwas herausgekommen, das er zuvor nicht geplant hatte zu kaufen. Hätte ich Sie am Eingang oder zwei Wochen vorher gefragt, hätten Sie es vielleicht für undenkbar gehalten, dies zu kaufen oder so teuer zu kaufen.

Hätten Sie 2019 geglaubt, dass Menschen 2020 in einer Krise massenhaft Klopapier hamstern?

Während ich dies schreibe, kaufen in Deutschland Menschen gerade anlässlich der Corona-Virus-Gefahr massenhaft Klopapier und Nudeln und zahlen exorbitante Preise für Desinfektionsmittel oder Atemschutzmasken. Hätte man die gleichen Leute wenige Wochen zuvor nach ihrer maximalen Zahlungsbereitschaft für solche Produkte gefragt, sie hätten nur gelacht, wenn ich die Höhe der Corona-Spitzenpreise genannt hätte. Genau dieses Problem nach der Frage einer theoretischen Situation wird durch die Beobachtung tatsächlichen Handelns gelöst und deswegen ist das in der Regel die bessere Lösung. Ein weiteres Problem ist, dass bei Befragungen nur Stichproben erreicht werden von Menschen, die mitmachen wollen und können. Etablierte Marktforschungsunternehmen erzählen, dass die Stichprobe selbstverständlich repräsentativ ist und die jeweils angewendete Methode total klasse ist. Dies ist nachvollziehbar, denn das ist das Geschäftsmodell der Marktforschungsfirma, und solange wie ein Anzweifeln mangels Alternativen nicht möglich war, hat dies auch funktioniert. Selbst wenn ich daran glaube, dass die Stichprobe wirklich repräsentativ ist, dann sollte ich verstanden haben, dass ich dank der Möglichkeiten der digitalen Welt auf die Ebene des einzelnen Individuums aus meiner Kundengruppe herunterbrechen kann. Dafür muss ich aber das „Targeting", also das Spezifizieren von Zielgruppenkriterien verstehen, die in Social Media geboten werden. Wenn ich dort Menschen identifizieren kann, die aktiv und durch ihre Likes nachweisbar „Fans" von drei Biermarken sind, dann muss ich nicht erst Menschen auswählen, diese nach Bier befragen und hoffen, dass welche dabei sind, die sich für das Thema interessieren. Anhand deren anderer „Likes" kann man Gemeinsamkeiten und Unterschiede beobachten, auf die in einer Befragung vielleicht der erfahrenste Marktforscher nicht einmal gekommen wäre.

Net Promoter Score

Wir messen aber sogar Weiterempfehlungen!
Ach, echt?

Als letztes Beispiel für ein Methoden-Update sei der in vielen Unternehmen als KPI verwendete „Net Promoter Score" genannt. Letztendlich handelt es sich hier um eine Stichprobe oder besser noch ein Panel als eine regelmäßig wiederkehrende Stichprobe, bei der abgefragt wird, ob man die Marke oder das Produkt weiterempfehlen würde. Dies ist nett und bestimmt auch eine gute Aussage, wenn man hier im Laufe der Zeit eine Veränderung messen kann. Vorausgesetzt, die Stichprobe ist wirklich repräsentativ für die relevanten Kunden. Dann erhält man eine „relative" Größe, um die Entwicklung zu betrachten und zu vergleichen. Besser als nichts, aber es bleibt eben eine theoretische Größe, eine Absichtserklärung, die eintreten kann oder auch nicht. Selbst wenn man abfragt, ob tatsächlich empfohlen wurde, so sagt das noch wenig darüber aus, wie wirksam dies war, da weder bekannt ist, wie vielen anderen Menschen das Produkt empfohlen wurde oder wie einflussreich der Teilnehmer für diese Gruppe ist, also ob diese wirklich „aktiviert" wurde.

Auch wenn Datenschutz mittlerweile Vieles weniger messbar macht, sollten heute mit guten Social-Media-Monitoring-Systemen viele direkte Empfehlungen eigener Marken und Produkten in Social-Media-Posts auffindbar sein, ebenso, von welchen Personen mit welcher Reichweite sie empfohlen wurden und von wem es welche Reaktionen darauf gab. Diese sind nicht perfekt und Sie können auch gerne an Ihren alten Messungen festhalten, wenn Sie daran glauben wollen, aber mindestens als Ergänzung, besser noch als Leitprinzip, könnte man solche tatsächlichen Beobachtungen statt Befragungen nach theoretischen Absichten als KPI einführen.

„Panta rhei" – alles fließt![2]
Es sei abschließend noch einmal betont: die Möglichkeiten entwickeln sich sehr dynamisch weiter und das Wissen sollte hier auf einem Niveau angeeignet werden, mit dem man einen guten „General Management"-Beurteilungsüberblick hat. Leider haben es meines Eindrucks nach viele klassische Marktforschungsfirmen lange versäumt, sich an die Möglichkeiten des Zuhörens und Analysierens in den digitalen Welten anzupassen. Viele haben Befragungen jetzt einfach online gemacht, aber sind dort stehen geblieben. Über den tatsächlichen Datenschatz von Milliarden von Menschen verfügen natürlich auch andere, aber ich hätte erwartet, dass Marktforschungsspezialisten sich tief in die verfügbaren Möglichkeiten einarbeiten. Dass ich dies in zu vielen Fällen in den letzten 15 Jahren nicht beobachten konnte, liegt wahrscheinlich daran, dass diese Branche genauso vom Christen'schen „Innovators Dilemma" betroffen ist und ihr eigenes Geschäftsmodell nicht kannibalisieren will.[3] Unter anderem deswegen muss es zu den Management-Qualifikationen aller Branchen gehören, selbst die Analysemöglichkeiten zu kennen und diese somit auch bei spezialisierten externen Marktforschungsunternehmen besser beurteilen zu können, statt blind einem in der Vergangenheit aufgebautem Expertenstatus zu vertrauen. Sie müssen Ihren internen und externen Partnern einfach die richtigen Fragen stellen und die Antworten hinterfragen können.

---

[2]https://de.wikipedia.org/wiki/Panta_rhei (zugegriffen am 10.06.2020).
[3]Siehe hierzu die Erläuterung in Kap. 4.

9.3   Neue Erfolgskennziffern (KPIs) der Interaktion verstehen, fühlen und etablieren

Die Erfolgsmessgrößen der Kommunikation haben sich im digital vernetzten Zeitalter wahrscheinlich am stärksten erweitert und sind deswegen ganzheitlich zu betrachten. An einigen anderen Stellen bin ich schon darauf eingegangen, dass meiner Meinung nach die Ablösung der Dominanz von „Reichweite" als wichtigste KPI der Kommunikation überfällig ist. Wenn Sie dies schon verinnerlicht haben, können Sie die Zusammenfassung dieses Unterkapitels gerne überspringen.

Aktive Interaktion ist wertvoller als etwas „vielleicht zu sehen"!

Zu Zeiten klassischer Sende-Medien war Reichweite mehr oder weniger alternativlos, sodass sie die alles entscheidende Messgröße wurde und mit dem Tausenderkontaktpreis eine über alle klassischen Medien hinweg und bis in die digitale Werbebanner-Welt reichende „Währung" vorhanden war. Aus den neuen Möglichkeiten der Interaktion in digitalen Kanälen leiten sich auch neue Kennziffern zur Messung ab. Die tatsächliche und nicht nur theoretische „Gefällt mir"-Angabe durch einen Klick, der Aufwand der Kommentierung eines Gedankens und erst recht das Teilen eines gesehenen Inhalts bedeuten zweifelsohne einen höheren Aktivitätsgrad und mehr „Involvement", als wenn Sie etwas nur im Vorbeigehen wahrgenommen oder nicht einmal gesehen oder zugeordnet haben. Interaktion ist seltener und wertvoller. Unabhängig davon, ob dieser einmal Käufer wird oder bereits ist: als mittelbarer Einflussträger auf andere kann ein Mensch wichtige „Kommunikationszielgruppe" sein! In der vordigitalen Welt konnte man solche Interaktionen mehr vermuten als messen. Heute ist dies wenigstens in Form von Likes, Comments, Shares, Downloads etc. messbar und sollte deswegen erfolgen. Am Ende will man solche „Wirkungstreffer" erzielen und nicht verpuffende Reichweite zum Selbstzweck ohne wirkliche Reaktionen.

▶   Reichweite ist toll und notwendig, aber nicht hinreichend!

Fachlich richtig ausgedrückt ist die Reichweite zwar immer noch die notwendige Bedingung, da man kaum reagieren kann, wenn man etwas nicht gesehen hat. Sie ist aber nicht die hinreichende Bedingung für den Erfolg. Dass ein höherer Aktivitätsgrad – also Interaktion – aber wirkungsvoller sowohl hinsichtlich Markenbekanntheit oder Image als auch hinsichtlich „Leads" (= Hinführungen zu Kauf) oder „Sales" (= Käufe) ist, sollte einleuchten sein. Am Ende ist es nicht so spannend, wie viele Menschen man mit seiner Botschaft „angeschrien" hat, sondern eher wie viele und wer damit interagieren wollte. Da durch höhere Aktivierung multiplikative Effekte zu erwarten sind, wenn jedes Like, jede Kommentierung, vor allem jeder Share von anderen gesehen wird, sollten die „Engagement-KPIs" nicht nur berücksichtigt werden, sondern Priorität unter den KPIs haben. Wer möchte, kann ja auch gerne weiterhin für Reichweite bezahlen, aber nachvollziehbar wird dies aus meiner Sicht immer weniger. Mit Reichweite kann man Bekanntheit erzielen, aber dies ist doch kein Selbstzweck, sondern soll irgendwo hinführen. Dies kann nur ein höherer Aktivierungsgrad sein, der einen Nutzer entweder im „Sales-Funnel"[4] nach unten weiterbringt oder einbindet, sodass andere Menschen durch ihn aktiviert werden. Also warum nicht direkt als Ziel, messbare Erfolgskennziffer und als Währung ausgeben? Wenn Sie Interaktion generieren, resultiert daraus ja wiederum potenzielle neue Reichweite, zum Beispiel wenn andere das Geteilte oder Kommentare sehen. Mir fallen wenige Gründe dagegen ein, mindestens sollen Sie aber gemäß Ihrer wirklichen Ziele eine bewusste Entscheidung zur Priorisierung Ihrer KPIs treffen.

Steuerung externer Agenturpartner durch Interaktions-KPIs!

Manchmal interpretieren Zuhörer meine Aussagen, als wolle ich Agenturen aus der Werbe- und Medienwelt kritisieren. Ich möchte jedoch lediglich denen, die für ihre Ziele bezahlen, verdeutlichen, dass sie die Steuerung über ihre Marke zurückgewinnen können und müssen. Wie in Abschn. 8.2 und 8.3 geschildert, ist dies eines der wichtigsten Insourcing-Themen. Dies bedeutet vor allem, dass man selbst die Hoheit über seine Markenführung übernehmen sollte, aber nicht zwangsläufig alles selbst machen muss. Natürlich können hochspezialisierte Agenturen sehr sinnvoll sein, die benötigen aber klare Briefings und klare KPIs, um die Arbeit in Richtung ihrer Zielerfüllung zu steuern. Es macht einen sehr großen Unterschied, ob man einer Agentur vorgibt, dass sie die Marke toll inszenieren soll oder dass Inhalte von vornherein so aufgebaut werden sollen, dass sie viel Interaktion generieren. Wie bei den Ausführungen zu Fundamentalprinzip 4 in Abschn. 6.4 erläutert, muss man die Chance auf Interaktivität und Viralität von Anfang an einbauen. Im Nachhinein etwas „viral zu machen", ist fast ein Ding der Unmöglichkeit – sowohl für Sie selbst als auch für die besten

---

[4]Der „Verkaufstrichter" beschreibt die Idee, dass, wie in einem Trichter, alle potenziellen Kunden über verschiedene Stufen ab Bekanntheit des Produktes immer weiterentwickelt werden, bis sie am Ende zum kaufenden Kunden werden, also ein Sale = Verkauf generiert wird.

Kreativagenturen der Welt. Die Motivstrukturen für Interaktionen müssen von Anfang an durchdacht und in der Art der Inhalte berücksichtigt werden. In den letzten Jahren habe ich die ein oder andere Agentur erlebt, die sich nicht darauf einlassen wollte. Dies ginge nicht, man wollte ja für seine Kreativität bezahlt werden, man habe ja auch Award XY bekommen etc. Mein Tipp: gute Agentur-Partner gehen mit der Zeit und freuen sich, wenn ihre Kunden gemeinsam die neuen Möglichkeiten angehen wollen. Solche guten Agenturen oder einzelnen Kreativen akzeptieren, dass Werbetreibende im Kern nur Kunden oder wenigstens eine hohe Aktivierung auf dem Weg dorthin benötigen.

> *„Ich weiß, die Hälfte meiner Werbung ist hinausgeworfenes Geld. Ich weiß nur nicht, welche Hälfte"*
> Henry Ford

Für Kreativität, für preisgekrönte Agenturen oder Reichweite, die teuer erkauft wurde, aber keine Aktivierung bringt, will eigentlich niemand bezahlen: Werbung ist ja kein Selbstzweck. Wenn der Werbezweck nicht erreicht wird, ist es rausgeschmissenes Geld … oder bestenfalls Kunst-Mäzenatentum. Und der beste Weg, externe Partner und interne Ressourcen auf das gleiche Ziel zu fokussieren, ist die Priorisierung von Interaktions-KPIs und im Idealfall auch eine monetäre Incentivierung für diese Ziele. Im Idealfall bezahlen Sie gerne sehr viel dafür, wenn diese Ziele erreicht werden, aber eben nur dann, denn nur dann lohnt es sich für Sie.

Abschließend sei zusammengefasst, dass die neuen Möglichkeiten der Messbarkeit und der Erfolgskennziffern das Problem, das der berühmte Autopionier Henry Ford in seinem Zitat beschreibt, nicht völlig lösen werden. Es wird aber weit über das Maß der vordigitalen Welt hinaus gemildert. Digitale Messbarkeit ist bei Weitem nicht perfekt, aber in jedem Fall besser als vorher. Ich empfehle, die gleichen Ansprüche an Messbarkeit an alle Kanäle anzulegen. Dann wird schnell deutlich, wie sehr man sich bei klassischen Wegen einfach nur daran gewöhnt hatte, eine sehr geringe Messbarkeit zu akzeptieren, einfach weil es nichts anderes gab.

Gerade zu absurd empfand ich die vor allem in den ersten Jahren der sozialen Medien mich oft erreichende Frage, ob ich sagen könne, was denn ganz genau eine „solche Facebook-Seite" bringen würde? Aber bitte exakt auf den Euro genau. Darauf fiel mir meist nur die Gegenfrage ein, ob man mir denn genau sagen könne, was das Plakat da draußen auf der Straße bringen würde. Aber bitte exakt auf den Euro genau! Nach einigen verwunderten Blicken kam dann meist das Eingeständnis, dass man hier mit zweierlei Maß messen würde, weil man das Plakat eben immer schon gemacht hätte und nicht so hinterfrage wie neue Möglichkeiten.

9.4   Vorleben und Mitnehmen

Viele Menschen haben schon viel Richtiges gesagt zu den Themen Führung, New Work und vielen anderen zwischenmenschlichen Prinzipien bei der Entscheidungsfindung und dem Mitnehmen von anderen. Gerne kann man sich unendlich viel dazu anlesen. Ich möchte an dieser Stelle nur einige der wichtigsten Fähigkeiten und Vorgehensweisen aus meiner Sicht skizzieren.

▶   Erwarte das Unerwartete – Bescheidenheit statt Besserwisserei!

Die neuen beschriebenen Möglichkeiten, um Marktkenntnis zu erlangen, sind oft noch nicht vertraut, der Umgang mit sozialen Medien nicht natürlich gelernt und den eigenen Führungsanspruch anzuzweifeln, fällt Menschen schwer. Eine ergebnisoffene Geisteshaltung ist jedoch als Führungskompetenz jetzt notwendig. Es geht nicht darum, vorher zu wissen bzw. eher zu glauben, was richtig ist, und das dann „durchzudrücken". Die Zahlen und Analysemechanismen bieten die Chance zur Marktkenntnis und zum Fühlen der Resonanzmechanismen. Dies bedeutet aber noch nicht, dass jeder Entscheider immer das richtige Gefühl dafür haben wird, welche die besten Stimuli oder Reaktionen sind. Ein guter DJ-Manager weiß dies, akzeptiert es, und lässt diejenigen in seinem Netzwerk nach vorne und probieren, die sich in einer Situation als talentierter herausstellen. Wer es schafft, die dafür Talentiertesten Entscheidungen über eine spezifische Informationslage treffen zu lassen, wird sein Team und seine gesamte Organisation am weitesten nach vorn bringen. Dies beginnt bei der Geisteshaltung, geht über die Struktur und endet in der treffsicheren empathischen Echtzeitreaktion durch die talentierteste Lösung. Beziehungsfähigkeit und der Wille zur Kooperation sind hier elementare Schlüsselfähigkeiten, die zu einer Persönlichkeit mit gewinnendem Wesen heranreifen lassen.

Die Nähe spüren und verstehen zu wollen, ist jedoch nicht nur nach außen gerichtet, sondern gilt gleichermaßen für die interne Netzwerkstruktur. Auch, um Mitarbeiter und interne Kulturen und Strömungen zu verstehen, können digitale Analysen von Gesprächen sehr hilfreich sein. Wer Menschen motivieren möchte, ihm zu folgen, sollte ihnen genauso zuhören, verstehen und wissen, was ihnen wichtig ist. Interne Kommunikationssysteme, die den gleichen Social-Media-Prinzipien folgen wie externe Netzwerke, sind hier hilfreich. Auch hier ist das Erarbeiten von Zuhörern statt des Befehlens weitaus nachhaltiger und geeigneter. Zur Führung gehört weitaus mehr als die Interaktion und transparente Kommunikation in internen und externen Netzwerkstrukturen – ohne ein Vorleben wird man hier nicht viel erwarten können. Auch hier gilt es, Fürsprecher und Influencer genauso zu identifizieren und einzubinden wie die weniger gut Gesonnenen wenigstens zu kennen und deren Motivationen und Mechanismen zu verstehen.

Das, was Sie mal gelernt haben, ist nichts mehr wert!

Da der Strukturbruch zum digital vernetzten Zeitalter sehr schnell geht, werden naturgemäß viele Fähigkeiten, die in den vorherigen Rahmenbedingungen des Industriezeitalters essenziell wichtig waren, sehr schnell entwertet. Dies war in allen Strukturwandeln zuvor auch so, aber Sie müssen ja den jetzigen bewältigen. Bitte haben Sie, wie viele Menschen, nicht nur die Angst vor Veränderung auf dem Schirm, sondern auch die fehlende Wertschätzung durch Entwertung Ihrer früheren Kompetenz. Es hört sich für niemanden gut an, dass er nicht mehr aktuell, nicht mehr produktiv ist, oder zum alten Eisen gehört. Dies erzeugt in vielen Fällen einfach nur Reaktanz oder Resignation, die Führungskräfte einplanen müssen. Vielleicht, oder in vielen Fällen ganz sicher, betrifft es Sie selbst auch, dass Sie sich neu aufstellen müssen. Aber wer andere mitnehmen will, muss nicht nur selbst „vorleben", um glaubwürdig zu sein, sondern auch Ängste und Nöte verstehen, bevor man diese überwinden kann. Führen bedeutet also, auf der einen Seite Wertschätzung zu geben, aber auch auf der anderen Seite unmissverständlich zu verdeutlichen, dass es nicht anders geht, als den Gedanken „Haben wir aber immer so gemacht" zu überwinden. Und für genau diese Überwindung benötigt man ein klares Verständnis des digitalen Zeitalters, ein darauf basierendes Zielsystem mit entsprechender Strategie und vor allem ein Vorgehen und Vorleben, das jedem hilft mitzugehen, mitzulernen und miteinander erfolgreich zu sein. Vorführen und Heruntermachen führen hingegen zu gar nichts!

9.5   Personal Branding – die Personenmarke des DJ-Managers

In den Erläuterungen zur Brand Persona habe ich dargestellt, wie sinnvoll und notwendig es ist, die Marke einer Firma oder eines Produktes „menschlicher" und damit in Zeiten des Gesprächsmodus in Sozialen Medien interaktionsfähiger zu gestalten. Die gleiche Fähigkeit ist für jeden einzelnen „DJ-Manager" genauso notwendig. Da, wo früher hierarchische Kommunikation über Anweisungen innerhalb der Organisation und Media-Trainings für klassische Medien wie Interviews und Pressekonferenzen die erste Wahl waren, ist in der Netzwerkökonomie Social-Media-Kommunikation das neue normative Prinzip. So, wie jeder

Influencer basierend auf einem menschlichen persönlichen Charakter zu einer eigenen Marke innerhalb der Infrastruktur der medialen Welt von heute geworden ist, sollte auch jeder DJ-Manager versuchen, seine individuelle Markenpersönlichkeit zu werden.

Mensch bleib(t) Mensch! – die „Personal-Brand-Persona"
Menschen haben es hier insofern einfacher als Produktmarken, dass sie bereits über eine Persönlichkeit verfügen, die über Jahre hinweg gereift ist. Hier geht es eher darum, den thematischen und charakteristischen Markenkern abzugrenzen und mit weiteren beruflichen und menschlich privaten Themen im Markenraum zu komplettieren. Letzteres hilft auch bei der Wahl der „Art und Weise" des Sprechens und der jeweiligen Spezifikation für einzelne Zielgruppen und Kanäle. Hier kann man sich bewusst der Persönlichkeit bedienen, die ja selbst schon gelernt hat, zwischen beruflicher und privater Kommunikation, zwischen der Art, wie und worüber man mit Familien, Freunden, Nachbarn, Mitarbeitern, Journalisten oder Aktionären spricht, zu unterscheiden. Für die konkrete Kommunikation sind jedoch auch bei der Personenmarke Redaktionspläne für Themen, Kanäle und Kommunikationszielgruppen basierend auf einer zu definierenden Strategie zu entwerfen. Hier können Sie für Ihre „Personal-Brand-Persona" sehr gut die Hinweise zur Brand Persona -nutzen, zumindest um einen ersten Wurf zu entwickeln.[5]

Brauche ich als Führungskraft das alles mit Marken und Sozialen Medien denn wirklich?

Die einfache Antwort auf diese mir oft gestellte Frage ist: Ja! Solange Sie der Meinung sind, dass sich das Leitprinzip der Kommunikation nicht mehr vom Gesprächsprinzip bzw. „Social First" zurückentwickeln wird, müssen Sie dies verstehen und „leben". Andernfalls werden Sie Theoretiker bleiben und wenig Gefühl für Nähe, Geschwindigkeit und Tonalität in den Sozialen Medien entwickeln können, wo sich Ihre Kunden, Mitarbeiter und andere Stakeholder zunehmend bewegen. Zudem erwarten es Menschen einfach von Ihnen, dass Sie diese Art der Kommunikation beherrschen. Andernfalls ist das Vertrauen in

---

[5]Siehe hierzu Abschn. 8.3.1. Auch an dieser Stelle sei der Hinweis erlaubt, dass tiefergehende Details des Brand-Persona-Prozesses in einem weiteren Buch meines Netzwerkes zur Markenführung gebündelt werden, das bereits in Arbeit ist.

Ihre Fähigkeiten, in das digital vernetzte Zeitalter zu führen, gering. Dies gilt für externe Stakeholder genauso, wie auch für Interne: Wenn Sie denen erzählen, wie wichtig Soziale-Medien-Kompetenz ist, aber sich selbst dort nicht bewegen, wird das nichts – Glaubwürdigkeit und Authentizität gehen anders! Genau diese Attribute müssen Ihnen aber zugesprochen werden, wenn Sie sich Follower im Social Web und der Alltagsrealität Ihres Unternehmens erarbeiten wollen. Und zu diesem Vorleben von Social-Media-Kompetenz gehört es eben auch, wenigstens zu einem Mindestmaß eine Personenmarke zu entwickeln.

Social-Media-Champions in der Führungsmannschaft?
Auch wenn die Markenpersönlichkeit Ihrer Personenmarke prinzipiell sehr stark um Ihre tatsächliche Person herum konzipiert werden sollte, spielt auch Ihre berufliche Entwicklung oder Stufe auf der Karriereleiter eine Rolle. Schließlich muss das ganze Konstrukt ja auch auf der anderen Marktseite stimmig empfunden werden. Deutlich wird dies, wenn man ein „Social-Media-Champions-Programm" zumindest für Ihre Führungsmannschaft anbietet, wie ich es in Abschn. 6.4 bereits angesprochen habe und hier fortsetzen möchte. Hier geht es um ein systematisches Programm, um zunächst die Willigen und gleichzeitig Fähigen zu identifizieren. Anschließend geht es darum, diese durch Training zu befähigen und organisatorisch zu unterstützen, um sich nachhaltig als Personenmarke zu positionieren. Diese sollte im Idealfall zumindest temporär mit der „Brand Persona" der Unternehmensmarke korrespondieren und darauf einzahlen. Man kann niemanden zwingen, der sich dabei nicht wohlfühlt, und zudem hat dies wenig Aussicht auf Erfolg, wenn jemand nicht dahintersteht. Es sollte aber angeboten und schmackhaft gemacht werden, hier besondere Unterstützung zu erfahren, indem die Vorteile herausgestellt werden: Zum einen wird Führung und Kommunikation von Marken und Unternehmen generell „vermenschlicht" und der einzelne Manager wird dabei zwangsläufig eines der Aushängeschilder und Dreh- und Angelpunkt der Kommunikation nach innen und außen. Führung ohne Social-Media-Kompetenz in einer zunehmend digital vernetzten Zukunft ist ein wenig denkbares Szenario. Somit handelt es sich um Grundfertigkeiten des Managements.

Das eigene Netzwerk für die Ewigkeit!
Weiterhin besteht über die Rolle in der Kommunikation für die derzeitige Unternehmung hinaus der individuelle Vorteil, dass die aufgebaute Personenmarke mit der jeweiligen Bekanntheit und gegebenenfalls hohen Reichweite und Followerzahl auf dem eigenen Karriereweg mitgenommen werden kann. Viel zu lange haben Unternehmen diesen Wert eines kommunikativ begabten oder

charismatischen Menschen im Social Web nicht begriffen. In den ersten Jahren konnte man beobachten, dass sich jemand um dieses „Social-Media-Zeugs" kümmern musste. Dass die Person dort wertvolle Erfahrung sammelte und aus dem Licht einer Marke zunehmend als Person hervortrat, war vielen nicht bewusst. Wenn diese Person dann das Unternehmen verließ und die Follower von der Marke mitnahm, wurde dem früheren Arbeitgeber der Wert und das verkannte Potenzial klar. Für eine neue Marke war dieser „Betreuer" nun jemand, der Follower mitbrachte, die man nicht mehr mühsam selbst erarbeiten musste. Für den neuen Arbeitgeber sollte dieses „Marketing-Extra" einen Preisaufschlag wert gewesen sein, wovon wiederum der Mitarbeiter profitierte. In so manchem Fall blieben die früheren Mitarbeiter auch einfach eigene Marken und machten aus dieser ursprünglich im Windschatten einer Firma erworbenen Reichweite ein eigenes Geschäft.

Wer war der medial prominenteste Spieler der deutschen Fußball-Weltmeistermannschaft in Rio de Janeiro 2014?

Denken Sie mal kurz darüber nach, wessen Bilder aus der Kabine um die deutsche Medienwelt gingen, ohne dass dieser Spieler dazu interviewt werden musste? Richtig, Lukas Podolski, genannt „Poldi". Echt? Der hat doch kaum gespielt. Richtig! Er stand nur in zwei der sieben Spiele auf dem Platz und insgesamt waren das nur 53 Minuten. Sechzehn von insgesamt 23 Spielern im Kader spielten mehr als er. Trotzdem war kaum einer so präsent wie er. Seine Social-Media-Accounts waren das Tor zu Mannschaftswelt in der Kabine und er war der „Gatekeeper". Dies war nicht nur „nett", er hat einen handfesten Marken- und Marktwert völlig abseits von seiner Leistung auf dem Spielfeld aufgebaut. Dieser Medienwert macht ihn aus Sicht eines professionellen Fußballclubs, der ganzheitlich auf einen Spieler schaut – also ihn fußballerisch und medial bewertet – wertvoller. Dass solche Überlegungen auch 2020 noch nicht in allen Führungsetagen aller Branchen abseits des Sports angekommen sind, bleibt für mich erstaunlich. Zumindest in Deutschland sehe ich kaum systematische Programme zum Aufbau solcher Personenmarken unter den Führungskräften – was für ein verschenktes Potenzial.

▶   Ein paar Poldis im Vorstand können das Markenbudget einsparen!

Nahezu erschreckend ist es aus meiner Sicht, dass von den 30 größten deutschen Unternehmen an der Börse die Mehrheit der Unternehmenslenker auch 2020 nicht einmal eine Social-Media-Präsenz haben. Und von denen, die eine haben, scheint ein Teil wenig selbst dazu beizusteuern. Es trägt aber nicht gerade zur Authentizität dieser Accounts bei, wenn die allein – und nicht nur unterstützend – von dafür „Beauftragten" geführt werden. Gerade ein CEO kann ein Aushängeschild enormen Ausmaßes sein. Nicht jeder wird so eine Strahlkraft entwickeln, dass Menschen schreien: „Für den will ich arbeiten" – wie dies in den USA z. B. beim früheren Star-CEO von T-Mobile, John Legere, zu beobachten war. Legere ist definitiv eine schrille Marke mit rund 6,4 Mio. Followern allein auf Twitter und das ist nicht für jeden etwas, aber für jeden besteht die Möglichkeit, seine jeweils passende Personal-Brand-Persona aufzubauen.

Der CEO einerseits und ich als Funktionsbereichsleiter andererseits sind doch anders zu positionieren?

Wer an der Spitze eines großen Konzerns mit tausenden Mitarbeitern steht, von dem erwartet man nicht unbedingt, dass er mir tiefe technische Details zum Motoraufbau oder der Kurbelwelle des Autos, das er verkauft, erklärt. Auch muss er mir keine Fragen zur Abrechnung meiner spezifischen Telefon- oder Energienutzung erläutern, wenn er aus dieser Branche kommt. Man ist also nicht zwangsläufig Ansprechpartner für alles und muss sich nicht mit allen Kommentaren im Social Web herumschlagen. Hier gibt es ein paar grundsätzliche Formeln als fürs Erste gut funktionierende Daumenregeln für die höchstwahrscheinlich noch hierarchisch geprägten Strukturen in Ihrer Organisation: Je höher Sie in der Hierarchie der Führungskräfte stehen, desto globaler können die Themen sein und je weniger Interaktion, aber desto mehr Reichweite wird erwartet. Konkret bedeutet dies, dass zur Zielgruppe eines CEOs eher Stakeholder, wie z. B. Mitarbeiter, die Gesamtheit der Kunden, Eigentümer, Politiker oder klassische Medienvertreter gehören. Die Themen sind eher konzernweit oder volkswirtschaftlich gefasst und es reichen Stellungnahmen, die aus Sicht solch einflussreicher Menschen formuliert sind. Ein Funktionsbereichsleiter wird sich hingegen eher auf die spezifischen Themen seiner Produktebene und auf Interaktionen mit seinem Netzwerk und konkreten Ansprechpartnern konzentrieren müssen. Von diesem Menschen erwartet man nicht unbedingt Tausende von Followern, sondern eher deutliche Markenpositionierung im relevanten Personenkreis, der aber eben – weltweit vernetzt – auch sehr groß sein kann. Natürlich sind dies alles nur Richtungsangaben und Details müssen im jeweiligen Programm entworfen werden, die Botschaft sollte aber deutlich werden, dass hier nicht jede Führungskraft gleiche Optionen und Opportunitäten in den Augen der anderen Marktseite hat. Auch wird sich diese Orientierung an Zielgruppen und Inhalten dynamisch verändern und sie muss ständig getestet und hinterfragt werden. Es ist, wie bei der Marken-Brand-Persona, ein Entwicklungsprozess, der mit einem systematischen Konzept zum Loslaufen beginnen muss.

Mein Selfie mit der Kanzlerin hat aber mehr Likes gebracht als Ihr Fachartikel!

Gruppen-Training und „Wettbewerb"
Hier sind auch Einzelprogramme möglich, insbesondere, wenn vielleicht eine sonst im Rampenlicht stehende Führungskraft sich dem Thema erst von Grund auf nähern muss und dies nicht jeder mitbekommen soll. Meiner Erfahrung nach ist es aber hilfreich, hier kleine „Lerngruppen" zu bilden, in denen die jeweilige Markenpersönlichkeit zwar individuell entworfen, die Umsetzung – vom Finden von Inhalten und Zielgruppen übers Formulieren, Interagieren bis hin zur Erfolgsmessung – weitgehend gemeinsam oder mindestens im Austausch eingeübt wird. Dies hilft einerseits beim gegenseitigen Lernen und vor allem entfacht dies unter einigen Teilnehmern einen oft energiereichen, aber meist wohlmeinenden Rivalitätsdrang, den man als positive Anspornenergie nutzen kann.

Wann soll ich das denn AUCH noch machen?!?

Die Begleitung und Dokumentation ziehen sich in der Regel über mehrere Wochen und Monate. Aber keine Sorge, nach einem gewissen Basiszeitaufwand zu Beginn nimmt der Aufwand in der Regel schnell ab und kann auch zunehmend dezentral digital erfolgen. Und irgendwann wird die Nutzung Sozialer Medien und aller anderen digitaler Quellen – wenigstens zum Zuhören, bei vielen aber auch zum „Sprechen" – so normal sein, wie Sie zuvor Ihre E-Mails gecheckt, das Radio angemacht, telefoniert oder Ihren Kollegen im Vorbeigehen Hallo gesagt haben. Es geht auch weniger um zusätzlichen Zeitaufwand, sondern um den effizienten Zeiteinsatz für Kommunikation, Führung und Personenmarkenpositionierung. Sie sollten von Anfang an frühere Aktivitäten überprüfen, ob sie über die neuen Möglichkeiten nicht effizienter bewerkstelligt werden können und diese dann Stück für Stück ersetzen.

Personal Branding im Alltag
Voraussetzung ist jedoch vor allem zu Beginn auch hierbei der Aufbau einer technischen und je nach Position und Mitteln auch menschlichen Unterstützungsstruktur. Eine solche beinhaltet mindestens ein System zum Auffinden relevanter Inhalte über das „Abonnieren" von Quellen und Personen in sozialen Medien, die sich als immer wieder interessant bewährt haben. Ebenso sollte beobachtet werden, ob irgendwo über Sie oder die Schlagworte Ihrer wichtigsten Themen

gesprochen wird. Wenn Sie hier nicht über für solche Funktionen konzipierte Technologie-Tools verfügen, so ist hier auch ohne Kosten schon viel möglich. Für den „Hausgebrauch" reicht auch ein in der Basisversion kostenloser „RSS-Reader"[6]. Über solche Dienste kann man Listen von interessanten Quellen zusammenstellen, bei denen jedes Mal in meinem „Schlagzeilenticker" angezeigt wird, wenn von dort etwas Neues kommt. Ist nicht großartig anders, als früher seine Zeitung oder Fachzeitschrift morgens nach Schlagzeiten durchzublättern, nur eben aktueller und individualisierter. Ebenso kann man in den gleichen Newsfeed z. B. „Google-Alerts" hineinlaufen lassen. Mit diesem kostenlosen Service kann man von Google jedes Mal informiert werden, wenn die Suchmaschine zum genannten Schlagwort oder Ihrem Namen oder Ihrer Marke etwas Neues findet. Sie müssen also nicht mehr nachschlagen oder googlen, ob es irgendwo etwas Neues gibt, sondern Sie werden darüber automatisiert informiert und können festlegen wann, wie schnell und wie oft. Die Zeitersparnis ist immens.

Inhalte finden, gesprächsfertig machen, Sprechen und Erfolg messen
Nach dem Finden möglicher Inhalte oder auch dem Selbsterstellen ist für die Aufbereitung für Soziale Medien erfahrungsgemäß eine Unterstützung durch Menschen mit Erfahrung hilfreich. Einfach einen Link zu teilen, bringt keinen Mehrwert gegenüber einer Schlagzeile. Menschen, die Ihnen zuhören sollen, wollen ja einen Mehrwert von Ihnen haben. Sie stellen vielleicht einen kompetenten menschlichen Filter für das Auffinden, aber eben auch das Einordnen und Kommentieren dieser Inhalte dar. Dieses „Kuratieren" sollte sprachlich interessant sein und dabei zur „Art und Weise" Ihrer Personal-Brand-Persona passen. Zudem können incentivierende und aktivierende Elemente, wie Fragen an Ihr Publikum oder provokante Thesen, die zum Kommentieren einladen, ihren Platz finden. Social Media ist kein Schlagzeilenticker einer Nachrichtenagentur, sondern auch ein Ort für Gespräche. Wenn gar keine Zeit oder Kompetenz für Interaktion vorhanden ist, sollte man solche stimulierenden Aufforderungen allerdings lassen. Auf einer Gartenparty würden Sie ja auch nicht jemanden nach seiner Meinung fragen und sich dann sofort umdrehen und weggehen.

---

[6]RSS steht für „really simple syndication" und bedeutet, dass hier Server automatisiert kommunizieren und sich synchronisieren. Im Effekt wird ein neuer Beitrag jedes Mal bei mir angezeigt, wenn er kommt. Ich muss also nicht per Hand auf einer Seite nachschauen, ob es neue Ergebnisse gibt.

Voneinander lernen und besser machen

Für die Aufbereitung und Gesprächsführung sollte die Unterstützungsstruktur Ihrer Gruppenarbeit die Möglichkeit bieten, jederzeit andere Teammitglieder und Experten um Unterstützung zu bitten. Es ist eben ein Lernprozess. Wesentlicher letzter Baustein ist hierbei, das permanente und meist zeitnah vermittelte Ergebnis zu gewährleisten. In systematischen Programmen würde man hier spezielle Datenanalyse-Tools bereitstellen. Wenn Sie im Kleinen anfangen, reichen im ersten Schritt meist die Benachrichtigungsfunktionen und je nach Art des Benutzerkontos unterschiedlich stark ausgeprägten Analysefunktionen der Sozialen Netzwerke. Mit diesen sollte man sich ein wenig auseinandersetzen und bezüglich Aktualisierungen auf dem Laufenden bleiben. Die Erfolge bei der Generierung von Interaktionskennziffern motivieren, die Nicht-Erfolge lehren. Wie immer beim Lernen, muss man da durch, man wird es brauchen!

Jedes Gespräch wird besser, wenn Sie zuhören

Vergessen Sie bitte bei aller technologischer Unterstützung und aller Einbeziehung von Experten nicht: am Ende ist es zwischenmenschliche Kommunikation. Die meisten Regeln gelten genauso wie auf der viel benannten Gartenparty, dem Abendessen oder dem Schulhof. Bleiben Sie authentisch, höflich im Umgang und vor allem: hören Sie auch den anderen zu. Nichts anderes hilft so sehr, die anderen Stakeholder zu verstehen und ein Gefühl für die kulturelle Eigendynamik dieses „digitalen Kraftraumes" zu entwickeln. Das meine ich ernst! Wenn Sie nur auf eine reale oder virtuelle Gartenparty gehen, um Ihre Meinung zu verkünden, dann bleiben Sie unter den Möglichkeiten. Suchen Sie sich systematisch die für Sie relevanten Stakeholder heraus, analysieren deren Profile und Beiträge. Widmen Sie dem Ihre Aufmerksamkeit und bereichern Sie auch deren Gespräche durch mehrwertstiftende Kommentare. Es wird genauso zurückkommen und auf Ihre Marke einzahlen wie die Live-Gespräche in Ihrer Branche oder Ihrer Nachbarschaft. Ein Social-Media-Profil, das niemanden folgt, entlarvt sich meist selbst als „nicht sozial". Ausnahmen gelten hier höchstens für Superstars, deren Zeitlimitierung einfach eine Konzentration auf wenige im Netzwerk vorgibt.

> *„Fine by me."*
> Elon Musk 2020 auf Twitter an @Tesla-Kid Grünheide

Tesla-Gründer Elon Musk ist wohl eine der schillerndsten Figuren der Zeitgeschichte. Und er ist definitiv eine Personenmarke von Weltrang, die Menschennähe in Zeiten von Social Media lebt und damit Menschen für sich und seine Marke begeistert, ohne dass eine Pressekonferenz oder ein Journalist dafür nötig wären. Als im Frühjahr 2020 ein Teenager an der Baustelle der Tesla-Fabrik in Grünheide bei Berlin mit seiner Drohne Videos vom Baufortschritt machte und diese bei Twitter hochlud, wurde ihm das von örtlichen Sicherheitsbehörden untersagt. Der begeisterte Tesla-Fan, der bereits 2000 Follower für seine Videos auf Twitter einsammelte, bat auf dem gleichen Kanal darum, weiter Videos produzieren zu dürfen. Andere Accounts schließen sich dem an und leiten die Bitte weiter. Dies erreicht Elon Musk auf Twitter, der mit einem einfachen „von mir aus" („fine by me") auf dem gleichen Kanal antwortet. Diese digitale Botschaft vom Chef persönlich reicht, dass der junge Deutsche damit vor Ort in Grünheide unbehelligt weitermachen und der Welt zeigen darf, wie seine Lieblingsfirma in seiner Heimat Neues entstehen lässt. Zugehört, schnell und einfach geantwortet und mit drei Worten in aller Welt noch mehr Fans begeistert, die die Geschichte weitererzählen, bis sie von klassischen Kanälen aufgegriffen wird. Und Sie lesen hier als „Best Practice", wie man es richtig macht. Zum Vergleich sollte man sich einfach fragen:

Welcher deutsche CEO hätte das auch nur mitbekommen? ... oder antworten können ... ohne Twitter-Account?

Ich glaube, die Frage beantwortet sich von selbst. Für weite Kreise des deutschen Top-Managements ist das Social Web auch heute noch eine Parallelwelt. Bestenfalls hätte ein Social-Media-Monitoring-Team oder ein Mitarbeiter oder Fürsprecher den flehenden Fan mitbekommen. Höchstwahrscheinlich hätte, wenn überhaupt, ein PR-Team, das „auch" die Social-Media-Accounts des eigenen Firmen-Chefs betreut, eine geschliffene Antwort formuliert. Meine Vermutung zum Ergebnis wäre eine PR-Antwort, dass man sich darüber freue, aber natürlich vor Ort erstmal nichts ändern kann, sich aber mal einsetzen wird und so weiter und so fort. Abwegig? Kann keiner sagen, mich würde es jedenfalls sehr überraschen. Die meisten CEOs großer deutscher Unternehmen hätten schon allein deswegen nicht direkt im gleichen Kanal antworten können, weil sie keinen Account haben. Vielleicht hätte deren Büro aber einen Brief geschickt, ich weiß es nicht.

▶   Keine Ausreden, zuhören geht immer.

Wenn Sie trotz aller Unterstützung für sich zu dem Schluss kommen, dass Sie einfach nicht die richtige Person für die Bühne sind, ja, nicht mal am Rande der Tanzfläche tanzen wollen, damit Sie keiner sieht, dann ist das zwar schade, aber wohl nicht zu ändern. Es ist einfach nichts für Sie! Okay, akzeptiert. Aber niemand, also wirklich niemand, der auch nur im Entferntesten einen Anspruch erhebt, in diesem digital vernetzten Zeitalter eine Führungsrolle innehaben zu wollen, kann davon entbunden werden, wenigstens zuzuhören und zu „fühlen", wie diese Dynamik tickt. Sie haben die besten Möglichkeiten, die andere Marktseite zu verstehen. Es gibt keine Rechtfertigung, dies nicht zu nutzen. Zumindest ist mir in 15 Jahren mit dem Thema keine untergekommen.

„Die Führungskraft wird eingestellt wegen ihrer Fachkompetenz und gefeuert wegen ihrer Sozialkompetenz."
Alte Managementweisheit

9.6   Es kommt auf SIE an

An vielen Stellen des Buches habe ich darauf hingewiesen, aber es gehört noch einmal explizit zum Abschluss eines solchen Kapitels:

> Trotz aller Digitalisierung – mit ihrer Künstlichen Intelligenz, ihrer Geschwindigkeit oder ihrer Automatisierung – wird der Mensch der wichtigste Faktor im digital vernetzten Zeitalter bleiben.

Auf Kundenseite gilt dies sowieso, denn am Ende dienen alle anderen Zwischenschritte irgendeinem anderen Menschen. Dies war schon immer so, aber heute ist es offensichtlicher, und dieser Mensch hat mehr Marktmacht und Informationshoheit als jemals zuvor. Auf Unternehmensseite werden viele neue Kenntnisse von den Menschen gefordert, aber am Ende werden rein menschliche Fähigkeiten immer wichtiger. Sie als Mensch in einer Organisation sollten sich immer bewusst sein, dass Sie alle Produktivitätsvorteile digitaler Technologien verstehen und nutzen müssen, um wettbewerbsfähig zu sein. Auf der anderen Seite aber werden menschliche Intelligenz in Form von Empathie, Gespür für soziale Zusammenhänge, individuelle Motivationen und Ängste, situative kulturelle Erfahrungen und Konstellationen, der entscheidende Wettbewerbsfaktor. Ebenso sind die Fähigkeiten, Ideen und entsprechende Kreativität zu haben, noch sehr lange ein Privileg von Menschen. Dies gilt gegenüber Maschinen und jeglicher Technologie auf der einen Seite und anderen Menschen in ihrem beruflichen Umfeld auf der anderen Seite. Wer diese „Menschlichkeit" nicht trainiert, dürfte es schwer haben, sowohl Kunden und andere Stakeholder zu verstehen und im Wettbewerb erfolgreich zu sein als auch Menschen in der Organisation „mitzunehmen" oder zu führen. Das DJ-Prinzip verbindet die Künstliche Intelligenz der Daten mit der zutiefst menschlichen Fähigkeit, in alle Richtungen Beziehungen aufbauen zu können. Werden Sie ein DJ-Manager, spüren Sie das digital vernetzte Zeitalter der Menschen! Man muss dies wollen, (vor-)leben und fühlen ... oder abtreten.

Nein, Ihre Fähigkeiten gehören nicht alle zum alten Eisen. Altes und Neues gemeinsam mit klaren neuen Prioritäten!

Das mit dem „Abtreten" muss nicht unbedingt sofort geschehen, denn zumindest in der Übergangszeit der Transformation vom Industriezeitalter zum digital vernetzten Zeitalter werden die alten gelernten Management-Qualifikationen und Prinzipien auch noch gebraucht. Aber eben nicht mehr als Leitprinzip für die Zukunft der Unternehmung, sondern als „Abmelken des Auslaufmodells", solange dies strategisch geboten ist. Das, was heute höchstens im Start-up gefunden wird, reift zum Grundprinzip des Managements für alle, weil es die Rahmenbedingungen der Netzwerkökonomie erfordern. Mehr zu dieser „Ambidextrie" in der Transformation finden Sie im nächsten Kapitel.

Aber diese Generation Y, die können das viel eher als ich?!

Da meine Zuhörer und Partner in den Unternehmen in den letzten Jahren eher aus meiner Generation oder der davor stammten, musste ich mir oft anhören, welche „Fabulösitäten" sie über die nachfolgende Generation Y gelesen hatten – oder welche Wunschträume sie darüber hatten. Die „jungen Leute" seien ja kulturell anders, hätten andere Werte und würden deswegen ein besseres Gespür für neue Geschäftsmodelle haben. Natürlich hat jede Generation einen anderen Zeitgeist, wird aber vor allem von anderen Möglichkeiten geprägt. Ich habe jedoch aufgrund der letzten 20 Jahre in der Lehre mit dieser Generation meine Zweifel daran, ob die Youngsters wirklich ein besseres Gespür für die Märkte im digitalen Zeitalter haben. Ich glaube eher, dass sie einfach näher daran sind, in der vernetzten Netzwerkökonomie leben und deswegen die Dynamik besser mitbekommen und fühlen. Das ist aber keine besondere Fähigkeit, die den älteren Generationen prinzipiell verschlossen wäre. Wenn es an tiefere Kenntnisse geht, hört es meist mit dem dem mutmaßlichen Vorsprung auf.

„Nur, weil ich zu einer Zeit geboren wurde, als es schon Autos gab und ich welche fahren kann, heißt das ja nicht, dass ich welche bauen kann oder weiß, wie ein Motor genau funktioniert!"
Viviane Wilde

Sie müssen nur einfach dorthin gehen! Also ran an den Resonanzkörper mit offener Geisteshaltung. Wenn Sie einmal über die gleiche Marktnähe verfügen, sollte Ihr Erfahrungsvorsprung Ihnen sogar helfen, den Jüngeren bei dann hergestellter digitaler Waffengleichheit überlegen zu sein. Sie kennen ja, besser als jeder Jüngere, die Schwachstellen alter Organisationen.

Ich bin aber kein DJ!
Gut, dann sind Sie eben Architekt!

Wenn Sie sich einfach nicht wohlfühlen mit dem Leitbild eines DJs, der die Tanzfläche „liest und fühlt" und die Party mithilfe dieser Daten und seiner Empathie für die Menge steuert, dann ist das zwar schade, aber nicht schlimm. Die Kernbotschaft haben Sie bestimmt dennoch verstanden. Vielleicht sind Sie einfach kein Partygänger und ein eher rational oder sehr ingenieurwissenschaftlich geprägter Mensch. Dann gefällt Ihnen vielleicht diese Abschlussgeschichte besser. Leider kann ich mich beim besten Willen nicht mehr erinnern, bei wem ich diese aufgeschnappt habe – ich glaube sogar, es war irgendwann in einer Vorlesung meines eigenen Studiums. Die Internetrecherche ergab zudem kein klares Ergebnis, ob sie wirklich so stattgefunden hat, es scheint eher eine Legende oder Inspiration zu sein. Aber sie passt so schön, deswegen möge man mir verzeihen, wenn ich sie erzähle.

Der Campus ohne Gehwege
Ein Architekt wird beauftragt, einen neuen Campus für eine Universität zu bauen. Als die Bauherren zur Abnahme freudig eine Begehung auf dem Areal durchführen, staunen sie nicht schlecht: Alle Gebäude sind wunderschön und, genauso wie die wenigen Straßen für die Lieferfahrzeuge, fertiggestellt und zur Inbetriebnahme bereit. Aber es fehlen jegliche Gehwege, man sieht einfach überall nur sprießendes Gras. Als die Bauherren den Architekten fragen, wo denn die Wege für die vielen studentischen Fußgänger wären, antwortet er lediglich:

Die Gehwege befestigen wir nächstes Jahr, wenn wir wissen, welche Wege die Menschen nehmen.

Die Botschaft sollte einleuchtend sein. Der Manager als Architekt sorgt für die festen Bauten, aber bindet diejenigen, die diese später nutzen sollen, ein, ohne sie zu sehr in seine Vorstellungen zwängen zu wollen. Die kollektiven Trampelpfade der Menschen wird er im Nachhinein befestigen. Oder um in der Sprache der Schlagworte zu sprechen: Der Architekt baut hier nur das „Minimal Viable Product" und lässt es durch die Nutzer später perfektionieren. Nennen Sie es gerne auch Crowd-Sourcing, Einbindung, Schwarmintelligenz, Verstehen der anderen Marktseite, Big Data, beste Marktforschung aller Zeiten! Egal, wie man es nennt! Es dreht sich immer um die gleiche nicht-vorschreibende Grundhaltung, die wenig mit dem perfektionistischen Denken des Industriezeitalters zu tun hat. Man orientiert sich wechselseitig mehr am Menschen auf der anderen Marktseite und richtet seine Organisation ganzheitlich daran aus. Denken Sie deswegen immer daran:

▶   „Digital" ist eher eine Einstellung, Geisteshaltung und kulturelle Revolution und weniger eine Technologie!

Zu dieser Geisteshaltung gehört auch, dass am Ende einer die Verantwortung übernehmen muss, wenn Daten und Algorithmen nicht mehr helfen. Die digitale Welt bietet Entscheidern mehr Möglichkeiten als jemals zuvor, Informationen für ihre Entscheidungsbasis zu generieren. Bei allem Lob auf Künstliche Intelligenz und Algorithmen wird aber noch lange in vielen Branchen nicht alles berechnet werden können. Hier kommt es dann auf Sie an, voranzugehen und zu entscheiden. Diese Verantwortung werden Entscheider in den nächsten Jahren des Strukturbruchs noch mehr tragen müssen als zuvor. Jahre lang konnten sich Manager vor Verantwortung drücken, indem sie Berater mit großen Namen engagierten. Diese sollten die Entscheidung aufbereiten und damit auch das Management gegen Jobverlust absichern. Bis die digitale Infrastruktur die Entscheidungsbasis so aufbereiten kann, dass ein Management sich mit Entscheidungen sehr sicher ist, wird es noch dauern. In dieser Transformationsphase wird es also wiederum auf Entscheider ankommen, die mit (digitaler) Fachkompetenz vorbereiten, aber am Ende doch mit Empathie, Kreativität und Bauchgefühl entscheiden und Verantwortung übernehmen müssen.

„Alles, was nicht berechnet werden kann, muss entschieden werden!"
Reinhard K. Sprenger im Podcast „Der achte Tag", Nr. 44

Teil IV
Nachspielzeit und ab in die Zukunft!

Ihr konkreter Start in den Transformationsprozess – ein Listen-Check

10

Wenn Sie sich an die einfache Formel für Veränderung am Beginn dieses Buches erinnern, sollten Ihre drei Fragelisten des notwendigen Wissens jetzt schon ziemlich mit Leben gefüllt sein.

Diese drei Fragelisten sollten jetzt schon einige Antworten aufweisen:

1. Was geschieht im digitalen Strukturwandel und warum? Welche sind dabei die wesentlichen und bleibenden Entwicklungen und Treiber dahinter und welche sind es nicht?
2. Auf welche Art und Weise muss eine Anpassung auf Ebene der Unternehmung und des Einzelnen geschehen?
3. Welche Hürden und Lücken bestehen, die überwunden und geschlossen werden müssen, um diese Anpassungen zu erreichen?

Gerade bei den ersten beiden Listen habe ich Ihnen viel „Futter" geben können. Die dritte betrifft die Hürden, die Sie von diesem Weg abhalten. Hier sind Sie gefragt, meine Anhaltspunkte nicht nur für Ihre Situation zu übersetzen und zu ergänzen, sondern eben auch umzusetzen. Ihr aktives Change-Management geht jetzt los. Ein paar hilfreiche Gedanken und Bilder aus meiner Praxiserfahrung werde ich Ihnen jetzt noch an die Hand geben.

© Der/die Herausgeber bzw. der/die Autor(en), exklusiv lizenziert durch
Springer Fachmedien Wiesbaden GmbH, ein Teil von Springer Nature 2020
K. Skibicki, *Das DJ-Prinzip des Managements,*
https://doi.org/10.1007/978-3-658-31011-0_10

10.1 Ambidextrie – Das Management-Jonglieren zwischen zwei Welten

Die Transformation als grundlegende Anpassung einer Unternehmung an neue Rahmenbedingungen ist – wie vielfach gesehen – eine überlebenswichtige Herausforderung für alle Organisationen. In der Übergangsphase ist fähiges und ganzheitliches Management gefragt, um diesen Übergang zwischen zwei Systemen zu schaffen. Dies sollte jedem Leser und jedem Beteiligten bisher hoffentlich klar sein.

Beidhändig, nicht freihändig – AMBIDEXTRIE

In der Organisations- und Managementlehre werden für solche Transformationen viele Konzepte bemüht, von denen mir der Begriff der „Ambidextrie" am passendsten für die Aufgabe in dieser Situation erscheint. Deswegen lege ich den jedem ans Herz.[1] Ambidextrie bedeutet wortwörtlich „mit beiden rechten Händen" und meint, dass es nicht eine stärkere und eine schwächere Hand geben soll, sondern beide gleichzeitig arbeiten müssen, um übergangsweise beide Systeme zu führen, bis irgendwann der Übergang geschafft ist. Die eine Hand muss eher traditionelle Top-Down-Entscheidungen treffen und sich um Effizienz und Stabilität des in Hierarchien, Wertschöpfungsketten und Abteilungen gewachsenen Geschäftsmodells des Industriezeitalters kümmern. Dies ist sozusagen „die Hand, die einen füttert", die das Brot-und-Butter-Geschäft aufrechterhält. Gleichzeitig muss die „DNA" der Unternehmung mit der anderen Hand für die digital vernetzte Welt, wie in den Kapiteln zuvor beschrieben, „gepflanzt" und aufgezogen werden. Dies beinhaltet eher das Befähigen vernetzter und flexibler organisationsübergreifender Wertschöpfungsnetzwerke, die sich relativ spontan um Informationen organisieren können und die jeweils am besten Geeigneten schnell an die jeweilige Aufgabe heranbringt. Industrielle Effizienzkultur und agile Innovationskultur müssen hier bildlich Hand in Hand gehen. Ähnliche Gedankengänge kennen Sie vielleicht aus dem Kontext der Begrifflichkeiten des „Red Ocean" und des „Blue Ocean".[2]

---

[1] https://www.cio.de/a/ambidextrie-wird-zum-fuehrungsmodell,3580207 (zugegriffen am 10.06.2020).

[2] Der „Rote Ozean" stellt dabei den altbekannten Wettbewerbsmarkt dar, bei dem es vor allem auf Effizienz ankommt. Der „Blaue Ozean" hingegen steht für den neuen unbekannten Markt, bei dem Innovationskultur wichtigster Treiber einer Strategie sein sollte. Die Idee ist analog zu den beiden Händen der Ambidextrie zu sehen.

Zwei starke Hände, trotzdem muss eine führen!
Das Bild der beiden starken Hände ist jedoch dahingehend zu präzisieren, dass es eben nicht beidseitig im Sinne von gleichgewichtig und Balance beschreibt, sondern dass es eine „Leithand" geben muss. Diese muss die Zukunft der Organisation in den bereits anlaufenden vernetzten Welten voranbringen, während die andere, auf das Optimieren des Bestehenden abzielende Hand die Unternehmung zunehmend weniger im Griff hat. Sie muss die Organisation zwar noch tragen, aber darf sie nicht am Fortkommen hindern. Der „Tipping Point" des Umschwenkens der gesamten Organisation auf die wirklich dominante Hand ist gut vorzubereiten und anschließend ist die andere immer weiter zurückzufahren. Der Staffelstab ist von der einen Hand in die andere übergeben worden, sodass es anschließend keine Ambidextrie mehr gibt, sondern das beschriebene DJ-Prinzip des Managements die dominante Hand am Plattenteller ist.

10.2 Das „Schweden-(Vor-)Bild" für die Komplettumstellung von Regeln

Eines der eindrucksvollsten Beispiele, das ich für die Visualisierung des Strukturbruchs und seiner Bewältigung kenne, ist ein Bild, das eine Straße in Schweden zeigt – und zwar am Morgen des 03. September 1967, als gerade der gesamte Straßenverkehr im Land von Links- auf Rechtsverkehr umgestellt wird. Auf der Straße sieht in diesem festgehaltenen Moment alles ein wenig nach Desorientierung aus: Autos stehen quer, Fußgänger laufen irgendwo lang und es scheint insgesamt ziemliche Verwirrung zu herrschen. Warum ist diese Phase des gerade stattfindenden Wechsels so unübersichtlich und schwer? Weil da ganz viele Menschen gelernt hatten, links zu fahren, das vielleicht auch verdammt gut und sehr gerne gemacht haben und dies für sie genau das Richtige war. Aber eben nur für die Regeln des Linksverkehrs und diese wurden nun umgestellt – es ist immer noch Straßenverkehr, aber eben auf der anderen Seite, und das erfordert Umstellung im Kopf und auch ein wenig praktisches Üben. Aber es geht! Diejenigen, die jetzt schon schnell und kinderleicht richtig fahren, sind wenige, aber es dauert nicht lange, dann sind alle Fahrfähigkeiten angepasst. Denen, die noch nicht so lange fahren, fällt die Umstellung vielleicht leichter als denjenigen, die ihr ganzes Leben links gefahren sind. Denen, die noch gar keinen Führerschein haben, wird es gar nicht auffallen oder schwerfallen, sie werden direkt die neuen Regeln lernen und folglich den alten gar nicht nachtrauern können.

Umstellung der Regeln betrifft jeden in vielfältiger Hinsicht!
Im Wesentlichen kann man für die Regelumstellung Folgendes festhalten, was ich
an dem Schweden-Beispiel gerne erläutere:

* Alle müssen die neuen Regeln verstehen und ihre Fähigkeiten daran anpassen,
  denn die neuen Regeln gelten für alle.
* Nachtrauern hilft nicht, egal wie schön man die alten Regeln fand und wie richtig
  und wichtig die alten Fähigkeiten vielleicht auch waren. Man wird „nur mit alten
  Fähigkeiten ausgestattet" unter neuen Rahmenbedingungen scheitern und sich
  und andere dabei schädigen. Teile der Fähigkeiten wurden somit entwertet.
* Nach einiger Zeit fahren nur noch die, die die neuen Regeln beherrschen.
* Wenn man eine Fahrschule hat, bringt man die neuen Regeln bei, nicht die
  alten.
* Im Kern ist es immer noch Fahren im Verkehr und auf dieses Wesentliche
  muss man sich konzentrieren, aber vieles andere neu justieren.

Genau in einer solchen Umstellungsphase befinden wir uns gerade, denn die
Rahmenbedingungen und wesentlichen Grundregeln des Industriezeitalters
wurden bereits umgestellt. Es geht zwar immer noch darum, am Markt erfolgreich zu wirtschaften, aber nach anderen Regeln und mit anderen Fähigkeiten,
die zum Erfolg führen. Jetzt heißt es also für jeden Standort, jede Branche, jedes
Unternehmen oder andere Organisationen und jeden Einzelnen, die neuen Regeln
zu verstehen und zu hinterfragen, ob die alten Strukturen, Einstellungen und
Fähigkeiten noch optimal an den neuen Regeln ausgerichtet sind. In Schweden
hatten die Menschen den „Vorteil", dass zum Zeitpunkt der Umstellung für jeden
offensichtlich war, dass die Regeln geändert worden waren. Jeder, der noch
nach den alten Regeln fahren wollte, bekam dies durch Unfälle oder Polizei-
strafen sofort schmerzlich zu spüren. Der digitale Wandel ist zwar genauso eine
Umstellung, verläuft aber langsamer, und viele können sich leisten, erst einmal eine Zeit lang einfach nach den alten Regeln weiterzufahren, ohne dass sie
substanziell merken, wie gefährlich dies ist. Zudem sind vielen die neuen Regeln
und die Umstellung an sich nicht klar – andernfalls würde ich dieses Buch nicht
schreiben.

*Hey, fahren Sie doch ab morgen einfach mal auf der anderen Straßenseite, das wird
schon klappen!*

Nach diesem Prinzip scheinen viele Führungsetagen zu agieren. Es wird schon
„irgendwie" passieren, ein paar Digitalprojekte, ein Transformationsbeauftragter,

noch eine tolle Unternehmensberatung dazu geholt und die Firma ist dann gut aufgestellt. Mitnichten ist dem so! Man ändert eine Hierarchie nicht von unten oder von der Seite oder einfach irgendwie auf Wunsch. Hier ist ein starkes und ganzheitliches Change-Management der gesamten Führungsmannschaft gefragt, bevor die Rahmenbedingungen einer internen Netzwerkorganisation so gesetzt sind, dass sich darin die einzelnen Elemente entfalten können! Jeder, der darauf hofft, dass „DAS" irgendwie von alleine passiert, dem kann man nicht mal mehr viel Glück wünschen, sondern eine solche Führungskraft sollte wegen Fahrlässigkeit aus der Firma entfernt werden.

▶   Von ganz oben mit allen Mitteln vorbereiten, Widerstände im Kopf auflösen, alle befähigen, bestimmt anleiten, behutsam loslegen, durchstarten, fahren lassen!

Natürlich war die Umstellung in Schweden ein sich über Jahre hinziehendes Transformationsprojekt. Es gab zunächst ein klares Ziel aufgrund einer Notwendigkeit, die jedem einleuchtend war: alle Nachbarstaaten und andere Länder in der weiteren Umgebung, bis auf Großbritannien, fuhren auf der rechten Seite und mit zunehmend engeren wirtschaftlichen Verflechtungen war eine Anpassung an die überwiegende Mehrheit ein ökonomisches Gebot. Anders als die britischen Inseln hatte man direkte Nachbarn, für die der Fahrbahnwechsel gefährlich war, Touristen blieben weg, Lieferketten hatten Probleme, sodass die Beschwerden der Nachbarländer im Nordischen Rat und im Europarat eindeutig wurden.

▶   Das „Narrativ" bzw. das „Warum" muss stimmen und jedem einleuchtend sein!

Zudem hatte man in Schweden, anders als in England, Autos importiert und exportiert, deren Lenkrad ohnehin links war. Und obwohl die Führungsmannschaft in Person der schwedischen Regierung überzeugt und entschlossen war, war die Bevölkerung dagegen und äußerte sich sogar in einem Volksentscheid mit über 80 % gegen den Rechtsverkehr – es machte zwar keinen Sinn, aber man hatte sich 200 Jahre lang daran gewöhnt, links zu fahren, zu reiten und zu gehen. Offensichtlich starke Entscheider in der Regierung setzten sich über diesen Entscheid hinweg und machten sich ein paar Jahre später an die Vorbereitung, nachdem der Parlamentsbeschluss durch war. Nach vier Jahren Image-Kampagne, bei der sogar auf Socken und Unterwäsche für die Umstellung geworben wurde, kam dann im September 1967 der Tag X gekommen, oder genauer gesagt der „Tagen H" (Schwedisch „höger" = rechts), wie dieser Zeitpunkt der Umstellung genannt wurde.

Alle Kräfte an allen Stellen arbeiteten auf den „Tagen H" hin!
Genaueste zeitliche, technische und inhaltliche Vorbereitung war nötig: Verkehrsschilder und Markierungen mussten angefertigt, aufgestellt, aber noch nicht aktiviert werden, bis es soweit war. Die Bevölkerung musste behutsam, aber gleichzeitig bestimmt „abgeholt" und geschult werden, sodass jeder genug Zeit hatte, sich damit abzufinden und vorzubereiten. Monatelang gab es im Fernsehen, in Briefkastenbroschüren und in Abendkursen Schulungen für die neuen Regeln, bevor am Sonntagmorgen des 3. September um 4.50 Uhr im ganzen Land von staatlichen Behörden, Militär und tausenden Zivilhelfern der Verkehr angehalten wurde. Der private Autoverkehr war schon seit dem Vorabend eingestellt worden, um 360.000 Schilder ab- und zuzudecken und die jetzt weißen Fahrbahnmarkierungen, statt der zuvor gelben, zu aktivieren und Bushaltestellen zu verlegen. Nach zehn Minuten Stillstand und Neu-Orientierung konnten um Punkt 5 Uhr morgens langsam alle Verkehrsteilnehmer auf die andere Seite und von dort weiterrollen. Eine Zeit lang mussten noch die Aufmerksamkeit und das Bewusstsein aller Teilnehmer durch Regierung, Medien und Verkehrsüberwachung auf die Umstellung gelenkt werden, die Höchstgeschwindigkeiten wurden temporär reduziert, bis alles reibungslos lief und alle Elemente gemäß der neuen Regeln agierten.[3]

▶   Wenn sie gut und ganzheitlich „gemanagt" wird, gelingt die Transformation!

So groß der Widerstand zuvor auch war, anschließend wurde es pragmatisch akzeptiert: Es war klar, dass es kein Zurück mehr gab und alles für die Zukunft nach den neuen Regeln funktionierte und man sich wieder auf das eigentliche gesellschaftliche Leben konzentrieren konnte. Es gab anfangs nur wenige leichte Unfälle und von Tag zu Tag wurden es weniger, nach wenigen Monaten waren es sogar, wie erhofft, weniger als vor der Umstellung. Schweden war gut und ganzheitlich „gemanagt" im Rechtsverkehr angekommen.[4] Nur wenige Reste der alten Regeln blieben bestehen oder brauchten länger bei der Umstellung – so kam der öffentliche Nahverkehr in Probleme, da Busse und Bahnen zunächst nur Türen

---

[3]https://www.deutschlandfunkkultur.de/verkehrsordnung-der-lange-weg-der-schweden-zum-rechtsverkehr.2147.de.html?dram:article_id=393344 (zugegriffen am 10.06.2020).
[4]https://www.deutschlandfunk.de/vor-50-jahren-als-schweden-zum-rechtsverkehr-wechselte.871.de.html?dram:article_id=394897 (zugegriffen am 10.06.2020).

auf der jetzt falschen Seite hatten. Irgendwann waren die meisten Relikte, bis auf ganze wenige, jedoch vergessen. So fahren etwa die U-Bahnen in Stockholm heute noch auf den „alten" Seiten.[5]

10.3 „Minimum Viable Consciousness" an der Unternehmensspitze

Ein einheitliches Verständnis und ganzheitliches Konzept für die Digitale Transformation ganz oben in der Entscheiderstruktur ist die Mindest-Voraussetzung für jeden nachhaltigen Wandel. Bei vielen Mittelständlern gehört auch die Eigentümerfamilie dazu, die oft besondere Energie für den Change entfaltet, wenn deutlich wird, dass hier die Zukunft einer ganzen Dynastie auf dem Spiel steht.

Ein Mindestmaß an (vor-)gelebtem Bewusstsein für den Wandel
Ohne eine „Minimum Viable Consciousness" bleibt die digitale Transformation irgendwo stecken oder verkommt zu Alibi-Aktivitäten, die nicht den entscheidenden Erfolg bringen. Lange Jahre war es vor allem für große Konzerne modern, an irgendwelchen hippen Orten ein „Digitales Labor" zu bauen. Da pumpte man oft hohe Beträge hinein, um wie ein Start-up auf der grünen Wiese bzw. auf dem Reißbrett die eigene Unternehmung neu zu erfinden oder erstmal zu experimentieren, wie dies gehen könnte. Man sah den Wandel zwar als notwendig an, aber scheute die Veränderung des Stammhauses, z. B. weil das ursprüngliche Geschäftsmodell noch gut funktionierte und nicht kannibalisiert werden sollte oder man nicht daran glaubte, schon die neuen notwendigen Fähigkeiten zu haben. Auch traute man der eigenen Unternehmung vielleicht einfach nicht die Veränderung zu, deswegen lieber direkt neu säen und hoffen, dass dann die neue Pflanze so schnell wächst, dass sie die alte bald überwuchert. All diese Überlegungen sind valide, aber helfen zu oft nicht wirklich, die alte Unternehmung fundamental umzukrempeln. Meiner Wahrnehmung nach sind die hohen Ambitionen der meisten „Digital Labs" nicht erfüllt worden. Wenn man etwas fern der eigenen „Heimat" baut, muss man eben aufpassen, dass dies nicht eine Forschungsstation auf dem Mars bleibt, die in allerlei Hinsicht zu weit weg vom Heimatplaneten ist. Die Kultur der neuen Organisation ist zwar dann vielleicht innovativ, aber befruchtet nicht den Mutterplaneten.

---

[5]https://www.americar.de/magazin/news/jubilaeum-50-jahre-rechts-verkehr-in-schweden-3-september-1967.3201 (zugegriffen am 10.06.2020).

„Culture eats strategy for breakfast ... and disruption for lunch!"[6]

Anderseits sind aber auch Ansätze, die sich das Start-up im eigenen Haus heran-
züchten wollten, leider nur bedingt erfolgreich gewesen. Entweder waren sie
zu klein oder bekamen nicht genug Unterstützung von oben, sodass sie eher
der bestehenden Struktur und Unternehmenskultur eingeordnet wurden, statt
diese zu verändern. Beide Wege sind also so schwierig und voller Tücken,
können gelingen oder scheitern, aber meiner festen Überzeugung nach gibt
es für alle Wege eine Grundvoraussetzung: ohne das allerstärkste hundertpro-
zentige „Commitment" der gesamten Unternehmensführung geht es nicht. Das
Bekenntnis, das authentische Vorleben und das kompetente Kommunizieren zum
Change-Management sind immer der entscheidende Treiber. Und dies sehe ich
selbst 2020 noch in viel zu wenigen Unternehmen. Fehlender Wille, Lippen-
bekenntnisse, Nicht-Können und nur so tun, aber nicht die Fähigen vorlassen,
Einbinden von Unternehmensberatungen, die genauso veraltet im Denken sind
wie man selbst, Bestellen von Beauftragten und sonstige PR-Aktionen ohne wirkliche Substanz sind eher noch die Regel. Ja, ich weiß, dies klingt hart, ist aber
leider meine Erfahrung, die in Ihrem Fall hoffentlich nicht bestätigt wird.

Die Schritte zu einer „Minimum Viable Consciousness"
Je nach Unternehmensgröße und Struktur reicht als erste Basis für ein
Mindest-Verständnis bereits ein Halbtags-Workshop, während dem die ersten
zwei der folgenden Schritte bzw. Aufgaben gelingen können und sollten:
SCHRITT 1: Die mentalen Hürden der Teilnehmer, wie in Kap. 4 dargestellt,
sollten abgebaut oder zumindest so weit reduziert werden, dass Offenheit für
eine ganzheitliche Analyse des Strukturbruchs und der daraus resultierenden notwendigen Anpassungen möglich ist.
SCHRITT 2: Ein gemeinsames Verständnis innerhalb der Entscheider- und
Führungsmannschaft über die wichtigsten Treiber der Netzwerkökonomie muss
mindestens in dem Maße geschaffen werden, dass eine Einigung auf eine grobe
Zielvision, z. B. mit den Fundamentalprinzipien aus Kap. 6 als Leitlinien, möglich ist.
SCHRITT 3: Auch wenn möglichst alle als „Change Clients" eingeschworen
werden sollten, so sind doch die Schlüsselfiguren auszumachen, die den Wandel
vorantreiben wollen und das aufgrund ihrer Person, Rolle und Persönlichkeit

---

[6]Der erste Teil des Zitats wird meist Peter Drucker zugerechnet, den zweiten Teil fand
ich schön ergänzt hier https://www.innolytics.de/culture-eats-strategy-for-breakfast/
(zugegriffen am 10.06.2020).

auch können. Eine möglichst klare und gemeinsam akzeptierte Zuteilung der wichtigsten Zuständigkeiten für die Kernaufgaben der Fundamentalarbeit sollte zumindest auf absehbare Zeit erfolgen. Das wichtigste Ergebnis dieses Schrittes ist, dass allen bewusst wird, dass es sich bei der Digitalen Transformation um eine komplett gemeinschaftliche Aufgabe der obersten Führungsebenen handelt und hier niemand mehr glaubt, die Verantwortung als Ganzes oder in Teilen abgeben zu können. Es geht hier nicht um ein Projekt, sondern um eine ganzheitliche Unternehmensentwicklung.

SCHRITT 4: Nach dieser Fundamentalarbeit, um die keine Organisation herumkommt, sollten in der Führungsmannschaft gemeinsam die weiteren Handlungsfelder als Spezifikation für das jeweilige Unternehmen identifiziert und priorisiert werden. Auch hier sind Zuständigkeiten gemeinsam zu benennen.

Nach oder teilweise schon während der Schritte 3 und 4 kann man sich in der Organisation an den Aufbau und die Implementierung des jetzt klar kommunizierten, inhaltlich und finanziell untermauerten Zielsystems machen. Dann sollte jedem Mitglied der Organisation klar sein, warum es wohin geht und welche Investitionen und Veränderungen notwendig sind, um dort „reinzuarbeiten".

10.4   Ihr Haus für das digital vernetzte Zeitalter

Zu Beginn des Buches habe ich schon die Parallele der Digitalen Transformation zu einem Hausbau gezogen, die ich jetzt zum Abschluss wieder aufgreife. Wenn Sie alle vorangegangenen Kapitel in ein übersichtliches Bild eines Hauses packen würden, könnte das Ergebnis in etwa so wie auf der folgenden Abb. 10.1 aussehen.

Neue Bausteine des Fundaments des Neubaus sind sowohl das einheitliche und übergreifende Verständnis der Netzwerkökonomie als auch das DJ-Prinzip als Leitgedanke des Managements einer flexiblen Wertschöpfungsnetzwerk-Organisationsstruktur. Diese soll es ermöglichen, spontan alle nötigen Lösungskräfte zu mobilisieren, um vom Markt kommende Impulse zu organisieren. Ein leistungsfähiges Marketing-Informationssystem gewährleistet dabei die Erfassung, Verarbeitung und Ausspielung interner und vor allem externer unstrukturierter Daten. Neben dieser Marktkenntnis und aufgebauten Zuhörfähigkeit ist die Sprechfähigkeit durch den Aufbau interner Markenführungshoheit (inklusive Brand Persona) Teil des Fundaments, auf dem die eigentlichen Handlungsfelder und Themen der Unternehmung verfolgt werden.

Abb. 10.1 Das Haus für das digital vernetzte Zeitalter

Entscheidend ist zunächst, dass jedem in der Organisation klar ist, dass es tief unter die Erde in das Fundament einer Unternehmung gehen muss, um das Unternehmens-Haus standfest für das digital vernetzte Zeitalter zu machen. Mit der „genetischen Struktur" des Industriezeitalters und einfach einem neuen Oberbau wird dies nicht gelingen.

Zum neuen Fundament einer jeden Firma – unabhängig von ihrer Branche – gehören mindestens das übergreifende einheitliche Verständnis für die Netzwerkökonomie und die sich daraus ableitenden Anpassungszwänge auf der einen und Chancen durch neue Werttreiber und Prozesse auf der anderen Seite. Liegt dieses nicht vor, wird vielleicht viel passieren, aber eben nichts, das wirklich ineinandergreift. Ein großer Block des tragenden Fundaments ist der in Abschn. 8.1. beschriebene Umbau der Organisation weg von Hierarchie und Top-Down-Informationsfluss hin zu einer agilen Schwarmorganisation oder „Emergenten Organisation", die sich um jeweilige Informationsflüsse organisiert. Am Ende sollte hier ein leistungsfähiges Wertschöpfungsnetzwerk entstehen, das die Verbindung zur umgebenden Netzwerkökonomie fließend hält. Dies korrespondiert mit dem Aufbau eines leistungsfähigen „Marketing-Informationssystems", das in der Lage ist, vor allem auch die unstrukturierten Daten aus der vernetzten Umwelt und aus der eigenen Organisation zu erfassen, aufzubereiten, anzureichern, zu kombinieren und an die jeweiligen Entscheider in der Unternehmung auszuspielen. Als letztes Element, das alle Firmen benötigen, ist die Umstellung des Leitgedankens in der Kommunikation auf „Social First" bzw. das „Gesprächsprinzip" zu nennen. Dies beinhaltet sinnbildlich z. B. die in Abschn. 8.3.1 beschriebene

Entwicklung einer „Brand Persona", die die Marke und Organisation zum Sprechen befähigt und somit mit den anderen Bausteinen zusammen den Übergang zum Gesprächsprinzip abrundet. Flankiert wird das Ganze durch die Einbindung „echter" Menschen innerhalb und außerhalb der Unternehmung. Marke und Informationssystem sind auch deswegen so besonders, weil sie als Kernkompetenz in die Unternehmung hineingeholt werden müssen. In vielen Unternehmen war dies als Marktforschung oder Markenkommunikation oft zu sehr externen Dienstleistern überlassen, was in Zukunft nicht mehr sinnvoll ist.

▶   Die Materialien des Fundaments und der Inneneinrichtung des Hauses müssen Sie schon selbst auswählen!

Bewusst musste ich auf zu viele Details der Ausgestaltung der Blöcke verzichten und habe nur die zu erfüllenden Anforderungen erläutert. Dies liegt vor allem daran, dass es über den von mir gewählten Abstraktionsgrad hinaus verschiedene an das jeweilige Unternehmen angepasste Spezifikationen geben kann, die naturgemäß im Einzelfall konzipiert werden müssen. Weiterhin ist die Dynamik technischer Möglichkeiten einfach zu groß, als dass man hier einzelne Lösungen empfehlen kann, die in wenigen Monaten vielleicht schon überholt sind. Bitte erinnern Sie sich an den Hinweis in der Einleitung dieses Buches, dass es sich um eine Kurzanleitung handelt, viele Aussagen also später für Ihr Unternehmen konkretisiert werden müssen. Dies wäre ohne spezifische Detailkenntnisse über Ihre Organisation nicht möglich – weder von meinem Netzwerk noch von anderen Beratern. Noch mehr gilt dies für den Aufbau oberhalb der fundamentalen Bausteine, auf denen die operativen Prozesse beruhen. Hier ist es an Ihnen als Unternehmung, die für Sie relevantesten Handlungsfelder gemeinsam zu priorisieren: für den einen wird der Aufbau einer Arbeitgebermarke dringlicher sein, als vielleicht die Innovationskraft durch Einbindung relevanter Stakeholder außerhalb der Organisation oder die Erschließung neuer Erlöskomponenten und Geschäftsmodelle durch spezifische Datenanalyse mithilfe Künstlicher Intelligenz zu stärken.

▶   Auf den Menschen kommt es an – der DJ überall!

Als Querschnittsfunktion in, unter und oberhalb der Bausteine des Fundaments zieht sich der Faktor Mensch mit seiner menschlichen emotionalen Intelligenz und Empathie in der personifizierten Form des „DJ-Managers" in alle Winkel und Ecken des Netzwerks. Dieses Management-Prinzip ist als neue Geisteshaltung und Kompetenz die Voraussetzung dafür, dass die Erwartungshaltung der Nicht-Planbarkeit und die spontane Reaktionsfähigkeit einer emergenten Organisation gegeben sind, die für solche nicht-linearen Systeme wie die der Netzwerkökonomie notwendig sind. Ohne diese menschliche Kernkompetenz und eine dazu passende Unternehmenskultur ist jede Technologie, künstliche Intelligenz oder Automatisierung wenig wert.

10.5   Ein letzter Blick auf das Ganze

Nachdem der Entwurf des Hauses jetzt steht, bemühe ich gerne noch ein zweites Mal die Parallele der Verkehrsumstellung in Schweden. Es passt einfach hinsichtlich der elementaren Fragen der Zuständigkeiten und Vorgehensweisen als Analogie des Change-Managements der Digitalen Transformation zu gut. Plakativ stelle ich die wesentlichen Eckpunkte nebeneinander.

WER?
Die Unternehmensspitze ist das Gegenstück zur Regierung, die die Notwendigkeit der Umstellung hoffentlich erkannt hat und Verantwortung übernimmt. Erst recht in einer hierarchisch geprägten Unternehmung können dies nur die Geschäftsführung und/oder der Eigentümer sein. Trotz starker Führungselemente müssen am Ende alle Mitglieder vereinnahmt und überzeugt werden, damit es als Ganzes funktioniert, das mehr ist als die Summe der Elemente.

WARUM?
Vor allem von außen kommt der Druck, der eine Veränderung unumgänglich macht, wenn man nicht von der Entwicklung um sich herum ökonomisch und kulturell abgehängt werden will. In Schweden waren es damals die ökonomischen Folgen einer verkehrspolitischen Isolation durch die umliegenden Staaten, die den Druck von Außen bewirkten. In jeder industriegeprägten Unternehmung heute ist der drohende Verlust der Wettbewerbsfähigkeit der Treiber, der durch die Veränderungsgeschwindigkeit der digital vernetzten Welt um sie herum entsteht. Die Botschaft war und ist nahezu existenziell: ohne die Veränderung werden wir abgehängt, während die Welt um uns sich schnell weiterdreht! Wenn hier das Narrativ nicht stark genug ist, entsteht zu wenig Energie für Veränderung.

WIE? – Teil 1 (Rahmenbedingungen und Organisation)
Eine klare Vorstellung mit detailliertem Plan, wohin es mit welchem Zeitplan und welchen Ressourcen gehen soll, half in Schweden: Wie muss die Infrastruktur umgebaut werden, welche technischen Kapazitäten und welche Kompetenzen

werden hinzugefügt oder nur umgeschichtet? Wie machen wir die Umstellung und in welchem Ablauf, mit welchen Vorbereitungen und welchen Nachbereitungen, bevor wir wieder voll durchstarten. Gleiches gilt bei der Digitalen Transformation einer Unternehmung: eine klare Vorstellung der Ziele gepaart mit persönlichen Zuständigkeiten und Verpflichtungen, die internen Rahmenbedingungen für die Netzwerkökonomie herzustellen, ist Voraussetzung für den Erfolg. Dies umfasst mindestens die Bausteine des tiefen Fundaments, wie oben anhand des Hauses aus dem vorangegangenen Abschn. 10.4 beschrieben, sodass sich ein rundes Bild ergibt, in dem die Organisationsmitglieder dann agieren können und sich so sicher fühlen, dass sie mitmachen.

WIE? – Teil 2 (jeder Einzelne)
In Schweden gab es neben der Erklärung zur Notwendigkeit und Umsetzung der Verkehrsregeln auch konkrete Angebote zum Erlernen der notwendigen Fähigkeiten für das Fahren auf der anderen Seite. Broschüren zum Selberlernen im Briefkasten gehörten genauso dazu wie Schulungsangebote im Fernsehen und in Praxis-Abendkursen vor Ort. Strukturen für Fortbildung und Wissensteilung für das digital vernetzte Zeitalter müssen inhaltlich weitaus differenzierter, individualisierter und komplexer sein, als sie zum Autofahren nötig sind. Dennoch ist die Parallele zu erkennen, dass man neben dem Verständnis für die Entwertung mancher Kompetenzen aus dem Industriezeitalter eben auch die Bereitschaft aufbringen muss, die eigenen Menschen zu qualifizieren, um auch in den neuen Rahmenbedingungen erfolgreich agieren zu können.

DER „HABEN WIR IMMER SO GEMACHT"-WIDERSTAND
In Schweden mussten die Widerstände gegen die Umstellung auf Rechtsverkehr, die aus Gelerntem und Bequemlichkeit resultierten, genauso überwunden werden wie in jeder Firma mit ihren gelernten und gewachsenen Abläufen und Rollen, die gerne fortgeführt werden würden.

MENTALE TRANSFORMATION
Die Kombination aus der Erklärung der Unausweichlichkeit gepaart mit einer nachvollziehbaren Strategie und der Befähigung durch entsprechende Schulung nehmen Ängste und Widerstände, schaffen einen „Tipping Point" und schließlich Akzeptanz, wenn man einmal dabei ist. Dies galt in der schwedischen Gesellschaft genauso wie in jeder Unternehmung. Das Narrativ muss einleuchtend sein, damit es akzeptiert wird.

FÜHREN und VORLEBEN

Der in Schweden damals maßgeblich verantwortliche Verkehrsminister Olof Palme stand selbst stark im Rampenlicht der Medienkampagnen und erklärte unermüdlich mit Empathie und Charme die Unausweichlichkeit und Vorzüge der Umstellung. Gleichzeitig zeigte er Verständnis für die Ängste, denen er durch Schulung und Aufklärung begegnete, was die Schweden am Ende „mitnahm". Später wurde Palme zweimal Ministerpräsident und einer der wahrscheinlich international bekanntesten Politiker seines Landes. Ohne eine starke Präsenz empathischer Mitglieder der Führungsebene wird auch die Digitale Transformation als tiefgreifendster Wandlungsprozess nur schwer gelingen. Auch hier ist die Notwendigkeit, mit großer Bestimmtheit zu vermitteln, aber gleichzeitig Verständnis für Widerstände zu zeigen, die durch Angebote zur Befähigung am Ende überwunden werden. Eine solche Position bietet gerade charismatischen „DJ-Managern" die Möglichkeit, sich für die Zukunft als Marke aufzubauen und zu empfehlen.

Das war es … fast

Mit allen in diesem Buch geschilderten Elementen haben Sie, zumindest meiner Erfahrung nach, eine gute Basis für eine ganzheitliche Vorgehensweise der Digitalen Transformation Ihrer Organisation. Die Skizze des Rohbaus haben Sie, die konkrete Ausgestaltung der Aufgaben obliegt dann wiederum Ihnen und Ihrer Unternehmung als Ganzem.

Wohin geht die Reise? Und was soll ich jetzt machen?

Heute, im Jahr 2020, schreibe ich dieses letzte Kapitel eines Buches über meine fünfzehnjährige Erfahrung mit dem Strukturwandel zum digital vernetzten Zeitalter im Kontext der Arbeit mit Unternehmen und der Lehre an Hochschulen. Viel ist passiert und einiges davon war aufgrund historischer Parallelen auch vorhersehbar. Andere Entwicklungen waren jedoch kaum zu erwarten. Denken Sie deswegen immer an eine wichtige Grundregel, die Historiker sehr gerne verwenden, wenn andere sie fragen, warum denn früher so klug oder dumm gehandelt wurde:

„Man kann Geschichte immer nur aus ihrer Zeit heraus verstehen!"

In diesem Sinne mal los mit ein paar Hinweisen zur Ihrer und meiner Zukunft.

11.1 Das „nächste große Ding"?

„Was ist denn das nächste große Ding, was kommt als Nächstes?" Diese Frage ist zwar bestimmt interessant, denn ich werde immer wieder danach gefragt. Allerdings fokussiert diese Frage sich eher auf kurzfristige Wellen, während ich mich mit dem PROFSKI-Blick auf langfristige Entwicklungen konzentriere. Würde ich wirklich jede schnelllebige Entwicklung erkennen, wäre ich wahrscheinlich hauptberuflich Lottospieler oder „Seher". Oder ich würde mich eher „Zukunftsforscher" nennen – bei einigen besonders bekannten frage ich mich wirklich angesichts so mancher Voraussagen, ob die eher würfeln. Zumindest bezüglich des Internets und Social Media waren da manchmal so abenteuerliche Aussagen dabei, dass ich aus dem Wundern gar nicht mehr rauskam – nicht hinterher, da ist man immer schlauer, sondern als sie getätigt wurden. Aber es ist

K. Skibicki, *Das DJ-Prinzip des Managements,*
https://doi.org/10.1007/978-3-658-31011-0_11

einfach auch ein schweres Feld! Genau das sollte jeder wissen und solche Vorhersagen dementsprechend einordnen.

„Prognosen sind schwer, vor allem wenn sie die Zukunft betreffen!"
Karl Valentin

Noch viel schwieriger werden Prognosen und Planbarkeit durch die Nicht-
Linearität der digital vernetzten Welt. Die Nicht-Vorhersagbarkeit ist ja geradezu
definierendes Element, sodass genau dies die sichere Zukunftsprognose ist –
okay, klingt kompliziert. Da dies zudem so unbefriedigend ist, wollen viele
Menschen an jemanden oder etwas glauben, das ihnen mehr Sicherheit gibt. Dies
wiederum ist ziemlich sicher keine Hilfe.

▶   Der PROFSKI-Blick fokussiert sich auf die vergleichsweise stabile
    Konstante in einer sich rasend schnell verändernden Welt: den
    Menschen!

Technologien kommen und gehen, da kann man glauben, gerade auf der Ziel-
gerade zu sein, und schon kommt etwas Neues, das wieder besser ist. Ich schaue
lieber auf das sich nur langsam verändernde Wesen: den Menschen, der sich
über Jahrmillionen entwickelt und dessen Gehirn in den letzten 35.000 Jahren
nahezu unverändert geblieben ist.[1] Die hilfreichste Frage, die Sie sich stellen
können, ist demnach: „Was hätten Menschen immer schon tun wollen, wenn
es möglich gewesen wäre?" Wenn es dann eine unmittelbare oder mittelbare
Technologie dafür gibt, dann hat diese eine sehr hohe Chance, sich durchzu-
setzen. Die in Kap. 6 erläuterten Fundamentalprinzipien basieren allesamt auf
solch rein menschlichen Grundbedürfnissen. Mit diesen kann man erst einmal als
Orientierung und Leitlinie für Vorhersagen und die eigene organisatorische Ausrichtung sehr lange arbeiten, anstatt auf die nächste Wette, die nächste Sau oder
sonst etwas zu setzen.

▶   Es gibt keine bekannte Grenze des „Menschlich-Seins"!

Vielleicht wird es irgendwann einmal eine Grenze geben, an der es nicht mehr
einfacher, individualisierter, schneller, kostengünstiger oder vertrauenswürdiger
geht, wo die Fundamentalprinzipien also wirklich vollkommen erfüllt sind.

---

[1]https://www.mpg.de/11882963/homo-sapiens-gehirn-evolution (zugegriffen am 10.06.2020).

Vielleicht! Aber das werden Sie und ich nicht mehr erleben! Bis zu so einer theoretischen Grenze werden Sie genug damit zu tun haben, sich an diesen Daumenregeln zu orientieren und immer daran zu glauben, dass „noch mehr davon" kommt. Ihre Kunden, Mitarbeiter und sonstigen Stakeholder werden immer das Beste für sich in der jeweiligen Situation heraussuchen und von Ihnen erwarten, dass Sie die beste verfügbare Lösung in jeder Kategorie bieten können. Und bei aller Virtual Reality, allen Bots, Künstlicher Intelligenz und sonstigen wunderbaren Technologien gilt:

▶ Der Mensch wird auf absehbare Zeit ein soziales Wesen bleiben, die Urinstinkte von Jahrmillionen der Evolution sind nicht revolutionär durch ein paar Technologien veränderbar.

Deswegen wird es auch nur als Randerscheinung um das Ersetzen von sozialen Beziehungen gehen. Vielmehr werden die konstante Erweiterung und Ermöglichung sozialer Zusammenhänge prägend sein. Darum ging es immer: ob beim analogen Telefon, Rauchzeichen oder Facebook und TikTok. Distanzen überbrücken, Kosten senken, Wahlmöglichkeiten erhöhen, Kommunikation mit anderen vereinfachen – „digital" bedeutet: Menschen verbinden! Und weil wir auch im digital vernetzten Zeitalter Menschen mit all ihren schönen und weniger schönen Seiten bleiben werden: die Schlüsselqualifikationen der menschlichen emotionalen Intelligenz, der Empathie für andere, des Gespürs für soziale Zusammenhänge und kulturelle Einflüsse werden wichtiger als jemals zuvor. Technologien und Maschinen werden uns dabei sehr viele Dinge vereinfachen, lästige Tätigkeiten abnehmen und uns Raum geben, die menschlichen Fähigkeiten einzusetzen. Ja, Algorithmen können auch Interpretationen von Mimik, situativen Gemütszuständen oder Zahlen zu sozialen Gefügen immer besser treffen. Dies wird aber noch lange nicht perfekt sein und viel Raum lassen für echte intuitive menschliche Interpretation und Urteilskraft als Ergebnis der Evolution. Ich glaube fest daran und wenn ich mich täusche, dann hätten Sie trotzdem nichts Besseres machen können, als Menschen in Ihrer Organisation technologisch so zu befähigen, dass sie ihre sozialen Fähigkeiten ausspielen können. Dann wären wir übrigens auch bald im Szenario von „Terminator" und der Machtübernahme der Maschinen angekommen, hätten verloren und Sie könnten gleich aufgeben – ich mache das jedenfalls nicht.

Aber geht es nicht doch konkreter? Vielleicht Virtual Reality, KI, Blockchain, 5G oder Predictive?

Selbstverständlich kann man ein paar wirklich spannende Themen benennen, aber es wird schnell immer neue geben. Ich empfehle Ihnen noch einmal, lieber jede neue Technologie dahingehend zu prüfen, ob sie auf menschliche Grundbedürfnisse einzahlt – so wie in den Kapiteln zu den Fundamentalprinzipien geschildert. Aber auch im Kontext dieser Daumenregeln werden viele Formen der Künstlichen Intelligenz und vor allem die Möglichkeiten der „Predictive Analytics" ein Riesenthema: die Vorhersagemöglichkeit der Wünsche von Menschen im Zusammenhang mit ihrer emotionalen Befindlichkeit, ihren Standorten oder ihren sozialen Umfeldern eröffnet Wettbewerbsvorteile – Kundennähe wird eben ständig neu definiert. Schon bald wird es nicht mehr reichen, überall für den Kunden da zu sein, ihm also auf allen Kanälen und zu jeder Zeit Erreichbarkeit anzubieten. Unternehmen werden immer und überall dort sein, wo Menschen gerade sind und sprechen oder anderweitig Informationen hinterlassen: das digitale proaktive Zuhören und spontane Dasein, wenn es relevant ist, aber ohne zu nerven, wie in verschiedenen Kapiteln angesprochen. Das wird möglicher Standard, aber eben weil es hilft, schneller bessere Entscheidungen in den Augen der Kunden zu treffen – die ewige Konstante für Wettbewerbsfähigkeit.

Natürlich kann auch die verheißungsvolle Blockchain-Technologie die Welt verändern, aber eben weil sie das Potenzial hat, Vorgänge fälschungssicher und transparent zu dokumentieren – es wird also schneller und einfacher, den Wunsch nach Vertrauen zu erfüllen bzw. die Transaktionskosten zu senken. Gütesiegel und Qualitätsversprechen werden dann nicht mehr durch Kommissionen und Verbände verliehen und überwacht, sondern direkt und in Echtzeit zwischen allen am Prozess Beteiligten. Auch der gerade ausrollende neue Mobilfunkstandard 5G wird viel mehr Daten in Echtzeit austauschen können. Damit wird dieser oder alle Standard-Stufen, die danach noch kommen, natürlich ein „großes Ding", weil noch mehr Dinge und Menschen vernetzt werden können, was wiederum selbstfahrende Autos, Fernwartung etc. ermöglicht. Und so können Sie Stück für Stück alle faszinierenden Technologien, die heute absehbar sind, einzeln durchgehen und die Geschwindigkeit ihrer Umsetzung abschätzen – es wird immer neue geben, aber sie werden sich nur durchsetzen und langfristig halten, wenn sie der menschlichen Natur entsprechen. Schauen Sie also lieber auf das Große und Ganze, in das Sie die neuen Elemente einfügen.

Die Corona-Krise als Beschleuniger!

Ein herrliches virales „Meme" wurde immer wieder durch die Newsfeeds meiner sozialen Medien gespült. Gerne würde ich angeben, wer es geschaffen hat oder Ideengeber war. Wie so oft, ist dies aber nicht mehr nachvollziehbar, da viele keine Quelle nennen. Es wird im Meme danach gefragt, wer denn den Prozess der

Digitalen Transformation angeführt oder herbeigeführt hat. Allen, die beruflich in dem Kontext zu tun haben, dürfte es zumindest ein Schmunzeln ins Gesicht zaubern, denn in vielen Firmen ist durch Covid-19 wirklich ein Digitalisierungsschub erfolgt, den das Top-Management zuvor nicht vermochte, zu gestalten. Gut erkannt und gemacht und deswegen wurde das Meme viral.

▶ Who led the digital transformation of your company?

1. CEO
2. CTO
3. CIO
4. COVID-19

Im Frühjahr 2020, als ich diese Zeilen schreibe, ist noch nicht abzusehen, ob neue Wellen kommen oder wie tief die wirtschaftlichen Verwerfungen der Pandemie sein werden. Es ist aber jetzt schon klar, dass viele Hindernisse für den Digitalen Wandel vor allem in den Köpfen der Menschen weggefallen.

Corona lässt fühlen, dass es anders (digital) geht und macht Angst, dass man es auch muss!

Durch diese Erfahrungen kommen mindestens zwei wichtige Erkenntnisse in praktisch allen Unternehmen zusammen, die vorher mentale Hürden, besonders in Deutschland, darstellten: Zum einen haben viele Menschen gelernt, wie gut so manche Prozesse digital funktionieren. Man wird sich deswegen in Zukunft nicht mehr wegen jeder Kinderkram-Besprechung physisch treffen müssen und stattdessen weiterhin digitale Tools einsetzen. Nutzen und Aufwand können jetzt neu abgewogen werden, da jeder weiß, wann es auch digital reicht. Inhaltlich völlig daneben war somit, dass das „Social Distancing" zum Schlagwort des physischen Abstandhaltens wurde – das „Social" wurde in dieser Zeit stark ausgebaut, nur eben digital. Zum anderen wird vielen Unternehmen vor Augen geführt, dass es im Geschäft eben nicht mehr einfach so weiter läuft wie gewohnt. Die Kunden lernen noch mehr, bei Amazon zu kaufen, Netflix zu schauen und über Social Media zu kommunizieren. Die US-Tech-Giganten profitieren und investieren, wo andere schrumpfen, der Wandel beschleunigt sich insgesamt. Die fetten Jahre sind für viele andere Firmen jetzt auch gefühlt vorbei und man kann sich nicht mehr leisten, Ineffizienz-Speck weiter mit sich herumzutragen. Idealerweise ist es dabei nicht mit Home-Office-Erfahrungen getan, sondern es findet ein ganzheitlicher „Re-Set" für Strukturen, Erlöskomponenten und Denkweisen statt.

Der Kerngedanke, sich auf neue Art und Weise mit Menschen zu verbinden, um Wertschöpfungsnetzwerke weit über die eigentliche Unternehmung hinaus zu formen, wird dabei hoffentlich im Vordergrund stehen. Technologie ermöglicht diese „soziale" Revolution, in der die Beziehungen zwischen Unternehmen und Menschen – Kunden genauso wie Mitarbeiter – alles entscheiden werden. „Märkte sind Gespräche", sagten dazu die Vordenker des „Cluetrain Manifest" 1999 und die Wahrscheinlichkeit ist hoch, dass es sich genau dahin entwickeln wird.[2] Versetzen Sie Ihre Menschen in die Lage, diese Gespräche zu führen und Beziehungen aufzubauen. Der Mensch bleibt ein soziales Wesen!

11.2   Was machen Sie jetzt wirklich zuerst?

Wenn Sie sich bis jetzt tatsächlich hier durch alle Kapitel gekämpft haben, dann gehen Sie erstmal in Ruhe um den Block oder eine Runde Joggen, machen Sie sich später vielleicht eine Flasche Rotwein, Kölsch oder sonst etwas auf, das Sie gerne trinken. Lassen Sie es sich gut gehen und die Gedanken schweifen. Schreiben Sie diese vielleicht auch auf oder erzählen Sie anderen davon. Mit anderen Worten:

▶   Verdauen Sie die Gedanken, „es" muss sich setzen!

Ihr Geist und Ihr Gehirn braucht höchstwahrscheinlich Zeit, das Gelesene zu verarbeiten – das hoffe ich zumindest ein wenig, denn ich habe die Ergebnisse von 15 Jahren Beschäftigung mit dem Thema zusammengekritzelt und wenn Sie das alles im Detail sofort in aller Tiefe verstehen, sind Sie ja viel schneller als ich. Natürlich würde ich Ihnen aber auch das gönnen.

▶   Seien Sie nicht nur mit mir kritisch, sondern auch mit sich und Ihren Partnern.

Nach dem Setzenlassen und Überdenken sollten Sie selbstkritisch Ihre bisherige Sichtweise oder Vorgehensweise bezüglich des Strukturwandels überprüfen. Das heißt nicht, dass Sie zwangsläufig bisher etwas falsch gesehen oder vergessen

---

[2]Ich verweise gerne noch einmal auf meine ausführliche „Huldigung" dieses Werkes in Abschn. 12.2.

haben müssen, aber es ist besser, Sie sind jetzt ehrlich zu sich selbst und können gegebenenfalls nachbessern, bevor es sich rächt.

Wenn der Kaiser nackt ist, dann ist er eben nackt!

So geben, laut einer zum Zeitpunkt des Schreibens dieses Buches aktuellen Studie drei Viertel der befragten deutschen Unternehmen an, eine „Digitalstrategie" zu haben. Gleichzeitig investieren nur 25 % gezielt in digitale Geschäftsmodelle und insgesamt geben sich die befragten Firmen nur ein „Befriedigend" im Bereich „Digitales".[3] Darunter werden bestimmt sehr unterschiedliche Dinge verstanden, aber denken Sie immer an meinen Hinweis, dass schon diese Begrifflichkeit „Digital" darauf hindeutet, dass im Kopf noch eine Unterscheidung zur „normalen Strategie" gemacht wird. Wenn Sie mein Verständnis teilen, sollte es nur eine einzige ganzheitliche Unternehmensstrategie für die Rahmenbedingungen des digital vernetzten Zeitalters geben. In einer anderen Untersuchung wiederum wird festgestellt, dass es an eigener Kompetenz für die digitale Transformation mangelt. So haben sich zwar bereits 97 % der befragten Firmen strategisch für den gewinnbringenden Umgang mit Daten aufgestellt und sammeln diese dementsprechend. Leider geben aber fast 50 % an, sie seien nicht in der Lage, daraus geschäftsrelevante Erkenntnisse zu ziehen und somit können sie die auch nicht wertschöpfend zu nutzen.[4] Genau solche unschönen Punkte sollten Sie transparent ansprechen, statt sich etwas vorzumachen. Im Zweifelsfall ist man eben nicht auf einem guten Weg, wenn man „viel macht", sondern nimmt nur Beruhigungspillen und verschwendet Zeit dabei.

Genauso wie sich und Ihre internen Ressourcen sollten Sie Ihre externen Partner allein aus Vorsicht ebenso überprüfen, um ganz sicher zu sein, dass Sie mit den Richtigen unterwegs sind. Nur weil jemand vor dem Strukturbruch ein toller Berater oder eine super Agentur war oder sehr viel Präsenz in klassischen oder Sozialen Medien hat, heißt das noch lange nicht, dass er ein guter Unterstützer ist, um im digital vernetzten Zeitalter erfolgreich zu sein. Dies ist manchmal besonders schmerzhaft, z. B. wenn man Menschen schon lange

---

[3]https://www.bitkom.org/Presse/Presseinformation/Deutsche-Unternehmen-geben-sich-eine-Drei-im-Fach-Digitales?fbclid=IwAR1oLD80YGtZhZYZG0wacZvQ-m6X4fcIZVufpbVk0-apPilVsZ0aALvYXII (zugegriffen am 10.06.2020).
[4]https://blog.wiwo.de/look-at-it/2020/04/02/fast-die-haelfte-der-deutschen-unternehmen-ohne-erkenntnisse-aus-gesammelten-daten/ (zugegriffen am 10.06.2020).

kennt, mit diesen vielleicht auf der Uni war oder schon in früheren Projekten gut zusammengearbeitet hat und sich vielleicht auch menschlich verbunden fühlt. Hilft nichts, der Strukturwandel wird es Ihnen nicht verzeihen, wenn Sie versuchen, mit altem Denken in neuen Welten erfolgreich zu sein – unabhängig davon, ob es Ihre oder die Denke eines Beraters ist.

Wir hatten aber Beratung XY drin!

Bald wird auch die Entschuldigung mit Verweis auf renommierte Berater nicht mehr helfen, so wie es lange vor allem in Konzernen der Fall war. Es wird wohl eher bald der Vorwurf entstehen, eine alt denkende Beratung gewählt zu haben, die vielleicht Industrieprozesse toll optimierte, sich aber selbst noch nicht für die Netzwerkökonomie empfohlen hat und einfach nur „digital" über alles kleistert. Als Schnelltest kann ich nur nahelegen, dass Sie alle internen oder externen Partner nach ihrem Verständnis vom digitalen Wandel befragen.

▶   Bitte erwarten Sie eine konkrete Formulierung der wesentlichen Treiber und der daraus folgenden Vorgehensweise!

Wenn da nichts wirklich tief und ganzheitlich durchdacht wirkt, dann seien Sie lieber skeptisch. Fragen Sie ganz konkret z. B. nach Erfolgskennziffern, die gemessen werden sollten, und einem Zielsystem, in das einzelne Maßnahmen einzahlen sollten. Prüfen Sie unbedingt auch das „Vorleben" einzelner konkreter Protagonisten, mit denen Sie arbeiten sollen, nicht nur der Firma im Allgemeinen. Nur, wer selbst als Mensch im vernetzten Zeitalter lebt und sich dort bewegt, kann nach meiner festen Überzeugung dessen Dynamik, Kultur und Muster „fühlen".

Aber Ihre Webseite ist doch auch sehr dünn und nicht aktuell – auch nicht gerade „digital", Herr Profski.

Dies wird sogar stimmen, meine Webseite ändere ich so oft wie meine Visiten-karte aus Papier, aber dies ist auch nicht „das Digitale", wie es das vielleicht vor vielen Jahren mal war. Solche Hinweise bekomme ich meist von Leuten, die irgendwann stehen geblieben sind – es wäre entlarvend, wenn dies von Ihren Partnern kommt. Schauen Sie sich lieber Präsenzen in Sozialen Medien an, wo das Aktuelle und die Gespräche heute stattfinden. Nicht jeder Ihrer Unterstützer muss zwangsläufig selbst erfolgreich im Social Web unterwegs sein, so wie auch nicht jeder Fußballlehrer selbst gut gespielt haben muss, aber er sollte zumindest auf oder neben dem Spielfeld stehen. Und schaden kann es meist ohnehin nicht. Ich persönlich habe jedenfalls noch nie erlebt, dass jemand, der im Social Web nicht aufmerksam unterwegs war, ein guter Stratege für das digital vernetzte Zeitalter war. Vielleicht haben Sie den ja gefunden, aber die Wahrscheinlichkeit ist meiner Erfahrung nach gering.

▶   Weil es so wichtig ist, nochmal: Zeit für das Fundament nehmen, sonst holen Sie das später nicht mehr auf!

Investieren Sie zuallererst die Zeit, sich mit Ihrer Führungsmannschaft hinzusetzen und Ihr gemeinsames Verständnis des Wandels und Ihre Strategie für Ihre Organisation zu entwickeln – dieses Buch sollte Ihnen genug Leitplanken dafür gegeben haben. Hinterfragen Sie Ihr Resultat in mehreren Workshop-Runden immer wieder und lassen Sie es gerne auch von anderen hinterfragen – aber eben von denen, die die oben genannten Kriterien erfüllen. Eitelkeit und Egomanen-Führungsverhalten sind hier fehl am Platz. In einem Strukturbruch sollte man lieber tiefer hinterfragen und sich Anpassungen zugestehen. Anschließend geben Sie, wie in Kap. 8 und 9 beschrieben, Vollgas beim Aufbau der Strukturen, Kapazitäten und Kompetenzen, denn die Netzwerkökonomie entwickelte sich rasant.

▶   Erwarte das Unerwartete! Das aber mit Sicherheit!

Die für die „sichere Unsicherheit" der Netzwerkökonomie wohl beste Strategie ist, diese Geisteshaltung als Methode zu nehmen und sich mit digitalen Analysesystemen – ich nannte diese in Abschn. 8.2. „Marketing-Informationssysteme" – in die Lage zu versetzen, sehr nahe am Resonanzkörper der vernetzten Welt zu sein. Auf diese Weise kann für die Kultur, die Knotenpunkte, die Ablaufmuster etc. ein besseres Gefühl entstehen, sodass man schnell darauf reagieren kann. Viel mehr, als dies zu akzeptieren und sich bestmöglich aufzustellen, kann man kaum tun. Aber das ist auf der anderen Seite auch viel, denn man kann viel mehr messen als jemals zuvor. Deswegen wurde diese Mess- und Analysekompetenz neben dem Thema Marke und Kommunikation als „Insourcing"-Gegenstand so eingehend besprochen.

▶   **Wichtig**
Kontrollkompetenz im eigenen Haus!
Reduzieren Sie altes Denken im Aufsichtsrat, Beirat oder wer sonst noch hinsichtlich der Leitplanken der Zukunft auf Sie schauen soll!

Sie werden mindestens in diesen genannten Bereichen eigene Kompetenz im Haus der eigenen Organisation aufbauen müssen. Neben diesen operativen Ressourcen empfehle ich dringend, einen fachlichen Beirat aus wirklichen Experten für das digital vernetzte Zeitalter einzurichten. Wenn Ihre Rechtsform auch einen Aufsichtsrat oder Verwaltungsrat vorsieht, gehören auch hier solche Experten hinein. Nutzen Sie diese wirklich, um Expertise ins Unternehmen zu bekommen. Ich bin geradezu erschüttert, wenn ich mir die Strukturen der Aufsichtsräte, vor allem in deutschen Unternehmen, anschaue: da finde ich zumindest bis auf ganz wenige Ausnahmen nicht wirklich Expertise für die Netzwerkökonomie. Das Bedienen verdienter Gestriger sollten Sie lieber an anderer Stelle vollziehen, in Ihren wichtigen Gremien sollten sich Menschen der Zukunft einbringen. Die Betonung liegt hier auf „Einbringen" und „Nutzen" dieser Expertise! Leider sehe ich bzw. musste selbst schon als Beteiligter die Erfahrung machen, dass solche Beiräte oder Aufsichtsratsbesetzungen zu reinen PR-Veranstaltungen verkommen können. Das ist viel zu schade und gefährlich. Es kann passieren, dass Sie anfangs vielleicht bei solchen Menschen das Gefühl haben, dass diese nicht so ganz zu Ihnen passen. Aber genau DAS kann ja ein Hinweis dafür sein, dass genau dieser Mensch Ihnen hilft, selbst anders zu werden und im Strukturbruch voranzukommen. Ich gebe aber zu, dass es nicht unbedingt leicht ist, die passenden Experten zu finden – wenden Sie im Zweifelsfall mindestens die gleichen Fragen an, wie ich sie oben für Ihre anderen Partner ins Spiel gebracht habe. Während ich dies gerade schreibe, fällt mir dazu ein, dass ich mal versuchen sollte, Listen von meiner Wahrnehmung nach fähigen und geeigneten Personen für solche Positionen zusammenzustellen – fragen Sie mal nach, ob ich das in der Zwischenzeit geschafft habe, wenn Sie das hier lesen. Jetzt machen Sie sich aber erst einmal daran, Ihre Digitale Transformation zu vervollständigen!

▶   Das Beste zum Schluss: Käsekuchen und Kölsch!

Aber vorher, als Schlussbotschaft, verinnerlichen Sie noch einmal die „fetten" Leitgedanken, mit denen ich das Buch geschrieben habe, in komprimierter Form:

Übersicht

Digitalisierung oder Digitale Transformation ist nur mittelbar etwas Technologisches, es ist vielmehr die aktiv gemanagte Veränderung der Art und Weise, wie alle Funktionen einer Organisation im digital vernetzten Zeitalter (mit seinen niedrigen Transaktionskosten) bewerkstelligt werden müssen, damit sie hinsichtlich der Zielerreichungseffizienz oder den Kosten den Alternativen überlegen sind. So zum Beispiel die Art und Weise, wie man Produkte entwickelt, wie man mit Kunden, Mitarbeitern oder sonst wem kommuniziert, wie man Informationen sammelt, auswertet und zur Verfügung stellt – einfach so ziemlich alles, was an Aufgaben und Möglichkeiten einer Unternehmung anfällt!

Der Kunde muss wirklich im Fokus stehen, nicht das Produkt! Nicht weil wir das auf unsere Plakate schreiben, sondern weil er die Macht hat wie nie zuvor und dies von uns erwartet! Er misst uns nicht mehr an früheren Mitbewerbern einer Branche, sondern an dem, was der Beste auf seinem Smartphone kann.

Menschliche Empathie, Intuition und Gespür für soziale Zusammenhänge und deren Interpretationen werden durch Technologie wichtiger als jemals zuvor. Die darauf basierende Urteils- und Entscheidungskraft wird zum Schlüsselfaktor eines unternehmensübergreifenden Wertschöpfungsnetzwerkes als Lösung! Die vermeintlich „digitale" ist vielmehr eine „soziale" Revolution, weil Menschen durch Technologien leichter und direkter verknüpft, verbunden, vernetzt werden. Alte Gatekeeper fallen weg und das ermöglicht und erfordert einen direkten Beziehungsaufbau!

Große Veränderungen in der Welt kommen meist von unten, von der Wurzel, bevor sie oben ankommen. Auch die digitale Marktmachtrevolution entsteht bei den Menschen da draußen, niemand hat sie beschlossen, sie nehmen sie sich, weil sie es jetzt können. Interne revolutionäre Anpassungen auf die Revolution um ihre Organisation herum, können aber nur von oben kommen. Wenn Sie warten, dass intern von unten irgendwas langsam passiert, sich erst mühsam nach oben fressen muss, dann wird entweder Ihr „Haus" zusammenbrechen, weil das Fundament weggebrochen ist, oder Sie sind bis dahin schon vom Wind da draußen weggefegt worden. Sie da oben sind gefragt und stehen in der Verantwortung für ein neues Fundament, um darauf ein stabiles Haus im Einklang mit den neuen Rahmenbedingungen zu bauen. Hoffnung ist keine Strategie, Ihr Können ist gefragt!

Wenn die Transformation gelingt, ist die durch den Strukturbruch entstandene Lücke zwischen den Entwicklungen innerhalb und außerhalb der Organisation mindestens in den drei Dimensionen „Menschen", „Technologie", „ökonomische Prozess- und Produktlogik" wieder zu einem korrespondierenden Ganzen verbunden. Die Unternehmung wäre dann bis auf Weiteres robust und wettbewerbsfähig für das digital vernetzte Zeitalter aufgestellt.

Sie haben jetzt sehr viel Input bekommen, um einen systematischen Weg in der Digitalen Transformation zu gehen. Deswegen ende ich mit der auffordernden Titelzeile eines wunderschönen Liedes aus meiner Heimatstadt Köln:

Wenn nicht jetzt, wann dann?
Wenn nicht hier, sag mir wo und wann.
Wenn nicht Du, wer sonst?
Höhner, 2005

Ich danke Ihnen für das Lesen und jetzt gönne ich mir erstmal ein #Profskigedeck[5].

Verbinden Sie sich gerne mit mir auf allen Kanälen Ihrer Wahl, Sie finden mich bestimmt „im Internet".

Klemens Skibicki alias #Profski im Frühjahr 2020.

PS: Mein Netzwerk und ich stehen zu Ihrer beruflichen Unterstützung zur Verfügung, für viel Geld machen wir sehr viel und fast alles – fragen kostet erstmal nichts!

info@profski.com

Epilog
von Juna Maria Colonia (damals fast 11 Monate alt) #junalove

(am 13.04.2020 geschrieben, repräsentativ für viele andere Male, als ihre Fingerchen in die Tasten meines Notebooks hauten)

```
<      <^     <^§    ^d <   <^      <^§    ^d"TNUGV  CXNXXXX5xgj  tj  mk7op  redhz6jrvjfff
fgtfw3etv gtnvib g vb 3 ya      fgtfw3etv gtnvib g vb 3 ya      fgtfw3etv    gtnvib  g  vb  3    ya
    fgtfw3etv gtnvib g vb 3 ya      fgtfw3etv gtnvib g vb 3 ya      fgtfw3etv   gtnvib  g  vb  3  ya
    fgtfw3etv gtnvib g vb 3 ya      fgtfw3etv gtnvib g vb 3 ya      fgtfw3etv   gtnvib  g  vb  3  ya
    fgtfw3etv gtnvib g vb 3 ya      fgtfw3etv gtnvib g vb 3 ya      fgtfw3etv   gtnvib  g  vb  3  ya
    fgtfw3etv gtnvib g vb 3 ya      fgtfw3etv gtnvib g vb 3 ya      fgtfw3etv   gtnvib  g  vb  3  ya
    fgtfw3etv gtnvib g vb 3 ya      DXY<1  c ttrfv qqb 2b2222222222

P  v4gbv523b  gnb  gb     hg<a<tg     g  g7nm  v  t  tzhfvtnve  zu  3333333333333333   3w
s1ssssaxxxxxxxxxxxxxxxxxxxxxxxxxxxxxxFCCgxxxxttttttttt<a$$$$$$$$$$$$$$$$$$$$$$$$$$$$$$
    A<AAAAAAY</J
```

97

---

[5]Mit Käsekuchen auf Quarkbasis ohne Schnickschnack und mit Kölsch der Marke Gaffel.

Ihr Bonus-Track: ein Blick in die Geschichte und doch voraus

12

Die beiden folgenden Abschnitte sind eher Anhänge und dienen nur zur Vertiefung der historischen Betrachtung der Entwicklungen.

12.1 Von der Vorgeschichte der digital vernetzten Welt bis zum „Mobile-Social" von heute

Internet? Seit wann haben wir das denn überhaupt? Und wie viel davon? Und heute?
Wie so oft und besonders für das für uns präsente Industriezeitalter ist es auch für die Epoche der Netzwerkökonomie kaum möglich, exakte Anfangs- oder Endzeitpunkte zu bestimmen. Es sind eher fließende Entwicklungen mit markanten Meilensteinen, die wir in der Wirtschaftsgeschichte festhalten können.

„Ein Gespenst geht um in Europa ..."

Mit diesen Worten beginnt das kommunistische Manifest, das ich gerne mal als „Anfangsschocker" bei Vorträgen vor Unternehmern benutze. Die beiden Autoren Karl Marx und Friedrich Engels meinten mit dem „Gespenst" im Jahre 1848 sicherlich nicht das Schlossgespenst Hui Buh, das durch die Straßen schleicht. Die Atmosphäre, die sie mit dieser Titelwahl aufgreifen wollten, war die augenscheinliche Zeitenwende, die Ende der 1840er Jahre für niemanden mehr negierbar war. Was jeder sah und spürte, waren die Folgen der beginnenden Hochindustrialisierung, die das Ende der Agrargesellschaft einläuteten. Um sie herum sahen die Menschen rauchende Schlote und Städte, deren Bevölkerungszahl nahezu explodierte. Jahrhundertealte Stadtmauern wurden niedergerissen

© Der/die Herausgeber bzw. der/die Autor(en), exklusiv lizenziert durch Springer Fachmedien Wiesbaden GmbH, ein Teil von Springer Nature 2020
K. Skibicki, *Das DJ-Prinzip des Managements*,
https://doi.org/10.1007/978-3-658-31011-0_12

und zu Boulevards ausgebaut und Vororte eingemeindet. Die Eisenbahn zog sich durch das Land und in den immer größer werdenden Industrierevieren entstand die neue Industriearbeiterklasse, die ihre eigene politische Vertretung suchte und gesamtgesellschaftliche Strömungen entfachte, die zuvor nicht bekannt waren. Jedem war klar, dass etwas grundsätzlich anders war und viele neue Fragen beantwortet werden mussten, die nicht mit alten Konzepten gelöst werden konnten.

Jeder sieht es, jeder fühlt es!

Es war offensichtlich eine Zeitenwende, von der irgendwann nur noch die Wenigsten sagten, dass diese wieder vorbeiginge – auch wenn sich manche Besitzstandswahrer dies gewünscht hätten. In einer ähnlichen Phase befinden wir uns derzeit, nur dass das Gespenst der Zeitenwende heute nicht durch die Industrialisierung, sondern die Digitalisierung getrieben ist. Deren Anfänge liegen schon lange zurück. Und genau wie die Industriegesellschaft nicht erst mit der Erfindung der Dampfmaschine oder der ersten Kohlengruben in entlegenen Gegenden spürbar wurde, so liegen auch die ersten Grundsteine der Digitalisierung weit zurück. Die wesentliche Basistechnologie im Sinne eines Kondratjew-Zyklus[1] kam meiner Einschätzung nach erst mit dem kommerziell frei zugänglichen Internet und dem World Wide Web Mitte der 1990er Jahre zur Entfaltung. Ursprünglich einmal im Rahmen einer militärisch basierten Forschungskooperation entwickelt, später zu wissenschaftlichen Zwecken ausgebaut, gingen die ersten kommerziellen Homepages Anfang der 1990er Jahre vorsichtig an den Start. Es dauert noch bis 1993, als Tim Berners-Lee, der Vater des Internets, das „World Wide Web" frei zugänglich macht, welches dann die Masse kennenlernt.[2]

Dotcom

Schon auf diesem Internet der sogenannten „Dotcom-Ära" setzten zügig erste Geschäftsmodelle auf, der Umfang blieb aber noch überschaubar. Dennoch wurden heutige Größen wie Amazon oder eBay in dieser Zeit geboren und legten die Basis für ihren Geschäftserfolg. Vom Grundmuster her veränderte dieses Web

---

[1]Dieses Konzept beschreibt die Idee, dass eine Basistechnologie in der Wirtschaftsgeschichte „lange Wellen" weiterer, darauf aufbauender Technologien ermöglicht. Die Interpretation, wie viele solcher Zyklen auf welcher Technologie basieren, ist sehr unterschiedlich. https://de.wikipedia.org/wiki/Kondratjew-Zyklus (zugegriffen am 10.06.2020).

[2]https://www.br.de/themen/ratgeber/inhalt/computer/internet-www-geschichte-100.html (zugegriffen am 10.06.2020).

1.0 das Verhalten und die Rollen in vielen Lebensbereichen jedoch zunächst nicht wirklich grundlegend. Man machte im Wesentlichen das Gleiche wie vorher, z. B. lesen oder einkaufen, aber eben ohne zeitliche und örtliche Grenzen und vielleicht bei neuen Anbietern. Es war eher eine Erweiterung bestehender Tätigkeiten. Es wurden aber auch neue Märkte geschaffen, wie z. B. durch eBay – ein Marktplatz, dessen Transaktionskosten so niedrig waren, dass selbst Güter von sehr geringem Wert dort gehandelt werden konnten. Bald hatte die Dotcom-Phase schon viel beachtete gesamtgesellschaftliche Auswirkungen, wie es sie auch in der Frühindustrialisierung gegeben hatte.

… Schreib einfach „Internet" drauf, dann kannst Du an die Börse
Für jeden offensichtlich wird dies, als in Deutschland Ende der 1990er Jahre der „neue Markt" als neues Börsensegment den jungen Internet Start-ups ermöglicht, schnell und einfach Risikokapital einzusammeln. Ein wahrer Hype entsteht um Firmen, die auch nur im Entferntesten irgendetwas mit dem Internet zu tun haben. Auf nahezu jedes noch so fragliche Unternehmen wird gewettet – etwas anderes war ja nicht möglich, denn die Geschäftsmodelle waren so jung, dass sie sich noch gar nicht bewährt haben konnten. Dieser Dotcom-Boom hat alles, was Rauschphasen ausmacht: gigantische Gewinner, tragische Verlierer und jede Menge verlorenes Geld. Die „Cash-Burn Rate", also das „Verbrennen von Geld", wird zum Inbegriff des ökonomisch-sinnfreien Bewertungsmechanismus für Unternehmen. Nach rund drei Jahren war die Party dann vorbei, als Mitte Mai 2000 die Dotcom-Blase in Deutschland im Schlepptau des amerikanischen Marktes platzte. Viele verloren viel Geld, einige hatten ihre Schäfchen ins Trockene gebracht und wenige waren übriggeblieben. Letztere machten sich daran, mit tragfähigen Geschäftsmodellen das Internet zu gestalten.

Herr Skibicki, haben Sie Ihre Internetaktien schon verkauft? … Denken Sie an 1873!
Toni Pierenkemper

Nie vergessen werde ich, wie ich Anfang 2000 mit meinem Doktorvater Prof. Dr. Toni Pierenkemper am Seminar für Wirtschafts- und Sozialgeschichte der Universität zu Köln ein Gespräch über Internetaktien führte. Als er mich fragte, ob ich denn alle Positionen verkauft hätte, schaute ich irritiert als jemand, der begeistert immer wieder versucht hatte, die Aktien junger Internet-Start-ups beim IPO zu zeichnen. Natürlich erwiderte ich ein entschiedenes „Nein". Dies war mein Fehler! Die typischen zweieinhalb Jahre des Experimentierens und Spekulierens waren herum, bald dürfte der Bereinigungsprozess einsetzen – schnell und heftig.

1873 – Gründerboom und Gründerkrach!

Ich muss zugeben, dass ich damals nicht wirklich wusste, wovon er redete, schaute also schnell in unserer Seminarbibliothek im Zettelkasten unter den entsprechenden Schlagwörtern nach und vertiefte mich in die Bücher. Wenn ich heute versuche, meinen Studenten dieses Suchsystem nahezubringen, schauen sie mich an, als würde ich über Zeiten kurz nach dem 1. Weltkrieg reden statt über die Zeit vor 20 Jahren. Aber Wikipedia gab es zu dem Zeitpunkt noch nicht und die wenigen Webseiten zu dem Thema waren nicht besser als die Bücher. Was ich damals lernte, sollte meinen Blick auf die wirtschaftshistorischen Zusammenhänge und Parallelen schärfen. Was war 1873 passiert? Kurz zuvor hatten sich die deutschen Länder im kollektiven Siegestaumel über den Deutsch-Französischen Krieg 1871 zum zweiten deutschen Kaiserreich zusammengeschlossen. Nach Jahrzehnten der Zersplitterung gab es nun einen einheitlichen Wirtschaftsraum in Zentraleuropa, in dem sich die Unternehmen der Hochindustrialisierung besser und planbarer entwickeln konnten als zuvor. Zudem boten neue Basis-Technologien der zweiten Industrialisierungswelle neue Chancen. Diesen gegenüber stand, auch durch die französischen Reparationszahlungen gemehrt, zahlreiches Kapital, das Anlagemöglichkeiten suchte. Diese beiden Komponenten fanden im jetzt neuen Aktienmarkt und der allgemeinen Euphorie der Reichsgründung einfacher zueinander als zuvor – 1870 war die Konzessionspflicht für Aktiengesellschaften weggefallen. Die Chancen waren somit zahlreich und es war verlockend einfach zuzugreifen! Zurecht ging dieser Zeitabschnitt unter dem Schlagwort „Gründerzeit" in die Geschichte ein. 1873 war die Party jedoch wieder vorbei, als von Wien ausgehend über Berlin bis New York die Kurse wegkrachten und einst glamourös wirkende Geschäftsmodelle und Unternehmen sich in Luft auflösten. Auf diesen Gründerkrach folgten lange Jahre der „Gründerkrise". Diese Abschwung-Phase ging mit Skepsis und Ablehnung bzw. Verteufelung alles dessen einher, was zuvor noch gehypt wurde. Hinterher haben es ja schon immer alle gewusst, dass das nicht gutgehen kann.

▶   Wichtig

Aus der Geschichte lernen heißt, die Parallelen und Unterschiede zu sehen – dafür muss man die Geschichte kennen!
Nicht alles ist gleich, aber manche Abläufe sind sehr ähnlich!

Merken Sie etwas? Wir reden gerade über die 1870er Jahre, aber es klingt wie die Beschreibung dessen, was wir in der ersten Internet-Phase erlebten. Den rund zweieinhalb Jahren Euphorie am Neuen Markt folgte 2000 das Platzen der Dotcom-Blase. Genauso folgte auch der Groll auf alles, das „mit Internet" zutun hatte – vor allem in Deutschland. Schließlich hatten genau wie 1873 viele spekuliert und viel verloren. Es dauerte sage und schreibe sechs Jahre, bis sich mit Xing in Deutschland wieder eine Web-Company an die Börse wagte. Dass dieses 2000er Platzen ein historisch betrachtet völlig normaler und gesunder Bereinigungsprozess war, ist den meisten weder bewusst noch wichtig. Überlebende wie Amazon oder eBay hatten die Feuerprobe bestanden, Google folgte erst später an die Börse. 1873 waren es z. B. Continental oder die Deutsche Bank, die überlebten. Historisch gesehen alles halb so wild: dem Wetten auf Geschäftsmodelle erfolgt die Aussortierung derer, die nichts gebracht haben. Aber die Überlebenden gestalten die neue lange Welle maßgeblich. Deswegen ist es auch nicht richtig, wenn in den letzten Jahren schon wieder von einer „Spekulationsblase wie 2000" gesprochen wurde. Facebook, LinkedIn und & Co. verdienten schon Geld, als sie an die Börse gingen, ebenso wie Xing in Deutschland. Sie hatten den Geschäftsmodelltest bereits überstanden – völlig anders als die meisten Dotcom-Firmen Ende der 1990er. Von den größeren Börsengängen in den Jahren 2012 und 2013 war einzig Twitter erst Jahre später in der Gewinnzone.

Es wird ein wenig „sozialer"... aber nur ein wenig ...

Die erste Internet-Phase hatte bereits Auswirkungen auf das Informationsverhalten und zunehmend auch auf das Einkaufsverhalten. Informationen wurden rund um die Uhr verfügbar, genauso wie die Sortimente wurden etwa auch die Öffnungszeiten von Shops vielfältiger. Die Konkurrenz wurde größer, da ihre Vielfalt unabhängiger von den Beschränkungen von Raum und Zeit wurden. Das Grundmuster der Interaktion von Anbietern und Nachfragern auf Märkten blieb jedoch weitgehend unverändert. Die Anbieter stellten den Nachfragern Produkte und Informationen zur Verfügung. Deren aktive Beteiligung war nur in Ausnahmefällen vorgesehen. Nur bescheidene erste soziale Elemente fanden ihren Weg in den E-Commerce, so etwa die vor allem von Amazon in die Alltagswelt getragene Schlüsselinformation:

Menschen, die X gekauft haben, haben auch Y gekauft

Diese Empfehlungsinformationen waren schon hilfreich, basierten aber noch weitgehend auf anonymen Kundeninformationen. Als Konsument wusste ich nur, dass es zueinander passende Produkte sind, aber nicht, wer dies auch gekauft hatte. Später kam es dann zu Produktbewertungen von Kunden als wirklich festem Bestandteil der Produktbeschreibungen. Wieder war Amazon einer der E-Commerce-Anbieter, die dies auf breiter Front forcierten. In Spezialsegmenten wie dem Tourismus wurden Kundenbewertungen für Unternehmen wie HolidayCheck oder TripAdvisor die Basis ihres Erfolges und gehören heute zum Standard in dieser und vielen anderen Branchen. Das Risiko von manipulierten

Bewertungen („Fakes") war damals sogar noch höher als heute. Dennoch war diese grundsätzliche Verfügbarkeit der Meinungen von Teilnehmern der Kundenseite schon ein wichtiger Schritt zur Verlagerung der Marktmacht hin zur Kundenseite.

Das Social Web beginnt: Web 2.0 – die Nutzer machen jetzt (auch) Inhalte
Erst Jahre nach dem Start des Internets für die breite Masse waren die Menschen soweit, wirklich zu begreifen, dass dieses neue Medium völlig andere Möglichkeiten bot als alle klassischen Kanäle zuvor. Nicht nur „die Medien", sondern im Prinzip jeder Teilnehmer konnte Inhalte selbst bereitstellen, verbreiten, verändern und filtern. Nur wenige Vordenker realisierten schon damals die revolutionäre Kraft dahinter, u. a. die Autoren des „Cluetrain Manifesto" im Jahre 1999, auf dessen Bedeutung ich im Abschn. 12.2 ausführlich eingehe.

Das Internet geht in die nächste Runde … 2.0 von allem
Die Luftveränderung war jedoch von immer mehr Menschen zu spüren. Man wusste nicht genau was, aber irgendetwas war anders geworden. Um sich dem zu nähern, begann im Jahre 2004 eine begriffsprägende Konferenz, das „Web 2.0 Summit" des O'Reilly Computerbuchverlages. Unter den vielen Veränderungen war es vor allem diese Vereinfachung der Erstellung von „User-Generated Content", die als umwälzend hervorstach. Wenn ein Programmierer seine erste brauchbare Software-Version anbietet, nennt er sie meist „Version 1.0" und die folgenden graduellen Verbesserungen und Veränderungen 1.1, 1.2 oder mit noch mehr Stellen hinter dem Punkt. Eine komplett überarbeitete Fassung, also der nächste große Wurf, ist dann die „Version 2.0". Neben dem bestimmt guten Marketing des Verlages war es auch dieses von allen geteilte Gefühl der Technikpioniere, das dazu führte, dass der Begriff jahrelang in aller Welt genutzt wurde. Erst einige Jahre später wurde er abgelöst durch „Social Media". Rasante Verbreitung erfuhren diese sozialen Medien dann durch die Gründung heutiger Giganten wie Facebook im Jahre 2004, YouTube 2005, das 2006 von Google übernommen wurde, oder Twitter ebenfalls im Jahre 2006.

Das Web wird mobil und hebt jede Trennung von online und offline auf
Das gesamte Internet von heute ist sehr stark geprägt von sozialen Medien und sozial verbindenden Elementen. Richtig durchstarten konnten diese vor allem durch den Beginn der Ära des iPhones im Jahre 2007. Während andere Pioniere des Mobile Webs, wie z. B. wie Blackberry, eher die Idee von kleinen Tastaturen und Bildschirmen auf dem Telefon verfolgten, eröffnete das iPhone mit seinem

Multi-Touch-Prinzip und dem App Store ein Jahrhundert-Produkt bzw. eine ganze Branche. Google folgte mit seinem Betriebssystem Android, einer eigenen App-Welt und großen Partnern aus der Hardware-Produktion. Spätestens zehn Jahre später hat das Smartphone mit seinen Millionen von verfügbaren Apps gepaart mit bezahlbaren Daten-Flatrates den Alltag von Milliarden von Menschen grundlegend verändert. „Always on" mit allen Formaten, Kanälen und Ausprägungen ist seitdem der Normalfall und das Leitmotiv vor allem derer, die in diese Möglichkeiten hineingewachsen sind.

Seit 2010: visueller, schneller, hinter den Kulissen und Singen vorm Spiegel!
In den 2010er Jahren kamen mit Instagram 2010 (2012 von Facebook gekauft), Snapchat 2011 und TikTok 2016 weitere der heutigen Big Player des Social Webs hinzu. Snapchat galt sogar eine Zeit lang als „Facebook-Killer", weil es mit Möglichkeiten wie der „Story-Funktion" etwas Neues brachte und damit vor allem bei Teenagern massenhaft punktete. Während Facebook, die Foto-App Instagram und auch zum Teil YouTube eher für das „Schöne und gut Inszenierte" standen, brachte die Story das „Behind the Scenes", das „Quick and Dirty" in schnellen kleinen Schnipseln, die ständig nebenher gemacht werden konnten und sich nach 24 h selbst löschten, auf die Smartphones. In den Newsfeed von Facebook oder Instagram war man eher „auf der Bühne", die Story war ein wenig der „Backstage-Bereich", das „Making-of", manchmal auch mit den „Outtakes". Ja, ich habe es gemerkt: lauter englische Begriffe, aber ich denke, Sie haben es verstanden und wie ich gemerkt, wie sehr wir vom Amerikanischen geprägt sind, wenn es um mediale Formate geht. Egal, weiter geht's. Nachdem auch Facebook die Story-Funktion in alle seine Plattformen – allen voran Instagram – integriert hatte, war es mit dem großen Wachstum bei Snapchat ziemlich vorbei. Ebenso baute der Marktführer die Videofunktionen aus, konnte aber YouTube als Video-Pionier bisher keinesfalls verdrängen. Vielleicht war das auch gar nicht das Ziel. Auf jeden Fall ist das Social Web heute viel ausgereifter und viel differenzierter als noch vor zehn Jahren: Texte, Bilder, Videos in allen Längen und Geschwindigkeiten, Live-Schaltungen genauso wie Jahre lange Erinnerungsfunktionen. So ziemlich alles, was „Film, Funk und Fernsehen" früher zu bieten hatten, ist heute für jedermann am Regieschalter verfügbar. Neben den visuellen sind auch die rein auditiven Formate wie Podcasts im gesellschaftlichen Alltag so angekommen wie früher das Radio. Der Unterschied besteht aber auch hier in der Individualisierung von Information, bei der ich in zuvor ungekanntem Maße darüber entscheide, was ich mir wann aus einer gigantischen Vielfalt von

Themen und Autoren anhöre. Neben den eher öffentlichen Plattformen erlebten die Messenger-Dienste einen unvergleichbaren Aufstieg. Diese sind eher zu Mini-Plattformen angewachsen, bei denen ich als Nutzer den eigenen Kreis ziehe. Das 2009 online gegangene und 2014 von Facebook übernommene WhatsApp hat vor allem aus den westlichen Ländern bisher über zwei Milliarden Nutzer eingesammelt. Besonders ist hieran, dass wirklich alle Altersschichten mittlerweile WhatsApp nutzen, während viele andere Dienste Schwerpunkte in einzelnen Altersgruppen herausbilden.

Die Chinesen hüpfen über ihre Internet-Mauer

Im vor westlichen Plattformen weitgehend abgeschirmten chinesischen Markt entwickelte sich ein ebenso gigantisches Paralleluniversum des Social Webs. WeChat als einer der dort großen Messenger ist ein noch viel größerer Allrounder, über den z. B. auch der Zahlungsverkehr abgewickelt wird. Kaum eine Location kann es sich leisten, seinen chinesischen Touristen nicht WeChat anzubieten – auch nicht in Europa. Das 2016 gestartete TikTok ist die erste Social App aus China, die sich in den letzten Jahren wirklich weltweit ausbreitet. Vor allem die jüngeren Jahrgänge tauschen sich bisher hier mit kurzen schnellen Videos aus. Zu Beginn (auch beim später gekauften Vorläufer musical.ly) waren hier vor allem mit Musik hinterlegte Videos, zu denen man tanzte oder die Lippen bewegte, zu finden. Mittlerweile sind alle Arten von Kunststückchen, Wettbewerben und sonstigen Formen der Selbstinszenierung zu finden – Hauptsache schnell und unterhaltsam. Mit meinem PROFSKI-Blick denke ich immer, dass wir als Kinder mit Mamas Haarbürste als Mikro in der Hand vorm Spiegel auch die Lippen zur Musik unserer Stars bewegt haben. Bei TikTok kann man heute das Gleiche sehen, nur mit einer App, die es viel leichter und professioneller ermöglicht. Zudem kann ein sehr großes Publikum erreicht werden, wenn es diesem gefällt. Auch die „Ich kann was, das ihr nicht könnt, oder?"-Challengers bei TikTok ähneln oft den Wettbewerben, die wir als Kinder mit anderen auf der Wiese hinterm Haus gemacht haben. Heute gibt es aber keine physischen Grenzen mehr dafür. Wie Sie an meiner unbeholfenen Erklärung merken, bin ich ein wirklicher digitaler Migrant. Ihre Kinder, die sich vielleicht auf TikTok tummeln, würden über meine Beschreibung wahrscheinlich herzlichst lachen.

Da simmer dabei!

Und da sind wir jetzt 2020, das Social Web wird sich weiterentwickeln und alles, was gesellschaftliches Leben zu bieten hat, wird in neuen Plattformen und Apps dazukommen – wenn Sie dem Wirtschaftshistoriker mit dem PROFSKI-Blick glauben.

12.2 Das Cluetrain Manifesto von 1999 – seiner Zeit so weit voraus, dass man es kaum fassen kann

Das „Cluetrain Manifesto" war in den Nuller-Jahren des 21. Jahrhunderts wohl das meistzitierte Werk, wenn es um die Thematik des Social-Media-Zeitenwandels ging.

Da kommt der mit so ollen Kamellen wie dem Cluetrain Manifest
Auch wenn einige Digitalmenschen das denken werden, so schaue ich, um den großen Bogen zur Einordnung zu spannen, immer auf die für mich wesentlichen Schritte. Ob die anderswo schon zig Mal erzählt wurden, ist egal, es geht um deren Bewertung, Interpretation und Einordnung! Das Cluetrain Manifesto ist für mich wirklich ein Meilenstein von damals sehr weitsichtigen Autoren, vor denen ich dafür nur den Hut ziehen kann – schon aus dieser Ehrerbietung heraus gehört es hier erläutert.

Die Autoren dieses 1999 geschriebenen Papiers waren wirklich „seherisch", als sie sich bei der Formulierung ihrer 95 Thesen zum digitalen Wandel fragten, wie dieser die Beziehungen zwischen Anbietern und Nachfragern verändern wird. Konkreter haben diese sich gefragt:

Was würde geschehen, wenn jeder immer und überall mit Grenzkosten von nahezu null Botschaften senden und empfangen könnte?
Heute ist dies Alltag, aber 1999 war dies ein Privileg von Menschen, die damals in Forschungseinrichtungen oder führenden IT-Unternehmen arbeiteten: sie konnten programmieren und somit Inhalte selbst erstellen und diese über damals gefühlt rasend schnelle und praktisch für sie kostenlose Internetzugänge verbreiten. Für alle anderen war es sehr teuer, langsam und ohne Programmierkenntnisse fast undenkbar, Inhalte zu erstellen. Die Basisthese und zugleich Kernfolgerung dieser damaligen Utopie, dass dies jeder könnte, war:

„Märkte sind Gespräche!"

Dies klingt irgendwie interessant, aber ist in der Tat revolutionär im wahrsten Sinne des Wortes: in jedem VWL-Buch steht, dass Märkte das Aufeinandertreffen von Angebot und Nachfrage sind, bei dem sich durch Verhandlungen und Transaktionen die Preisbildung entwickelt. Gespräche? Vielleicht mit vielen Leuten? Ja, das stellt Grundannahmen des Marktbildes auf den Kopf und greift tief in die DNA wirtschaftlicher Prozesse ein. Die Autoren wollten vor allem verdeutlichen, dass das Ende des klassischen Marketings und Verkaufens bevorsteht: Märkte werden in Zukunft vor allem durch Beziehungen zwischen den Menschen untereinander und den Beziehungen der Unternehmen zu den Menschen geprägt.

„Was ist denn das für ein komischer Titel?"
... (m)eine PROFSKI-Interpretation!

Leider habe ich noch nie einen der Autoren persönlich fragen oder entsprechende Quelle dazu finden können, bzw. wenn, dann nur in Andeutungen.[3] Deswegen hier meine Interpretation zur Wahl des ungewöhnlichen Titels „95 Thesen des Cluetrain Manifesto", die andere gerne mit entsprechenden Quellen belegen oder widerlegen dürfen. Naheliegend ist, dass sie durch die Verknüpfung von Namenselementen zweier wichtiger Werke, die die Welt, in der wir heute leben, so nachhaltig wie kaum andere prägten, Folgendes zum Ausdruck bringen wollten:

▶   Wenn Du diese beiden Werke bzw. deren Wirkung vermengst, dann bekommst Du vielleicht ein Gefühl dafür, welche Veränderungskraft hinter der Basis-These „Märkte sind Gespräche" steckt.

Es handelt sich also um einen eleganten intellektuellen Code, der sich vor allem historisch interessierten Menschen schnell erschließt. Wie gesagt, nur meine Interpretation! Der erste Teil, die „95 Thesen" dürfte sich auf Martin Luther beziehen. In der Regel ist das Wissen darüber, dass Luther seine 95 Thesen zur Reformation der katholischen Kirche an die Kirche in Wittenberg nagelte, vorhanden. Natürlich steckt dahinter viel mehr, als dass irgendjemand in Thüringen irgendwas irgendwohin nagelt. Zugegebenermaßen stark vereinfacht passierte Folgendes: der katholische Mönch Martin Luther – etwas anderes von Bedeutung als die katholische Kirche gab es ja im Christentum noch nicht – sah das Gebaren der Führung in seiner Glaubensgemeinschaft nicht mehr im Einklang mit der Lehre der Bibel und forderte eine Rückbesinnung darauf. Besonders störte ihn der sogenannte „Ablasshandel" – ein Vergeben der Sünden, das sich die Kirche von denen, die bereitwillig dafür bezahlen wollten, das Fegefeuer zu umgehen, entlohnen ließ. Dies war eine für den Papst sehr gelegen kommende Einnahmemöglichkeit, da er hohe Ausgaben wie damals den Bau des Petersdoms finanzieren wollte. Für Luther brachte dies das Fass zum Überlaufen und

---

[3]Im Wikipedia-Artikel zum Cluetrain Manifest wird darauf hingewiesen, dass es einen Bezug auf die 95 Thesen von Luther gibt. Genauer erläutert wird dies jedoch nicht.

er formulierte seine Thesen, die bei vielen anderen schnell auf fruchtbaren Boden stießen, sodass die Anhängerschaft der Reformatoren, wie Luther einer war, schnell wuchs. An dieser Stelle muss man jedoch kurz innehalten und sich fragen, was wohl passiert wäre, wenn Luther das Gleiche 100 Jahre früher gemacht hätte? Meine Vermutung: Wahrscheinlich hätte er seine Thesen sonst wohin genagelt und wäre vergessen worden. An jenem 31.10.1517 bestand jedoch schon ein Massenkommunikationssystem, das diese Ideen rasend schnell verbreiten konnte: der Massendruck auf Papier, den Johannes Gutenberg um 1450 herum in Mainz erfunden hatte und der innerhalb von wenigen Jahrzehnten Flugblätter und Druckerzeugnisse für alle erschwinglich gemacht hatte. Luthers Thesen konnten somit günstig auf Papier gedruckt und so schnell in alle Lande verbreitet werden wie niemals zuvor. Ohne diese Kommunikationsinfrastruktur hätten sich die reformatorischen Gedanken vielleicht genauso wenig bzw. sehr viel langsamer verbreiten können wie die Ideen des arabischen Frühlings Ende 2010 in Tunesien und Ägypten ohne die Infrastruktur von Facebook und Twitter. Die Reformer dort konnten sich abseits der staatlich gelenkten Massenmedien organisieren, um sich schließlich der alten Regime zu entledigen. Facebook hat diese Revolutionen nicht herbeigeführt, aber die Energie der Menschen und ihrer Ideen organisierbar gemacht. Dieser Wille hätte es ohne diese Social-Media-Infrastruktur schwerer gehabt!

Was haben Luther und der arabische Frühling gemeinsam?

Vor Gutenberg gab es lediglich eine einzige Institution, die ihre Gedanken massenhaft verbreiten konnte, weil sie exklusiv über eine massentaugliche Kommunikationsinfrastruktur verfügte, ja, diese sogar aufgebaut hatte. Gemeint ist das Netzwerk an Kirchen und vor allem Klöstern, in denen Mönche lebten, die zu den ganz Wenigen gehörten, die lesen und vor allem schreiben konnten. Ganze Generationen von Mönchen verbrachten ihr Leben damit, die Bibel und die Schriften der Kirche sehr aufwendig per Hand zu vervielfältigen und in die Welt hinauszutragen. Der Eigentümer dieser Kommunikationsinfrastruktur kontrollierte genau, was dort vervielfältigt und verkündet wurde. Der Informationsfluss entsprach ziemlich genau dem einseitigen Sender-Empfänger-Modell unseres früheren Massenkommunikationszeitalters mit TV, Radio und Print. Damals waren die Klöster und Priester die „Gatekeeper", die zudem auch dem einzigen bedeutenden Anbieter von Inhalten gehörten – von der Infrastruktur der Herolde des Königs einfach einmal abgesehen. Der Papst konnte also seine Botschaft formulieren, diese über die Klöster in alle Länder tragen, dort vervielfältigen lassen und anschließend über die Priester von der Kanzel herab dem Volk verkünden lassen. Saß dort unten einer mit anderer Meinung, so konnte er dies vielleicht ein paar Sitznachbarn mitteilen, die seine ganz bescheidene Reichweite darstellten. Hatte in einer anderen Kirche jemand den gleichen Gedanken, bekam das genauso wenig jemand mit. Die Träger der neuen Gedanken waren nicht vernetzt und fanden wahrscheinlich nie zueinander – die Transaktionskosten waren einfach zu hoch. Wieder besteht eine Analogie zum Massenkommunikationsmodell unserer Zeit.

„Darüber müsstest Du mal ein Buch schreiben ...“

Was früher die Dorfkirche war, ist bis vor wenigen Jahren die Offline-Gartenparty oder der Stammtisch gewesen – man konnte noch so tolle Ideen haben, sie kamen nicht über den engen Bekanntenkreis hinaus. Wenn man dies wollte, musste man schon jemanden finden, der einen „entdeckt und in die Medien bringt".

Der Mord im Kloster
An dieser Stelle sei für alle Fans von „Der Name der Rose" von Umberto Eco ein vielleicht erhellender Bezug hergestellt. Diese Geschichte spielt in einem Kloster, also einer der Vervielfältigungsstätten, in dem ein Mönch ermordet wird. Im Kern geht es darum, dass ein Buch mit Gedanken aufgetaucht ist, das nicht in diesen Vervielfältigungsfluss kommen soll, damit weiterhin alleinig die Botschaft der Kirche verbreitet wird. Dabei handelt es sich um die Schriften des Aristoteles, also das Gedankengut der Antike mit seinen Ansätzen von Individualismus, Vielfalt und Staatsformen, die so gar nicht der Herrschaftsstruktur des dunklen Mittelalters entsprachen und deswegen aus Sicht der Besitzstandswahrer vernichtet werden sollten. Für alle, die das Buch oder den Film nicht kennen: sehr zu empfehlen!

Revolutionen sind Ergebnisse von ansteckenden Ideen und Infrastrukturen!
Aber zurück zu Luther: Seine Gedanken konnten sich durch den billigen Massendruck schnell verbreiten, die reformatorisch denkenden Menschen konnten sich darüber vernetzen, organisieren und schließlich ihre Vorstellungen in weiten Landesteilen durchsetzen. Im Zuge dieser gesellschaftlichen Veränderungen verlor die katholische Kirche seitdem rund die Hälfte ihrer christlichen Gefolgschaft an die evangelischen Kirchen und zugleich massig an weltlichem Besitz und gesellschaftlichem Einfluss. Es gab reformatorisch motivierte und auch nur vor den Karren gespannte Kriege – allen voran der berühmte Dreißigjährige Krieg von 1618–1648.

Ein weiterer Meilenstein dieser umwälzenden Jahre nach Luther war der Religionsfrieden von 1588. Stark vereinfacht besagte dieser, dass ein Untertan katholisch ist, wenn sein Landesherr dies ist, und er eben evangelisch ist, wenn der Landesherr es auch ist. Stellen Sie sich mal vor, Sie sind ein extremer Anhänger der Reformatoren, leben aber dummerweise in einem Land, dessen König katholisch geblieben ist? Im Zweifelsfall wollen Sie dies nicht und möchten dort weg, was in dieser Zeit mangels einer Verfassung und individueller Freiheitsrechte schon nicht leicht war. Zudem konnte man sich auch nicht sicher sein, wie beständig die Regelung tatsächlich war. Was machen Sie also? Sie wandern aus, und zwar dorthin, wo Religionsfreiheit auf gewisse Weise möglich und später garantiert war. Das war dann die „neue Welt", allen voran die Region der dort später gegründeten USA. Und genau dies haben viele damals getan und dieses Land nachhaltig mit ihrer Arbeit und ihrem Glauben geprägt. Die Auswirkungen sind bis heute sehr präsent, vor allem wer abseits der Ost- und Westküste gereist ist, wird dies gemerkt haben: In Deutschland gehen rund 10 % der Christen jede Woche in die Kirche, in den USA um die 80 %. Die 76. Presbyterianische Kirchengemeinde hier, die 35. Baptistengemeinde dort und überschattet an vielen Orten durch die erzkonservativen „wiedergeborenen Christen", mit Protagonisten wie Ex-Präsident George W. Bush in ihren Reihen. Max Weber schrieb Anfang des 20. Jahrhunderts über den Zusammenhang protestantischer Ethik und ökonomischen Erfolgs, was mehr zum hier geschilderten Gedankengang beiträgt.[4] Kurz gesagt, die Reformatoren lösten das Problem, wie Glaube und Geld zu verdienen zusammenpassen könnten. Die katholische Kirche hatte damit immer ihre Probleme, deswegen gab es auch das Zinsverbot für Christen. Die protestantischen Gruppen wanderten hingegen mit der Vorstellung „arbeite hart, werde erfolgreich und Gott wird dich dafür lieben" nach Amerika aus. Vor allem die Eifrigsten der Glaubensgemeinschaften ertrugen es im alten katholischen Europa nicht und gingen. Unter anderem mit dieser protestantischen Arbeitseinstellung wurden viele ökonomisch erfolgreich und prägten über lange Zeit als „WASP" (White Anglo-Saxon Protestants) das Land. Bekanntlich geht mit dem ökonomischen Erfolg oft auch der politische Einfluss einher und so verwundert es nicht, dass 44 der 45 US-Präsidenten, einschließlich Trump, Protestanten waren. J. F. Kennedy war der einzige katholische Präsident.

---

[4]Max Weber: *Die protestantische Ethik und der „Geist" des Kapitalismus.* In: *Archiv für Sozialwissenschaft und Sozialpolitik.* 20, 1904, S. 1–54. **Online verfügbar bei archive.org.**

Jetzt lass mal endlich deinen ewigen Ausflug in die Geschichte der langen Bahnen, komme zum Punkt!

Okay, mache ich: Stark verkürzt kann man behaupten, dass die wichtigste Wirtschafts- und Militärmacht von heute auch deshalb so entstehen konnte, weil Luther seine 95 Thesen verbreiten konnte – 100 Jahre vorher wäre nichts daraus geworden, weil die Kommunikationsinfrastruktur gefehlt hat, die die Transaktionskosten massiv senkte. Also: die Idee muss andere geistig „anstecken", aber nur in Kombination mit der richtigen Technik kann sie auch „viral gehen"! Ok, steile These und sie wird eine bleiben, denn wir werden sie nie überprüfen können.

Revolution im Christentum und Revolution im Kapitalismus

Das zweite Schriftstück, auf das der Titel „Cluetrain Manifest" Bezug nehmen könnte, ist das „Kommunistische Manifest" von Karl Marx und Friedrich Engels aus dem Jahre 1848. Unabhängig davon, was man von diesem Gedankengut hält, muss man festhalten, dass es die Grundlage dafür gelegt hat, dass später im 20. Jahrhundert in Russland, China und anderen Gegenden kommunistische Regime regierten, die rund ein Drittel der Menschheit über mehrere Jahrzehnte in ihrem Machtbereich vereinten. Die Veränderungskraft dieses Schriftstücks war also immens.

Luther und Marx wären ohne billiges Papier nichts geworden!

Wenn man begreifen will, welche Veränderungskraft hinter „Märkte sind Gespräche" steckt, dann nehme man diese zwei einflussreichsten Schriften der letzten 500 Jahre, die unsere Welt maßgeblich prägten, und vereine sie in einem Titel – fantastisch gemacht, liebe Cluetrain-Manifest-Autoren! Vielleicht reicht dies aus, um eine Idee davon zu bekommen, in welchem dynamischen Prozess und Verwerfungen wir uns heute befinden, in dem es viele Verlierer ihrer Besitzstände und neue Mächtige geben wird. Dass dieses Auflösen von Medienmonopolstellungen sowie die Basisdemokratisierung, sodass jetzt eben nicht nur ein paar Verlegerfamilien und Journalisten ihre Meinung und Sichtweisen verbreiten können, auch Schattenseiten haben, dürfte klar sein. Wir werden als Gesellschaft hier neue Wege und Justierungen finden müssen, aber „weggehen" wird das nicht mehr.

Ende … jetzt aber wirklich! #profski

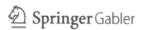